金融审判实务前沿讲座

上海卷

彭冰 朱川 主编

上海卷

北京大学出版社
PEKING UNIVERSITY PRESS

编写说明

北京大学金融法研究中心是吴志攀教授与白建军教授于1993年创办的，主要从事金融法方面的理论研究。不过，中心也一直很重视金融法律实践的进展，经常带领学生"走出去"——调研和走访金融机构，或者"请进来"——邀请金融实务界人士来北大做讲座。

2010年前后，我和洪艳蓉老师在北大法学院开设了"金融实务与法律"的专业课程，主要目标就是邀请实务界人士来做系列讲座，介绍金融法律实践的最新进展。考虑到实务界人士工作繁忙，课程一般安排在周末。不过学生学习热情很高，课堂经常爆满。

2020年年底，我与时任上海市高级人民法院金融审判庭庭长竺常赟联系，希望他能组织上海金融审判条线的法官来北大法学院做一个系列讲座，介绍上海法院在金融审判方面的最新经验。发出这样的邀请，主要是基于两方面的考虑：一是上海是中国正在建设的国际金融中心，也已经建成中国的金融中心，金融活动最为活跃和发达，相对而言金融纠纷也就较多，尤其是新类型案件频繁出现，上海法院裁判了一批对金融市场具有重大影响的金融案件。二是上海法院对于金融审判较为重视，金融法官们具有较强的专业能力。上海法院系统在我国最早设立了金融审判专业法庭，早在2009年，上海市高级人民法院就设立了金融审判庭，并在三级法院系统建立起了完备的金融审判组织体系。2018年8月，上海金融法院更是作为我国首家金融专门法院挂牌成立。上海法官们也对金融审判工作较为上心，潜心研究，作出了一系列对金融市场有重大影响的判决，判决说理性强，极具专业性，令人信服。

竺庭长对我们的邀请积极回应，汇报上海市高级人民法院的领导批准后，迅速组织了上海金融审判条线的法官，确定了系列讲座的各个主题和主讲人。本系列讲座的安排主要考虑：一是主题要新，是业界出现的新类型案件或者热点问题；二是要由主审法官来讲相关案例，揭示法官在作出相关判决时的法律思考。

2021年春季，系列讲座顺利举行，受到了学生的热烈欢迎。本书就是这个系列讲座的讲稿汇编，我们和主讲法官以及上海市高级人民法院金融审判庭根据新的发展情况，又作了适当的调整和修改。讲稿根据讲座的现场记录整理编辑，难免有些口语化，中间还穿插了一些现场讨论和问答，以充分再现"现场气氛"。同时，在讲稿之后，还附有相关案件的裁判文书，以便读者能够更充分了解讲座的相关内容。

北大的课堂是开放的。一次讲座中，在法官讲述后的自由讨论时间，我们才惊讶地发现：相关案件的双方代理律师竟然都到了现场，各自发表了对判决的看法。由于案件判决早已生效，时过境迁，大家可以畅所欲言，现场讨论的气氛非常热烈。

在任何一个国家，金融都是发展和变化最为活跃的领域，同时，金融活动也受到严格监管。监管带来了成本，于是金融实务界人士总是不断发明新的交易模式或者交易手段来规避金融监管，而监管机构也要相应改进监管措施，去捕捉新的金融风险。这种"猫捉老鼠"的游戏深刻影响了金融法的立法、执法和司法工作。与一般较为稳定的法律不同，金融法总是处于迅速变化的过程中，金融政策也会在金融法的实施过程中发挥超出一般的影响。金融司法是居于金融监管和金融实务之外的第三方，应该寻求平衡金融监管与金融实务两方的力量。过于严格的金融监管会扼杀金融创新的活力，使得金融成为一潭死水；而缺乏监管制衡的"伪金融创新"则会损害市场诚信，侵害公众利益，甚至带来金融危机。金融司法居中调和，划定金融创新和金融监管的界限，是金融活动得以在一个"狭窄的走廊"中健康发展不可或缺的力量。

我们希望，北京大学金融法研究中心在未来能够继续提供各方可以交流的平台，让金融法学界、金融监管者、金融实务工作者和金融司法工作者能够相互讨论沟通，共同促进中国金融法的长期发展。

彭　冰
北京大学法学院教授
北京大学金融法研究中心主任
2024 年 10 月 30 日

目录

CONTENTS

◆ 金融审判中的一般性问题

第一讲 金融审判的理念与思维 / 竺常赟 003

一、金融审判应当"另立门户" 007

二、金融审判是穿梭于逻辑与经验的艺术 008

三、每名金融法官心中都有一个自己的"哈姆雷特" 010

四、金融法官要融合运用正向思维和逆向思维 013

五、金融审判法律争议的背后往往是价值观的差异 017

六、金融法官必须面对成文金融法的局限性 018

七、金融审判要回应金融的内生需求 019

八、金融审判要处理好金融法两元规范结构问题 021

九、相关案例 022

第二讲 金融机构投资者适当性管理与风险告知义务 / 宋向今 027

一、案例介绍 028

二、理论分析 030

三、检讨及对相关案例的思考 040

四、相关建议 042

五、相关案件裁判原文 042

资产管理纠纷

第三讲　金融资产管理纠纷中的审判实务问题分析 / 单素华　057

一、金融司法裁判的基本理念 058

二、关于金融司法裁判的基本原则 061

三、资管业务纠纷概览 062

四、资管业务"募投管退"中主要的法律问题 065

五、典型案例分析 073

六、相关案件裁判原文 084

第四讲　信托通道业务中的信托公司法律责任认定 / 朱颖琦　101

一、信托法律关系的基本逻辑 102

二、信托公司业务模式概述 105

三、信托公司的中间业务——2013年中国信托业第一案 107

四、信托公司通道业务概述 109

五、通道业务典型案例分析 114

六、信托合同保底刚兑纠纷 123

七、问答环节 124

八、相关案件裁判原文 125

第五讲　场外衍生品纠纷审判实务 / 孙　倩　137

一、衍生品漫谈 137

二、渣打银行(中国)有限公司与张家口联合石油化工有限公司金融衍生品种交易纠纷案 152

三、ISDA 协议与其他法律之衔接 167

四、问答环节 169

五、相关案件裁判原文 172

融资租赁

第六讲　租赁物与融资租赁法律关系的司法认定 / 高　琼 189

一、融资租赁合同纠纷案件概况 190

二、租赁物与融资租赁法律关系的司法认定 193

三、相关案件裁判原文 212

资本市场

第七讲　证券发行人股权隐名代持的效力和收益归属 / 沈竹莺 223

一、案情介绍:上海高级人民法院参考性案例第78号 223

二、股权代持 225

三、部门规章与合同效力之间的关系 227

四、对本案的分析 235

五、相关案件裁判原文 240

第八讲　资本市场内幕交易行为的认定与司法实践 / 符　望 252

一、理论基础:内幕交易的理论发展 253

二、内幕交易行政处罚 257

三、内幕交易刑事制裁 264

四、内幕交易民事侵权 268

五、相关案件裁判原文 281

第九讲　证券虚假陈述民事责任纠纷的裁判规则与审理模式创新 / 许晓骁 295

一、关于虚假陈述的法律规范 296

二、证券虚假陈述民事责任纠纷案件概述 302

三、主要争议问题及裁判过程中的考量　304

四、诉讼模式　314

五、问答环节　317

六、相关案件裁判原文　319

保险

第十讲　保险合同的订立与条款送达相关问题 / 董　庶　333

一、"钟点工"案　333

二、格式合同概述　337

三、格式合同的订立　341

四、上海高院对"钟点工案"的判词　346

五、问答环节　348

六、相关案件裁判原文　350

第十一讲　物流企业"险种错配"后的保险法律关系及责任认定 / 吴峻雪　354

一、什么是保险？　355

二、案例分析　359

三、审判思维　378

四、问答环节　379

五、相关案件裁判原文　380

金融审判中的一般性问题

第一讲　金融审判的理念与思维

竺常贇

2021 年 3 月 21 日

> **主讲人简介：**
> 法学博士，现任中共上海市委政法委副书记、上海金融法制研究会副会长、上海市法学会金融法研究会理事、上海市法学会民法学研究会理事。目前主要研究领域是金融法、诉讼法和法律方法论。曾在上海的基层法院、中级法院、金融法院和高级法院长期从事审判工作。曾办理多起全国首例案件，多个案例入选《最高人民法院公报》案例、上海市高级人民法院参考性案例和精品案例，撰写的多篇法律文书被评为全国和上海法院优秀裁判文书。近年来，在《华东政法大学学报》《浙江工商大学学报》《学习与探索》《法律适用》等学术期刊发表论文 20 余篇。在中国法学会"中国法学家论坛征文奖"征文评选、全国法院学术论文讨论会中获奖。主持或参与国家社会科学基金、司法部、市级法学会等各类课题 10 余项。执笔参与撰写《中华人民共和国民法典适用与实务讲座》《刑事证据规则研究》，主持或参编《借款担保案件裁判要点与观点》《法院审理金融案件观点集成》等多部专业图书。

很高兴受北京大学法学院邀请开设金融法实务课程。2020 年年底，彭冰教授与我说起想请上海的金融法官到北大来讲讲金融审判的前沿热点问题和典型案例。甫一听，我有点惊讶。北京的金融法理论和实务研究实力是其他地方难以企及的，北大金融法研究中心近年来的研究成果斐然，影响力日盛。怎么需要从千里之外请上海金融法官来开讲座？此外，也忐忑于上海金融法官登上中国最高学府讲坛的实力够不够。我问彭教授"为什么是上海金融法官？"彭教授说："金融法教学研究需要与金融司法实践互动。上海金融市场最发达和最开放，是我国唯一的国际金融中心。上海法院是我国金融司法的最前沿,金融市场的新问题、新案件往往最先出现在这里。我们关注到这些年上海法院审判了一批具有较大市场影响的典型案例,上海金融法官的素质很高,金融审判的专业化、专门化探索也走在最前面。北大从事金融法教学研究的老师和金融法专业的同学都很希望来自金融司法最前沿的上海金融法官来讲课。我们很欢迎,很期待。"

彭教授的话给了我很大的鼓励。业界有一种普遍认同的说法是"金融管理在北京,金融市场在上海"。上海是我国金融市场要素最齐备的地区,交易活跃,交易量巨大,开放程度高。① 作为内地唯一的国际金融中心城市,上海毫无疑问处在金融市场的最前沿。金融市场前沿自然也是金融纠纷前沿,这可能是上海金融审判得天独厚的优势。有大量的各类金融纠纷,就会有活生生的金融审判实践;有大量新类型典型案件,就会对金融市场产生影响,进而会受到金融法理论和实务界的关注。回首近年来上海金融审判发展情况,有以下特点:

第一,建立了全市三级法院完备的金融审判组织体系。上海应该是全国最早探索金融审判组织专门化的地区之一。2008年11月,浦东新区人民法院率先建立全国首家金融审判庭。黄浦区人民法院紧跟着也成立了金融审判庭。2009年年底,上海市高级人民法院、第一中级人民法院、第二中级人民法院相继成立了金融审判庭。之后,静安、虹口、杨浦、闵行、普陀、嘉定等地的基层法院金融审判庭也陆续成立。2018年8月,我国首家金融专门法院上海金融法院正式挂牌,原两个中院的金融审判庭整建制转隶到上海金融法院。我也有幸成为上海金融法院首批员额法官。这一年,上海法院系统完成了机构改革,一些基层法院的金融审判庭被撤销,但仍然保留了浦东、黄浦、静安、虹口四地基层法院的金融审判庭。上海法院经过十几年的不懈探索,围绕为上海国际金融中心建设提供优质高效的司法保障,对金融审判的专门化和专业化作了不懈探索,目前已形成了"高院金融审判庭+金融法院+基层法院金融审判庭或金融审判专业团队"的金融审判专项组织体系。上海是目前为止我国唯一建立完整的金融审判专项组织体系的省级行政区。金融审判专门化和专业化达到了一个新的高度,获得了国内外的高度赞誉。设立上海金融法院被世界银行推荐为世界营商环境全球最佳实践案例。

---

① 2020年,上海金融市场成交总额达2275万亿元,同比增长17.6%,是2010年的5.9倍。85%左右国内直接融资是在上海金融市场。全球资产规模排名前十的资管机构在上海设立分支机构、开展业务。上海聚集了股票、债券、期货、货币、外汇、黄金、保险等各类金融要素市场,成为全球金融要素市场最齐备的城市之一。15家金融基础设施机构在上海。原油期货、国债期货、股指期货、股指期权、黄金ETF、同业存单等各类重要金融产品工具齐全。上海期货交易所交易量在全球场内商品衍生品交易所中居全球第一;原油期货交易量亚洲最大、全球第三;上海黄金交易所场内现货黄金交易量全球第一。持牌金融机构达1659家,外资金融机构占1/3。"沪港通""沪伦通""债券通",跨境人民币业务、投贷联动、跨境ETF等业务创新迭出。

第二,上海法院审理了一批对金融市场具有重大影响的金融案件。比如,全国首例判决信托公司在通道业务中承担民事责任案件、全国首例外国人隐名代持上市公司股权纠纷案件。上海法院审理的金融案件数量大,种类多,特别是新类型案件多。不少案件对金融市场和活动产生了较大影响,对确立市场合理预期和金融市场规则具有明显的作用。金融市场主体根据法院裁判作出趋利避害的应对,从而实现裁判对金融市场实质上的"司法监管"。比如,上海高院于2020年11月发布上海法院涉外金融纠纷典型案例。在选案例时,我们想要找些与国际金融中心建设相关的尊重国际金融规则的案件,在十几件中确定了其中的六件发布,且主要是近一两年审结的案件。案件涉及 ISDA 主协议的约定效力、UCP600 规则和 URDG758 规则适用以及认可和执行香港特别行政区法院涉"维好协议"的判决等。这些涉外案例表明,中国法院非常尊重国际金融交易规则,非常重视平等保护境内外主体权益,现在看来总体上产生了良好的国际反响,有助于上海国际金融中心建设。这从一个侧面说明,上海法院审理的金融案件类型确实很多,为金融市场和其他地区的法院处理类似案件提供了参考。

第三,探索了一系列金融审判工作机制。比如,全国首创证券群体性纠纷示范判决案件、全国首创大宗股票司法协助执行机制等。不知道大家有没有关注2021年3月16日上海金融法院发布的2020年度十大典型案例中的第一个案例《基于"多因子量化模型"精确核定证券虚假陈述投资者损失》,很有意思。多因子量化模型,是怎么回事呢?其实就是在证券虚假陈述民事责任案件中引入金融工程的模型计算,以实现投资者损失计算的精细化。近年来,法院审理证券虚假陈述民事责任案件时的一个难题是如何计算损失。原先用传统方法,由法官酌情确定。比如,在扣除系统风险因素时,经历熔断、股灾的分别扣除一定比例,扣除比例由法官自由裁量。传统民事案件中,法官可以通过生活常识和经验来判断当事人的过错程度。在证券虚假陈述赔偿案件中,法官很难依照传统方法去判断。这就需要一个新的工具,采用"多因子量化模型"就是一种新尝试。

第四,形成了一批专业化、复合型、高素质的金融审判队伍。上海高院、上海金融法院以及浦东、静安、黄浦、虹口等地的基层法院培养了一批精法律、懂金融、会外语的复合型金融法官。这些金融法官不仅能办案,还特别善于学习研究,经常参加境内外各种学术活动,走上各种讲台,还有机会与国外的法官、学者当面交流专业话题。很多场合下这些法官能用英语交流。在上海金融法院初建时期,该院有多名法官或者法官助理能熟练地用英语与外方专家和法官进行专业法律研讨交流。我接待过一些不了解中国金融司法状况的国外法官和学者,经过交流后,发现他们对上海法院、对中国法院的了解更全面、理解更深了,我也能感受到他们对我们更加尊重。我觉得,中国的金融法官、上海的金融法官完全可以跟纽约、伦敦、新加坡、迪拜等国际金融中心的法官通畅地交流,相互学习,相互借鉴。

　　金融法治需要金融理论界和实务界的相互沟通。洪艳蓉老师的一段话让我特别有共鸣,大意是"无论是对从事金融法律研究还是对从事实务的法律人来说,我们赶上了一个好时代。中国金融市场在近数十年里走过了许多西方国家几百年的路。蓬勃发展的金融市场和纷繁生动的金融活动,给我们提供给了大量的样本和广阔的空间。从这个角度来说,我们无疑是幸运的"。苏力先生在《各行其是:法学与司法》译者序中提道,波斯纳法官感叹,在今天的美国,司法界与法学界太"各行其是"了。与之形成鲜明对比的是,我国当下的法学理论界和法律实务界越来越呈现一种相互关注、相互尊重和相互融合的良性互动态势。比如我们经常可以看到学术界和实务界专家在各类研讨会上同台交流,对法院裁判文书做检索已是很多学者采用的一种常用研究方法,很多学者乐于参加法院组织的实务研讨,很多法官也经常登上法学院的讲台,还有一些法官担任了校外导师、兼职教授,我也很荣幸地担任北大法学院的法律硕士研究生校外兼职导师。法律调整的对象是各种社会关系,法学教学研究与法律实务之间加强沟通,无论从哪个角度讲都是一件非常有意义的事,我是乐见其成的。从事了多年的金融审判工作,我觉得金融法和金融审判领域更加需要这种沟通与交流。金融以创新为生命,在不断创新的过程中金融得以发展,当然其中也会产生金融风险等各种问题。在这一过程中,法律的原则性和滞后性被凸显,而这个时候金融理论研究和金融司法实践都需要按照自己的分工去克服这一局限。有一种观点认为,当今国际金融中心基本出现在实行判例法制度的国家或地区,因为判例法更加灵活而且有利于金融的发展。这种观点虽然有所偏颇,但就判例法体系之于金融的作用而言具有一定合理性。我国虽然没有所谓判例,案例也不是正式法源,但金融领域的典型案例,往往对市场和审判都发挥着实际的作用。这就需要金融法理论界和实务界尽可能形成共通的理念、价值观、方法论。

　　当然,作为上海法院审判一线的一名法官,能有机会在我国最高学府之一的北大开讲座,我深感荣幸。我和彭教授对于此项目的推进很快达成了初步意向。在收到北大法学院的公函后我正式向时任上海高院党组副书记、副院长茆荣华作了请示,提议上海高院与北大法学院合作开设金融法实务讲座,以上海高院和上海金融法院资深金融法官为主要师资,到北大讲授金融法前沿实务。茆荣华副院长表示,这是擦亮上海金融审判这张名片、锻炼上海金融法官能力素质的好机会,并指示上海高院金融审判庭和干部培训处共同抓好组织工作,以确保教学质量。

　　金融法实务这个项目的课程设置是经过精心设计的。起码具备三个方面的特点:首先,以案释法。即围绕典型案例展开对金融法律问题的讨论。这样既有生动的案例解读,又有与此案件相关的金融法问题的深层次讨论。其次,聚焦前沿。案例和相关法律问题都围绕金融市场和金融审判中出现的新类型或受关注的热点问题。第三，师资是办理案件的法官。组课时，我们先确定了需要讲述的案件，并同时确定由办理这个案件的法官来讲述，也就是由法官来讲自己办的案件。这在实务课中是很少见的，因为涉及具体案件，讲课时如把控不好，可能会带来一些意想不到的风险。但我们经过考虑后还是坚持这么做了，因为这样无疑可以在讲解案例时呈现更为丰富和权威的内容，把法官作出案件裁判的过程和思考展示出来，让同学们不仅看到案件的结果，更可以了解到作出裁判背后的法官的价值、理念、思维和方法。

我们希望这个项目能够得到同学们的喜欢，也非常期待与北大的老师交流。

下面，我跟大家分享八个方面的内容。我希望把一名金融法官在办理金融案件过程中如何塑造裁判的相关情况，以及所思所想与大家作个交流。当然，这也是我的一家之言，不一定完善，欢迎大家一起讨论，批评指正。

一、金融审判应当"另立门户"

金融审判源自商事审判，但正从商事审判中逐渐实现专业分立。"专业分立"，并不意味着要成立金融法院或金融审判庭等金融审判机构或组织，而是指金融审判因具有诸多区别于商事审判的特性，而作为法院审判专业条线逐步从商事审判中分立出来，从而确立金融审判的独立专业地位。金融审判"另立门户"有利于金融审判的发展。对于金融审判与商事审判是统合还是分立，我赞成在统合的基础上分立的观点，金融审判在有些方面确实跟商事审判共通，但它已经在诸多方面体现出与商事审判的差异。

第一，调整对象。法律调整的对象是社会关系。金融活动具有虚拟性、创新性、风险性和中介性。金融行业和金融交易有对法律的内生需求，好的金融需要有好的金融法治，好的金融法治助推金融更好发展。比如，法律与金融理论（LLSV）确定无误地指出金融在运行过程当中是一个规则之治，跟法律规则有非常密切的内在联系。既然我们承认金融活动相较于商事活动具有明显的个性特点，那么就必须承认，以金融相关社会关系为对象的金融审判一定有其自己的特点。

第二，裁判依据。金融法渐成体系，进而成为一个独立的法律部门。金融审判所依据的广义上的法源，远远不止法律法规。金融监管规定在金融审判中所起到的作用明显要大于其在商事审判中起的作用。事实上，金融监管规定已经成为法官处理金融案件的重要参考因素。

第三，理论研究。金融法学科作为一门独立学科正在成熟，并不断发展。例如，北大金融法研究中心就是一个在国内外具有影响力的金融法研究平台，近年来研究成果丰硕。在全国范围内，专门从事金融法教学研究的专业队伍已经形成。金融法学科有别于传统商法学科,这已经成为业界基本共识。金融法理论的独立为金融审判分立做了必要的专业准备。

第四,审判实践。金融审判专门化、专业化进程方兴未艾,金融案件专门审判组织体系、金融审判机制的不断完善,也在实践中推进了金融审判的独立性。比如,继上海金融法院设立以后,北京金融法院也已经挂牌,接下来会出现金融法院的很可能是成渝地区①。深圳中院很早就有金融法庭,不少地方在基层法院、中级法院和高级法院层面纷纷设立了金融审判部门。历史和实践表明,审判组织的专门化必将大大促进审判专业化。专门性审判组织的设立有助于在相关的审判制度机制等方面形成一个更为专业的细分领域。金融审判从商事审判中分立而另立门户是当前正在经历的趋势和过程。在任务、制度、机制、理念、方法等方面,要关注金融审判与商事审判的共性,也要重点去研究和探索金融审判的特性。

二、金融审判是穿梭于逻辑与经验的艺术

法官作出裁判的过程远比人们看到的裁判结果要丰富复杂。人们了解和理解法官怎样思考,将有助于阅读裁判。阅读裁判不仅要读懂裁判文书上呈现的内容,更重要的是理解法官作出裁判时的所思所想等裁判背后的东西。裁判固然取决于规则规范,但司法中最活跃的因素终究还是人,所以我们在考察裁判形成的因素时要足够观照到人的因素,特别是对作出裁判具有专断权的法官。美国联邦最高法院前大法官奥利弗·霍姆斯说:"法律的生命在于经验而不是逻辑。"在法理学界一直存在一个争议,霍姆斯讲这句话到底是说法律的生命本来就不是逻辑而只是经验,抑或法律的生命既包括逻辑又包括经验。这句话出自《普通法》,结合这句话的上下文以及霍姆斯的学术背景,我觉得他的观点是法律的生命既包括逻辑又包括经验。上文表述是"为了达到这一目的,除了逻辑以外,还需要其他工具。证明体系的逻辑一致性要求某些特定的结论是一回事,但这并不是全部。"下文进一步说道:"一个时代为人们感受到的需求、主流道德和政治理论、对公共政策的直觉——无论是公开宣布的还是下意识的,甚至是法官与其同胞们共有的偏见,在决定赖以治理人们的规则方面的作用都比三段论推理大得多。"②霍姆斯是一名实

---

① 成渝金融法院于2022年9月28日成立。

② To accomplish the task, other tools are needed besides logic. It is something to show that the consistency of a system requires a particular result, but it is not all. The life of the law has not been logic: it has been experience. The felt necessities of the time, the prevalent moral and political theories, intuitions of public policy, avowed or unconscious, even the prejudices which judges share with their fellowmen, have had a good deal more to do than the syllogism in determining the rules by which men should be governed the rules by which men should be governed. Oliver Wendell Holmes, *The Common Law*, Harvard University Press, 2009, p. 3.

用主义倾向的法官,十分注重法官因素对裁判活动的作用。"法律的生命在于经验而不是逻辑"这句话强调的是影响裁判的因素除了教义法上的法律技术,更重要的因素是法官。我们再看2015年美国联邦最高法院有关同性恋婚姻的判决,当时是以微弱多数通过,与其他很多很有争议的案件一样,其实质是保守派和自由派法官不同观点的交锋,最终决定或影响案件结果的主要在于法官价值、立场和社会影响的权衡。一些对司法行为的研究,甚至已经从生物学视角研究影响法官个体裁判的因素,这是非常有意思的一件事情。

我们来看这个问题:一般情况下"法不溯及既往"这个规则是很明确的,但具体在处理这一问题时,有些特例情况下是要溯及既往的。在具体案件里,如何判断溯及既往还是不溯及既往?除了法律技术规则外,事实上会有很多的其他因素来决定,法官是选择这个立场还是选择那个立场。在这方面我觉得可借鉴现实主义法学的理念。诚然,现实主义法学有它本身的缺陷,但它在司法领域里仍有很多合理的部分是被继承下来了。比如,法律不光光是纸面上写着的一种状态,而是在事实上运作的一种状态和行为,这是基本的一个问题。相比于教义法学,它最大的价值在于在司法过程中更加关注人的因素对裁判的作用和影响,认为规则的因素和人的因素加在一起才造就裁判。

再回到霍姆斯大法官那句话,我认为"逻辑"即是"三段论",法官判案要符合形式逻辑"三段论"。把它引申到法官裁判里,就是说裁判一定要符合法律技术规则等,也就是前面所述的第一个因素——规则。第二个因素是经验,这里的经验指的是法官的经验,就是人的因素。而人的因素是其中最活跃的因素,法官因素将不可避免地影响裁判。尤其是非常规案件当中,法官的价值观、道德水平、裁判目标、思维方式、法律技术、成长经历、性格秉性等,对案件裁判影响极大。这方面,波斯纳先生有本书《法官如何思考》[①]就说明了这些,在我看来其核心观点就是表明裁判是逻辑和经验的结合。

金融创新过程中会产生很多非常规的或者新类型的案件。这些案件的审理就能够体现金融审判的逻辑与经验是如何影响裁判的。我认为,在审理金融案件中,要遵循法律和金融两条逻辑,同时法官的经验会起到关键的作用。例如,信息中介型P2P网络借贷的典型交易结构是这样的:出借人、借款人通过平台公司撮合,达成小额借贷(以3000元为例)协议。各方约定平台公司收取一定的中介费(比如50元),收取方式是平台在出借人交付借款时直接扣划。因此,合同约定金额是3000元,借款人实际拿到2950元。这笔交易涉诉后,当事人之间存在争议。原告出借人认为,借款的本金是3000元,那50元是借款人支付的中介费,予以扣除系基于各方约定,故扣款行为是

---

① 参见〔美〕理查德·波斯纳:《法官如何思考》,苏力译,北京大学出版社2009年版。

一种约定的中介费支付方式。被告借款人认为,本金只能认定为2950元。因为网络借贷是民间借贷的一种,民间借贷有两个构成要件,一是要有借款合意,二是借款实际交付。本案出借人只交付给借款人2950元,所以本金应该是2950元。双方观点似乎都有道理。这类案件在金融审判庭或者民事审判庭都有审理,金融法官和民事法官对此类案件处理出现很大分歧,大体上也是上述原被告两种观点。产生差异的原因在于法官的不同认识,然后以相应的理论工具和法条作为裁判依据。金融法官会更加关注新兴金融业态发展、金融交易的经济性,更愿意把扣款看作一种借款指示交付方式。民事法官恪守民间借贷的构成要件,看实际履行交付的借款金额,更多地考量扣款行为可能存在砍头息等道德风险。两种裁判规则对P2P借贷的交易结构、定价方式、风控措施等产生了明显影响。

法律逻辑、金融逻辑、法官经验这三方面的因素——前两个因素是规则方面的,第三个因素与人相关——共同造就了裁判。从这个角度去理解影响作出裁判的因素就会看得更清楚一点,而不是简单地质疑法律是一样的,为什么作出来的裁判是不一样的。除了事实不一样,还要考虑法官的经验因素。这样就可以理解为什么英美法系特别强调法律共同体、职业共同体建设,为什么大陆法系对法官、法官助理进行严格的法律专业素养和能力的训练,为什么我国特别重视法院队伍建设,早在20世纪末就将之作为人民法院三件大事之一。正因为有了如此活跃的人的因素,法官的裁判才会成为一种艺术,而不是一个标准件。在非常规案件中,法官的裁量空间会更大,人的因素在裁判中的作用也会更重要。作为法律人要有足够清醒的头脑把握这一问题,金融审判中既要注重裁判规则明确统一,也要特别重视在金融法官中形成相应的观念、立场、目标和方法,这样才能保证最大限度达到裁判统一。

司法过程中规则因素和人的因素共同影响裁判结果,人的因素是其中最活跃的因素。法官塑造裁判固然需要遵守逻辑规律和纸面上的规范,但法官的经验不可被轻视,法官需要更关注经验差异对裁判带来的影响。金融审判要遵循金融与法律两条逻辑,相比较而言,法律更需要重视的是了解和理解金融。当前金融法官更需要关注的是法官的经验差异对裁判产生的影响。

三、每名金融法官心中都有一个自己的"哈姆雷特"

"一千个人眼中就有一千个哈姆雷特"。每名法官心中都住着一个"哈姆雷特","哈姆雷特"指的是法官进行裁判活动时所期望达到的目的,即法官的裁判目标。不同的裁判目标往往会造就不同的裁判。我曾做过一个非常有意思的观察:在同一个审判庭,有的法官以调解撤诉方式结案的比例不到20%(调撤率),而有的法官的调撤率超过80%。差别怎么会那么大,原因是法官们的裁判目标存在差异。调撤率高的法官认为,裁判的目标是纠纷解决、案结事了,调解或是调解基础上的撤诉是高质量的审判,法官办案要实现裁判的纠纷解决的功能。因此,法官不十分在意结案方式是判还是调。调撤率低的法官认为,裁判不仅是要解决纠纷,更重要的是要厘清是非。法官办案要把相应的行为、产生的权利义务以及应承担的责任理清楚、判明白,明确行为预期。他所强调的是裁判对人们社会生活行为的一种规范、指导、教育、惩罚等功能的发挥。其往往不认同调解结案方式,会认为这是"和稀泥""倒糨糊",是一种妥协的正义。虽然两类法官可能自己都没有意识到心里装着个"哈姆雷特",但他们却都是按照自己的"哈姆雷特"的指引塑造裁判。

现在,对于裁判目标有没有要求?有的。习近平总书记提出的"让人民群众在每一个司法案件中感受到公平正义"的司法总目标,办案要达到"三个效果"的有机统一等,就是我们的裁判目标。金融裁判目标是服务实体经济、防范金融风险、推进金融改革。难度在于对具体案件的把握,特别是处理不同目标的冲突问题。我想出来一个"法官裁判目标金字塔",从三个层面来理解法官的裁判目标。金字塔顶端是价值评判,中间是裁判功能效果的评判,最下面一层是法律技术方面的评判。三个层次中各有细化的具体目标。法官在办理具体案件中对裁判目标的追求应当具有三种境界:一种是完美境界,即完美金字塔。在绝大部分常规案件中,法官只要按照一般的法教义学规则去处理就可以达到这种境界。第二种是一般境界,即不完美的金字塔。在这种境界下,法官可以通过对具体价值的权衡,使这个金字塔稍有缺失,但综合判断下来是一个最佳的状态。第三个境界是底线境界,就是最低容忍度。例如,法律史上的"拉德布鲁赫转变",当时在纽伦堡审判纳粹战犯时,欧洲大陆流行的是"恶法亦法"的法律实证主义观,所以一开始纳粹军官以执行第三帝国法律来作无罪抗辩。如果按照法律实证主义的观点,就没办法对战犯定罪。此时,著名法学家拉德布鲁赫站出来提出了"恶法非法",认为第三帝国的法律突破了最低容忍度,纳粹战犯不能以此为由逃避制裁。"恶法非法"为审判纳粹战犯提供了理论依据。当然,在中国特色社会主义法律体系内,法官自无"恶法非法"的烦恼,但在审理具体案件时,还是需要作出一些司法决策,以使裁判更加合法、合理。法官能达到第一种境界,使金字塔完美无缺,那自然是最好的;即使金字塔不那么完美,通常也能达到一般境界。事实上,法官在审理绝大部分常规案件时,都基本上能够做到,因为功能效果也好、价值评判也好,这跟法律的基本规定理应是一致的。但一些非常规的案件,在法律不够用的情况下,特别是在立场、价值观冲突的情况下,理论上会产生问题。虽然这部分案件不多,但还是有的,这需要法官的智慧。

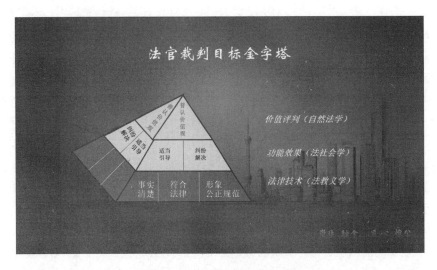

图 1-1　法官裁判目标金字塔

　　法官裁判目标会影响法官的职业人生。小案子也能办出大价值。以 2015 年的一起投保人单方解除人身保险合同案为例。原告投保人是自然人,向被告保险公司投保了十年两全保险(分红型),后又以保险公司出具的保单的现金价值为质向该保险公司办理了保单质押贷款。双方发生争议后诉至法院,原告投保人提出要解除保险合同,被告保险公司同意解除,但提出抗辩要求在返还保单现金价值时,需要根据保险合同的约定扣除相应的贷款,并且认为被告具有质权,可以优先受偿。一审法院认为保险合同是一个法律关系,保单质押贷款是另外一个法律关系,两个法律关系可以分开另案处理。被告保险公司提出反诉。一审法院没有理会被告提出的反诉和抗辩,就判被告保险公司向原告投保人返还现金价值。问题是,如果按照一审判决执行,保险公司支付现金价值给原告后,保险公司再另案要求投保人归还贷款,保单质押贷款的交易风险控制措施就落空了,很有可能使贷款回收产生障碍。因此保险公司不服一审判决,提起上诉。我在办理这个案子中发现,一审按照分属两个法律关系而采用"桥归桥""路归路"的处理方式过于简单化,无论是约定抵销还是法定抵销,保险公司都有权行使抵销权收回贷款,甚至只要行使抗辩权即可。二审法院改判,将双方互负的保险合同现金价值返还款和保单质押贷款所欠贷款本息予以抵扣折算。审理中,我们还发现保单质押贷款质权的设立存在问题,而且这个问题还涉及全行业。保单质权的设立并不符合当时《物权法》规定的权利质权设立的两种方式。在我国保单只是合同凭证并非权利凭证,当时也没有可供保单质押登记的系统,保单质权无法实现物权公示登记。该案判决的本院认为部分还是认定未经《物权法》规定的方式设立的保单质权是未生效的。该案是全国法院首例对保单质押效力作出认定的案件。案件处理完后,我们给当时的上海市保监局发去一份司法建议书,他们非常重视,转发给本地相关行业。上海保险交易所还就此与法院多次沟通,后来探索设立了保单质押登记系统。这个案例入选了 2015 年上海法院一百个精品案例。接着,我对保单质押法律问题作了研究,但我发现在《物权法》体系下很难找到彻底解决问题的方案。最近,我学习了《民法典》功能主义担保制度,并了解到动产担保配套制度正在完善,豁然开朗,之前几年被搁置的论文最终完成。《民法典体系下保单质押纠纷案件的裁判路径——基于保单现金价值质押贷款场景展开》发表在《法律适用》2021 年第 1 期。这一过程中,我体会到法官职业的乐趣,感受到法官职业的魅力。

每个法官都有自己的裁判目标,无论你在意或不在意,它都在那里,影响法官作出裁判。法官要承认这种裁判目标的作用。一般而言,有什么样的裁判目标就会造就什么样的裁判,法官要重视因裁判目标差异而给裁判带来的影响。金融法官应当树立正当且恰当的金融裁判目标,并以好的裁判目标引领塑造好的金融裁判。

四、金融法官要融合运用正向思维和逆向思维

很多法律人笃信裁判是一个遵循大前提到小前提且两者形成涵摄关系即得出裁判结论的演绎逻辑"三段论"的过程。梁慧星老师的"五步法"和邹碧华法官的审判要件"九步法"具有代表性。"九步法"中的"九步",即固定权利请求、识别请求权基础、识别抗辩权基础、基础规范构成要件分析、诉讼主张的检索、争点审理、要件事实的证明、事实之认定、要件归入并作出裁判。这无疑是一个非常好的裁判思维训练范式,我称之为"正向裁判思维"。

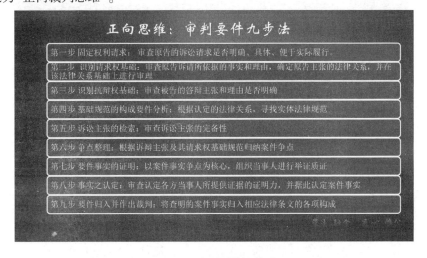

图 1-2　审判要件九步法

事实上还存在另一种思维方式：给定小前提，法官就直接得出"结论"，再寻找大前提依据予以论证，我将此称为"逆向裁判思维"。典型的如"欠债还钱""杀人偿命"。当"欠债"这一事实给定时，大家会不假思索地先反应出"还钱"的结论。对法官来说也是如此，针对一个确定的事实，裁判中一般不会先反应出所依据的法条，而是直接得出"还钱"结论。这是有经验的法官在审理绝大部分常规案件时的一种思维方式。我们不用担心法官此时会武断，因为有经验的法官在日积月累的大量办案中对绝大部分的常规案件往往已形成了法感。当小前提给定，法官先反应出初步的裁判结果，实质上是以法感为基础"一刹那"间完成推理，得出了结论。同时，这个结论是初步的，并不一定是裁判的最终结果，因为之后还要去找作为大前提的法律规范，然后再进行正向证成检验。如果初步结论与法条形成了正向证成关系，这个案件的裁判结论就确定了；如果不能形成证成关系，要么调整法条，要么调整初步结论，然后再进行证成检验，直到证成完成。所以，我们大部分的常规案件应该是以法感为基础得出初步结果的反向思维，以逆向思维为起点，然后寻找法律法规正向证成的这种循环往复关系，这正如哈贝马斯所讲的"目光在事实和规范之间的循环往复"。

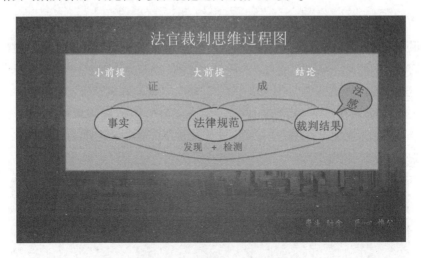

图 1-3　法官裁判思维过程图

正向裁判思维与逆向裁判思维各有优势，也有各自适用的场合。正向裁判思维优势在于，从请求权基础出发，严格遵循三段论规律，可以避免法官先入为主的武断；其问题在于在我国请求权基础的法律效力并不强的条件下，在浩如烟海的法条中去精准寻找合适的大前提难度不言而喻，效率也不高。逆向裁判思维的优势与问题，正好与正向裁判思维相反，在法感的指引下寻找适合的大前提的效率就高得多，但如果不注重正向证成检验则很容易造成武断。逆向裁判思维需要法官具有相应的法感，没有足够的法感，逆向裁判思维就失去了应用的基础。一般而言对于常规案件法官较容易形成法感,而对于新类型案件或疑难复杂案件等非常规案件则因为法感缺失,只能按照正向裁判思维一步步办理。金融案件总体上呈现二元结构:一方面是大量常规业务产生的常规案件,另一方面是因金融创新或非标准、欠规范业务而产生的新类型、复杂案件,也就是非常规性案件也比较多。需要法官在裁判中,针对不同的案件把握好正向裁判思维和逆向裁判思维融合运用的关系。我遇到好几位老法官,业务能力被公认很强,但他们判的案子老是被上级法院改判、发回重审,甚至被追究错案责任!究其原因很重要的一条是他们的裁判思维方式全是逆向的而没有正向证成,过于自信地把法感等同于最终裁判结论。所以能力越强,思路越清楚,改的案件可能就越多,错案也可能越多。后来我跟他们做了交流,他们就意识到这一点了,觉得我说的还是有道理的。法感的培养是职业训练的过程。这方面的研究也非常有意思,还会涉及心理学、生物学等方面的内容,如果有交叉学科背景去研究可能会研究得更深入些。

在运用正向裁判思维审理金融案件,特别是金融创新产品和交易所产生的纠纷时,基本的方法是从分析金融产品和交易结构的法律关系入手,厘清各方权利和义务,结合请求权基础找出相应的法条,再确定各方相应的责任,切忌简单地从概念法学思路去理解。下面以网络支付来说明这一问题。办理网络支付纠纷案件,首先要看特定的交易结构——交易结构不同,各方当事人的权利义务大相径庭。以支付宝为例,一般支付宝账户要求绑定银行卡,以实现实名制和各种方式的交易。常见的网络支付类型有三种:第一种是余额支付。支付宝用户指令支付宝平台向商户支付,此时支付交易仅在支付宝平台和支付宝用户之间交互,银行并未参与其中。如果发生非授权支付或者错误支付,则与银行没有任何关系。

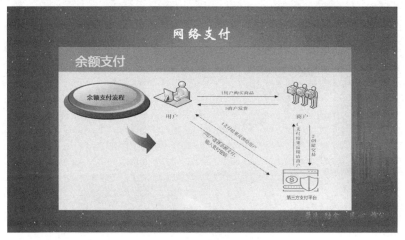

图 1-4 余额支付流程图

第二种是快捷支付。此时支付交易中支付宝用户先指令支付宝平台,支付宝平台再指令银行,银行反馈给支付宝平台验证后向商户支付。此时发生非授权支付或者错误支付则要看问题发生在哪一环节,但支付宝用户与银行之间没有直接信息交互。

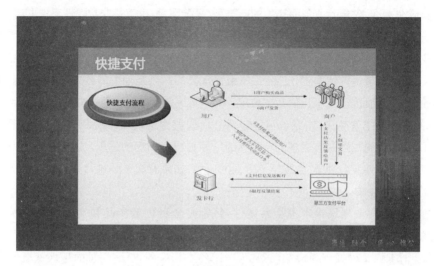

图1-5　快捷支付流程图

第三种是网银支付。用户通过银行端口发出支付指令,再通过支付宝用户指令支付,银行与用户以及支付宝之间均有信息交互。此时发生非授权支付或者错误支付同样要看问题发生在哪一环节,有可能直接牵涉银行。

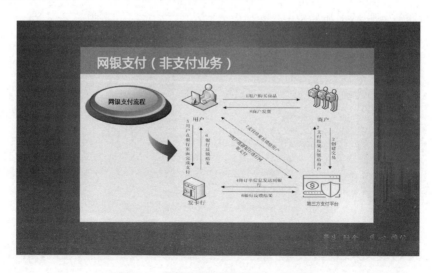

图1-6　网银支付(非支付业务)流程图

上述三种网络支付交易形态中银行、支付宝在不同的交易模式中角色不一,造成权利义务不一,最终发生非授权支付后所要承担的责任也不一样。

讲到这里大家就会比较清楚裁判目标、思维方式如何与具体案件相连接。法官在没有形成法感的情况下,多以正向裁判思维为起点;形成法感的情况下,多以逆向裁判思维为起点。培养良好的职业法感很重要,对相关的目标追求适用一定的裁判方法达到相应的目的,无论是正向的还是逆向的裁判思维都要进行涵摄关系的评价,都有在事实与规范以及裁判结果之间循环往复的过程,需要有正向裁判思维和逆向裁判思维的融合,对裁判的结论作出必要的检测。

五、金融审判法律争议的背后往往是价值观的差异

很多法律争议的背后往往是价值取向的差异,而并不是对法律问题本身的争议,这在非常规案件较多的金融审判中情况更是如此。比如,很多保险公司在意外险中有一个常用的条款:保险事故发生后180天死亡不赔。具体的意思是保险事故发生以后,如果伤者在180天以内死亡,就按照死亡赔偿的标准理赔保险金,以实现"以小博大";如果伤者180天后死亡,则不适用死亡赔偿的标准理赔保险金。现实中有这样的案例:伤者在保险事故发生后第208天死亡,显然超过了180天,但事故发生以后其就是植物人,能不能适用死亡赔偿的标准理赔保险金?经过检索,我们发现美国一些法院在不同时期处理类似案件也有不同。事实上,"180天"这一规定是为了明确因果关系:将保险事故发生180天以后死亡的,拟定为因果关系切断,这样更加符合经济原则和具有可操作性。然而,在考察我国台湾地区的类似条款时发现,该条款后面还跟了半句,主要内容大概是:如有证据证明死亡确实是由保险事故所引起的除外。这表明,拟定因果关系切断是有例外的,只是主张方要负举证责任。但该案的保险条款中并没有类似后半句的例外表述。对于是否应理赔保险金,就产生了巨大的争议。关键问题是在保险条款文义确定无误的情况下,是不是可以通过目的解释对这个合同条款作扩张的解释。对此有两种观点:一种观点认为该保险条款目的是切断因果关系,但本案伤者在保险事故后一直处于植物人状态,现有证据可以证明因果关系是成立的,故应理赔保险金。另一种观点则认为,应该遵守合同解释的基本规则,在该保险条款明确无误的情况下,目的解释没有适用的余地,故不应理赔保险金。争议双方角度不一样,立场不一样。前一种观点更倾向于实现保险目的以及考量道德风险,后一种观点更倾向于恪守教义法学基本规则以及保险市场交易规则。这就说明,解决法律争议不能完全停留在问题本身,还要着眼于价值观和立场层面。

《民法典》的规定有两个明显的转向：一是担保制度从形式主义的担保转向结合功能主义的担保，二是在保护债权人和保护债务人权利方面，更加偏向保护债务人的制度设计，以避免债务人的债务负担过重。这里就涉及价值观的问题。比如，金融审判的理念包括促进自由平等交易便利、体现金融服务实体经济、促进金融创新、有效风险管理、衡平保护主体利益等理念。上述金融审判的理念往往是决定法律观点的深层次根源。再如，我很喜欢讲金融风险有效管理，因为法官对金融风险的理解将很大程度上影响对金融案件的裁判。金融的本质不在于一味地防控风险，而在于对风险进行有效管理。金融周期理论认为，金融风险有从积聚到消失、释放的过程，没有风险即没有不确定性，没有不确定性，金融就没有生存发展的空间。所以，关键在于对风险进行有效的管理。也要对金融风险有所区分，系统性、行业性、地区性风险往往可能会成为法官办案考虑的因素，而金融主体的市场经营风险一般不影响法官作出裁判。在个案裁判当中，法官往往需要经过权衡，比如在牵涉金融风险问题时，就会在契约自由和契约正义之间作出权衡。这就需要处理好、协调好、衡平好它们之间的关系。

综上所述，与很多审判领域一样，金融审判问题的争议看似法律技术争议，实质是价值和立场的分歧，看清楚这一点有助于我们抓住金融审判过程当中出现的争议问题的本质，消弭争议，而不至于深陷于表面的争论。

六、金融法官必须面对成文金融法的局限性

成文法有两大固有弱点：一是原则性，二是滞后性。在金融法领域，我认为成文法的局限是被突出放大的，金融以创新为生命，金融的不断创新，导致成文金融法显得更为原则和滞后，往往跟不上金融的发展。如何解决？我觉得有四个方面值得注意。

第一，以体系化思维应对成文法局限。在《民法典》下金融审判要更加注重体系化思维。以《民法典》与单行金融法关系的问题为例。《民法典》是民商法的母法，但金融法有大量的单行法，既受《民法典》的规制，又有自己的单行法。怎么处理《民法典》与单行金融法的关系？比如《保险法》第26条规定，财产保险适用2年诉讼时效，寿险适用5年诉讼时效。《保险法》的时效规定是在原《民法通则》2年普通诉讼时效体系下制定的，之后《民法总则》规定普通诉讼时效是3年，《民法典》第188条又确定普通诉讼时效是3年，但该条也明确了法律另有规定的依照其规定。《民法典》生效以后财产保险诉讼时效适用《保险法》确定的2年，还是适用《民法典》确定的3年？一种观点认为当然要用2年。因为特别法优于一般法，作为一般法的《民法典》第188条规定了3年诉讼时效，也规定了法律规定的除外，故仍应适用特别法《保险法》确定的2年诉讼时效。在这个特别法修改之前，法官不能僭越法律规定。第二种观点认为，"皮之不

存,毛将焉附",财产保险的诉讼时效是参照普通诉讼时效确定的,当时《民法通则》规定普通诉讼时效为 2 年,现在《民法典》已将此调整为 3 年,从有利于保护当事人权利角度考虑应采 3 年。两种观点都有一定道理,但要看大家对于法律解释的容忍程度。我个人倾向于第一种观点,最终解决争议的途径是修改《保险法》。

第二,秉持"持法达变"态度应对成文法局限。《民法典》的实施不仅没有解决成文法的局限,并且从另外一个角度加剧了这个问题,因为法典更强调体系性、稳定性和原则性,九部法归于一部《民法典》,《民法典》法条比九部法的法条之和少了二十几条。华东政法大学陈金钊教授提出了"持法达变"的观点。[1] "持法达变"来源于"持经达变",几千年以来社会生活一直在变化,但僧人却用一部不变的"经"解释不断变化的事物。在金融审判过程中,法官也遇到和僧人一样的问题,他们用相对不变的"法"去处理以创新为生命的金融活动。

第三,以判例法或者案例指导应对成文法局限。一些人主张在金融法领域实行判例法制度。但这显然不符合我国实际情况,目前并无可能。何况,判例法也有判例法的弱点,不见得就一定能够解决现在的问题。德国除宪法法院的判例具有正式的法源效力以外,其他判例类似我国的案例指导,可以作为说理的依据,解决一些问题。目前的问题是指导性案例既不是正式法源,也还没有足够的量并形成体系。这需要一定的积累。

第四,以法律解释应对成文法局限。通过法律解释途径解决成文法局限性是一种可行的、比较现实的方式。金融法里面开放性法源很重要,要把一些非正式法源通过法官在司法当中的识别赋予它相应的法律效力,转化为正式法源。比如,依据《民法典》第 10 条,没有法律规定的情况下可以适用习惯来裁判。所以,一些金融交易习惯、惯例经过法官识别以后可以作为正式法源来适用。比如 UCP600、URDG758、ISDA 主协议等是国际金融交易规则,它们一般不可能成为我们援引的法律,但识别以后可以认可它的效力,这种效力有可能是合同约定的一种效力,有可能会产生各方权利义务关系,也有可能会成为判断相应责任大小的一种依据。

七、金融审判要回应金融的内生需求

金融内生需求来源于金融生成和发展过程当中的规律,司法裁判要回应案件处理过程中所产生的功能需求,这样金融才能更好地发展。金融法官要了解和理解金融产品和金融市场。这是审理好金融案件的前提,也是金融审判专业化的应有之义。大概从 2015 年、2016 年开始,我一直在多个场合讲我国两个债券市场的差异,作为债券市

---

[1] 陈金钊:《法律如何调整变化的社会——对"持法达变"思维模式的诠释》,载《清华法学》2018 年第 6 期,第 79—93 页。

场的交易所市场(场内市场)和银行间市场(场外市场),无论是产品还是市场都存在很大的差别。无论是学者研究债券问题还是法官审理债券案件,仅仅从概念化的债券层面出发是远远不够的。交易量不同,场内市场交易额很小,占债券交易总量的比例不超过5%;场外市场交易量占债券交易总量比例超过95%。两个市场的产品不一样,产品名称就不一样,一般称场内市场的产品为债券,称场外市场的产品为中期票据、短融工具等。上位法也不一样,场内的债券市场的上位法是《证券法》;央行、证监会联合召开新闻发布会,明确银行间市场的上位法是《中国人民银行法》。但《中国人民银行法》没有规定债券银行间市场相关内容。事实上,银行间市场当时是依据《合同法》来构建自己的产品体系,这是为了实现交易便利根据交易结构做的一种安排。这样就带来债券登记采生效主义还是对抗主义以及信息披露等方面的差异。对两个市场进行监管的机构不一样,债券场外市场是人民银行监管的,而债券场内市场是证监会监管的,执法上又出现了不统一的现象。两个市场的参与主体不一样。场外市场又称为银行间市场,顾名思义就是以银行为主的金融机构才能参加;而场内市场则是指证券交易所市场,符合市场准入的主体包括个人在内的投资者,都可以参加。两个市场的制度也不一样,受托管理人制度实际上主要存在于场内市场,场外市场建立规范的受托管理人制度还是近期的事。原因很简单,场内市场的投资者是大量的普通投资者,需要受托管理人进行管理,但当场外市场参与主体为金融机构时这种需求就并不迫切了,比如浦发银行买债券,其实不需要中国银行来受托管理,浦发银行自己就可以管理,受托管理人制度在场外市场意义不大。两大债券市场的分野会对审理债券案件产生影响,不可能用一套统一的债券案件裁判规则去处理两类产品和市场上有明显区别的债券案件。我认为债券案件裁判规则应当在统合基础上细分两个市场的不同产品,以适应、规范和引领债券市场的健康发展。

金融机构作为受托人时,如何界定信义义务的边界?在信托产品中金融机构作为受托人的信义义务包括忠实义务和谨慎义务,特别是谨慎义务、善管义务。在具体个案中判断受托人是否尽到信义义务是一个非常有挑战的问题。卡多佐法官提出要以最大谨慎作为判断标准。在审判实践中基于主观判断会产生不同认识:一方认为达到了最大谨慎,另一方认为没有达到最大谨慎。我在培训上海金融法官时提出,可以参考BJR商业判断原则和规则来把握是否尽到信义义务。《信托法》和相关法律对信义义务的履行都会有相应的规定,但在具体判断上尚无基本标准。虽然BJR规则一般适用于判断公司高管是否尽到义务,但我认为其原理同样可用在判断金融机构受托人是否尽到信义义务上。金融机构作为受托人履职与公司高管履职同样属于"受人之托、忠人之事",实质上属于信义义务范畴。在具体判断是否违反信义义务时,看这个受托人在过程中即使结果上利益没有实现最大化,但所作出的专业判断是在正常专业或者商业判断范围之内,就不应该认定违反信义义务,否则就会让受托人承担过重责任。对受托人赋予过于宽泛的信义义务,最终将使受托人无所适从,影响受托人履职,反过来反噬委托人利益和市场的健康发展。比如,受托人在可以投资 A 也可以投资 B 的情形下,根据当时的分析预测选择了投资 A,但实际上投资 B 的收益更好,这时如果委托人基于正常投资决策,则不因没有实现委托人收益最大化而认定受托人违反了信义义务。但如果委托人在判断应投资 A 还是 B 时,明知道 A 有大问题,或是明显有失正常专业水准还投资 A,这就违反了信义义务。

八、金融审判要处理好金融法两元规范结构问题

我认真读过楼建波老师的著作《金融商法的逻辑》,这本书写得非常好,虽然出版了有些年头,但其中讲的基本原理非常有价值。我认为,金融法跟普通商法最大的区别有两点:第一点是它的专业性。内生需求的问题就涉及金融的专业性。第二点是两元规范结构。也就是说金融法领域里面存在着纵横交错的两条金融法主线,一条是横向的金融交易法,一条是竖向的金融调控法。

金融交易法解决的是平等主体之间交易过程中的权利义务和责任问题,这是金融商事审判所要解决的主要问题。金融调控法是从金融宏观市场监管的角度,对金融活动进行调控或者监管的要求,是监管调控的需求,带有经济法的性质。法官处理金融商事案件,主要解决的是平等主体之间金融交易过程中产生的权利义务关系,主要适用的是金融交易法,但也会涉及金融调控法。这是在金融审判领域中产生许多争议的一个重要原因。有两个问题值得注意。第一个问题是行政监管规定在金融商事案件审判中的效力。一个金融交易行为违反行政规章或者监管规定,本身并不构成行为无效,但如果同时违反公序良俗(金融秩序)则可能被认定为无效。当金融行为违反非效力性强制性法律法规或者规章规定时,以因违反金融秩序而认定该行为无效时,商事法官、学者一般是持一种非常苛刻的态度,因为在商事法官或者商法学者的观念里,对横向的金融交易法和纵向的金融调控法的两元结构特点的认识往往是有限的。但如果是金融法官或金融法的学者就不一样了,对横向的金融交易法和纵向的金融调控法的两元结构特点有更多的理解,其往往对这个问题的容忍度就强得多。这就是我们脑子里会有两条线,这两条线既有区分、有各自不同的使命,但又有一定的交织点,就会有交集。

另一个重要的问题是法官在具体金融商事案件审理中如何考量金融风险并作出裁判。金融风险各式各样,需要甄别处理。一般情况下,交易风险不影响法官对金融行为效力的认定。比如,金融交易合同条款有问题,合同一方可能面临资金损失的风

险,这显然是平等主体之间的经营风险,法官一般不会因此而改变对合同效力的认定。但如果金融风险影响了公共金融秩序,特别是构成行业性、区域性、系统性风险的金融风险,在金融调控法的层面上会影响金融交易过程当中的效力问题,法官就要考虑是否对合同的效力的认定或各方的责任承担的认定产生影响。例如,对2015年股市波动中产生的场外配资行为的合同效力认定争议很大。有效论和无效论以及部分无效论三种观点争执不下,实践中对具体案件的处理也大相径庭。当时我的意见是对待场外配资应分情况,如与证券公司等金融机构系统相连接,采用伞形信托等方式,这种场外配资往往涉及金额大、人数多、影响大,金融市场风险大,场外配资行为的合同应属无效。另一种形式的场外配资,是通过控制个人账户交易进行的一种配资行为,具有个发性特点,因为一般金额不大且多发生在自然人之间,对金融市场风险较小,可以按照一般的借贷合同去承认合同的有效性,在具体处理上作相应调整就可以了。《全国法院民商事审判工作会议纪要》(以下简称《九民纪要》)后来采取比较强硬的态度,即凡是涉及场外配资的一律无效,其主要原因在于对系统性金融风险的考量。

总结我今天的讲座,基本意思是这样的:有必要确立金融审判的独立专业地位;金融审判是穿梭于逻辑与经验之间的艺术;要遵循金融与法律两条逻辑,要关注规则和人的因素;金融法官心中都有一个自己的裁判目标,正向裁判思维与逆向裁判思维融合运用;树立价值观的共识,确保金融裁判的目标正当,并引领法官作出裁判。以体系思维发现法律、解释法律,以持法达变的态度进行漏洞补充。对于金融审判来说重要的是要回应金融的内生需求,处理好金融法的两元规范结构,以此塑造好的金融裁判。

最后,我想跟同学们说的是,金融审判可能是最有意思的一种审判工作,我非常喜欢,因为金融领域非常精彩而又波澜壮阔,在这里我们永远会面对很多新东西,学到很多新知识,享受很多新体验,收获工作的乐趣。从这一点来说,做一名金融法官无疑是幸福的。但同时,金融审判工作又很具挑战性,金融领域新类型、新问题层出,我们时刻处于恐慌之中,唯有不断学习提升自己的本领,才不至于落伍。这么来说,作为一名金融法官又是痛苦的。金融法官就是在这种痛并快乐的交织中,去写就属于自己的、精彩的职业生涯。

九、相关案例

涉保单质押贷款的人身保险合同解除的审理思路

裁判要点:1.保单质押贷款中质权的设立须按照法律规定交付权利凭证或以适当方式公示登记,否则不产生担保物权效力。2.保险合同解除后,在符合法定抵销或约定抵销的条件下,保险公司退回保单现金价值等款项时可一并扣除保单贷款的本金及利息。

基本案情:2012年7月,刘某在阳光保险公司购买"阳光人寿阳光十年两全保险(分红型)"。投保单载明投保人和被保险人均为刘某,保险合同于2012年7月31日生效,保险期间10年,交费年期10年,交费频率年交,保额/份数1,000,000元,保险费/基本保险费1,000,000元,本期保险费合计1,000,000元整,保单一年末的现金价值582,800元。刘某签收人寿保险投保提示书、投保单和保险条款等,支付保费1,000,000元。

保险条款中亦载明,"合同生效满一周年后,您可以申请并经我们审核同意后办理保单贷款。贷款金额不得超过本合同当时现金价值的80%……";"我们在给付各项保险金、红利、退还现金价值或返还保险费时,如果有欠交的保险费及利息(按条款约定利率计算)、保单贷款及利息或其他未还清款项,我们会在扣除欠款后给付"。

2012年7月31日,刘某以该保险单的现金价值为质押,向阳光保险公司申请保单贷款。同日,阳光保险公司同意向刘某贷款,贷款利率6.10%,贷款金额557,040元,贷款期限6个月,贷款利率参照中国人民银行六个月贷款利率确定;贷款人如到期未偿还贷款本息,利息将滚入贷款本金重新计算、每六个月滚存一次,利率按前述贷款利率原则确定;贷款期间保险合同发生的各项保险金、退还现金价值或返还保险费时,保险人可直接将上述款项偿还贷款本金及利息。届期,刘某未按约归还贷款。

2013年8月,阳光保险公司向刘某出具保单年度报告:刘某应在2013年7月31日交第二期保费1,000,000元;本期红利7,580元、交清增额880.62元、本期生存金80,000元。同年10月,因刘某未继续交费,阳光保险公司通知刘某保单于2013年9月30日中止。

刘某因红利、生存金等返款事宜与阳光保险公司均未达成一致,故起诉,请求判令阳光保险公司返还保险费100万元,并支付分红7,580元、生存金8万元。在一审审理中,刘某变更诉讼请求为解除保险合同、阳光保险公司退还保险费100万元。

裁判结果:一审法院判决:(1)刘某与阳光保险公司签订的"平安财富一生两保保险(分红型)"合同于2015年3月26日解除;(2)阳光保险公司退还刘某现金价值582,800元、红利7,642.86元及生存金80,000元;(3)刘某的其他诉讼请求,不予支持。判决后,阳光保险公司不服,提起上诉。

二审法院判决:(1)维持原审判决书主文第一项;(2)撤销原审民事判决书主文第二项、第三项;(3)上诉人阳光人寿保险股份有限公司和上诉人阳光人寿保险股份有限公司上海分公司应支付给被上诉人刘某70,000元(编者注:含自愿补偿部分);(4)驳回被上诉人刘某的原审其他诉讼请求。

裁判理由:一审法院经审理后认为:(1)刘某与阳光保险公司签订投保书、保险单及条款,双方系保险合同法律关系,均为双方真实意思表示,保险合同合法有效。刘某起诉认为保险费金额、保险期间、缴费方式含义存在严重分歧,要求解除合同,无事实依据,不予采信。(2)刘某系投保人,保险合同成立后,依保险法规定可以解除合同,保险人应当按照合同约定退还保险单的现金价值。(3)本案双方系人寿保险合同纠纷,与贷款系独立的两个法律关系。阳光保险上海分公司以保单条款的约定一并结算贷款,无法律依据,不作处理。

二审法院认为,本案各方当事人对原判主文第一项认定的于2015年3月26日解除系争保险合同无争议,争议的焦点是在本案原审判令解除保险合同后,阳光保险公司退回刘某现金价值等款项时是否可一并扣除该保单贷款的本金及其利息问题。阳光保险公司据以上诉的主要理由是其与刘某间存有保单现金价值质押贷款关系,刘某将系争的人寿保单现金价值质押给了阳光保险公司,且当事人间约定了阳光保险公司退回刘某现金价值等款项时可以扣除贷款本息。为此,应从以下两个方面予以考量。

一、保单质押问题

非经质权人的同意,出质人不得为法律行为使质权标的消灭或变更。否则,因质权标的消灭或改变将导致质权人的质权无法得以行使或受到影响。本案当事人之间存在人寿保险合同和贷款合同两个法律关系,但刘某又约定以该人寿保险的保单现金价值为质,作为其向阳光保险公司贷款的担保。故而,当本案当事人间的人寿保险合同解除,产生阳光保险公司向刘某支付保单现金价值的债务时,如该保单现金价值仍处于有效质押状态中,则除非阳光保险公司同意,否则阳光保险公司可以此为由对抗刘某现金价值支付要求。因此,在本案中,刘某诉请阳光保险公司支付保单现金价值,人民法院应先对该保单的质押效力进行审查,在确认该保单未设立质权或质权已清洁的情况下,方可考虑支持刘某提出的支付保单现金价值的诉请。

保单质押贷款是指投保人在合同生效满一定期限后,按照合同约定将其保单的现金价值作为质押,向保险公司申请贷款。保单质押贷款是长期人寿保险合同特有功能,作为一种被广泛运用的担保融资方式具有一定的市场需求,并经监管机构认可。本案中,作为保险人的阳光保险公司与投保人刘某签订长期人寿保险合同,投保人刘某以该人寿保险保单现金价值为质押,向保险人阳光保险公司申请贷款,阳光保险公司随即发放了贷款,当事人间构成保单质押贷款合同关系。但保单质押的设立和效力,应根据法律法规和监管政策的规定判定。当事人约定以本案保单现金价值为质押标的设立质权,并签订了《保单贷款申请书》《保险条款》等书面协议,为当事人真实意思表示,且不违反法律法规强制性规定,保单质押合同已成立生效。然而,保单质押的质权是否设立并生效还应符合法律法规的相关规定。当事人约定以保单现金价值为质押标的,而我国当前保险制度中的保单是保险人与被保险人订立保险合同的正式书面证明,之所以能成为质押标的是因为其实质上为现金价值请求权的外在形式载体,而现金价值请求权则包含了经济利益,也就是投保人将其人寿保单现金价值请求权作为质押标的出质。可见,保单质押的性质属权利质押。根据《中华人民共和国物权法》第224条规定,质权自权利凭证交付质权人时设立;没有权利凭证的,质权自有关部门办理出质登记时设立。此规定要求设立质权时对所质押的权利进行一定方式的公示,以保护质权人、出质人和第三人的合法权益,这也符合质权作为担保物权所具优先受偿的排他效力的特点。而本案中,当事人在设立系争质权时没有交付权利凭证或以适当形式公示登记,故该保单质权并未设立,亦不产生担保物权的效力。

虽然系争质权并未设立生效,但由于当事人所签订的《保单贷款申请书》《保险条款》等质押合同条款已依法成立,均系当事人真实意思表示,且不违反法律强制性规定,其中以现金价值折抵保单贷款本息等不涉及质权的部分内容仍然有效,各方当事人应予遵守。各方当事人也确认除本案外各方并无其他纠纷,也没有任何第三方向本案系争的保单现金价值等主张权利,故仍可按照《保单贷款申请书》《保险条款》有效约定处理争议。

二、抵销权问题

当事人互负到期相同标的物种类、品质的债务,除依照法律或者合同性质不得抵销的外,任何一方可以将自己的债务与对方的债务抵销,即各以其债权充当债务之清偿,而使其债务与对方的债务在对等额内相互消灭。抵销可依法律规定产生,是为法定抵销,也可依当事人合意产生,是为约定抵销。当具备抵销条件时,依当事人一方的意思表示即发生抵销的效力。本案双方当事人协商解除人寿保险合同后,阳光保险公司即向刘某负支付现金价值等债务,刘某即向阳光保险公司负支付贷款本息的债务,上述债务均合法有效,已届清偿期,且性质同为钱款。此符合《合同法》第99条规定的法定抵销的条件。何况,本案双方当事人签订的《保险条款》约定在给付各项保险金、红利、退还现金价值或返还保险费时,如果有欠交的保险费及利息、保单贷款及利息或其他未还清款项,会在扣除欠款后给付;《保单贷款申请书》亦约定贷款期间保险合同发生的各项保险金、退还现金价值或返还保险费时,保险人无须任何通知可直接将上述款项偿还贷款本金及利息。上述条款内容亦构成《合同法》第100条规定的约定抵销,合法有效,当事人应遵照执行。从本案事实可见,当事人系因可否将上述互负债务予以结算发生争议而诉诸法院,由此可推定在诉前双方协商过程中,阳光保险公司已向刘某提出过抵充相互债务。退一步而言,本案原审中,阳光保险公司明确在庭审抗辩中提出相互抵充债务,可视作为其正式向刘某发出抵销通知。故无论按照法律规定还是当事人合同约定,阳光保险公司均可行使抵销权,将其对刘某所负支付保单现金价值等债务与刘某对其所负支付贷款本息之债务予以抵销。

随之产生的一个问题是诉讼中主张抵销的程序。即原审中阳光保险公司仅以抵销作为抗辩意见,并未在本案中提起反诉,也未另行起诉,人民法院应否对抵销债务一并审查并作出处理?当事人在诉讼中主张的抵销权,与对方当事人主张的诉讼请求并不必然具有牵连性,只需标的物的种类、品质相同即可,故对于当事人在诉中主张抵销权,一般无须提出反诉。在本案中,虽然存在人寿保险合同和保单质押贷款合同两个法律关系,但在保险条款中同样亦规定了保单质押贷款以及抵销。阳光保险公司在原审中虽仅提出抵销的抗辩,而未提出反诉,不影响其在诉讼中行使抵销权,也不影响原审法院就抵销债务以及抵销权行使进行审查。

至于是否需要对抵销债务另行诉讼,一方面法律没有对主张抵销的债务必须要另行诉讼确定的规定;另一方面,将抵销债务在本案中一并处理更符合当事人合同约定的真实意思和抵销制度的特征、功能,达到当事人通过行使抵销权以抗辩对方当事人的债权履行请求,而使双方的债权债务归于全部或部分消灭的法律后果。何况各方当事人在原审庭审中均明确表示同意将上述债务在本案中一并处理。因此,阳光保险公司主张抵销,无须提起反诉和另行诉讼,一审法院应在本案中依法查明上述债务,将被告保险公司主张抵销的债务一并处理。现被告保险公司在二审中仍坚持抵销,而在原审中,当事人就用以抵销的保单质押贷款债务证据已进行了质证,此节事实也已基本查明,二审中又进一步组织当事人对相关争议进行了审查,为减少当事人的讼累,二审法院依据查明事实和法律规定对抵销债务在本案中一并作出处理。

第二讲　金融机构投资者适当性管理与风险告知义务

宋向今

2021 年 5 月 30 日

> **主讲人简介：**
>
> 法律硕士，二级高级法官，原上海市高级人民法院金融审判庭副庭长，现为上海国际仲裁中心仲裁员。曾长期在上海市高级人民法院从事金融审判、民商事审判工作，在研究室、经济审判第一庭、民事审判第一庭（民事）、第二庭（商事）、第五庭、金融审判庭等审判庭任职。审判经验丰富，审理了金融、公司及房地产等领域的大量案件。审理的案件入选中国十大影响性诉讼、全国法院"百场优秀庭审"、上海法院十大案例、参考性案例，撰写的裁判文书入选上海法院十大优秀裁判文书等。参与众多影响重大案件的审理、组织协调及司法论证工作，制定的若干审判指导意见及研究成果被最高人民法院司法解释吸收。参与最高人民法院等组织的全国重点调研课题及专业著作的撰写，在法学专业期刊上发表论文四十余篇，涉及物权法、公司法、民商法、民诉法及金融审判领域。多篇论文获最高人民法院、上海市高级人民法院学术论文一、二等奖及优秀课题奖。

随着金融消费者保护理念的不断深化，金融消费者保护机制日趋健全，金融机构适当性义务受到广泛关注。实务中投资者与金融机构之间权利义务边界模糊不清，导致因适当性义务履行问题而引发的诉讼层出不穷。

2019 年《九民纪要》明确了法院在审理涉及金融消费者保护的民事赔偿纠纷案件中应遵循"卖者尽责、买者自负"原则。该原则的核心要义是保护消费者的合法权益。下面将从案例出发，具体阐述法院"卖者尽责、买者自负"的司法原则，通过司法裁判引导确立科学的金融交易规则,倡导正确的投资理念。

三级法院对胡某某诉某银行的金融服务合同纠纷案作出的裁判结果截然不同,这在上海业界和司法实务中引起了广泛的关注。上海高院最终在本案审理中合理界定了投资者和金融机构之间权利义务的边界,在金融机构和投资者都有过错的情况下,确立了投资者和金融机构应该按照各自过错分担损失的裁判规则。

一、案例介绍

2011年3月,投资者胡某某在银行以资产委托人身份和银行(作为资产托管人)、基金公司(作为资产管理人)签订了一份资产管理合同,合同明确基金的投资范围包括A股、股指期货、基金、债券等,鉴于股指期货是一个高风险产品,合同后面附有《股指期货交易风险提示函》,投资者需要在该提示函上签字,但提示函上资产委托人的落款处是空白的,即胡某某没有签字。合同签订以后,胡某某就在这家银行认购了100万元的开放式基金,并在交易凭条上签字确认,签名下方记载:"本人充分知晓投资开放式基金的风险,自愿办理中国银行代理的基金业务,自担投资风险。"胡某某在交易凭条背面的《风险提示函》下方签字。之后,银行为胡某某做了风险评级,个人评估风险问卷结果显示胡某某是稳健型的投资者,即胡某某并不适合投资高风险产品。而系争基金是一个高风险的产品,两者并不匹配。为此,银行作了特别说明,并由胡某某提交了《中国银行股份有限公司个人理财产品业务交易信息确认表》,其中记载"根据贵行为本人进行的《中国银行股份有限公司个人客户风险评估问卷》的结果显示,本人不适宜购买本产品。但本人认为,本人已经充分了解并清楚知晓本产品的风险,愿意承担相关风险,并有足够的风险承受能力和投资分辨能力购买该产品。现特别声明此次投资的决定和实施是本人自愿选择,其投资结果引致风险由本人自行承担"。

后因投资这款产品发生亏损,胡某某以银行主动推介高于其风险承受能力的理财产品为由,起诉要求银行赔偿其投资损失18万元及利息。

这里的"主动推介"是怎么回事?原来,2011年3月,胡某某把一年前购买的100万元到期的理财产品及获利一并取了出来,之后其询问银行有没有类似的产品,胡某某还想继续购买。银行说需要查询后再回复。后胡某某被告知有一款类似的代销产品即本案系争产品,胡某某便回到银行购买了该产品。胡某某说这是银行主动推介的,银行认为是在胡某某主动询问是否有类似产品的情况下作的产品介绍,不属主动推介。

那么,胡某某是一个怎样的投资者呢?胡某某过往的投资经历显示:2010年,胡某某在同一家银行购买过一款跟此次购买的理财产品结构类似的基金,并且获利。不同之处是2010年胡某某购买的产品是该银行自己发行的产品,2011年胡某某购买的产品是该银行代销的产品,尽管两个基金发行人不一样,但它们的结构是类似的,风险程度也是一样的。此外,胡某某是某股份公司的股东。2015年起,胡某某开始从事股权投资,且属高额投资(当然这是后话)。

银行是否应当承担胡某某的投资损失呢?从裁判结果来看,一审法院驳回了胡某某的诉讼请求。二审法院判决银行承担胡某某的本金损失;对此裁判结果,上海银行业认为判决有失偏颇。之后因银行的申诉本案进入再审,再审的判决结果为胡某某的本金损失由胡某某本人承担60%,银行承担40%。此为终局判决,对此银行及胡某某均不再表示异议。

三级法院会作出不同的裁判结果,原因在于各自不同的价值考量。一审更多考量的是"买者自负",考虑投资者的主观因素较多。一审法院认为:第一,胡某某签署了风险提示函,银行尽到了风险告知义务。第二,胡某某是完全民事行为能力人,应该对自己的行为负责。胡某某是一个稳健型的投资者,但他自甘风险购买高风险产品并签字,就应该对自己的行为承担责任,这是作为完全民事行为能力人的应有之义。第三,胡某某是一个有经验的投资者,其购买过类似产品(产品结构及风险程度一致),同时也没有证据证明银行存在误导行为。第四,胡某某没有在《股指期货交易风险提示函》上签字,仅仅是瑕疵,不构成过错,和最终的损失结果没有因果关系。据此一审法院驳回了胡某某的诉讼请求。该判决在2015年1月作出。

胡某某不服一审判决提出上诉,2015年的7月,二审改判银行赔偿胡某某所有本金损失。二审法院更多强调卖者不能有任何瑕疵和过错,客观上要"卖者尽责",判决理由更多关注银行的不当推介行为。二审法院认为:第一,银行与胡某某之间是金融服务法律关系。按照《九民纪要》的精神,胡某某可以起诉银行也可以起诉基金,但本案胡某某没有起诉基金,而是选择起诉银行,基金是第三人。在这个关系中,真正的出售人是基金,买受人是胡某某,银行的作用是向胡某某介绍了这款产品,并为胡某某开户,帮助其进行交易等,符合金融服务法律关系的特质,所以二审法院认为,胡某某与银行之间构成金融服务法律关系。第二,银行没有履行正确评估及适当推介义务。二审法院认为应该先评估再介绍产品,即先对投资者进行评估,确定是稳健型投资者后,再把与评估结论相匹配的产品介绍给投资者。胡某某认为银行先向他推介了产品,胡某某问银行有没有与以前购买的产品相类似的产品,银行说有,并把类似的产品介绍给他,所以认为银行是先推介再做的评估,尽管针对评估结果与产品风险不匹配,胡某某作了特别承诺,但仍因推介在先而认为是银行主动推介。第三,《风险提示函》上的签字不能免除缔约前的适当推介义务。尽管在《风险提示函》及愿意自担风险的特别声明上投资者胡某某均有签字,银行仍需要作到适当推介,推介不适当仍存在过错。第四,之前的投资获利不导致适当推介义务的免除。第五,金融服务法律关系中投资者与金融机构之间存在专业性及信息量等客观上的不对等。第六,投资者有一定过错,利息损失自担。

二审法院作出判决后,银行申诉,上海高院再审,最终判决损失分担。我们(上海高院)考察了三个方面,重点考虑第三点:第一,二审法院认为投资者和银行之间是一种金融服务法律关系,我们认可这样的判断。第二,银行对胡某某负有投资者适当性管理,以及产品说明和风险提示义务,银行履行了主要义务,胡某某无证据证明是银行主动推介。第三,案涉理财产品的损失承担应结合双方过错责任大小予以综合考量。我们的判决是由投资者与银行分担责任,或者说是过失相抵。我们是基于以下考量:首先,经评估胡某某是稳健型的投资者;胡某某作为具备通常认知能力的自然人,经过银行风险提示以后,他对交易风险以及法律后果应该是明知的;从投资经验来看,之前其也购买过与系争理财产品风险等级相当的产品并且获利,结合其担任公司股东及之后从事股权投资等风险较高的投资行为综合考量,我们觉得他是具备一定经验的投资者,对系争理财产品的投资风险应有预期。此外,胡某某明知风险不匹配,仍承诺自担风险,在无证据证明银行主动推介的情况下,按照"卖者尽责、买者自负"的原则,他应当自担理财本金损失的主要责任。其次,银行在销售理财产品过程中风险提示手续不完备,没有充分完整地履行风险提示义务,存在过错,应对本金损失承担相应的赔偿责任。鉴于胡某某本人对本金损失承担主要责任,银行承担的赔偿责任可以适当减轻,具体而言银行应承担40%的赔偿责任。

二、理论分析

(一)金融机构的适当性义务概述

适当性义务最早起源于美国证券业自律组织的交易规则,之后纳入《1934年证券交易法》。如今金融机构对金融消费者负有的适当性义务已成为现代各国金融体系的基本共识。我国的金融立法与监管引入适当性义务时间还不长,在法律制度层面,除了2019年《证券法》、2015年《证券投资基金法》以及2014年《证券公司监督管理条例》以外,我国目前针对金融机构适当性义务的要求主要散见于监管部门制定的规范性文件中,相关法律规定尚处于不断吸收和完善的阶段。

适当性义务与告知说明义务并不相同。告知说明义务强调的是"信息披露义务",指金融机构在推销金融产品时,应该向金融消费者充分说明与金融产品相关的市场风险、信用风险、合同的主要内容等重要事项,使金融消费者对所要投资的金融产品有足够的认识来作出投资决定。适当性义务强调的是"风险匹配原则",指金融机构在销售金融产品的过程中,负有将适当的产品推荐给适当的金融消费者,供金融消费者选择接受与否的义务。

司法实践中,最高人民法院关于金融机构与资管理财产品投资者之间关系的规定,从金融机构应履行的义务角度看,经历了从告知说明义务到适当性义务变化的过程。

最高人民法院在 2015 年 12 月 24 日发布并实施的《关于当前商事审判工作中的若干具体问题》"关于证券投资类金融纠纷案件的审理问题"一节中,对"告知说明义务的衡量标准"作了明确的指引,规定"告知说明义务是'适当性'义务的核心,是金融消费者能够真正了解产品和服务的投资风险和收益的关键。应当根据产品的风险和投资者的实际状况,综合一般人能够理解的客观标准和投资者能够理解的主观标准来确定告知说明义务"。这表明,最高人民法院强调在"证券投资类金融纠纷案件"中保护的对象是"投资者",金融机构应尽到的义务重点是"告知说明义务"。

2018 年 4 月 27 日,央行、原银保监会、证监会、外汇管理局联合发布的《关于规范金融机构资产管理业务的指导意见》(以下简称《资管新规》)第 6 条规定:"金融机构发行和销售资产管理产品,应当坚持'了解产品'和'了解客户'的经营理念,加强投资者适当性管理,向投资者销售与其风险识别能力和风险承担能力相适应的资产管理产品。禁止欺诈或者误导投资者购买与其风险承担能力不匹配的资产管理产品。金融机构不得通过拆分资产管理产品的方式,向风险识别能力和风险承担能力低于产品风险等级的投资者销售资产管理产品。金融机构应当加强投资者教育,不断提高投资者的金融知识水平和风险意识,向投资者传递'卖者尽责、买者自负'的理念,打破刚性兑付。"可见监管部门逐渐强调加强"投资者适当性管理",这一监管理念也影响了司法裁判的审理观念。

2019 年 11 月 8 日最高人民法院发布的《九民纪要》第 76 条明确规定,"告知说明义务的履行是金融消费者能够真正了解各类高风险等级金融产品或者高风险等级投资活动的投资风险和收益的关键,人民法院应当根据产品、投资活动的风险和金融消费者的实际状况,综合理性人能够理解的客观标准和金融消费者能够理解的主观标准来确定卖方机构是否已履行了告知说明义务。卖方机构简单地以金融消费者手写了诸如'本人明确知悉可能存在本金损失风险'等内容主张其已经履行了告知说明义务,不能提供其他相关证据的,人民法院对其抗辩理由不予支持。"《九民纪要》表明,最高人民法院是将"金融消费者权益保护纠纷案件"中的保护对象明确定位为"金融消费者",金融机构应尽到的义务重点是"适当性义务"。

此种变化实际上是在单独的告知说明义务难以完全保护金融消费者权益的背景下,监管部门、司法机关转而采用适当性义务规制卖方机构的直接体现。

金融机构尽到告知说明义务即披露产品信息不能视为已履行义务,尽到适当性义务还必须做到让专业人士提供合理的建议,将适当的产品推荐给适当的金融消费者。相较而言,适当性义务需要金融机构更积极主动地发挥专业能力,对金融机构提出了更高的要求。

此外,告知说明义务仅是先合同义务,而适当性义务还包括合同义务,因为在资产管理合同的履行过程中,金融机构有义务保证合同履行期间按照金融消费者的投资目的、方向和比例等要求进行适当投资。

1. 适当性义务的概念

《九民纪要》第72条规定,适当性义务是指卖方机构在向金融消费者推介、销售银行理财产品、保险投资产品、信托理财产品、券商集合理财计划、杠杆基金份额、期权及其他场外衍生品等高风险等级金融产品,以及为金融消费者参与融资融券、新三板、创业板、科创板、期货等高风险等级投资活动提供服务的过程中,必须履行的了解客户、了解产品、将适当的产品(或者服务)销售(或者提供)给适合的金融消费者等义务。卖方机构承担适当性义务的目的是确保金融消费者能够在充分了解相关金融产品、投资活动的性质及风险的基础上作出自主决定,并承受由此产生的收益和风险。在推介、销售高风险等级金融产品和提供高风险等级金融服务领域,适当性义务的履行是"卖者尽责"的主要内容,也是"买者自负"的前提和基础。

怎么理解"卖者尽责、买者自负"这句话？有观点认为这句话的意思是,金融机构的义务在先,金融机构完全尽到披露义务之后才能说买者自负,也就是所谓的"全有全无"的观点,即金融机构完全有责任或者完全无责任。"全无",即只要金融机构作为卖者尽责了,就无须承担任何责任;"全有",即只要金融机构没有尽到责任,不管投资者有没有过错,所有损失都要由金融机构承担,因为金融机构作为卖者没有尽责。当然我们在审理案件时没有采绝对化的"全有全无"的观点,而是从适当原则出发,在金融机构和投资者都有过错的情况下,按照各自过错程度分担损失。

适当性义务的履行主体为卖方机构,包括但不限于商业银行、证券公司、期货公司、基金管理公司、信托公司等金融市场经营主体;适当性义务履行对象为金融消费者,即金融产品的买方与服务接受方。履行内容包括了解客户、了解产品与适当推介、销售的义务。这样的定义突出了高风险金融产品、衍生品及其他高风险等级的金融产品的风险性,体现了适当性义务给予金融投资者倾斜性保护的初衷。当然,《九民纪要》特别强调"高风险等级金融产品和金融服务",但并不是说低风险产品就不包含在内。《九民纪要》所指"高风险等级"并非金融学意义上的风险等级,而是特指将来发生不利益状态之可能性,主要以本金损失为判断基准。因此,本条适用范围实际上包括除存款外的所有具有本金损失可能性的金融产品和服务。

2. 适当性义务的必要性分析

为什么要有适当性义务？它的必要性在哪里？金融交易的专业化、高风险特征对投资者的专业化提出了更高的要求，投资者除了掌握金融交易基础知识，还应对交易风险有充分认识。金融投资者与金融机构，无论在金融领域专业知识还是风险抵御能力上均存在天然鸿沟，双方之间的权利义务容易失衡，因此，从金融交易缔约之始就对金融机构课以适当性义务，是给予投资者倾斜性保护的一项重要机制，对于强化投资者保护具有必要性。金融机构与投资者之间的能力对比具有以下特点：

(1) 信息不对称

金融交易的专业化特点决定了金融市场的信息不对称现象较为突出，特别是在金融投资领域，交易主体所掌握的专业知识以及市场信息多寡直接决定了能否获利，而处于信息弱势的一方的合法权益容易遭受侵害。因此，占据信息优势地位的金融机构必须将所销售的金融产品的信息，充分、完整地向投资者进行披露，以便投资者作出符合其自身利益期待的交易决策，从源头上实现金融交易的公平性，这也是促进金融市场公开透明的必然要求。

实践中，投资者与金融机构之间的纠纷的成因集中于金融机构的不当销售行为，包括在产品说明与风险揭示义务履行上的瑕疵，甚至因金融机构的误导性陈述，导致投资者的风险承受能力与其从事的交易风险等级不匹配。

现实中，金融机构为了招徕客户，夸大收益、回避风险，将高风险产品"包装"成中低风险产品，损害投资者权益的情况时有发生。因此，适当性义务中的"了解产品"要求，能在一定程度上平衡投资者与金融机构之间的信息不对称，促进市场公开透明。

(2) 风险判断与承受能力的不对称

金融投资者与金融机构之间在专业能力上存在巨大差距，投资者的风险判断与风险承受能力均弱于金融机构。投资者的风险判断几乎完全依赖于金融机构所披露的产品信息。合格投资者虽然具备相当程度的金融交易经验与基础知识，但不能当然认为其对每一类金融产品的风险均有充分认知。在经济实力上，投资者的个人资产亦无法与经济实力雄厚的金融机构相比，抵御金融风险的能力较弱，因此需要对投资者施以更加严格和周密的保护。

投资者适当性义务中"了解客户"的要求，是指金融机构应充分了解投资者的资产情况、专业水平、投资经验与风险偏好等信息。通过风险等级测评等方式，客观评价投资者的风险承受能力，从而避免投资者可能承担与其风险承受能力不相匹配的亏损风险。

(3) 救济能力不对等

投资者与金融机构之间的信息不对称以及二者经济实力、专业水平上的差距决定了他们在寻求救济能力上的不对等,占据信息优势的金融机构在举证能力上势必强于投资者。

诉讼中,举证责任的分配往往决定诉讼利益的归属,为平衡双方救济能力,《九民纪要》采用了举证责任倒置规则,由金融机构对其是否履行了适当性义务承担举证责任,如不能提供其已经建立了金融产品(或者服务)的风险评估及相应管理制度,对金融消费者的风险认知、风险偏好和风险承受能力进行了测试、向金融消费者告知产品(或者服务)的收益和主要风险因素等相关证据的,就应当承担举证不能的后果。

同时,《九民纪要》还对金融机构课以较高的证明标准,不能简单地以金融消费者手写了"本人明确知悉可能存在本金损失风险"等内容来证明其已经履行了风险告知说明义务。金融机构还应提供其他相关证据,例如签约时的录音、录像等视听资料加以佐证。

3. 适当性义务的具体内容

从适当性义务的定义当中可以发现,"适当性义务"的主要内容有二:一是告知说明义务,也就是金融机构要依法充分告知消费者金融产品的具体情况。其旨在缓解金融市场中买卖双方的信息不对称,从程序上保障投资者能够作出"知情的同意"。二是适当推荐义务,是指金融机构应依法、充分了解消费者的基本情况与风险承受能力,从而将适当的产品销售给适当的客户。其旨在防止金融机构为自身利益而向消费者推荐不适合的金融产品,强化对金融消费者的保护。

适当性义务的履行是"卖者尽责"的主要内容,也是"买者自负"的前提和基础。

具体来说,我们可以从立法和司法实践两个层面来看。立法层面,2019年《证券法》第88条第1款将证券公司适当性义务界定为以下三方面的内容,即"了解客户""了解产品"以及"适当销售行为",这为法院认定证券公司是否尽到适当性义务提供了法律层面的依据。司法实践层面,《九民纪要》认为,适当性义务主要由三部分组成:一是金融机构对潜在客户进行风险测评和分类,以满足了解客户的要求;二是金融机构向客户告知说明金融产品的具体情况,以满足了解产品的要求;三是将适当的产品(或者服务)销售(或者提供)给适当的客户,以满足合理推荐、适当销售的要求。上述三项义务构成了适当性义务的义务群。

从投资者缔约过程考察,上述各项义务之间存在较强的逻辑关联:(1)风险测评和分类是确定投资者风险偏好以及风险承受能力的基础,从而判断与该投资者匹配的投资方向,这也是金融机构对客户进行分类管理的必备条件;(2)在明确客户需求的前提下,就投资者可能选择的金融产品进行说明,即履行信息披露义务,例如向投资者介绍金融产品的投资方向、底层资产状况、投资期限以及预期收益率等重要条款,而其中的核心在于投资的风险披露,必须使投资者清晰地理解该项投资存在亏损风险,以供投资者根据自身风险偏好作出选择;(3)在充分履行风险测评与信息披露义务的前提下,金融机构才能够向投资者销售与其风险承受等级相匹配的金融产品。只要金融机构对上述三项义务之一存在履行上的瑕疵,即构成对适当性义务的违反。

(二)适当性义务的法理基础——缔约过失责任

司法实践中,投资者与金融机构之间的民事赔偿诉讼往往存在请求权竞合的现象:投资者既可以依据与金融机构之间的委托理财协议行使"违反先合同义务"的缔约过失责任赔偿请求权,也可以行使"违反保护他人的法律而致人损害"的侵权行为损害赔偿请求权。请求权的差异决定了法律适用,也直接影响到投资者的权益能否实现。

《九民纪要》认为,卖方机构的适当性义务属于先合同义务的范畴,卖方违反适当性义务承担的民事责任为缔约过失责任。但《九民纪要》中的规定是不是就把侵权这条路给堵死了呢？其实实务当中也有很多是从侵权角度来打官司的。但不管怎么样,《九民纪要》最终选择的是缔约过失责任这条路,从我们实务的角度来说也认可缔约过失责任的路径。

1. 缔约过失责任概述

所谓缔约过失责任,是指在合同订立过程中,一方因违背其依据诚实信用原则所产生的义务,而致另一方的信赖利益损失,并应承担损害赔偿责任。

有学者提出,我国1981年《经济合同法》第16条第1款及1986年《民法通则》第61条第1款是我国最早引入缔约过失理论的法律条文,在民事法律行为无效、被撤销的情况下承认了缔约过失责任,但仅将缔约过失责任的适用范围限定于合同被撤销、确认无效的情形,缔约过失责任不适用于有效成立的合同领域。

《民法典》第500条对原《合同法》第42条予以完全继承,根据该条的内在精神,缔约过失责任的构成要件包括以下三项:(1)在订立合同过程中发生的行为。(2)该行为有违诚实信用原则,具体情形包括:假借订立合同,恶意进行磋商;故意隐瞒与订立合同有关的重要事实或者提供虚假情况;有其他违背诚实信用原则的行为。(3)给合同相对方造成了损失,即两者之间存在因果关系。

2. 适当性义务属于先合同义务

通说认为,缔约过失责任是建立在违反先合同义务之上而产生的赔偿责任,"只要当事人违背了其所负有的应依诚信原则产生的先合同义务并破坏了缔约关系,就构成缔约上的过失"。

就适当性义务而言,应是指金融机构在销售金融产品的过程中履行的投资者风险等级评测、产品信息披露及风险告知以及适当销售的义务,上述义务不仅是金融监管的要求,同时也是对金融市场主体交易行为的道德性要求,即诚实信用与公平原则。

我们认为,就义务履行的时间而言,适当性义务应归属先合同义务。为确保金融交易的公平性,金融机构应当秉持最大善意,如实、充分地向投资者说明金融产品结构,即内容以及风险,以便金融投资者自主选择适合自身风险偏好与风险承受能力的产品。

3. 违反适当性义务应承担缔约过失责任

依传统缔约过失理论,缔约过失责任是合同被撤销或者被确认无效后应承担的责任。司法实践中,投资者与金融机构之间的民事赔偿纠纷绝大部分系基于有效合同而产生的争议,且多数已经履行完毕,若采用传统理论,则绝大部分投资者都将丧失缔约过失的请求权基础,而适当性义务本身并非契约义务,以致投资者无法以违约作为请求权基础,因此部分投资者只得选择侵权责任作为请求权基础,这也是传统缔约过失理论的局限性所在。因此我们认为,缔约过失责任应扩张适用至有效合同,即不仅可以适用于合同被撤销、合同无效的情形,也可以适用于有效合同。

王泽鉴教授将缔约过失原则的适用情形归纳为以下四类:(1)契约不成立;(2)契约无效;(3)缔约之际未尽通知等义务致他方遭受财产上的损失;(4)缔约之际未尽保护义务致他方身体健康遭受损害。

前两种情形与传统缔约过失理论保持一致,而在后两种情形下,尚不能排除合同成立与生效的情形。例如,在商品房预售合同场合,出卖人未告知买受人所购房屋属管道层,购房人事后要求赔偿。在此种情况下,商品房预售合同已经成立并生效,但在买受人尚不能依照《民法典》第148条(原《合同法》第54条)行使撤销权,且亦不存在《民法典》第153条(原《合同法》第52条)规定的合同无效的情形下,买受人唯有以缔约过失责任作为请求权基础主张权利。

正如韩世远教授所指出的,"在现代社会生活中,最初罗马法上典型的于自始客观不能合同无效的情形(后来被作缔约上过失的典型例),是非常少见的;而大量存在的,则是合同有效型的缔约上过失问题;特别是与消费者保护相关联,这一类型的缔约上过失责任,在国外的判例和学说上得到了多姿多彩的展开"[①]。他认为缔约过失应适用于合同有效的情形,特别是在消费者保护领域。

在高风险金融投资中,对于普通投资者而言,金融产品的投资方向、底层资产状况与风险是其决定是否缔结合同的决定性要素,金融机构若信息、风险披露义务履行不

[①] 韩世远:《我国合同法中的缔约上过失问题研究》,载《法学家》2004年第3期。

足,以及未履行适当销售义务,应当视为违反了诚实信用原则的要求,而此时双方缔结的合同并非当然无效或者可撤销,因此完全符合《民法典》第500条(原《合同法》第42条)的规定,金融机构应承担违反先合同义务所造成的损失。

(三)过失相抵原则在投资者适当性案件中的适用

根据2019年《证券法》第88条第3款的规定,证券公司违反适当性义务导致投资者损失的,应当承担相应的赔偿责任。《九民纪要》指出,卖方机构未尽适当性义务导致金融消费者损失的,应当赔偿金融消费者所受的实际损失。司法实践中,在金融机构未尽适当性义务的情况下,能否适用过失相抵原则,即当投资者对损失发生亦存在过错时,金融机构所负赔偿责任能否适当减轻,还存在不同认识。我们认为,过失相抵原则在投资者适当性案件中仍得适用。

1. 缔约过失责任适用过失相抵原则的正当性分析

过失相抵也称混合过错,是指对损害的发生合同双方当事人均有过错,在确定责任时,可以依据具体情况由当事人分别承担各自所造成的损害。有观点认为,过失相抵原则的适用范围仅限于侵权责任,而卖方机构违反适当性义务的民事责任性质属缔约过失责任。虽然从最终裁判结果上看,在金融消费者具有过错的情况下,适当减轻卖方机构的赔偿责任并无不当,但从严格法律适用逻辑的角度讲,对于缔约过错责任的减免,仍不应适用过失相抵原则。

但我们认为,缔约过失责任不应该排除,且事实上也未排除过失相抵原则的适用。实践中,缔约过失责任往往并非由单方过错所致,受害人的过错亦可能导致损害的发生,例如,受害方因自身认识错误而导致合同被撤销、确认无效的情况就属于双方过错,若由加害人一方承担全部损失便有违公平原则。此外,过失相抵原则并非侵权责任法之独有规则,将缔约过失责任限定在侵权责任法范畴中的观点未免狭隘。倘若排除缔约过失责任在契约法中的适用,将直接导致当事人救济权的丧失。所以过失相抵原则不仅适用于侵权法,缔约过失责任认定也可以适用。

依通说,原《合同法》第58条就是在缔约过失责任中适用过失相抵原则,《民法典》第157条对其有所修订,但总体继承了过失相抵原则。虽然原《合同法》第58条为过失相抵原则设定了"合同无效或者被撤销"的适用前提,但如前所述,合同有效情况下的缔约过失责任在现实中大量存在,为给予当事人相应的救济途径,从平衡当事人利益角度出发,过失相抵原则理应扩张适用至合同有效情况下的缔约过失责任。正如王泽鉴教授所言,受害人因自己之过失,误认契约成立或生效者,根本不得请求赔偿。此项规定过于僵硬,缺乏弹性。因此,在缔约上过失责任,被害人与有过失者,仍应适用过失相抵之规定。

2. 金融机构未尽告知说明义务构成对适当性义务的违反

《九民纪要》认为,适当性义务的履行是"卖者尽责"的主要内容,也是"买者自负"的前提和基础。告知说明义务是适当性义务的具体展开,也是保护投资者知情权的根本保障。

2019年《证券法》第88条第3款规定,证券公司未履行适当性义务的,应对投资者损失承担相应的赔偿责任。上述规定虽未明确证券公司所负赔偿责任的承担方式,但从"相应"一词表述可以推知,《证券法》并未排除在投资者与金融机构之间适用过失相抵原则,"相应"一词可作"按照双方过错的大小承担责任"之解释。

本案中,银行主张,虽然胡某某未在《股指期货交易风险提示函》上签字,但事实上案涉基金并未从事股指期货交易,对此银行并无过错。法院认为,金融机构对其所销售的理财产品均负有风险提示义务,案涉资产管理合同约定,基金投资范围包括股指期货,即表明系争基金将从事股指期货交易。况且从金融交易种类划分来看,股指期货属于金融衍生品种交易,本身即具有较大的投资风险,因此无论涉案基金最后是否实际从事合同约定的投资范围内的金融交易,金融机构均不能免除相关风险提示义务。本案中,胡某某未在《股指期货交易风险提示函》上签名,银行未充分履行风险提示告知义务,构成对适当性义务的违反,对胡某某的投资损失存在一定过错,应按照其过错大小承担相应赔偿责任。

3. 适当性义务的判断标准应该主客观一致

适当性义务的判断标准,其实就是过错的判断标准,更是判定金融机构是否承担侵权责任或缔约过失责任的重要构成要件。对此问题,《九民纪要》主张采取主客观一致标准,强调"根据产品、投资活动的风险和金融消费者的实际情况,综合理性人能够理解的客观标准和金融消费者能够理解的主观标准来确定卖方机构是否已经履行了告知说明义务"。

在具体适用上,最高人民法院强调"专业交易者与普通客户、资深交易者与新手对金融机构的信赖程度并不相同,因此客户是否信赖金融机构不能脱离个案背景,需要结合客户的专业程度、交易历史与经验、交易产品的复杂程度等综合判断"。

这一立场既与保护金融消费者权益、合理进行金融交易风险分配的立法目的相契合,也符合我国各级人民法院司法审判的实际。以"一般人能够理解的客观标准为主、以特定金融消费者能够理解的主观标准为辅",应成为判断适当性义务时遵循的主要规则。

4. 投资者应按"买者自负"原则自担风险

一般认为,适当性义务是为了防范金融机构以获利为目的,不当诱使普通投资者从事高风险金融交易,旨在对风险承受能力不足的投资者给予充分保护。现实中确实存在一部分具备相当投资经验与高风险偏好的投资者,为追求高收益而甘冒损失本金风险,其风险测试的结果往往不能反映真实的风险偏好与风险承受能力。正因为如此,金融监管部门在坚持以金融机构应履行适当性义务,不得向低风险等级投资者主动推介高风险金融产品为原则的基础上,允许金融机构在已经充分履行说明告知义务以及投资者坚持其自主选择的前提下,向低风险等级投资者销售高风险产品作为适当性义务的例外。《九民纪要》也对此种情况下卖方机构的免责情形作了专门规定。对于该部分投资者,法院应在综合考量其受教育程度、既往投资经验、个人收入水平等因素的基础上适用"买者自负"原则。

本案中,法院综合考量了下列因素,认定投资者对投资损失存在过错,应承担主要损失:投资者的既往投资经历。客观而言,投资经验不能完全等同于投资者的专业程度,但也是影响投资者决策的一项重要因素,同时也是金融机构评估投资者风险承受能力的重要依据。例如,中国证券业协会下发的《个人投资者风险承受能力评估问卷(试行模板)》(已失效)中,就将投资者的投资经验划分为有限、一般、丰富、非常丰富四个等级,要求投资者如实填写。本案中,胡某某在购买基金前,曾购买"中银8号"基金并获利,该基金的投资范围与本案高度重合,两者风险等级近似。此外,胡某某购买本案系争理财产品之前系某股份公司股东,之后又有从事股权投资等风险较高的投资行为,且投资金额较高。综上,我们认为胡某某系具备一定金融投资知识且有经验的投资者,其对于购买本案基金所可能承受的风险应系明知,对投资损失具有一定的预期。

5. 风险自担承诺

《九民纪要》第78条规定了一定条件下金融机构的免责事由,即"卖方机构能够举证证明根据金融消费者的既往投资经验、受教育程度等事实,适当性义务的违反并未影响金融消费者作出自主决定的,对其关于应当由金融消费者自负投资风险的抗辩理由,人民法院依法予以支持"。

本案中,胡某某的风险评估问卷显示,胡某某为稳健型的投资者,其风险承受能力等级低于涉案基金产品,"稳定是首要考虑的因素,一般希望在保证本金安全的基础上能有一些增值收入……",但高于"保护本金不受损失"。胡某某在《风险提示函》中表明,其已充分知晓产品风险,并声明购买涉案基金系本人自主选择,由其本人承担投资结果引致风险。这表明,尽管胡某某的风险等级测试结果显示其为稳健型投资者,但其仍然选择了超过其风险承受能力的基金产品,而且承诺愿意承担本金损失,按照"买者自负"原则,应自担投资风险。

鉴于胡某某未在《股指期货交易风险提示函》上签字,可以认为银行未尽告知说明义务,未充分履行"卖者尽责"的相应责任,亦存在过错,故投资者自担损失部分可以适当减轻。法院综合考虑双方过错程度,依照过失相抵原则判决胡某某自担损失的

60%,银行承担损失的40%。

三、检讨及对相关案例的思考

胡某某案于2019年10月8日终审判决,一个月后即2019年11月8日《九民纪要》出台,回过头来再看这个案件,可以作些检讨与思考。

(一)关于主动推介的举证责任

《九民纪要》明确了涉及适当性义务的举证责任采举证责任倒置原则,即由卖方机构证明履行了适当性义务。其第75条明确规定,金融消费者应当对购买产品(或者接受服务)、遭受的损失等事实承担举证责任。卖方机构对其是否履行了适当性义务承担举证责任。卖方机构不能提供其已建立了金融产品(或者服务)的风险评估及相应管理制度,对金融消费者的风险认知、风险偏好和风险承受能力进行了测试,向金融消费者告知产品(或者服务)的收益和主要风险因素等相关证据的,应当承担举证不能的法律后果。

就本案而言,胡某某主张银行存在主动推介行为,银行称是胡某某主动询问,对此双方均无证据证明,法官通过庭审听庭,并结合胡某某曾在该行购买"中银8号"基金等事实,综合考量,认为银行关于系争产品购买过程系胡某某主动询问的陈述更为合理,且银行也针对胡某某的情况作了测试评估及产品介绍、风险提示等,也符合《九民纪要》第75条关于由卖方机构证明履行了适当性义务的基本精神,故对胡某某关于银行存在主动推介行为的主张未予采信,并无不妥。

(二)关于赔偿范围

关于利息能否被认定为投资者的损失的问题,过往裁判实践尺度不一,既有支持的案例,也有反对的案例。

本案采不予支持的观点,主要考虑投资非存款,投资有风险,投资人明知风险仍主动选择,所以利息损失未作为损失考虑。现在《九民纪要》非常清楚地将利息纳入赔偿的范围,第77条明确规定,卖方机构未尽适当性义务导致金融消费者损失的,应当赔偿金融消费者所受的实际损失。实际损失包括本金和利息,利息按照中国人民银行发布的同期同类存款基准利率计算。

同时还明确了卖方机构欺诈行为的法律后果,即金融消费者因购买高风险等级金融产品或者为参与高风险投资活动接受服务,以卖方机构存在欺诈行为为由,主张卖方机构应当根据《消费者权益保护法》第55条的规定承担惩罚性赔偿责任的,人民法院不予支持。卖方机构的行为构成欺诈的,对金融消费者提出赔偿其支付金钱总额的利息损失请求,应当注意区分不同情况进行处理:(1)金融产品的合同文本中载明了预期收益率、业绩比较基准或者类似约定的,可以将其作为计算利息损失的标准;(2)合同文本以浮动区间的方式对预期收益率或者业绩比较基准等进行约定,金融消费者请求按照约定的上限作为利息损失计算标准的,人民法院依法予以支持;(3)合同文本虽然没有关于预期收益率、业绩比较基准或者类似约定,但金融消费者能够提供证据证明产品发行的广告宣传资料中载明了预期收益率、业绩比较基准或者类似表述的,应当将宣传资料作为合同文本的组成部分;(4)合同文本及广告宣传资料中未载明预期收益率、业绩比较基准或者类似表述的,按照全国银行间同业拆借中心公布的贷款市场报价利率计算。

(三)适当性义务主客观标准的把握

何谓"一般理性人的客观标准"以及"金融消费者主观标准",实践中是比较难以把握的。

我们注意到北京高院在(2019)京民申3178号案中,认定某银行违反了作为基金代销机构应当承担的适当性义务,判决其赔偿金融消费者王某基于购买涉诉基金遭受的全部损失。该案的主要案情为:2015年6月,王某经某银行工作人员推荐,在某银行购买基金,认购金额为96.6万元。在王某购买基金过程中,某银行对王某作的风险评估结果为稳健型,但某银行未向王某出示和提供基金合同及基金招募说明书,基金招募说明书中载明该基金为"较高风险"品种。2018年3月,王某进行了基金赎回,本金亏损57万余元。王某遂诉至法院要求某银行赔偿其全部本金损失及相应利息。

该案主观条件:(1)王某是适格投资者;(2)有多年交易经验;(3)评估适宜购买相关产品;(4)王某系金融法官,掌握金融法律知识。但北京的三级法院均认为,王某之前购买理财产品的事实,并不能表明其对本案基金的相关风险等内容有所了解,不能据此减轻或免除银行的适当性义务。案件的争议焦点主要集中在:第一,某银行在向王某推介涉诉基金过程中,是否存在明显不当推介行为和重大过错、是否违反了适当性义务。北京高院认为,某银行因未能提供有效证据证明王某是在充分了解投资标的及其风险的基础上自主决定购买涉诉基金,故认定其存在明显不当推介行为和重大过错,违反了作为基金代销机构应当承担的适当性义务。第二,王某系涉案基金的适格投资者,有多年的相关交易经验,经评估也是适宜购买产品的客户,掌握金融法律知识,能否据此减轻或免除某银行因不当推介而应承担的责任。北京高院认为,王某虽多次购买理财产品,但其之前购买理财产品的事实,并不能表明其对本案涉诉基金的相关风险等内容有所了解,并不能据此减轻或免除某银行未按金融监管的相关规定履行适当性推介义务及未向王某出示和提供基金合同和招募说明书而应承担的责任。这更多强调的是一般理性的客观标准,对王某个体的主观特征似未重点考察;或者说只要客观标准不符合，消费者个体的主观特征则无须考察。

反观本案，再审法院对主客观因素都作了一定的考量：主观方面，一是考察胡某某的投资经验，胡某某买过相似类型的理财产品，具有其他理财经验，是某股份公司股东，从事股权投资活动且金额较高；二是考察胡某某对风险的态度，其知道其风险承受能力与产品不匹配，仍承诺风险自担，坚持购买。客观方面，在评估问卷中明确表明其投资态度为稳健型，投资目的为资产稳健增长，在本金出现10%以内损失时会明显焦虑，但卖方银行仍将高风险的产品卖给胡某某，且在《股指期货交易风险提示函》上遗漏了投资人的签字，属于在风险披露问题上存在过错。

考虑主客观两方面，再审法院作出了金融消费者为主、金融机构为辅的责任分担裁判。

四、相关建议

一是鉴于适当性义务的主观标准较难把握，从保护金融消费者的角度出发，法院的判断尽量以客观标准为主，主观标准为辅；二是金融机构要加强对金融消费者的管理和主观审查，作好评估，作到真正了解金融消费者；三是在举证责任倒置的情况下，金融机构要注意作好证据保存。

五、相关案件裁判原文

【二审判决原文】

胡某某等诉中国银行股份有限公司
上海市田林路支行财产损害赔偿纠纷案

上海市第一中级人民法院
民事判决书

（2015）沪一中民六（商）终字第198号

上诉人（原审原告）：胡某某。
委托代理人郭某，上海众华律师事务所律师。
委托代理人彭某某，上海众华律师事务所律师。
被上诉人（原审被告）：中国银行股份有限公司上海市田林路支行。
负责人某某，行长。

委托代理人刘某,上海市佳信达律师事务所律师。

原审第三人大成基金管理有限公司。

法定代表人某某,董事长。

委托代理人吴某,北京市金杜律师事务所杭州分所律师。

上诉人胡某某为与被上诉人中国银行股份有限公司上海市田林路支行、原审第三人大成基金管理有限公司财产损害赔偿纠纷一案,不服上海市徐汇区人民法院(2014)徐民二(商)初字第541号民事判决,向本院提起上诉。本院于2015年4月9日立案受理后,依法组成合议庭,于2015年5月12日公开开庭对本案进行了审理。上诉人胡某某及其委托代理人郭某、彭某某,被上诉人委托代理人刘某,原审第三人委托代理人吴某到庭参加诉讼。本案现已审理终结。

原审法院审理查明,2011年3月,上诉人为资产委托人、原审第三人为资产管理人、中国银行股份有限公司为资产托管人签订《中行-大成景瑞3号灵活配置2期特定多个客户资产管理计划资产管理合同》,其中约定投资范围为主要投资于国内证券交易所挂牌交易的A股(包括但不限于创业板、新股认购和定向增发)、股指期货、基金(股票型、债券型、货币型、混合型等)、债券、权证、债券回购及法律法规或监管机构允许投资的其他金融工具;该合同还对合同当事人权利义务、风险揭示、违约责任等内容进行了约定。合同文本后附《股指期货交易风险提示函》一份,该函右下方资产委托人落款处空白。合同签订后,上诉人即在被上诉人处认购了人民币100万元的景瑞3号2期基金,并在《中国银行开放式基金交易凭条(个人)》上签字确认,签名下方记载:"本人充分知晓投资开放式基金的风险,自愿办理中国银行代理的基金业务,自担投资风险",同时上诉人在该交易凭条背面的《风险提示函》下方签字。

2011年3月4日,被上诉人作为评估机构向上诉人出具《中国银行股份有限公司个人客户风险评估问卷》,提示:上诉人风险承受能力评级及适合购买的产品为稳健型。同日,上诉人向被上诉人提交《中国银行股份有限公司个人理财产品业务交易信息确认表》,认购博弈理财。该确认表客户投资意愿确认栏记载:"中国银行股份有限公司:根据贵行为本人进行的《中国银行股份有限公司个人客户风险评估问卷》的结果显示,本人不适宜购买本产品。但本人认为,本人已经充分了解并清楚知晓本产品的风险,愿意承担相关风险,并有足够的风险承受能力和投资分辨能力购买该产品。现特别声明此次投资的决定和实施是本人自愿选择,其投资结果引致风险由本人自行承担。"上诉人对此签字确认。之后,因该理财产品发生亏损,上诉人遂提起本案诉讼,要求判令被上诉人赔偿其亏损180,642.62元及2011年3月至2013年3月期间的利息。

上诉人曾于2010年4月15日购买100万元的中银8号基金并盈利。该基金为中银专户8号资产管理计划,资产管理人为中银基金管理有限公司,资产托管人亦为中国银行股份有限公司。该资产管理计划的投资范围为：具有良好流动性的金融工具，包括投资于国内依法公开发行、上市的股票、债券、权证、证券投资基金，以及中国证监会允许本计划投资的其他金融工具；法律法规或监管机构以后允许本计划投资的其他品种（如股指期货等），本计划管理人履行适当程序后，可以将其纳入投资范围。上诉人在购买该中银8号基金时同样签署了《中国银行开放式基金交易凭条（个人）》及该凭条背面的《风险提示函》。

中国银行业监督管理委员会上海监管局对上诉人关于中国银行违规代销基金事项进行信访回复："经我局了解，2011年3月中国银行田林路支行为您办理代销基金业务过程中告知您相关风险，并且您本人签署了基金风险提示函，无证据显示存在您所称'银行向您销售风险评级不相符的产品'的情况。综上所述，如您对投诉事项仍有疑问，建议通过司法途径解决此事。"

原审法院审理认为，诉争理财产品并非被上诉人自行开发的理财产品，该理财产品的资产管理人为原审第三人而非被上诉人，被上诉人仅系资产托管方中国银行股份有限公司的分支机构，对该理财产品进行代销。现根据已查事实，被上诉人在上诉人认购诉争理财产品时，已让上诉人签署《风险提示函》，故上诉人称被上诉人未进行风险提示与事实不符。被上诉人作为诉争理财产品的代销机构，已尽到了合理的风险告知义务。上诉人系一名完全民事行为能力人，对自己的民事行为具有完全的认知和判断能力。诉争资产管理合同中明确记载了诉争理财产品的投资范围和风险揭示等内容，上诉人作为合同主体之一签署合同即应视为其已对合同文本的内容进行阅读并知晓，并受合同法律约束。上诉人有多次购买理财产品的经历，也购买过与本案相似的资产管理计划理财产品，因此，其应当能够预判诉争理财产品的风险程度。且上诉人也并无证据证明被上诉人在代销过程中存在对其构成误导的行为，故即便被上诉人曾评估提示上诉人为稳健型投资者，上诉人购买诉争理财产品也是其本人自行选择作出的民事法律行为，由此产生的法律后果亦应由其自行承担。对于上诉人关于被上诉人未让其在资产管理合同所附《股指期货交易风险提示函》上签字的诉称，虽被上诉人所提交的证据并不足以证明其未让上诉人在该风险提示函上签字存在合理依据，但如前所述，被上诉人作为代销机构已尽合理风险提示义务，故只能说明被上诉人的行为存在瑕疵但并不构成过错行为。且被上诉人是否让上诉人在该风险提示函上签字与上诉人最终决定购买诉争理财产品及该理财产品的亏损也并不存在必然因果关系。况且，该风险提示函附于资产管理合同文本之中，在被上诉人将合同文本交由上诉人签署时已一并交付上诉人，故如前所述，上诉人作为完全民事行为能力人，即便未在该风险提示函上签字，也应对风险提示内容有所知晓。而若上诉人未对此进行阅读，也系其自身过错。遂判决驳回上诉人的全部诉讼请求。一审案件受理费5,179元，由上诉人自行负担。

上诉人胡某某不服原审法院上述民事判决,向本院提起上诉称,系争交易凭条及风险提示函的内容系针对开放性基金的一般性风险提示,并非针对本案系争理财产品,上诉人在其上签字并不能免除被上诉人的风险告知义务;被上诉人已对上诉人进行了风险评估,评估结果为风险承受能力较低,被上诉人仍向上诉人销售系争高风险理财产品,亦未要求上诉人签署确认材料,违反相关规定;原审第三人未对股指期货进行投资,构成违约,应承担相应民事责任。上诉人据此请求本院撤销原判,改判支持其原审全部诉讼请求。

被上诉人中国银行股份有限公司上海市田林路支行答辩称,系争理财产品由原审第三人开发,被上诉人仅系代销,代销时被上诉人已履行相应风险告知义务,请求驳回上诉,维持原判。

原审第三人大成基金管理有限公司答辩称,上诉人上诉请求不能成立,请求驳回上诉,维持原判。

各方当事人在二审期间均未提供新的证据材料。

本院经审理查明,系争资产管理合同约定原审第三人作为资产管理人保证已在签订本合同前充分地向上诉人说明了有关法律法规和相关投资工具的运作市场及方式,同时揭示了相关风险;已经了解上诉人的风险偏好、风险认知能力和承受能力,对上诉人的财务状况进行了充分评估。被上诉人对上诉人所作风险评估报告中对稳健型投资者的定义为风险承受能力较低,在任何投资中,一般希望在保证本金安全的基础上能有增值收入,追求较低的风险,对投资回报的要求不高。系争风险提示函中提示系争基金份额净值存在下跌的可能性。二审庭审中,被上诉人确认在销售本案系争理财产品时未对上诉人进行风险评估。二审审理过程中,被上诉人主张系争理财产品的购买过程为:2011年3月中旬,上诉人欲购买与中银8号基金类似的理财产品并向被上诉人员工询问,被上诉人员工之后以电话方式告知上诉人本案系争理财产品,并介绍了产品特点及基本情况,之后上诉人前往被上诉人营业厅柜台购买,经被上诉人风险测试及风险提示后认购,被上诉人另确认前述上诉人风险评估报告系在认购本案系争理财产品前所作。原审认定事实属实,证据充分,本院予以确认。

本院认为,本案争议焦点在于:一、上诉人与被上诉人间是何法律关系;二、被上诉人在此种法律关系框架内有无侵权过错;三、如被上诉人有此种侵权过错,应承担何种民事责任。

就第一个争议焦点,本院认为,系争资产管理合同虽未约定被上诉人须对上诉人在该合同项下承担合同义务,但依被上诉人自认,系争理财产品由被上诉人应上诉人要求主动推介上诉人购买,上诉人亦系在被上诉人营业场所完成购买行为,被上诉人并同时对上诉人进行了风险测试及风险提示等。上诉人、被上诉人间上述法律行为既出于双方意思表示,又依法产生相应法律后果,被上诉人亦非以原审第三人代理人的身份实施上述行为,故在上诉人购买系争理财产品的过程中,应认为被上诉人与上诉人间直接建立了相应的民事法律关系。中国银行业监督管理委员会《商业银行个人理财业务管理暂行办法》第八条第一款规定:理财顾问服务,是指商业银行向客户提供的财务分析与规划、投资建议、个人投资产品推介等专业化服务。依照上述部门规章,被上诉人向上诉人推介投资产品等前述民事行为,其法律后果应为与上诉人构成金融服务法律关系。被上诉人主张其仅系代销原审第三人的理财产品,对此本院认为,被上诉人与原审第三人间固有可能构成代销法律关系,但代销合同系指代销方按照委托方的委托,以自己的营业场所、服务设施来代销委托方商品的合同,其本质为委托代理关系的一种,被上诉人作为金融机构,与作为个人投资者的上诉人间不可能构成此种法律关系;且一般情况下,代销法律关系中的代销方在接受委托后,并无主动向他人推介代销产品、进行客户评估等义务,故上诉人与被上诉人间并非代销法律关系;鉴于被上诉人在系争资产管理合同中仅具托管人身份,则其与上诉人间只能构成前述金融服务法律关系;被上诉人的上述主张,缺乏法律依据,本院不予采信。

就第二个争议焦点,本院认为,被上诉人与上诉人间既构成金融服务法律关系,则被上诉人应履行该种法律关系项下的相应义务;现上诉人与被上诉人间就此种服务法律关系未订立书面合同,故应依照相关规范确定被上诉人的义务范围。中国银行业监督管理委员会《个人理财业务风险管理指引》第二十三条规定:对于市场风险较大的投资产品,特别是与衍生交易相关的投资产品,商业银行不应主动向无相关交易经验或经评估不适宜购买该产品的客户推介或销售该产品。客户主动要求了解或购买有关产品时,商业银行应向客户当面说明有关产品的投资风险和风险管理的基本知识,并以书面形式确认是客户主动要求了解和购买产品。另,《商业银行个人理财业务管理暂行办法》第三十七条规定:商业银行利用理财顾问服务向客户推介投资产品时,应了解客户的风险偏好、风险认知能力和承受能力,评估客户的财务状况,提供合适的投资产品由客户自主选择,并应向客户解释相关投资工具的运作市场及方式,揭示相关风险。商业银行应妥善保存有关客户评估和顾问服务的记录,并妥善保存客户资料和其他文件资料。依照上述部门规章之规定,商业银行在金融服务法律关系中负有依照客户的风险承受能力及财务状况等推介合适产品的义务,具体而言,商业银行首先应在推介投资产品之前对客户评估,之后依照评估结果确定客户的类别,并在正确评估客户、了解相关情况的基础上,向客户推荐合适的理财产品,且不得主动向投资者推荐不适宜的理财产品。本案中,被上诉人在向上诉人推介系争理财产品前未对上诉人进行评估,已有过错;而依据此前被上诉人的评估结果,上诉人属稳健型投资者,风险承受能力较弱,一般仅希望在保证本金安全的基础上能有增值收入,本案系争理财产品为非保本型理财产品,存在净值下跌的可能性,显然并不适宜上诉人,但被上诉人仍主动向上诉人推介此种产品,故可认定被上诉人未履行上述正确评估及适当推介的义务,具有相应过错。本案中,上诉人虽已在相关风险提示函上签字确认知晓相关风险,但上诉人并非主动要求了解或购买系争理财产品,且依被上诉人主张,上诉人的签字行为发生在被上诉人推介系争理财产品且履行风险提示义务之后,故上诉人虽在缔约过程中签字确认知晓相关风险,但据此并不能免除被上诉人在缔约前的适当推介义务。同时,虽然上诉人此前曾投资类似理财产品并盈利,但民事行为中一方不履行义务而相对方当事人因该行为获利的,义务方的相应义务并不因此当然免除,就本案法律关系而言,仅能认为因未发生损害结果,义务方虽有过错但无须承担相应民事责任,故上诉人此前的投资获利行为亦不能导致本案中被上诉人上述义务的免除。

诚然,前述部门规章并非法律法规,其法律层级较低,而在一般商事行为中,亦确应遵循买者自负、风险自担的原则;但本院认为,金融服务法律关系中,投资者与金融机构存在专业性及信息量等客观上的不对等,投资者作为缺乏专业知识的主体,并不当然知晓何种理财产品最合乎自己的需求,而出于对利益最大化的追求,投资者往往可能选择并不合适的理财产品;为弥补此种不平等,应当对专业金融机构课以相应的义务,要求金融机构承担为投资者初步挑选理财产品的责任,以避免投资者因其专业性上的欠缺导致不必要的损失;同时,对金融机构课以此种义务,亦可防止其为追求自身利益,将不适格的投资者不当地引入资本市场,罔顾投资者权益而从中牟利。故前述部门规章的规定实际系民法中平等原则及合同法中诚实信用原则的具体体现,在相应法律法规尚无明确规定的情况下,应据此认定被上诉人的权利义务范围,现被上诉人未能履行前述义务,应认定其在金融服务法律关系框架下具有过错。

鉴于上诉人购买系争理财产品系基于被上诉人的不当推介行为,若无此种不当推介行为则上诉人不会购买系争理财产品,相应损失亦无从发生,故应认定被上诉人的过错行为与上诉人的损失间具有相当因果关系,被上诉人存在相应侵权过错。上诉人的相关主张,具有法律及事实依据,本院予以采信。

就第三个争议焦点,本院认为,被上诉人即具有侵权过错,则上诉人依照《中华人民共和国侵权责任法》第十五条之规定要求被上诉人承担赔偿损失之责并无不当;但该法第二十六条同时规定:被侵权人对损害的发生也有过错的,可以减轻侵权人的责任。本案中,上诉人对自身的财务状况、投资能力及风险承受能力亦应有相应的认识,但上诉人未依照自身状况进行合理投资,而是选择购买系争理财产品,对相应损失的发生亦具有相应过错,依照上述法律规定,被上诉人的侵权赔偿责任可相应减低。上诉人主张被上诉人未尽风险提示义务,但上诉人已以书面方式确认其对系争理财产品的风险充分了解,故上诉人的上述主张,缺乏事实依据,本院不予采信。鉴于被上诉人的侵权过错系导致本案系争损失的主要原因,故被上诉人应对系争损失承担主要赔偿责任,现被上诉人对上诉人主张的本金损失金额并无异议,则上诉人要求被上诉人赔偿其本金损失的诉讼请求可予支持;上诉人自身亦具有前述过错,故上诉人要求被上诉人赔偿其利息损失的诉讼请求本院不予支持。

综上所述,原审判决认定事实无误,但处理有所不当,本院依法予以纠正,现依照《中华人民共和国民事诉讼法》第一百七十条第一款第(二)项之规定,判决如下:

一、撤销上海市徐汇区人民法院(2014)徐民二(商)初字第541号民事判决;

二、被上诉人中国银行股份有限公司上海市田林路支行应于本判决生效之日起十日内赔偿上诉人胡某某损失人民币180,642.62元;

三、驳回上诉人胡某某其余的诉讼请求。

如果被上诉人中国银行股份有限公司上海市田林路支行未按本判决指定的期间履行给付金钱义务,应当依照《中华人民共和国民事诉讼法》第二百五十三条之规定,加倍支付迟延履行期间的债务利息。

本案一审案件受理费人民币5,179元,由上诉人胡某某负担人民币1,562元,由被上诉人中国银行股份有限公司上海市田林路支行负担人民币3,617元。二审案件受理费人民币5,179元,由上诉人胡某某负担人民币1,562元,由被上诉人中国银行股份有限公司上海市田林路支行负担人民币3,617元。

本判决为终审判决。

【再审裁判要点】

胡某某诉中国银行股份有限公司上海市田林路支行等财产损害赔偿纠纷案

裁判要点:在审理投资者因购买理财产品发生亏损所引发的民事赔偿案件中,应坚持"卖者尽责、买者自负"的原则。投资者在明知投资风险并承诺自担投资风险的情况下,自主选择认购超出其风险承受能力的理财产品发生亏损的,应自担投资风险;金融机构未充分全面履行风险提示义务的,亦应承担相应的过错责任。

相关法条:《中华人民共和国侵权责任法》第15条、第26条。

基本案情:2011年3月,胡某某为资产委托人、第三人大成基金管理有限公司(以下简称大成基金公司)为资产管理人、案外人中国银行股份有限公司为资产托管人签订《中行-大成景瑞3号灵活配置2期特定多个客户资产管理计划资产管理合同》,其中约定投资范围为主要投资于国内证券交易所挂牌交易的A股(包括但不限于创业板、新股认购和定向增发)、股指期货、基金(股票型、债券型、货币型、混合型等)、债券、权证、债券回购及法律法规或监管机构允许投资的其他金融工具;该合同还对合同当事人权利义务、风险揭示、违约责任等内容进行了约定。合同文本后附《股指期货交易风险提示函》一份,该函右下方资产委托人落款处空白。合同签订后,胡某某即在中国银行股份有限公司上海市田林路支行(以下简称中国银行田林路支行)处认购了人民币100万元的景瑞3号2期基金,并在《中国银行开放式基金交易凭条(个人)》上签字确认,签名下方记载:"本人充分知晓投资开放式基金的风险,自愿办理中国银行代理的基金业务,自担投资风险",同时胡某某在该交易凭条背面的《风险提示函》下方签字。2011年3月4日,中国银行田林路支行作为评估机构向胡某某出具《中国银行股份有限公司个人客户风险评估问卷》,提示:胡某某风险承受能力评级及适合购买的产品为稳健型投资者。同日,胡某某向中国银行田林路支行提交《中国银行股份有限公司个人理财产品业务交易信息确认表》,该确认表客户投资意愿确认栏记载:"中国银行股份有限公司:根据贵行为本人进行的《中国银行股份有限公司个人客户风险评估问卷》的结果显示,本人不适宜购买本产品。但本人认为,本人已经充分了解并清楚知晓本产品的风险,愿意承担相关风险,并有足够的风险承受能力和投资分辨能力购买该产品。现特别声明此次投资的决定和实施是本人自愿选择,其投资结果引致风险由本人自行承担。"胡某某对此签字确认。之后,因该理财产品发生亏损,胡某某遂提起本案诉讼。胡某某曾于2010年4月15日购买100万元的"中银8号"基金并盈利。该基金为中银专户8号资产管理计划,资产管理人为中银基金管理有限公司,资产托管人亦为中国银行股份有限公司。该资产管理计划的投资范围为:具有良好流动性的金融工具,包括投资于国内依法公开发行、上市的股票、债券、权证、证券投资基金,以及中国证监会允许本计划投资的其他金融工具;法律法规或监管机构以后允许本计划投资的其他品种(如股指期货等),本计划管理人履行适当程序后,可以将其纳入投资范围。胡某某在购买该中银8号基金时同样签署了《中国银行开放式基金交易凭条(个人)》及该凭条背面的《风险提示函》。中国银行业监督管理委员会上海监管局曾对胡某某关于中国银行田林路支行违规代销基金事项进行信访回复:"经我局了解,2011年3月中国银行田林路支行为您办理代销基金业务过程中告知您相关风险,并且您本人签署了基金风险提示函,无证据显示存在您所称'银行向您销售风险评级不相符的产品'的情况。综上所述,如您对投诉事项仍有疑问,建议通过司法途径解决此事。"

另查明,胡某某担任上海某公司股东,并从2015年起开始从事股权投资,投资金额较高。

胡某某向上海市徐汇区人民法院起诉,要求判令中国银行田林路支行赔偿其亏损

180,642.62 元及 2011 年 3 月至 2013 年 3 月期间的利息。

裁判结果： 2015 年 1 月 21 日，上海市徐汇区人民法院作出（2014）徐民二（商）初字第 541 号民事判决，驳回胡某某的全部诉讼请求。胡某某不服一审判决，向上海市第一中级人民法院提起上诉，2015 年 7 月 2 日，上海市第一中级人民法院作出（2015）沪一中民六（商）终字第 198 号民事判决：中国银行田林路支行赔偿胡某某损失 180,642.62 元，驳回胡某某其余的诉讼请求。

中国银行田林路支行向上海市高级人民法院申请再审请求撤销（2015）沪一中民六（商）终字第 198 号民事判决，予以再审。2016 年 9 月 19 日，上海市高级人民法院以（2015）沪高民五（商）申字第 83 号民事裁定提审本案，并于 2019 年 10 月 8 日作出（2016）沪民再 31 号民事判决：一、撤销上海市第一中级人民法院（2015）沪一中民六（商）终字第 198 号民事判决；二、撤销上海市徐汇区人民法院（2014）徐民二（商）初字第 541 号民事判决；三、中国银行田林路支行应赔偿胡某某损失人民币 72,142.95 元；四、驳回胡某某其余的诉讼请求。

裁判理由： 法院生效裁判认为，本案争议焦点在于：一、胡某某购买的系争理财产品损失金额如何确定？二、中国银行田林路支行对于胡某某的资金损失是否具有过错？三、如果中国银行田林路支行对胡某某的资金损失应承担过错责任，应如何承担？

关于本案第一项争议焦点。胡某某主张，中国银行田林路支行应赔偿其系争理财产品的本金损失及以本金损失部分为基数计算的相应利息。关于胡某某诉讼请求中的本金损失，其主张为 180,642.62 元，而根据现有证据，胡某某账户于 2013 年 3 月 29 日收入 819,642.62 元，即系争理财产品本金扣除投资损失后剩余的本金金额，因此胡某某的本金损失金额应为本金 1,000,000 元减去剩余的本金金额，即 180,357.38 元。胡某某主张其诉讼请求与上述金额之间的差额部分为其主张权利所发生的必要的合理的费用。对此生效判决认为，当事人对其诉讼请求负有相应的举证责任。胡某某虽主张差额部分系维权发生的必要的合理的费用，但未提供发生了相关费用的证据材料予以佐证，因此对于胡某某的上述主张，不予采信。二审法院对该项事实认定有误，依法应予纠正。关于胡某某诉讼请求中的利息，由于本案系财产损害赔偿纠纷，故胡某某所主张的损害赔偿金额应以系争理财产品本金实际损失为限。对于胡某某主张的利息损失部分，不予支持。

关于本案第二项争议焦点，即中国银行田林路支行对于胡某某的损失是否具有过错问题，生效判决认为应从中国银行田林路支行与胡某某两者之间构成的法律关系以及中国银行田林路支行所应负的义务入手加以分析：

一、关于中国银行田林路支行与胡某某两者之间的法律关系问题。中国银行田林路支行、大成基金公司主张，中国银行田林路支行与大成基金公司之间构成委托代理关系,中国银行田林路支行与胡某某之间构成受托人与相对人的关系。对此生效判决认为,胡某某从中国银行田林路支行网点购买了系争理财产品,尽管系争理财产品并非由中国银行股份有限公司发行,但双方之间仍构成民事法律关系。从系争理财产品购买的过程考察,首先,胡某某做出购买系争理财产品的决定依赖于中国银行田林路支行提供的理财产品信息,具体内容包括但不限于系争理财产品的发行人、预期收益率、相关风险等,即中国银行田林路支行为胡某某提供了理财产品信息的咨询服务;其次,胡某某购买系争理财产品的资金往来均在其本人开立于中国银行田林路支行的账户内进行,即中国银行田林路支行为胡某某提供了资金划转服务。据此,二审法院参照中国银行业监督管理委员会《商业银行个人理财业务管理暂行办法》的规定,认定中国银行田林路支行与胡某某之间构成金融服务法律关系并无不当。

二、关于中国银行田林路支行所应负的义务问题。根据中国银行业监督管理委员会《个人理财业务风险管理指引》的规定,商业银行不应主动向无相关交易经验或经评估不适宜购买该产品的客户推介或销售该产品,客户主动要求了解或购买有关产品时,商业银行应向客户当面说明有关产品的投资风险。又据《商业银行个人理财业务管理暂行办法》的规定,商业银行利用理财顾问服务向客户推介投资产品时,应了解客户的风险偏好、风险认知能力和承受能力,评估客户的财务状况,提供合适的投资产品由客户自主选择,并应向客户解释相关投资工具的运作市场及方式,揭示相关风险。综合上述监管文件规定的精神,中国银行田林路支行在开展理财业务时应负有以下两项义务:一是对客户的投资者适当性管理义务,即商业银行在销售理财产品之前应对客户进行风险测评,并不得主动向客户推介不符合其风险承受等级的理财产品。二是对客户负有对其销售的理财产品予以说明与风险提示义务。

胡某某主张,中国银行田林路支行存在主动推介系争理财产品的不当行为。对此生效判决认为,当事人对其所主张的事实应负举证责任。就本案而言,尚无证据足以证明中国银行田林路支行就系争理财产品向胡某某作了主动推介,结合胡某某曾于该行营业场所购买"中银8号"并盈利的相关事实,生效判决经综合考量认为,中国银行田林路支行关于系争理财产品的购买过程的陈述更为合理,故对胡某某关于中国银行田林路支行存在主动推介行为的主张,不予采信,二审法院认定中国银行田林路支行存在主动推介行为缺乏证据,应依法予以纠正。

根据查明的事实,中国银行田林路支行在销售系争理财产品前,曾对胡某某进行风险测评,胡某某系稳健型投资者,而系争理财产品的投资范围包括国内证券交易所挂牌交易的A股、股指期货、基金、债券等,其中股指期货为风险较高的金融衍生品交易。本案中,胡某某虽在《中国银行开放式基金交易凭条(个人)》上签字确认已充分知晓开放式基金交易风险,并在凭条背面的《风险提示函》下方签字,但未在系争理财产品合同文本后所附的《股指期货交易风险提示函》资产委托人落款处签字确认。对此,中国银行田林路支行主张,其已尽到风险提示义务,且该理财产品实际并未从事股指期货交易,故不存在过错。对此生效判决认为,金融机构对其所销售的理财产品均负有风险提示义务,本案系争理财产品合同约定,投资方向包括股指期货,即表明系争理财产品将从事股指期货交易。况且从金融交易种类划分来看,股指期货属于金融衍生品交易,本身即具有较大的投资风险,因此无论系争理财产品最后是否实际从事合同约定的投资范围内的金融交易,中国银行田林路支行均不能免除相关风险提示义务。胡某某未在《股指期货交易风险提示函》上签字确认,应认定中国银行田林路支行履行系争理财产品的风险提示义务存有瑕疵。

综上所述,中国银行田林路支行在胡某某购买系争理财产品的经营业务过程中存在过错,应对胡某某的本金损失部分承担相应的过错责任。

关于本案第三项争议焦点。生效判决认为,系争理财产品的本金损失分担应结合双方的过错责任的大小予以综合考量。

首先,胡某某在购买系争理财产品过程中存在过错,应自担部分本金损失。从对胡某某的风险评估来看,根据中国银行田林路支行提交的《中国银行股份有限公司个人客户风险评估问卷》显示,胡某某为稳健型的投资者,其风险承受能力较低,"稳定是首要考虑的因素,一般希望在保证本金安全的基础上能有一些增值收入……",但高于"以保护本金不受损失和保持资产的流动性为首要目标"的保守型投资者。从胡某某对所购理财产品的风险认知度来看,根据一、二审法院查明的事实,胡某某在中国银行田林路支行已履行风险提示义务的情况下,明确书面承诺其已充分知晓系争理财产品的风险,虽然不适宜购买系争理财产品,但仍自主决定购买系争理财产品。生效判决认为,胡某某作为具备通常认知能力的自然人,对其从事的交易行为的风险与上述书面承诺可能的法律后果应属明知。从胡某某的投资经验来看,在购买本案系争理财产品之前,胡某某曾经购买与本案系争理财产品风险等级相当的"中银8号"理财产品,并获得盈利。此外,中国银行田林路支行在本案再审阶段提交的证据表明,胡某某在购买本案系争理财产品之前系上海某股份有限公司股东,并于2015年起又从事股权投资等风险较高的投资行为,且投资金额亦较高。可见,胡某某应系具备一定经验的金融投资者。综上,胡某某虽为稳健型投资者,但对系争理财产品发生亏损的风险应有所预期,并书面承诺愿意自担风险,按照"买者自负"原则,胡某某应自担系争理财产品本金损失的主要责任。

其次,中国银行田林路支行在销售系争理财产品过程中未充分、完整地向胡某某履行理财产品的风险提示义务,存在过错。中国银行田林路支行作为金融机构,对于金融产品的交易模式以及金融市场风险的认知能力显著高于普通金融投资者,应负有对普通金融投资者交易行为的适当性管理义务,即充分了解投资者的认知水平与风险承受能力,并在此基础上引导投资者从事与其认知水平与风险承受能力相适应的金融交易。根据中国银行田林路支行对胡某某所做风险承受能力评级结论,胡某某为稳健型投资者,并不适合购买高于其风险承受能力的理财产品,中国银行田林路支行虽然已经履行了相关风险承受能力评估以及风险提示义务,但披露手续不够完整,存在过错,应对胡某某本金损失承担相应赔偿责任,鉴于胡某某本人对本金损失承担主要责任,中国银行田林路支行承担的赔偿责任可以适当减轻,应对胡某某本金损失 180,357.38 元承担 40% 的赔偿责任,即 72,142.95 元。

资产管理纠纷

第三讲　金融资产管理纠纷中的审判实务问题分析

单素华

2021 年 6 月 19 日

> **主讲人简介：**
> 单素华，上海金融法院副院长，审判委员会委员、二级高级法官。上海市法学会金融法研究会理事，中国法学会审判理论研究会理事。长期从事民商事审判，主要研究领域包括公司法、涉外商事及金融商事审判工作。曾审理过多起全国首例性新类型案件，如涉交易所的因光大"乌龙指"事件引发的内幕交易损害赔偿纠纷案、因投资者违规超比例增持股份而引发的上市公司收购纠纷（新梅案）及信托公司因通道业务承担赔偿责任第一案等。参与撰写"法官智库丛书"中的《金融商事审判精要》《中国（上海）自由贸易试验区法律适用精要》《法学名家评案说法》等法律图书。2013 年入选教育部和中央政法委"双千计划"专家。

中国资产管理业务从 2014 年左右，甚至更早可以从银行理财产品开始出现起算，有了比较快速的发展。资管业务不断创新，但某种程度上监管的相对滞后以及立法的缺失，导致金融资产管理业务出现了很多问题，也产生了不少纠纷，司法面临比较大的挑战。因此，本讲主要介绍和分析审判实践中关于资产管理纠纷中的一些司法实务问题。

在正式进入主题前，我想先和大家分享一下自己有关金融司法理念和司法原则的相关思考。因为无论处理哪种金融纠纷，司法裁判导向都与司法理念和司法原则的把握有关，而司法理念又最终决定了司法原则，下面我结合个人多年的审判经验谈谈对金融审判理念和原则的认识。

一、金融司法裁判的基本理念

金融司法裁判的理念主要体现在金融审判中,应把握好六个方面的关系。

第一个方面是如何平衡好金融创新和风险防范的关系。这是金融案件审理过程中面临的首要问题。金融创新必然伴随金融风险,如何防范金融风险、平衡好二者之间的关系,是每一位金融审判法官在处理不同类型案件中时常要思考的问题。我们注意到,从宏观监管层面,起初更多的是强调金融创新,但是金融创新发展到一定程度必然会聚集一定的金融风险,比如从P2P的快速发展到互联网金融的规范整顿。防范金融风险是为了保障金融安全,从鼓励金融创新到防范金融风险直至现在强调要保障金融安全,从这个角度而言,平衡好这两者的关系是非常重要的,平衡不好的话,司法裁判不但不能起到司法规范及正向引导作用,反而会向市场主体释放错误信息,甚至加剧金融市场风险,导致违规行为在金融市场蔓延,这就和我们的司法初衷相违背了。关于如何具体处理好两者之间的关系,我会在后面结合相关案例跟大家进一步分享。

第二个方面是如何把握好金融行政监管与金融司法裁判的关系。这也是金融纠纷案件中相对比较特殊的一个问题。一般来讲,金融交易通常都是合约关系,合同当事人可以对自己的私权利进行处置,通过合意约定各自的权利义务,也就是我们常说的契约自由原则,那么司法实践中是不是只要根据合同约定确定各方的权利义务就可以?为什么还要考虑金融监管的问题呢?有观点认为,司法的归司法,监管的归监管,如果违反行政监管规定,涉及的只是行政处罚的问题,需要承担的是行政责任,与民事责任无关,也就是说与交易各方当事人的私权利没有直接的关联性。有学者甚至对目前的金融司法提出疑问,认为金融司法存在监管化倾向,把行政监管规定作为司法裁量说理的依据,或者作为裁判考量的依据,违背了契约自治原则。我个人觉得这种说法有失偏颇,因为这两种关系的协调处理在审理金融商事案件中具有特殊的意义,这是金融纠纷与一般普通商事纠纷的区别所在,也是金融法与一般商法的区别所在。一般商事纠纷多是私主体之间一对一的合约关系,体现的是合同相对性原则,相关争议涉及更多的是特定交易主体间的利益关系处理。但在金融领域,相关金融法律法规既有一般商法特征(也就是私法特征),还具有一定意义上的公法特征,因为金融法除了调整市场主体的私权利义务关系,还有规范金融市场的功能,这关系到金融市场的稳定和安全,而金融安全又关系到经济安全。我们知道,金融交易不仅涉及特定交易主体自身的交易风险,还具有明显的溢出效应,一个案件往往能反映出一个领域或行业存在的问题或风险。从这个角度而言,如果金融监管规定的目的是稳控金融市场,防范金融风险的扩散,保障金融安全,相关规定也应该成为司法裁判考量的因素。

当然,金融司法和金融监管既有关联又有区别,关联性体现在目标导向的一致性,因为无论是司法裁判还是金融监管,都是为了维护金融安全,维护金融市场稳定。但同时金融司法与金融监管具有很明显的区别,这是由二者的功能和职能定位决定的。金融司法更强调稳定性、可预期性和透明性,这是最重要的司法原则。司法规则不能变来变去,如果相同的案件今天这样判,明天那样判,对市场交易主体而言就没有可预期性,缺乏可预期性则交易法律风险也就难以防范。所以必须注重司法裁判规则的稳定性、可预期性,这是司法裁判应当具有的功能。相较于金融司法,金融监管具有一定的灵活性,监管政策会根据金融市场的发展状况随时作出调整,比如说风险可控的情况下监管相对宽松,风险积聚的情况下监管可以收紧。这是监管和司法最大的区别。

在既有关联又有区别的情况下,如何合理有效地衔接司法裁判和行政监管?在金融案件的审理中有一个问题值得考量,那就是一定条件下行政责任向民事责任转化的问题。为什么行政责任一定条件下可以转化为民事责任?什么性质的行政责任可以向民事责任转化?以资管业务为例,无论是银行资管、保险资管,还是证券资管,央行、银保监会和证监会等监管部门对银行、保险、证券业机构都出台了相关的监管规定,要求金融机构在资管业务展业过程中应负有一定的主体责任,履行一定的义务,比如说投资者适格性评估义务,也就是我们常说的"合适的产品卖给合适的投资者"。在产品推介和销售过程中,要评估购买产品的投资者是不是具有相应的投资能力和风险承受能力,是不是一个适格的投资者,这些监管要求不会也无法具体体现在金融交易合约中。从商事契约角度讲,没有合同约定,对合约当事人通常就不具有法律约束力,这也是有观点主张违反监管规定应只承担行政处罚责任而不应承担民事赔偿责任的主要理由。

但我们可以发现,行政监管的很多要求或监管措施的主要目的就是保护金融消费者或者投资者,在资管新规出台之前,不少的金融机构实际上并没有很好地落实这些监管要求,如果金融机构没有执行监管规定或落实监管要求,就一定因为缺乏承担民事责任的法律依据而只承担行政责任吗?我个人认为,如果监管部门对金融机构履行金融消费者或投资者保护义务有明确规定,金融机构如果没有履行相关职责,最终投资者因此而遭受损失的,法院可以以此作为认定金融机构履行合同存在过错的依据,同时因为过错和损失之间存在因果关系,所以可以责令金融机构承担相应的民事责任,这也就是我前面所说的行政责任在一定条件下可以转换为民事责任的基本法律逻辑。据我所知,关于因投资者适格性问题而判令金融机构承担赔偿责任的最早的一个案件,应该是上海法院审理的,是2012年的一个银行理财产品纠纷案件,就是按照这样的法律逻辑裁判的。这个案件判决之后,后续全国很多地方法院都依照这样的裁判规则进行处理,对投资者适格性问题首次在司法层面予以明确规范,金融机构也因此承担了赔偿责任。前几年北京也有一个很有影响力的王某案,后面我还会具体讲到这两个案例。

第三个方面是关于如何以司法裁判规则引领并规范金融交易行为。这也是金融司法非常重要的一个职能或者说职责。之所以要突出司法裁判的规范引领作用,是因为在金融领域,金融创新的发展迅猛,但金融监管及立法客观上通常无法及时跟进。在既没有监管规定也缺乏法律依据的情况下,大量与金融创新产品相关的民事纠纷已进入司法领域。法官不能因为没有监管规定和法律规定,便不处理、不裁判相关案件,这违背了法官不得拒绝裁判的基本原则。通过司法裁判来引领金融交易的规范发展,确保司法裁判规则不仅具有一定的前瞻性,符合法律规范,而且要符合市场发展规律,能经得起市场的考验,从而更好地促进金融市场规范健康地发展,是金融法官在司法裁判过程中需要综合考量的因素。另外,金融案件还有一个特点,就是案件的类型化和传导性很强,标的不大的一个案件能折射、代表一类交易行为的问题、发展趋势,司法裁判甚至会对未来金融市场的发展产生影响。所以金融司法判例对引导金融市场、规范金融交易行为具有非常重要的意义。

第四个方面是如何认定交易合同的性质和效力。这类问题在金融纠纷案件中往往存在较大的争议,金融交易行为效力的认定直接关系到法律后果及法律责任的承担,对于这个问题我在后面结合案件一起讲。

第五个方面是如何合理界定金融交易各方当事人的权利义务,这和前面一个问题有一定的相关性。通常而言,面对一个商事交易纠纷,法官首先要判断的就是交易行为的法律性质,然后根据法律性质进一步确定各方当事人的权利和义务,而权利义务的界定将直接关系到各方主体的实际利益。目前很多金融创新产品交易结构复杂,多种法律关系交织在一起,在现有法律框架下有时很难将当事人的权利义务简单框定在某一典型的法律关系内。对于这个问题,我个人认为,原则上应尊重金融合约当事人的意思自治,根据合同约定确定各方的权利义务,但如果合同约定违反法律法规强制性规定或因缔约主体的缔约能力不同而导致明显利益失衡的,司法可以适当介入予以纠正或救济,以衡平各方当事人的合法利益。

第六个方面是如何有效保护金融消费者的合法权益。无论是金融市场发达国家还是发展中国家,均存在金融消费者或者投资者保护的问题。金融交易具有很强的专业性,交易主体的缔约能力和缔约地位存在一定程度的差别,尤其是涉及一方是自然人的金融交易行为。通常而言,金融机构掌握缔约的主动权和信息优势,有专业的从业人员,具有丰富的金融知识,个体投资者明显处于劣势,这也是金融监管、司法以及立法一再强调要加强金融消费者及投资者保护的主要原因。近年来,保护金融消费者及投资者合法权益是金融司法裁判中一个非常重要的考量因素。就金融市场而言,保护投资者利益非常重要,因为金融市场需要金融投资者的参与,没有金融投资者就没有金融市场,更谈不上金融市场的发展。所以我们可以看到,无论是从立法层面、监管层面,还是司法层面,近几年对这个问题都作出了比较多的回应。

二、关于金融司法裁判的基本原则

关于金融司法裁判的基本原则我总结了五个方面,这和前面讲到的司法理念有一定的对应性。第一是契约原则,第二是底线原则,第三是安全与效率合理平衡原则,第四是司法谦抑原则,第五是消费者或投资者保护原则。第一个原则契约原则,前面讲过金融交易从本质上讲就是一个契约,契约是各方当事人真实意思的表示,当事人通过协商约定各方的权利义务,实现各自的合同目的。目前不少的金融产品创新就是通过合约的方式实现的,根据契约自由原则,在没有法定原因、没有利益明显失衡、不违反契约公平原则的情况下,原则上各方当事人要遵守契约。

第二个原则是底线原则。底线指的是法律的红线。也就是说,可以通过契约进行约定,但是必须守住底线,不能违法,不能侵害他人的合法权益。金融创新要有底线思维,红线不能碰,底线不能越。无论国外还是国内,很多金融创新的动机是规避金融监管。一些金融交易为什么要大费周折设计得极度复杂?仔细探究都是为了规避金融监管。没有创新,金融市场就没有活力,就难以发展,但如果所谓的"创新"违反了法律的强制性规定或者对金融市场稳定和安全造成危害,损害社会公共利益,就不会得到司法的认可,因为突破了法律的底线。

第三个原则是安全与效率合理平衡原则。金融市场瞬息万变,金融交易或者说金融活动应该讲究效率,但提高效率的同时往往又会伴随相应的交易风险,比如说电子支付。电子支付的确便捷高效,但便捷高效的同时带来了相应的交易风险。因此只有合理平衡安全和效率,才能保障金融市场健康发展。关于安全和效率如何衡平的问题,我个人认为,安全是大前提,在有必要安全保障的前提下提升效率,而不能为了效率而牺牲安全。没有安全保障的交易效率越高,交易风险越大。比如银行卡盗刷纠纷,司法最初的处理原则对金融机构安全保障义务的关注是不够的,主要体现在举证责任及风险负担原则的认定上。目前在银行卡盗刷纠纷中,更多强调的是银行对客户资金的安全保障义务及相应的赔偿责任,从而促使银行通过技术提升、技术防范来保障储户资金安全。

第四个原则是司法谦抑原则。谦抑原则在民商事案件中是指司法应当保持适度的容忍和克制,尊重当事人的意思自治,司法即使介入也应当是有限介入,不能过多干预金融市场的交易行为。我们通常说专业的事情交给专业的人去做,法官对金融市场和很多金融产品不一定非常了解,也不具有非常专业的金融知识。对金融市场的调整、监管,对金融交易行为的规范,更多的是靠及时有效的行政监管。对于一些金融创新,在监管部门尚未进行规制或未明确监管意见的情况下,金融司法的介入,也就是说通过司法裁判手段对交易主体的权利义务进行强制调整时,要非常审慎,贸然介入有可能会适得其反。

第五个原则是消费者或投资者保护原则,因为前面就这个问题已经讲得比较多了,就不再重复。

前面介绍的司法理念和原则是想让同学们对法官在处理金融案件时通常会思考什么有所了解。为什么要讲这些?因为法官的内心考量在司法裁判文书中有时并不一定能看得出,司法裁判是法官根据法律规定,结合案件事实,通过综合考量、价值判断后作出的裁判结论。裁判文书的背后隐含着诸多的考量因素,这些考量因素有些并不能直接从文字表述中体现出来。我曾经审理过一个全国首例性案件新梅案①,这个案件当时在学界、业界争议很大,判决以后有很多学者和我讨论过相关问题的处理思路,我具体阐明了裁判背后的一些考量因素后,大多数学者还是认同法院当时的裁判结论的。事实上,每一份判决书背后都隐含着法官的综合考量和价值判断。

三、资管业务纠纷概览

回归到今天讲课的主题,我首先从资管业务的定义给大家作一个简单的梳理。资产管理业务到底如何界定?资管业务虽然是客观上大量存在的一种金融交易,但到目前为止还没有一个明确的官方定义,资管业务本身也不是一个法律概念。依据2018年《资管新规》的规定,金融资管业务是指银行、信托、证券、基金、期货、保险资产管理机构、金融资产投资公司等金融机构接受投资者委托,对受托的投资者财产进行投资和管理的金融服务。除了金融资管业务,实际上还有非金融机构从事的资管业务,如最早出现的余额宝。我今天讲的主要是金融资管业务,就是以金融机构作为受托主体从事的资管业务。资管业务简单地讲就是"受人之托,代人理财"。

(一)资产管理业务的种类划分和法律性质

资管业务主要有三种类型,一是定向资产管理,二是集合资产管理,三是专向资产管理。定向资产管理就是接受单一客户委托从事的资产管理业务,定向资产管理业务一般对投资方向有明确约定。集合资产管理,顾名思义,就是接受多个投资者委托,对

---

① 参见(2015)沪一中民六(商)初字第66号判决书。

集合资金进行统一的投资管理。专项资产管理,通俗讲就是指资产证券化业务,也就是我需要融资,从融资端发起融资需求,以资产证券化方式把我现有的尚不能变现的资金债权打包转让获得融资,投资者从被转让的底层资产的资金回收获得收益,通常原始权益人还会有回购义务。这是资管业务的三大形式,也是目前引发资管纠纷的主要类型。

从资管业务产生开始,大家就一直在讨论它的法律关系性质,主要是资管业务的法律性质到底是信托法律关系还是委托法律关系,讨论到现在也还是存在不同的观点。从学理上讲,主流的观点倾向于把它归为信托法律关系,也有观点认为信托法律关系并不能涵盖所有的资管业务类型,有的资产管理业务并不完全符合信托法律关系基本特征,因此不能完全排除委托法律关系的适用。早期在银行理财产品纠纷案件中,就在讨论银行理财产品的法律性质以及银行和投资者之间是委托法律关系还是信托法律关系。一直到《九民纪要》出台之前,法院在处理资管业务纠纷时对资管业务法律关系的性质是没有很明确的界定。从最高人民法院的一些文章或者观点看,法院似乎更倾向于将其认定为委托关系;法院在司法裁判中则多依据合同法,根据合同约定确定各方当事人的权利义务。

我个人认为,大多数资管业务确实符合信托法律关系的基本特征,但有些资管业务也的确无法用单一法律关系去涵盖当事人在交易合同中约定的所有权利义务。基于交易模式的不同,各方约定的权利义务可能涉及多重法律关系,很难用单一的法律关系界定。比如说通道业务,银行、信托、证券资管都有通道业务,像银信合作、银证合作等,实际上所有的交易决策都是由委托人决定的,最后的交易风险也都是约定由委托人来承担。还有很多的单一资管产品也都有这样的约定,受托人客观上仅仅建立了一个资金通道,收取的费用也很低,既不需要承担项目调查义务,也不需要承担任何风险,更不需要承担资产回收义务等。所有的风险都由委托人自行承担,如投资方向的项目调查、后续的投资管理等,完全是由投资方自行决定的。受托人就是提供一个经营牌照,利用受托人的经营资质,做一个通道业务。这种情况下是不是一定要按照信托法律关系去处理?这可能更符合委托法律关系,受托人只是根据委托人的指示从事特定的行为。关于这个问题,我觉得有一点特别重要,就是无论资管业务属于信托法律关系还是属于委托法律关系,受托人都需要承担基本的信义义务,与其讨论复杂的法律关系,还不如从信义义务角度去规范资管业务。资产管理业务有其特殊性,交易结构复杂,不宜简单以一种法律关系去界定。《九民纪要》专门提到这个问题,最高人民法院首次明确表态,对于金融机构所从事的资产管理业务,如果符合信托法律关系,可以依据《信托法》进行处理。最高人民法院首次提出对非信托公司从事的资产管理业务,即其他的金融主体从事的资产管理业务,如果符合信托法律关系特征,也可以适用《信托法》。为什么此前司法对这个问题的态度一直不明确呢？我想主要和我们国家金融领域的分业监管、分业经营模式有关。《信托法》规定信托公司可以从事信托业务，如果严格按照分业经营的监管要求，是不允许其他主体从事信托业务的。基于现有法律规范的制约，早期金融案件处理中基本没有引用《信托法》作为案件裁判依据的先例，主要是以《合同法》为依据，也就是说按照合同约定处理。目前很多非信托公司作为受托人的资管纠纷案件中，法院的裁判文书已经开始引用《信托法》。

(二) 资管业务纠纷的特点

资管业务纠纷的特点如下：一是从案件数量而言，资产管理纠纷引发的案件数量近几年呈递增趋势。二是随着刚性兑付的打破，案件类型多样化，从最初的银行理财产品纠纷，到目前的证券资管、信托业务等资产管理纠纷。从更广义的资产管理业务角度而言，私募纠纷大幅增加，和很多私募产品"爆雷"有关，私募"爆雷"或到期不能兑付引发投资者大量的维权诉讼。尤其是近三年，案件数量增幅明显，纠纷类型也日趋复杂，这几年处理的案件与严监管之前遗留的问题有关。私募投资人并不只是起诉私募基金管理人。现在很多案件，尤其是因多层嵌套的私募产品引发的纠纷，法律关系复杂，诉讼主体多样。

有一个真实的案例。自然人投资者买了一个私募产品，这个私募产品又去投资了另外一个私募产品，后续的私募产品继续再投资其他私募产品，最终形成多达5个私募产品之间的相互嵌套。最后一层的私募产品购买了一个信托产品，而信托产品参与定增某上市公司的股份。在这种多层嵌套的交易模式下，只要中间环节的某个管理人出了问题，最初的投资者都将难以获得有效的清算兑付。这时投资者应该如何维权？有的投资者无奈之下直接起诉底层资产的实际用资人，也有的去告中间环节的资产管理人。这种诉讼方式可不可以？如果不可以，投资者应该怎么维权？通过什么样的方式才能对底层投资项目进行清算并获得相应的收益？这是目前私募纠纷案件中大量存在的问题，对此争议很大，难以达成共识。

三是资管业务不规范的问题。资管业务募、投、管、退四个阶段都存在一些不规范行为，我会在后面的争议法律问题部分再展开。四是投资者保护规范的缺失。关于投资者保护，目前资管业务的规定相对比较原则，具体操作层面上的规范欠缺，比如说资管产品清算问题，具体的清算程序、清算主体以及不能清算或怠于清算时如何处理并不明晰。五是群体性诉讼频发。一个资管产品涉及众多的投资者，一旦投资失败或者资金无法取回，很容易发生群体性诉讼事件。最后就是刑民交叉问题。这两年在私募纠纷案件中刑民交叉问题比较突出，私募管理人因为在募集或管理过程中行为不规范、不合法，往往涉及非法集资、集资诈骗等行为。

四、资管业务"募投管退"中主要的法律问题

资产管理业务主要分募、投、管、退四个阶段。首先是资金募集,募集完了进行投资,投后要进行管理,最后是投资期限届满后清算退出,这是资产管理的一个完整周期,这四个阶段中都会产生相关的争议。

(一) 募集阶段

因资金募集而产生的争议主要集中在三个方面,一是投资者适格性,二是关于说明义务的履行,三是证明标准。

1. 投资者适格性

司法对金融消费者或投资者保护的认识有一个不断发展变化的过程。最初阶段的司法处理原则是"买者自负、风险自担",主要理由是投资者自身是完全民事行为能力人,自行决定购买了金融产品,签订了合同,权利义务白纸黑字写得很清楚,根据契约自治原则,投资者就应当自担风险。司法实践中对管理人在产品推介或者销售过程中有没有过错的关注是不够的,对投资者适格性、风险揭示和信息披露义务重要性的考量不充分,举证责任分配也不尽合理。后来随着大量纠纷的出现,司法对相关问题的了解和认识更加深入全面。我们在纠纷中发现,金融机构在发行或销售金融产品的过程中,确实存在不少问题。拿银行理财产品来讲,最初各银行销售网点还没有电子屏,都是拉横幅作营销宣传,横幅上一般会写某某投资产品"投资收益预期达……"。你会发现,宣传的都是预期收益是多少,从来不提示风险,给人感觉买了这个产品,收益就会有保障。当时很多的投资者,尤其是老年人投资者,受投资收益的诱惑就去买了理财产品。买的过程中销售人员也是只介绍产品收益有多好,更多的是强调收益,投资者没有基本的风险防范意识,没有充分认识到买了之后是有可能亏损的,很多人以为到银行买了理财产品就像办了存款,而且比存款利息要高。金融机构没有落实相应的监管要求,没有向投资者提示风险,尤其是,没有对一些老年投资者的风险承受能力以及是否适合购买这样的理财产品进行必要的问卷评估。司法意识到如果对此不予规范,不仅对投资者不公平,此类行为的蔓延还会对社会稳定造成很大的影响,滋生群体性事件。司法裁判规则就逐渐调整为"卖者有责、买者自负"。也就是说卖方金融机构要为自身的过错承担一定的责任,但买方也负有相应的注意义务,卖方没有尽责的,负的一般是较小比例责任,主要是基于过错与损失之间的因果关系考量,认为投资损失主要是市场原因造成的,不是金融机构的过错所致,这是第二阶段的司法原则。发展到第三阶段,也就是《九民纪要》出台之后,对金融机构提出了更加严格的责任标准,采取"卖者尽责、买者自负"原则,"尽责"与"有责"是不一样的。买者自负的前提

是金融机构尽责,如果金融机构没有尽责,投资者就可能不承担责任。卖者尽责具体包括哪些义务内容呢?首先是对投资者的风险评估义务,也就是说投资者购买产品之前,卖者首先要看投资者有没有相应的风险承受能力,这既包括其经济承受能力,也包括其风险承担意愿。其次是告知说明义务,其中包括信息披露和风险揭示两项内容。理财产品一般非常专业,我从事这么多年的金融审判工作,对很多理财产品的结构我也看不懂,产品涉及专业的金融知识,普通投资者根本不可能全面了解,所以必须要进行信息披露。所谓信息披露就是说要讲清楚你卖的产品是什么。有人说讲不讲都一样,讲了也听不懂,但是讲了没听懂和你不讲,性质是不同的。风险揭示也很重要,金融机构在投资者买产品之前一定要告诉他这个产品是有风险的,并且要让他清楚风险的最大限度。最高人民法院一个法官讲课时曾经说,揭示风险到什么程度才算是揭示到位了呢?你要告诉投资者本金也有可能全部亏损,这就是最大的风险。根据《九民纪要》的规定,在上述义务全部履行的前提下,投资者自行决定购买的,那就要风险自担。所以基本的法律逻辑就是,卖者尽责之后才能要求买者自负。

2. 说明义务的履行

关于告知说明义务的履行标准,《九民纪要》明确了一般理性人能够理解的客观标准和金融消费者能够理解的主观标准,也就是主客观相结合的标准。《九民纪要》出台之后,业界便开始讨论具体如何把握这两个标准。我个人理解,这两个标准背后体现了两个原则。理性人能够理解的客观标准体现的是平等原则。我们说一般成年人如无特殊情况均应被推定为合理的理性人,因为从法律角度而言都是具有完全民事行为能力人,可以合理推定认为其行为和决策都是理性的。理性人就应该对一般的事物有理性的分析判断,并承担相应的后果。按照平等原则,应该对理性人一视同仁,不管是有投资经验的还是无投资经验的。理性人,都应该合理认识到风险,并进行理性判断。但当我们执行这个标准的时候会发现,这样做不符合客观事实,是不公平的,因为有些人确实没有经验,就是投资小白,他们对金融知识一点都不懂,所以《九民纪要》特别强调了第二个标准,就是金融消费者能理解的主观标准,这个标准体现的是公平原则。针对每个投资者个体的不同情况,要进行主观标准的判断,比如他有没有投资经验,有没有投资经历,有没有风险承受能力和意愿,受教育程度如何。我个人理解,主观标准更多针对一些特殊群体,尤其是纠纷中所涉及的老年投资群体。所以平等原则与公平原则,既考虑到一般人的合理理解能力,又兼顾到每一个投资者的个体差异,综合运用这两个原则,可以确定金融机构是否做到卖者尽责。其他国家对投资者的保护理念也经历了从平等原则到平等原则兼顾公平原则的转变。2019年修订的《证券法》明确规定了投资者适格性问题,这从立法层面上进一步加强了对投资者的保护。

3. 证明标准

投资者适格和告知说明义务虽然确定了主客观相结合的履行标准,但是义务履行的证明标准如何确定?《九民纪要》对此予以明确,司法审查原则从最初的形式审查转变为目前的实质性审查。按照监管部门的要求,银行理财产品的销售过程是要"双录"的,即录音加录像。现实中,金融机构并没有严格落实监管要求,经常会让投资者在事先打印好的告知说明义务内容后面签名或者抄一段话,这段话也都是事先拟好的,比如"我个人已经充分理解……,愿意……"。诉讼中法院审查认为,有这些证据就可以认定金融机构已经履行了相关义务,这就是形式审查原则,客观上存在并没有向投资者进行提示说明的情况。我本人就有过一次实际经历,我去证券公司开户,一大堆的材料,根本没时间看,工作人员就直接告诉我在这儿签字,在那儿签字,没有任何解释说明,就是不断地催签字。通过这件事情我就知道,监管要求要落实到位是有难度的。现在根据《九民纪要》的精神,法院对金融机构义务履行情况要进行实质性审查,仅仅有投资者签字不足以证明义务的履行。很多金融机构在座谈交流中询问,如果仅有投资者的签字不行,那发生争议后到底应该如何证明呢?其实监管要求的"双录"就是实质性履行义务的有力证明,但也有金融机构提出来,双录一般只保存半年时间,半年之后就被新的内容覆盖了,覆盖之后也就没办法举证了。如果"双录"被覆盖而投资者又起诉了,证明责任还是在金融机构,证明不了可能就要承担相应的后果。法院不会因为金融机构内部的操作规定而免除其举证责任,金融机构应该有能力和方法在合理期限内保留这些"双录"资料。

(二)募后投资阶段

前面讲的是募集阶段的问题,资金募集完成后因管理人投资行为而产生的争议主要涉及以下几个方面:一是投资方向不符合约定;二是投资过程中未履行尽职调查义务;三是管理人实施关联交易;四是涉嫌刑事犯罪。这四个方面都有现实的案例,主要涉及受托管理人的信义义务。关于投资方向不符合约定,比如募集文件中说要投资房地产的,结果没有经过投资者的同意,管理人自行改变了投资方向最终导致损失。因管理人的行为构成违约或侵权,造成的损失应该由管理人负担,除非管理人有更加合理的解释,否则投资者只承担约定投资的亏损。关于未履行投前尽职调查义务,曾经有一个因私募产品而引发的诉讼纠纷,大量投资者因投资资金到期无法清退而起诉管理人,在案件诉讼过程中,投资者举证,管理人投资的这家目标公司在投资前就已经负债累累而且诉讼缠身,目标公司都是被诉一方,背负着大量的债务。对于目标公司涉诉这一客观情况,管理人稍加调查就应该能够知道,这就表明投资前管理人没有尽到合理的尽职调查义务。在此类案件诉讼中,一旦投资人提出疑问,管理人就应当举证证明其履行了合理的尽职调查义务,但司法实务中发现,大量私募纠纷案件中管理人基本不举证,有的甚至明确拒绝举证,或者即使举证也难以提出很有说服力的证据,比如以什么方式做的尽调,为什么要做这样的投资决策,投资依据是什么。有些法官对管理人投前尽调义务履行的审查也不够充分,这是值得关注的问题。上面讲的这个案例,连委托人都能查询到目标公司大量涉诉的材料,且负债累累,而管理人最后还是作出投资决定,又不能对此作出合理解释,法院最后认定管理人尽调义务履行有瑕疵,判决这家私募公司承担了一定比例的赔偿责任。还有就是关联人实施关联交易问题,我们说关联交易不是一定不能实施,但是实施关联交易要告知委托人,也就是投资人。关联交易是一个中性词,有好的关联交易——好的关联交易可以节约交易成本,也有不好的关联交易,就是利用关联交易输送不当利益。实施关联交易最关键的问题是委托人事先是否知道,如果事先被告知并不反对的,风险自担也没问题。还有就是涉刑的问题,比如投资的资金直接被管理人侵占、挪用等。

(三)投后管理阶段

投后管理阶段的第一个问题是没有及时披露投资风险及收益情况,第二个问题是没有及时采取措施防止损失的扩大。这两个方面也有相关案例,有的案件反映出,管理人投后没有对投资资金或目标公司的运营情况、资金风险情况进行必要的跟踪管理。比如有个案件,投资协议中约定,目标公司不得在投资期间将其公司股权进行质押融资,但投资资金到位后,目标公司负责人没多久就将该公司的股权全部进行了质押再融资,且公司实际经营很快出现了巨大风险,但管理人在投资管理过程中对于目标公司的经营管理状况没有进行任何跟踪调查,没尽到基本的管理责任,最后导致资金进入后不久,这家被投资的目标公司因负债累累而基本停止经营,投入的资金没有任何可以回收的可能性,因此产生了大量的纠纷。另外,投资者起诉认为,当这家公司已经出现巨大经营风险的时候,管理人应及时采取措施,比如以诉讼手段防止损失进一步扩大,但管理人没有及时采取有效措施,而是一拖再拖,最后导致资金无法回收。法院在该案中最后认定管理人存在过错,须承担一定比例的赔偿责任。

前面讲的都是管理人的信义义务问题,总体而言,管理人信义义务主要包括两大方面,就是忠实义务和合理注意义务。关于管理人的合理注意义务,还需要强调的一点是,投资本身是有风险的,不能说有了投资风险就一定要管理人承担责任。目前相关纠纷中也反映出投资者非理性的一面,一旦投资失败就追究管理人的责任,认为管理人没有尽到审慎投资及管理义务。对于管理人是否尽到审慎投资义务,应结合投资风险本身的性质进行合理判断,我们常说"市场有风险,投资需审慎",风险和收益是相伴而生的。公司法领域关于公司高管责任认定的"商业判断规则"可以同样适用到资管业务中关于受托管理人的责任认定。投资过程中会有很多不可预测的风险,我们说的审慎投资义务,要求的是尽到合理的注意义务,要有一个合理的度的考量。根据商业判断规则,如果管理者根据一般的商业合理判断作出了投资决策,最终产生了亏损,就应当由投资者自行承担,管理人就没有过错。否则就没人敢做这类业务了,只要一亏损管理人就承担责任,那就变成了无风险投资,违背了投资风险自担的基本原则。

(四) 退出阶段

目前因资管业务退出清算产生的问题最多,争议也最大。问题的症结主要在于投资期限届满后,投资项目到期无法正常清算。对于这个问题,司法层面目前还没有找到很好的解决路径,各地法院的处理思路也不尽相同,学界对这个问题有一些讨论,意见存在分歧,仲裁也面临同样的问题。不能正常清算退出主要是基于以下几个方面的原因。

1. 资管产品多层嵌套

产品的多层嵌套导致交易链很长,从投资协议的相对性而言,最初的投资人与最后的底层资产占有人之间没有任何法律关系。比如前面讲到的案例,投资者买了一个私募产品,成为私募产品的有限合伙人,也就是LP,私募管理人利用募集资金再去购买一个私募产品,先是在多个私募产品间形成嵌套,后续的私募去投资一个信托计划,这个信托计划再去投资一个实体项目。在这样一个较长的投资交易链中,最初的投资者,也就是最初投资资金的提供方,在中间某个投资环节出现问题后,就难以及时有效地维护自身的合法权益。有的投资者起诉的时候就把所有交易链上的当事人全部作为被告,让法院看着办。层层嵌套的投资方式,使得投资者没有办法直接去清算底层资产,从而无法回收投资。最高人民法院对于私募纠纷的相关法律问题也在进行调研。如何合理保障投资者权益,如何选择具体的诉讼路径,是法院面临的一个难题。如果投资人选择违约之诉,只告相对方,对方通常会抗辩称投资尚未清算,具体损失不明,而且大多数情况下相对方并没有实际偿付能力;如投资人选择侵权之诉,把相关当事人均列为被告,法院如何裁判又是一个难题。有观点认为,在目前的法律框架下,没有办法在一个案件中审理这么多法律关系,应当驳回投资人诉请;也有观点认为,诉讼困境是客观存在的,但如果司法不提供解决路径,当事人就无路可走,这是司法必须要面对和考虑的问题,应提供合理的法律路径保障投资者的合法权利。

2. 短资长投

清算退出难的第二个原因是短资长投。所谓短资长投,打个比方说,有个项目需要10亿元的资金,投资期限10年,但是一次可能募集不了这么多资金,也很少有人愿意做这么长时间的投资,于是就采取分期滚动发行的方式,比如先行发1亿元,连发10期,每期管理期限1年。这种资金募集方式,如果投资期间资金链不断,就没有问题,一旦资金链断裂,前期募集资金的约定投资期限已届满,但却无法按时退出清算,投资人会因到期不清算而提起诉讼。在短资长投模式下,管理人也很清楚风险所在,所以会在协议中约定,投资产品到期后管理人有权单方决定是否延长投资期限,有的明确可延长的具体时间,有的不说可以延长多长时间,诉讼中管理人会以此抗辩称,合同约定了可以延长,我有单方决定延长的权利。对此,司法需要考量的一个问题是:合同虽然约定了管理人有单方决定延长管理期限的权利,但延长的具体期限是不是应该要有合理性?是不是应该在订立合同时向投资人做必要的提示说明?管理人是否有权想延长多久就延长多久?对投资者而言是不是公平合理?一般而言,投资人订立合同时对投资期限是有合理预期的,合同约定投资期限1年,投资人的合理预期就是1年,在没有向投资者做合理说明的情况下,管理人一再延期是对投资人合法权利的侵害。因短资长投模式而造成的短期资金在长期投资项目中无法退出,是目前争议非常大的问题。

3. 管理人怠于清算

管理人怠于履行清算义务的原因有:有的资管产品因多层嵌套,有的因短资长投致使管理人难以清算,还有的二者都不是,但管理人就是一直未清算。投资项目失败后,管理人长期不履行清算义务的问题突出。关于资管业务管理人如何履行清算义务,如果不履行清算义务应当承担什么法律责任,目前缺乏相应的法律规范,也没有具体的监管措施。以契约型私募基金为例,投资失败后,管理人到期不清算问题普遍存在。投资者以管理人存在过错为由,要求管理人承担损害赔偿责任时,私募管理人的抗辩理由通常有两点,一是没有过错,二是私募基金尚未清算,损失还不确定,赔偿缺乏依据。这里就涉及一个非常重要的问题,即损害赔偿是否必须以清算为前提。在管理人存在过错又没有清算的情况下案件应该如何处理?关于这个问题,司法实践对基金清算与损失确定赔付的关系问题,目前还很难达成共识,也没有找到很好的解决方案。第一种处理方案是,有的法院按照侵权损害赔偿的一般原理,以损失确定作为赔偿的前提,尚未清算的就以损失不确定为由驳回诉请。这样做的法律逻辑是,即使管理人有过错,即没有尽到管理义务,需要承担赔偿责任,但是因为没有清算,损失无法确定,而赔偿数额必须以损失确定为前提,所以就直接驳回原告诉请。这是最简单的处理方式。这种处理方式看上去符合侵权损害赔偿的一般法律逻辑,但忽视了一个重要问题——此类新型纠纷与一般侵权损害赔偿的一个重要不同之处在于赔偿义务人同时也是损失确定义务人,二者存在利益冲突,裁判原则没能解决这个问题。

第二种处理方案是,如果基金尚未清算,法院可以依职权委托审计评估,以评估结论作为确定投资者损失的依据,并据此判决责任承担。我个人不建议采取这种方案,因为很多投资项目是难以审计估价的,客观上可操作性比较差,难以成为解决这类问题的有效路径,目前我还没看到有法院适用这样的裁判原则。

第三种方案是判决管理人在清算完成后的实际损失金额范围内,根据其过错大小,确定一定比例的赔偿责任。这个方案看上去具有一定的合理性,既解决了损失无法确定的问题,又解决了过错赔偿的问题。但我个人认为这个方案最大的问题在于判决不具有可执行性,实质上仍然没有解决清算与赔偿的根本矛盾,投资者的权益同样无法得到及时有效的保障。

第四种方案是我的个人观点。我提出"三步走"方案,基本处理思路就是先赔付、后清算、再结算。为什么要先赔付、后清算、再结算?目前因清算退出引发的纠纷大致分两种情况,一是经审查管理人不存在过错的,原则上应该先清算后分配,投资损失由投资人自行承担。二是管理人有过错的,我提出的"三步走"方案就是针对这种情况的。在管理人有过错的情况下,如果仍然坚持以清算作为实际赔付损失的前提条件,就会导致管理人本身有过错,但因为其尚未履行清算义务,反而免除了管理人的过错赔付责任,违背了不因非法而获益的基本法律原则。虽然这从法律意义上并不构成对管理人赔付义务的免责,但如果这样处理的话,管理人就可以一直拖着不清算,只要不清算,赔偿责任就一直无法确定,如此便进入一个恶性循环。在法院无法有效对资管产品进行强制清算的现状下,建议即使尚未清算,也可以由有过错的管理人先赔付,以投资者尚未回收的投资本金为赔付基数,根据管理人过错大小确定赔付比例,由此确定管理人的具体赔付金额。

举个例子。某投资人投资100万元,未收到过任何投资收益和本金,管理人因过错最终被认定须承担30%的赔偿责任。此时,可以先行判决管理人承担30万元的赔偿责任,然后是后续的清算和再结算。如果管理人后续履行了清算责任,清算结果无非有两种情况,一个是经清算后有可分配资产,另一个是清算后没有可分配资产。如果清算后没有剩余资产,投资者的所有投资款百分百损失了,也就是100万元,管理人按30%的过错比例承担赔付责任,也就是30万元的赔偿金额,双方之间的权利义务关系就到此结束了。如果清算后还有可分配资产,假设100万元的投资,清算后可回收资金10万元,那么投资人的实际损失就是90万元。按照30%的过错比例赔付,管理人应赔偿27万元。管理人先前赔付了30万元,所以此时需要再结算。再结算是指管理人在其掌控的清算资产范围内,在分配前先进行资金结算。具体而言,就是管理人从10万元的回收资金中先行扣留3万元,剩余7万元支付给投资人,因为经清算实际投资损失的基数发生了变化,所以管理人应承担的赔偿金额也随之发生了变化,这就是再结算的必要性,这时按实际清算回收资金的30%比例进行最终结算。

"三步走"的赔付原则,能实现几个目的:一是及时有效维护投资者的合法权益,有过错的管理人因其过错行为承担了相应的赔偿责任；二是可以有效督促管理人及时履行清算义务，因为只要有回收资金，就可以及时弥补管理人自身的财产损失；三是从最终处理结果而言，可以实现实质上的公平正义，因为既保护了投资者的利益，也没有损害管理人的利益，只不过在赔付的数额和赔付的时间上作了调整。我个人认为处理资管纠纷过错赔偿和清算的问题，需要跳出固有的侵权损害赔偿思维模式。资管纠纷确实存在其自身的特殊性，以侵权损害赔偿模式处理问题会使诉讼程序空转，投资者难以得到有效的司法救济，既解决不了问题，还可能引发新的矛盾。

管理人只要能回收资金，就可以减少自身的损失。只有让管理人负担一定的合理义务，他才有动力解决这个难题，才可能找到有效的解决路径。在现有的立法现状下，对不少纠纷的处理方式就是直接驳回诉请，未清算就驳回的法律逻辑是不严谨，有的法院甚至连有无过错也不认定就直接以未清算为由驳回诉请，导致投资者陷入救济无门、走投无路的困境。在管理人有过错的情况下，让投资者承担如此大的义务和风险，我个人觉得是不公平、不合理的。

4. 刚性兑付

在资管业务中，无论监管层面还是司法层面，一直是禁止刚性兑付的，刚兑条款是无效条款。但有些案件里，管理人还是会直接约定刚兑条款。有一些会另外订立抽屉协议，还有做得更隐蔽一点的，通过收益权转让再回购的方式对投资方保本保收益。有的金融机构为规避监管，会设计多层的交易结构，把资管产品收益权先转给第三方，比如说信托收益权的转让，转让的资金先支付给投资者，信托收益权转让之后再回购。谁回购呢？信托公司来回购。投资者把信托收益权转让，让信托公司最终承担回购义务，或者信托公司直接将收益权转让给第三方再自行回购。

上述种种交易结构是不是构成刚性兑付？我个人认为，刚性兑付的认定，本质上要看谁最终承担了资金兑付义务。无论交易结构如何设计，从司法层面要坚持一个基本判断原则，就是看谁最终承担了投资风险：如果投资风险的承担主体是法律法规禁止的保本保收益的主体，就构成实质上的刚性兑付。这里还需要注意刚性兑付的识别标准。是不是所有的保本保收益的投资安排都构成刚性兑付？不能以这么绝对的标准去认定刚性兑付。投资者为了确保投资收益，筹资方为了募集资金会提供多种形式的增信措施，主要还是看最终的资金损失是不是由管理人承担，如果并非管理人承担损失，比如私募基金产品中经常使用的投资者之间的优先、劣后级的结构化交易安排，原则上就不应认定为刚性兑付，这只是投资者之间的一种投资风险的分配。禁止刚性兑付最主要的原因是投资风险不能集聚在金融机构内部，金融机构作为管理人承担过多的投资风险会引发金融系统性风险，影响金融市场安全。

目前监管部门出于各种监管目的明确禁止了很多增信措施，但从司法层面，对增信措施的有效性不能一概而论,要严格依法判断,不能把具有差额补足性质,对投资人资金有一定保障性质的协议约定都认定为刚性兑付。我个人认为刚性兑付实际上更多应针对管理人,因为管理人的刚性兑付违背"受人之托、代人理财"的基本原则,而且产生的后果会很严重。《九民纪要》关于"刚性兑付"的意见是,资管产品投资者之间的差额补足约定有效,资管产品受托人与受益人之间保本付息、固定回报等各种形式的约定无效,同时受托人须对无效后果承担相应的过错责任。

五、典型案例分析

下面我主要围绕银行理财、信托资管、私募基金等主要纠纷中的相关法律问题,分享几个典型案例。

(一)银行理财

银行理财纠纷涉及最多的就是投资者适格性问题,《九民纪要》出台之后,投资者适格性问题成为投资者起诉的主要理由之一,并以此要求产品发行人或销售者承担赔偿责任。投资者适格性的举证责任在金融机构,案件中反映出金融机构的履责意识不强,举证不充分。前几年北京的王某案[①]关注度比较高,王某案是在《九民纪要》之前判决的,关于投资者适格性的司法裁判原则与《九民纪要》基本相符。该案理财产品的销售银行没有尽到投资者适格性评估及风险揭示义务,最后让金融机构承担了较重的赔偿责任,引发热议。其中一个讨论热点是关于王某的身份问题,王某是某法院从事金融审判的法官。从事金融审判的法官还有投资者适格性问题吗?说实在的,我从事这么多年的金融审判工作,我觉得适格性问题同样存在。法官是懂法律,不一定精通金融,也不一定了解各种金融产品,关键是看你有没有金融投资的经历、金融从业的背景,相关法律背景仅仅可以作为参考。在投资者适格性纠纷案件中,还有非常重要的一点就是因果关系的判断。在有些案件的审理过程中,当事人不抗辩,法官也没有进行充分审查,是一个比较容易被忽略的问题。

投资者适格性的审查包括两个方面,一是有没有履行评估义务,首先审查的是金融机构客观上有没有对投资者进行适格性评估,但没有做适格性评估也不意味着就一定要承担赔偿责任,因为还必须考量另外一个因素,就是在没有履行投资者适格性评估义务的情况下,投资者客观上是不是一个适格的投资者,这就是法律上因果关系判断的问题。先看金融机构,有没有履行义务,如果义务履行没有瑕疵,就不会承担责任。如果没有履行义务或义务履行有瑕疵,就需要考虑过错行为与投资者损失之间的

---

① 参见(2018)京0108民初21776号民事判决书。

因果关系。如果作为原告的投资者客观上具有投资决策能力和风险承担能力,客观上是适格投资者,那么即使金融机构没有履行评估义务也无须承担责任。为什么?因为没有因果关系,赔偿损失的前提条件是过错行为和投资损失之间有因果关系,如果没有进行适格性评估也不影响投资决策的话,过错行为与投资损失之间就缺乏法律上的因果关系。我注意到有些案件的判决只注重对第一个问题的审查,而忽视了对第二个问题的审查和判断,法律逻辑不严谨。有人说,原告肯定会否认自己是合格投资者,诉讼中怎么审查?这涉及举证责任合理分配问题,根据一般证据规则,在诉讼争议事实无法查明的情况下,义务履行一方负担举证责任,并承担举证不能的法律后果。

上海的胡某某案[①]是上海法院首例,也应该是全国法院首例,以投资者适格性评估义务未履行为由判令金融机构承担赔偿责任的案件。我对这个案例的分析重点和角度会可能与其他法官略有不同。这个案件经过一审、二审和再审程序,最后是二审判决改了一审判决,再审判决改了二审判决。原告在该案中以被告银行未履行投资者适格性评估义务和风险揭示义务为由,要求赔偿其全部投资损失。一审法院简单驳回原告诉讼请求,二审法院重点审查了投资者适格性问题。我们当时意识到投资者适格性在理财纠纷中是个很重要的问题,此前的案件没有从投资者适格性角度进行过考量和裁判。监管部门虽然一再强调投资者适格性问题,但是金融机构对此重视度明显不足,具体展业过程中不落实或者落实不到位,无论是评估方式还是评估标准都存在一些问题。二审法官认为需要进行司法规范,并应当树立合理的裁判规则,所以就准备以这个案件作为突破口,确立一个合理的司法裁判规则。银行在该案一、二审期间,均没有提交对原告进行过适格性评估的依据,也没有对原告客观上是不是适格投资者进行抗辩,所以二审法院改判银行承担较重的赔付义务。银行申请再审,再审期间又提交了相关证据,主要是关于原告的职业及投资经历,认为其是合格投资者。原告本人从事金融行业,也有一定的投资经历,最后再审法院进行了改判。根据新的证据进行改判是没有问题的,问题在于银行在一审、二审期间都不提供这些关键性证据。

根据现有的民诉法司法解释,考虑到当事人诉讼能力有强弱,为充分保护当事人的诉讼权利,基于多种因素的考量,最后还是以保护实体正义为原则,即使在再审阶段,如果有新的证据足以影响裁判结果的,法院依然会予以采纳,但可能会因证据提交迟延而承担相应的诉讼费用甚至是罚款。胡某某案件判决之后,全国各地很多法院都相继针对投资者适格性问题作出判决,王某案也是在胡某某案之后判决的。

另外一个相关的问题就是违反投资者适格性义务的法律后果是什么?是由机构承担全部的投资损失,还是根据比例原则分担损失?根据《九民纪要》的规定,机构违

---

① 参见(2014)徐民二(商)初字第541号民事判决书。

反的是先合同义务,应承担缔约过失责任,理论上须承担投资者的投资损失。但司法实践中也有观点认为,比例赔付原则比较合理,能够发挥教育投资者的功能,即赋予投资者审慎投资的义务。如果完全由金融机构承担损失的话,不利于市场的规范发展,投资者会更加不关注投资风险,所以比例责任有合理性。

投资者适格性的评估标准目前还没有引起足够的重视,我觉得这里面也存在一定的问题。投资者适格性评估标准的合理性如何判断?据我了解,目前投资者适格性评估实际上是由各机构自行设计问卷调查,没有统一的标准。评估的事项、评估的程序还没有统一的规范要求,大家自行把握。已经有诉讼案件对评估标准的合理性提出疑问,认为评估调查问卷本身存在问题,评估结论不客观。还有一些评估问卷存在涂改的情况,第一次评估不过关,再评估一次就合格了。各机构自行的评估结论是唯一的衡量依据,还是说要进行实质性审查?如果评估问卷确实存在明显瑕疵或不合理,法院还是应该进行综合审查考量,不能简单机械地认为金融机构已经制作了评估表,评估下来是适格投资者,就完全依照机构的评估结论来判定是不是适格投资者,尤其是双方当事人就此产生争议的情况下,法院需要作出合理评判。

(二)信托资管

1. 名股实债

关于名股实债,争议在于到底是股权还是债权?名股实债的投资模式在信托资管业务中比较常见,主要是为了规避监管,投资领域多以房地产项目为主,前些年信托资金大量投入到房地产项目中。房地产投资为什么要做名股实债的交易设计呢?因为房地产开发有一个监管规定,我们叫"432",这三个数字各代表一项监管要求,"4"是指房地产项目公司在销售房屋之前必须要获得4张许可证,如土地使用证、建设规划许可证等;"3"是指房地产项目投资中必须有30%的自有启动资金;"2"是指房地产必须有二级以上的开发资质。在"432"标准中,"2"比较容易,"4"和"3"有一定难度,很多的房地产开发商常常自有资金不足,没有30%的启动资金,为了能募集到资金就搞名股实债。开发商不能直接借贷,资金如果来源于借款就不符合"432"规定,如果借款变成股权投资就可以规避"432"的监管要求。金融从业者通过交易结构的设计,绕开监管规定,形式上搞成股权投资,但投资人真正的目的不是做股东。信托计划投资是有期限的,期限届满必须退出,所以搞一个股权投资。虽然以股权投资的名义投资,但在协议中会约定融资人要保证资金能够及时退出,而且要保证退出时的收益。

这是前几年的一个案件①,基本案情如下:原告五矿信托公司作为受托人发起设立

---

① 参见五矿国际信托有限公司、上海荣腾置业有限公司与马某某金融借款合同纠纷二审民事判决书[(2015)沪高民五(商)终字第12号]。

4亿元集合信托计划。信托计划1.5亿元用以受让被告荣腾公司特定资产收益权，2.5亿元用以受让荣腾公司原股东持有的30%股权。荣腾公司提供信用增级，承诺截至核算日信托财产专户内累计收到的投资收益款应达到预期收益，否则应承担补足资金支付义务。被告荣腾公司是一家房地产企业，实际上就是想借款，一共需要4亿元的资金，双方约定其中1.5亿元为信托贷款，另外2.5亿元以溢价方式受让被告荣腾公司的股东马某某的股权。马某某把他在荣腾公司的股权高溢价转让给了信托计划，并办理了相应的股权变更登记，同时还把荣腾公司的部分股权质押给原告，作为原告资金退出的保障措施。后因无法按期退出，五矿信托公司提起了诉讼，主张4亿元的资金性质为信托贷款，要求被告偿还本金并支付约定收益。荣腾公司抗辩认为：1.5亿元是信托贷款，2.5亿元是股权转让款，原告受让的是公司原股东的股权，与公司无关，公司不应承担退还股权转让款的义务。

在案件审理过程中，对1.5亿元款项的性质无争议，对于2.5亿元到底是股权投资还是债权产生两种不同的观点。一种观点认为，从交易结构设计来看，双方当事人的真实意思就是借款，4亿元资金本质上就是一个债权，应该更重视交易实质，穿透现象看本质，应认定是信托贷款，因此被告应当返还4亿元资金，并支付承诺的收益。还有一种观点认为，既然以股权受让方式进行了股权投资，并且变更了股权登记，就应当认定为股权投资。如果法院否定了双方虚伪的意思表示，反而让双方最终实现了规避监管规定的违规目的。通常法院要做的是通过否定双方不合法的虚伪意思表示，以使双方的违法目的不能实现，而该案却会因司法的否定性评价而使当事人实现了规避监管的真正目的。从这个角度考虑，信托公司既然甘冒风险受让股权，就应当承担股东责任，并以此来规范其不合规的投资行为。否则市场主体都会以此规避监管，最终从司法层面获得救济路径，从而实现规避监管的不正当目的，这样处理的效果不好。

一审法院认定原告提出的2.5亿元资金性质为信托贷款的主张不成立，对该部分诉请予以驳回，二审法院改判认定2.5亿元资金是信托贷款。根据《九民纪要》的精神，目前关于名股实债更多是倾向于认定构成债权。股权转让实质是让与担保，虽然股权登记在投资人名下，但不是真实意思的股权受让。在新的司法政策下，又有人提出一个问题：如果名股实债最终认定是借贷法律关系，是不是就一定能够保证出借人收益？可能也未必。目前对民间借贷的控制是比较严的，如果此类交易最后被认定为民间借贷，而多笔营利性民间借贷的法律后果是很严重的，非法民间借贷是无效行为，当然金融借贷没有问题，其他主体还是存在一定风险的。还有一个问题，信托计划是个产品，没有组织代码，不能直接作为股东，因此股权登记不能直接登记为信托计划，在工商管理登记系统中只能将管理人即信托公司登记为股东。信托公司作为登记受让股东的情况下,如果转让股东的投资存在瑕疵,目标公司债权人要求信托公司承担补足出资义务时怎么处理?有观点认为,对外信托公司就是股东,当然要承担股东责任,《九民纪要》对此没有明确区分,这其中还存在很多法律关系协调的问题。

2. 信托公司在通道业务中的责任

信托资管业务中还有个常见问题,就是通道业务。《资管新规》出台后对通道业务进行了整顿。在此之前的信托资管业务中,通道业务占了相当一部分比例,信托公司并没有真正代人理财,而是利用信托资质,赚取通道费用。上海金融法院审理了全国首例信托公司因通道业务承担赔偿责任的案件①,这个案件我是审判长。案件判决后,在信托行业引发了小小的震动,信托行业认为最高人民法院判例已经明确,通道业务就是按照协议约定处理,信托公司不承担风险和责任。大家研究案例,重点要关注案件具体事实,事实不同,处理结果就可能不同。现在法院特别强调适法统一工作,杜绝同案不同判,但这里的同案指的是案件事实的高度一致性,不能过于大而化之。案件审理重在关键事实的细节审查,细微差异就可能导致不同的法律后果。

这个案件就是基于具体事实认定信托公司应承担一定的责任。我只是想再强调一点,此前监管层面没有禁止通道业务,法院也没有否定其合法性,一般认定通道业务应按照合同约定,信托公司既不承担投资风险,也不承担投资项目调查义务,仅仅是提供一个资金通道。但通道业务是不是就意味着信托公司可以不需要尽任何注意义务?根据通道协议约定,信托公司可以在很多方面不作为,但这个案件里信托公司承担责任不是因为其不作为,而是因为其在未尽合理注意义务情况下的乱作为。信托资金委托方是一个私募基金,私募基金的管理人成立该基金的目的就是诈骗,三个自然人因负债累累,在被追债走投无路的情况下想到通过私募的方式进行资金诈骗,募集资金后偿还个人债务。但怎么才能吸引投资者进行投资呢?于是就想到找一家有点名气的信托公司,先设立一个信托计划,协议约定信托计划的投资方向是保障房开发建造,项目调查及项目风险都由委托人来承担,信托公司没有任何责任和风险,是典型的信托通道业务。事实上保障房投资项目是虚构的,根本不存在这样一个房地产开发项目。犯罪分子先跟信托公司签好协议,然后再以此对外进行宣传募集资金,向投资者宣传的是要投资一个信托计划,信托计划的投资方向是保障房项目的开发建造。投资者在私募募集资金的过程中曾打电话询问这家信托公司,信托公司回复说有这个投资项目。而且在信托存续过程中,信托公司还应犯罪分子的请求,出具了一个项目风险排查报告,说投资项目正常进行,事实上信托公司根本不知道有没有这个项目,也从来

---

① 参见(2020)沪74民终29号判决书。

没有调查过项目情况,就以自身名义出具了一个虚假的项目风险报告。

彭冰:信托公司应该承担刑事责任。

单素华:根据公安机关侦查的事实,信托公司对于项目不存在并非明知,它不知道犯罪行为的存在,但确实不负责任地出具了这么一个报告,说项目正常开展。

同学:就像一些中介机构出具虚假的报告,会计事务所都要百分之百承担民事责任。所以我觉得应该按这个比例让受托人承担责任。

同学:我有个问题,这个案件不是因为它违反了作为通道业务的受托人本身的义务而承担责任,而是因为出具了报告,承担侵权责任,但是我觉得这个案件实际上并不能作为一个典型来界定通道业务受托人本身具有的义务,实际上是侵权。

单素华:这个案件原告起诉的请求权基础就是侵权。信托公司抗辩主张,投资者损失与其没有关系,原告买的是私募产品,是私募管理人欺骗了原告,信托公司和私募基金之间是通道业务,合同写得清清楚楚,所有的风险和项目调查跟信托公司没有关系,项目风险都是由私募基金自行排查,投资者和信托公司间不存在任何法律关系。投资者主张信托公司构成侵权,认为信托公司的过错行为与投资损失有关联,投资者电话咨询及信托公司出具不实报告行为与投资人的投资决策和损失扩大具有因果关系,按照侵权构成的四要件,信托公司应承担损害赔偿责任。也有观点认为信托公司不构成侵权,理由是私募基金的投资人不能以侵权为由,直接起诉嵌套式投资关系中的其他管理人,而是应根据合同相对性原则向私募基金管理人主张权利。

该案最终处理结果是信托公司构成侵权,因其自身的过错行为须承担损害赔偿责任。裁判理由是,信托公司做的虽然是通道业务,根据协议约定信托公司没有项目调查义务,但是作为专业的金融机构,即使是通道业务也不意味着不需要承担任何注意义务。结合具体的案件事实,在投资者电话询问时,信托公司可以不回答,但不能说毫无根据的话。在信托计划存续期间,信托公司可以不承担项目跟踪调查义务,但是不可以在没有调查的情况下出具虚假的项目排查风险报告。况且,信托公司明知委托人是私募基金,而私募基金背后是众多投资者;信托公司知道或至少应当知道它的行为对投资者的投资决策可能会造成影响。信托公司在没有进行任何调查的情况下出具虚假项目风险报告的行为违反基本注意义务,而这个过错行为与投资者最后损失的发生具有一定的因果关系,所以法院酌情判令其承担一定比例的赔偿责任。刚才有同学说这个比例太低了,主要是基于损失发生的直接和主要原因是私募基金管理人的犯罪行为,信托公司的行为与投资者的损失有一定的因果关系,但不是投资者损失的主要原因。

同学：这个案件中跟注意义务到底有没有关联？

单素华：我认为是有关联的。责任的承担必须以义务存在为前提，没有义务就无须承担责任，义务分为法定义务和约定义务。该案中，信托公司违反的是其作为专业的金融机构，在信托业务开展过程中应当承担的合理注意义务。为什么该案中将信托公司的注意义务扩展到委托人的投资人？因为有两个关键事实，一是私募基金的投资者打过咨询电话，问过信托计划的投资项目，信托公司回答信托投资项目是存在的；二是信托公司出具虚假的项目风险排查报告。作为一个专业的金融机构，信托公司明知信托计划的投资资金是私募基金的募集资金，也应当知道私募基金存在众多的投资者，投资者询问时信托公司可以拒绝回答，但一旦选择回答投资者的询问，就应当负有合理的注意义务，因为信托公司的答复会让投资者对信托计划投资项目产生合理信赖。

同学：信托与侵权可以放在一起处理吗？

彭冰：其实更像一般的注意义务，与一般投资者没法律关系，相当于你在路上走，有人来问路，你不知道就算了，你故意给他指一条错路，人家告你侵权。相当于投资者来问，不理会也就算了，或者不知道也就算了，但不能故意给一个错的信息。

同学：我觉得这个案件可能是普通的侵权。

单素华：对，是普通的侵权，我们最后也是根据一般侵权的构成要件处理的。为什么该案有典型意义？是因为信托公司在通道业务中不是不负任何义务，它可以不作为，但不能乱作为。

同学：信托公司乱作为适用侵权规制，而不是注意义务，某些行为构成侵权，需要承担侵权责任。

单素华：需要说明的是，这里讲的合理注意义务，不是信托法律关系中受托人对委托人的信义义务，不是这个意思。

同学：既然是走的信托通道，签了信托协议，而信托协议中信托受托人一般有管理资金、定期报告的义务，如果定期报告资金委托运作情况时，虚假作出了这种报告，也是对信托义务的违反吗？

单素华：这个案件的起诉主体比较特殊，不是委托人起诉，私募基金是委托人，原告是私募基金的投资者。

同学：代位起诉可以吗？

单素华：代位是基于合同关系，一般正常情况下也可以代位诉讼。但该案中私募基金本身就是诈骗工具，私募基金作为委托人，对信托公司不享有合理请求权，投资者也就无法代位私募基金起诉，所以选择侵权诉讼。

3. 信托收益税收承担争议

下面分享一个与信托产品的税收有关的案件①。双方当事人因信托收益分配中的税收承担问题产生争议。

基本案情如下：上海大新华投资管理有限公司（以下简称"大新华公司"）认购爱建股份 49,342,100 股定向增发股。华宝信托有限责任公司（以下简称"华宝信托"）与大新华公司签订《合作协议》《股权收益权转让及回购合同》《资金监管协议》，约定由华宝信托设立《财富方舟——股权收益权投资集合资金信托计划》，信托计划项下的资金用于受让大新华公司取得的爱建股份 49,342,100 股限售流通股所对应的股票收益权。上海红枫国际妇儿医院有限公司（以下简称"红枫公司"）与华宝信托签订《信托合同》，约定红枫公司出资 5,016 万元认购信托单元项下的 5,016 万份信托单位，后华宝信托根据指令要求大新华公司将标的股票变现。华宝信托与红枫公司又签订《信托合同补充协议 3》，将原合同中"标的股票变现金额"改为"标的股票的税后变现金额"，相应增加"变现待缴所得税"一项作为待扣除项，同时约定从标的股票变现金额中留存大约 25%，暂放于大新华公司的证券交易资金账户，其余部分已分配。

2016 年 6 月 1 日，税务局自监管账户扣划税款 223,825,181.75 元。红枫公司起诉华宝信托，大新华公司为第三人，以大新华公司缴纳的企业所得税应为信托收益款为由，要求撤销《信托合同补充协议 3》，华宝信托支付信托收益款及违约金、律师费等。红枫公司认为，大新华公司因标的股票变现而缴纳的企业所得税不应由信托财产承担。华宝信托、大新华公司则认为，该企业所得税应由信托财产承担。

从上述事实中，我们可以还原事情大概的起因和经过：爱建股份是一家上市公司，有一个定向增发项目，被告大新华投资管理有限公司有资格参与定增，但是没有资金。原告红枫公司有钱，但是无法直接参与定增。于是先成立一个股权收益权信托计划，然后通过信托收益权转让方式实现资金募集，并以募集资金参与爱建公司的股票定增。

该案采取股权收益权信托结构，是因为股东需要资金但又不想因出售股份而减少持股比例或失去股东身份。既要保留股东身份，又需要资金，怎么办？股权收益权信托应运而生。股权收益权就法律性质而言是一种财产权。关于股权收益权，大家首先会想到股票的分红，但上市公司分红不多，哪有那么多股权收益。另外，股权收益权是依附于股权而存在的一种财产权利，不具有独立的财产属性，如果股权不存在了，收益权也就丧失了，所以股权收益权能否单独转让存在一定的争议。股权收益权是通过合约创设出来的一种权利，股权收益权信托也是基于股东募集资金的需求而创设的一种

---

① 参见华宝信托有限责任公司诉上海红枫国际妇产医院有限公司营业信托纠纷二审民事判决书[（2017）沪 01 民终 10069 号]。

信托产品，一般收益权转让之后均须到期回购，因为各方的目的就是融资。

这个案件有点特殊，大新华公司不是为了自身融资，信托计划的购买方也不是出于借贷目的获取固定回报，而是借大新华公司的定增资质，通过间接持有上市公司股票来实现更大的收益。合同约定的股权收益权集合资金信托项下的收益包括股票变现价值，不单是股票持有期间的股权收益。定增之后有36个月的限售期，限售期届满后，须处置股票并将股票变现价值分配给投资者，大新华公司实际上是代持股票，最终所有的股票变现价值加上分红所得的收益都归信托计划的投资人。3年后股票处置的收益很高，当时定增的价格是9元多，处置的时候股价二十几元。收益这么高为什么还会产生争议？主要是因为一笔税款。大新华公司是名义持股人，大新华在公司记账中将股票处置款归为企业收入，虽然其实质上是信托计划的收益。后来税务机关直接从大新华公司账户内划走了2亿多元的税收款，由此引发争议。原告起诉主张信托收益没有分配完毕，起诉要求继续分配这2亿多元的信托收益，而且还把信托公司和大新华公司一起告进来。信托公司认为这是应纳税款，不属于信托收益。原告认为，这是信托计划的收益，大新华公司不应该在公司记账中将其列为企业所得，应记账到企业负债中。如果是企业所得，大新华公司须交一笔税款，原告获得信托收益之后还要再交一笔税款，由此产生两笔税款。因记账错误导致的税款应由大新华公司自行承担，不应影响信托收益的分配。案件审理过程中我们也咨询了税务机关，税务机关认为这种情况下他们的税收合法有据，税务机关是根据企业所得进行征税，信托计划不是他们考虑的范畴。我们认为税务机关也有道理，一般而言，企业作为股票持有人获得收益，当然应依法纳税。

一审法院认为，《信托合同补充协议3》仅约定股票变现后所取得收益需要缴纳所得税，但并未约定该所得税应由谁缴纳，同时结合协议中"若最终应缴纳税款超出该公式计算结果的，则该等超出部分的税款由红枫公司自行承担、另行缴纳"的表述来看，此处"该信托单元变现待缴所得税"应指红枫公司应当缴纳的企业所得税，故该案中尚有未分配的信托利益存在。华宝信托未遵照受益人的指令将信托利息予以分配，构成违约，故法院判决华宝信托赔偿红枫公司信托收益款26,380,725.40元。

二审法院认为，该案当事人通过设立信托的方式，将限售股票将来变现的价值纳入信托财产范围，从而使信托委托人虽名义上不持有标的股票，但实质上获得了标的股票的财产性权能，控制了标的股票将来的变现方式和变现价值。在目前并无法律法规禁止限售股票收益权转让的情况下，这一交易安排合法有效。在此基础上，信托计划的受益人应当以信托收益范围为限主张收益。以第三人所持股票收益权设定信托，且将股票变现价值纳入信托收益范围的，第三人出售股票所得款项须依法缴纳的税款，属于信托财产不可分割的组成部分，应当在信托收益分配时予以扣除。二审法院判决撤销原判,驳回红枫公司的全部诉讼请求。

二审观点的主要理由是,税收不是大新华或者是信托公司能够解决的问题,国家公权力认为应征税,那么信托收益就应该是信托资产税赋全部缴纳完之后的净收益。当然,这个案件很关键的一点还有对后续补充协议约定的理解问题。通过这个案件,我们也可以看到存在的一个实际问题,就是如何更加合理地对信托计划或者信托产品收益进行征税。同时信托公司在成立信托计划或设计产品结构时,也应当将税收问题纳入考量。

(三)私募基金

接下来讲一个有关差额补足的性质与效力认定的案例①。这是我主审的案件,上周判决刚刚生效。

这是因暴风集团发起的海外并购收购计划失败引发的系列纠纷之一,这一系列的诉讼既有国内诉讼,也有国外的诉讼。基本案情如下:原告招商银行诉称,被告光大资本全资子公司光大浸辉公司等作为普通合伙人发起设立上海浸鑫投资咨询合伙企业(有限合伙)(以下简称"上海浸鑫基金"),原告于2016年5月5日通过招商财富资产管理有限公司(以下简称"招商财富公司")设立的招财尊享5号专项资产管理计划(以下简称"招财5号资管计划")出资认购该基金优先级有限合伙份额28亿元。上海浸鑫基金设立后,在香港出资设立JINXIN HK LIMITED(香港浸鑫公司),在开曼群岛设立JINXIN INC.(开曼浸鑫公司),用于收购标的公司MP&Silva Holding S.A.(MPS公司)65%的股权,并约定通过暴风集团股份有限公司收购股权实现投资退出。被告向原告出具《差额补足函》,承诺在上海浸鑫基金成立满36个月之内,由第三方以不少于约定的目标价格受让基金持有的香港浸鑫公司100%的股权。如果股权转让价格低于目标价格时,被告应承担差额补足义务。届时,如果MPS公司股权没有完全处置,被告亦应承担全额差额补足义务。原告起诉认为,差额补足条件已经触发,但被告未按约定履行上述差额补足义务,故请求被告承担差额补足款3,489,429,041元及相应利息。

暴风集团收购MPS公司是因为MPS公司享有体育赛事的转播权,但收购后不久,MPS公司就丧失了转播权,导致海外收购募集的50多亿元资金无法兑付,引发诉讼。大家看一下这个关系图表,光大资本是光大证券的全资子公司,光大浸辉是光大资本的全资子公司。招商银行没有直接投资私募基金,是通过招商财富的一个专项资管计划进行投资,招商银行是招商财富的大股东。招商银行作为优先级合伙人将28亿元的银行理财资金通过专项资管计划——招商财富公司成立的专项资管计划——投入浸鑫基金,浸鑫基金里除了光大浸辉作为普通合伙人,光大资本是劣后级合伙人,其他的投资机构,如爱

---

① 参见招商银行股份有限公司诉光大资本投资有限公司其他合同纠纷案[(2020)沪民终567号],该案被最高人民法院民二庭评选为2021年度全国法院十大商事案例。

建信托、华瑞银行等,都是作为优先级有限合伙人身份投资的。

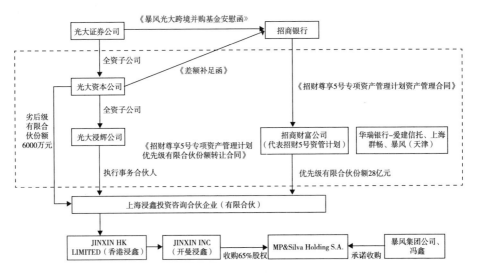

图 3-1　案情关系图

在整个投资结构设计中,最关键的一个环节就是光大资本为部分机构投资者出具了《差额补足函》。上海浸鑫不能直接进行海外收购,上海浸鑫就先在香港设置一个香港浸鑫,香港浸鑫在开曼群岛再设立一个开曼浸鑫,层层嵌套,最后是由开曼浸鑫进行股权直接收购。诉讼中,光大资本主要提出了六大抗辩理由:一是认为《差额补足函》构成刚性兑付,依法无效;二是认为《差额补足函》性质为保证,因未履行公司决议程序而无效;三是认为差额补足条件尚未成就,须基金清算后才能确定损失;四是认为原告并非差额补足的权利主体;五是认为涉刑事犯罪,应先"刑"后"民";六是认为应追加招商财富参加诉讼,以免不当得利等。光大资本的具体理由是,招商银行是金融机构,自己也是金融机构,投资怎么可能无风险,违反监管不得刚兑的规定,故《差额补足函》无效。《九民纪要》明确,对外担保要经公司股东会决议,因没有经过光大资本公司股东会决议,所以《差额补足函》无效。《差额补足函》没有明确招商银行是差额补足的对象,招商银行本身不是私募基金的投资主体,没有权利主张补偿。还有就是因相关人员涉刑,刑事案件的事实查明将影响民事案件的处理结果,所以民事案件应中止审理。另外,目前整个投资项目还在清算过程中,到底能收回多少资产不确定,只有等全部资产清算完毕才能确定实际损失,在损失不确定的情况下,应驳回诉请。

法院最终判决光大资本须承担相应的差额补足义务,金额高达 30 多亿元。我主要结合该案讲一下差额补足的法律性质和效力问题。差额补足作为一种增信措施,在资管业务中普遍存在,也成为资管业务纠纷中最常见的争议问题,主要是关于法律性质的认定,因为不同的法律定性,其法律后果不同,直接影响当事人的权利义务。目前关于差额补足的性质主要有三种类型:一是独立的合同关系;二是保证;三是债务加入。《九民纪要》明确,差额补足的性质认定要根据具体的文字表述、权利义务约定进行综合判断。这个案件法院最终认定系独立的合同关系,不构成保证。保证必须以主债务的存在为前提,保证具有从属性,这个案件中招商银行不是私募基金的投资主体,因此不是投资协议的直接债权人。保证法律关系必须有一个被保证的主债权存在,没有主债权就没有从债权。法院结合案件中其他相关事实,最终认定光大资本和招商银行间系独立的合同关系。另外,关于差额补足是否构成刚性兑付的问题,前面就刚性兑付的识别原则已经作了说明。该案之所以没有认定构成刚兑,主要是基于两点考量,一是光大资本并非基金管理人,二是光大资本本身是劣后级有限合伙人,从某种程度而言,其是为了自身利益而做的差额补足承诺,不构成司法需要规制的刚性兑付行为。

另外,法院考虑到,如果光大赔付给了招商银行,因招商财富仍然持有私募基金的投资份额,确实存在其可能会再次主张权益的问题。案件审理中,招商财富出具了承诺函,明确光大资本赔付后,其不再主张权利。法院认为,光大资本履行差额补足义务后,其将依法代位招商银行获得招财5号资管计划项下的所有投资权益和收益,所以不存在原告双重受偿的问题。

六、相关案件裁判原文

五矿国际信托有限公司、上海荣腾置业有限公司与马某某金融借款合同纠纷

二审判决书

(2015)沪高民五(商)终字第12号

上诉人五矿公司上诉请求:撤销一审判决主文第一项、第二项、第三项、第四项、第五项,改判如下:一、荣腾公司向五矿公司偿付信托资金人民币4亿元(以下货币单位同)及相应预期收益款(截至2013年6月17日为94,690,733.33元,要求计算至实际支付之日止)、迟延履行违约金12,226,989.29元(暂计至2013年6月17日,要求计算至实际支付之日止);二、如荣腾公司未能履行上述义务,五矿公司有权将编号为松201117022595号及松201117020229号的抵押权登记证明书记载的荣腾公司名下建筑物及土地使用权折价或者以拍卖、变卖该抵押物所得的价款优先受偿;三、如荣腾公司

未能履行上述第一项义务,五矿公司有权将编号为股权质押登记设字【272011】第0017号的股权出质设立登记通知书记载的马某某名下股权折价或者以拍卖、变卖该质押物所得的价款优先受偿;四、马某某对荣腾公司上述第一项偿债义务承担连带清偿责任。本案一、二审案件受理费均由荣腾公司、马某某负担。事实和理由:一、本案系集合信托计划背景下的融资借款纠纷,涉案2.5亿元是4亿元信托融资款不可分割的一部分,所谓"股权转让"只是各方当事人为收回信托资金及实现预期收益而作出的风险控制安排。一审判决将2.5亿元的性质认定为股权投资款系关键事实认定错误,法律适用不当。二、一审判决在肯定五矿公司与荣腾公司之间存在借款关系,认可《合作协议》等系列协议中所约定预期收益和违约条款的基础上,以信托收益超过银行贷款利率4倍为由,不支持五矿公司关于违约金的诉讼请求,于法无据。三、对于荣腾公司基于《备忘录》所支付的500万元,因其未履行还款义务,存在违约行为,根据《备忘录》的约定,该款项性质应为违约金,一审判决将该部分资金归入荣腾公司的还款总额,明显有误。四、一审判决主文认定五矿公司在荣腾公司未履行第一、第二项判决义务时方可对马某某的出质股权行使质权,对五矿公司行使质押权的顺序的认定错误。

荣腾公司辩称,不同意五矿公司上诉请求。一审判决将《股权转让合同》项下的2.5亿元明确认定为股权投资关系正确。

上诉人荣腾公司上诉请求:依法撤销一审判决主文第二项。二审案件受理费由五矿公司负担。事实和理由:一审判决未支持《还款协议》项下的还款义务(4亿元及其约定收益)和《信用增级协议》项下补足资金义务,一审法院仅认定主债权1.45亿元(及其利息),其余约2.55亿元的主债权已经不具备合法存在的依据,相应的担保物权也应当消灭。现有两份抵押权登记,撤销其中任何一份均与一审法院判定的主债权相适应。

五矿公司辩称,不同意荣腾公司上诉请求。本案主债权为4亿元本金和约定的利息,抵押也是为了4亿元的主债权所设,两份抵押登记不可分割。

马某某辩称,涉案质押权的实现顺序应在抵押担保之后,涉案质押合同9.5条和保证合同7.3条对此有约定,应从约定。债务人提供了物的担保,应先处置抵押物。关于连带保证责任问题,对本金1.45亿元承担连带保证责任没有异议。到本案诉讼时,还处于付款顺延期,荣腾公司不存在违约,也不应该承担保证责任。

五矿公司向一审法院起诉请求:一、荣腾公司偿付信托资金4亿元及相应预期收益款(截至2013年6月17日为94,690,773.33元,要求计算至实际支付之日止)、迟延履行违约金12,226,989.29元(暂计至2013年6月17日,要求计算至实际支付日止);二、荣腾公司承担相应抵押担保责任;三、马某某承担质押担保责任及连带保证责任。

荣腾公司向一审法院提出反诉请求:五矿公司返还募集费用16,220,000元及超额收取的特定资产收益款 18,368,948.89 元。

一审法院认定事实：2011 年 5 月 17 日，五矿公司与荣腾公司、马某某订立编号为 P2011M18A-RTZY-012 的《合作协议》一份，约定五矿公司作为受托人发起设立集合信托计划，规模预计为 4 亿元，信托计划期限为 24 个月，信托资金用于受让荣腾公司持有的特定资产收益权及荣腾公司原股东持有的荣腾公司合计 60% 的股权；特定资产指荣腾公司合法持有的位于上海市松江区，北面乐都西路、西至仓汇路、东临玉树路、南至仓丰路的土地使用权及坐落于该土地上的在建工程、地上建筑物等，特定资产收益权指取得因销售、出租或以其他形式使用和处分特定资产所形成的全部收入的财产性权利；荣腾公司同意以其持有的荣丰休闲购物广场项目一期及二期房屋及对应的土地使用权向五矿公司提供抵押担保，马某某同意提供连带责任保证担保，并在其取得荣腾公司 40% 股权后以该等股权向五矿公司提供质押担保；五矿公司以本信托计划募集的信托资金 150,000,000 元受让荣腾公司合法享有的特定资产收益权，250,000,000 元受让荣腾公司原股东合法持有的标的股权；五矿公司有权选择包括但不限于以下方式实现本信托计划项下投资退出：获得特定资产的销售收入、出租收入等特定资产收益，对外转让标的股权，获得分红等股权收益，对荣腾公司进行减资，处置、清算包括但不限于特定资产在内的荣腾公司名下全部资产。本合同项下特定资产收益款包括但不限于：特定资产进入可售状态后，荣腾公司对外出售部分或全部特定资产取得的预售、销售价款，特定资产进入可租状态后，荣腾公司通过出租部分或全部特定资产取得的资金收益；根据法律、行政法规、规章的规定、司法机关的裁决、政府机关的规定及合法有效的法律文件约定，针对特定资产获得的任何赔偿或补偿性收入；依据法律法规或其他生效法律文件所取得的与特定资产相关的其他现金收入。自本信托计划存续满 12 个月之对应日至存续满 24 个月前 5 日的期间内，马某某有权选择按约定公式计算的标的股权约定转让价款对全部标的股权行使优先购买权。在本信托计划期限内，出现以下任一情形的，五矿公司有权随时以任意方式、任意价格处置标的股权，五矿公司处置标的股权全部所得归于信托财产：本协议约定的任意一期预期收益未实现；马某某向五矿公司明示或以其行为表示放弃行使标的股权优先购买权；截至本信托计划期限届满前 5 个工作日，马某某仍未按约向五矿公司提交行权通知；马某某未按约向五矿公司按时足额支付股权转让价款及发生约定情形。荣腾公司同意依约向五矿公司提供信用增级，承诺截至约定的核算日，信托财产专户内累计收到的投资收益款（包括特定资产收益款和股权收益款）应不少于按约定公式计算的预期收益。若本信托计划存续期间，信托财产专户内累计收到的现金未达到荣腾公司在约定的任一核算日对应的预期收益金额的，则五矿公司有权采取以下部分或全部措施：指令监管银行于当日将监管专户内的资金划付至信托财产专户以使得信托财产专户内收到的投资收益款达到本协议约定的预期收益;以传真方式向荣腾公司发送要求其承担补足资金支付义务的书面通知,荣腾公司应在收到书面通知后 2 个工作日内按照通知中载明的金额向五矿公司支付补足资金。若本信托计划成立后 24 个月内,本协议约定的预期收益已全部实现,或荣腾公司已按约定履行完毕补足资金支付义务的,视为本信托计划项下特定资产收益权已全部实现,五矿公司不再享有特定资产收益权,特定资产收益权自动归荣腾公司所有;本协议任何一方违反本协议约定条款,均视为违约,违约方应赔偿其他各方的全部经济损失,包括直接经济损失和间接经济损失;合同另对三方当事人其他权利义务作了约定。2011 年 5 月,五矿公司与荣腾公司另订立编号为 P2011M18A-RTZY-004 的《特定资产收益权转让合同》一份,约定荣腾公司向五矿公司转让其合法享有的特定资产收益权,五矿公司有权取得特定资产收益款,转让价款为 150,000,000 元。荣腾公司逾期向五矿公司履行本合同项下任何资金支付义务的,荣腾公司应向五矿公司支付逾期划付违约金,每逾期一日支付的违约金金额为应划付而未划付金额的万分之五,直至荣腾公司履行完毕其资金支付义务之日止。荣腾公司出现其他任何违约情形,五矿公司有权立即或按违约情形的具体情况采取以下一种或多种措施:自违约情形发生之日起要求荣腾公司支付违约金,违约金金额为特定资产收益权转让价款的万分之五;要求荣腾公司在一定期限内纠正违约行为,除本合同另有约定外,任何一方违反本合同的约定应赔偿由此给对方造成的经济损失等,合同另对双方其他权利义务作了约定。同月,五矿公司与案外人诸某帆、诸某兰订立编号为 P2011M18A-RTZY-005 的《股权转让合同》一份,约定上述两案外人将各自持有的荣腾公司 30% 股权转让给五矿公司,转让总价款为 2.5 亿元,合同另对各方其他权利义务作了约定。之后,两案外人各自出具声明一份,确认自愿将荣腾公司监管账户作为股权溢价部分的收款账户,股权收购款项支付至该账户视为本人收到相应款项,上述两份声明中确认的股权溢价部分款项均为 121,400,000 元。2011 年 5 月,荣腾公司与五矿公司另订立编号为 P2011M18A-RTZY-013 的《信用增级协议》一份,约定荣腾公司同意按照本协议的约定向五矿公司提供信用增级,基于荣腾公司向五矿公司就本信托计划投资的特定资产收益权及标的股权价值作出的披露,承诺截至约定的核算日,信托财产专户内累计收到的投资收益款(包括特定资产收益款和股权收益款)应不少于按约定公式计算的预期收益。若本信托计划存续期内,信托财产专户内累计收到的现金未达到前述约定的预期收益金额的,则五矿公司有权采取以下部分或全部措施:指令监管银行将监管专户内的资金划付至信托财产专户以使得信托财产专户内收到的投资收益款达到约定的预期收益;向荣腾公司发送要求其承担补足资金支付义务的书面通知,荣腾公司应在收到书面通知后 2 个工作日内按照通知中载明的金额向五矿公司支付补足资金;按照本协议的约定对外转让标的股权。为确保荣腾公司履行上述补足资金支付义务,马某某将与五矿公司签署《股权质押合同》,并按照《股权质押合同》的约定在其取得荣腾公司40%股权后将该等股权全部质押给五矿公司;为确保荣腾公司履行上述补足资金支付义务,荣腾公司应当与五矿公司签署《抵押合同(一)》及《抵押合同(二)》,并按照该等合同的约定先后将其持有的荣丰休闲购物广场项目一期、二期房屋及对应国有土地使用权抵押给五矿公司。为便于办理上述约定的抵押登记事宜,五矿公司与荣腾公司将就荣腾公司的补足资金支付义务另行签署《还款协议》,若《还款协议》与本协议存在约定不一致的情形,以本协议的约定为准。为确保荣腾公司履行上述补足资金支付义务,马某某将与五矿公司签署《保证合同》,并按照《保证合同》的约定向五矿公司提供连带保证担保。任何一方违约的,应赔偿对方的直接经济损失和间接经济损失,如果荣腾公司延迟履行本协议约定的支付补足资金义务的,应向五矿公司支付迟延履行违约金,每日应支付的迟延履行违约金为应付未付金额的0.05%,直至其履行完毕支付补足义务资金之日止。合同另对双方其他权利义务作了约定。2011年5月27日,荣腾公司与五矿公司另订立编号为P2011M18A-RTZY-006的《还款协议》一份,约定根据前述《合作协议》,五矿公司将分两期向荣腾公司及荣腾公司原股东划付资金,荣腾公司确认,五矿公司划付上述资金后,荣腾公司对五矿公司承担还款义务,荣腾公司应向五矿公司支付的总款项包括五矿公司实际向荣腾公司及荣腾公司股东划付的资金及按上述资金×20%×D/360公式计算的款项,其中D为五矿公司还款之日至荣腾公司履行完毕还款义务之日实际经过的天数,荣腾公司向五矿公司支付总款项的支付日不应晚于五矿公司将资金划付至荣腾公司账户之日起的第24个月的对应日。如发生以下任一情形,五矿公司有权要求荣腾公司立即履行本协议项下的还款义务:荣腾公司在《合作协议》约定条款项下的承诺事项未能实现,出现或可能出现导致荣腾公司资产面临毁损、灭失或价值贬损的重大情形等。为确保本协议项下五矿公司债权得到清偿,荣腾公司将以其所有的房屋及对应土地使用权向五矿公司提供抵押担保。如果荣腾公司延迟履行还款义务,荣腾公司应向五矿公司支付迟延履行违约金,每日应支付的迟延履行违约金为应付未付金额的万分之五。如荣腾公司有其他违约行为的,应赔偿五矿公司全部损失,损失包括直接经济损失与间接经济损失等。合同另对双方当事人其他权利义务作了约定。同日,荣腾公司与五矿公司订立编号为P2011M18A-RTZY-007-001和P2011M18A-RTZY-007-002的《抵押合同》两份,分别约定将荣腾公司名下"荣丰休闲购物广场"一期和二期房产为前述《还款协议》项下荣腾公司债务提供抵押担保,担保范围为主合同项下全部债务,包括但不限于主合同项下荣腾公司应向五矿公司清偿的全部款项、违约金、赔偿金等,主合同项下荣腾公司应向五矿公司支付的其他款项(包括但不限于手续费、电讯费、杂费等),五矿公司为实现债权与担保权利而发生的费用(包括但不限于诉讼费、仲裁费、财产保全费、差旅费、执行费、评估费、拍卖费、公证费、送达费、公告费、律师费等)。上述抵押物的产权证号分别为沪房地(松)字2008第008477号和沪房地(松)字2010第024379号,合同另对双方其他权利义务作了约定。之后上述抵押物经上海市松江区房地产登记处办理了抵押权登记,登记证明号分别为松201117022595号及松201117020229号。2011年6月,五矿公司与荣腾公司订立抵押借款合同一份,约定为确保五矿公司与荣腾公司于2011年5月27日签订的抵押借款合同的履行,荣腾公司用上海市松江区乐都西路761-819号(单号)、825弄的房屋[产权证号为沪房地(松)字2008第008477号]向五矿公司提供抵押,抵押债权为2亿元,期限为2011年6月14日至2013年7月15日。2011年7月4日,五矿公司再与荣腾公司订立抵押借款合同一份,约定为确保五矿公司与荣腾公司于2011年5月27日签订的抵押借款合同的履行,荣腾公司用上海市松江区乐都西路825弄的房屋[产权证号为沪房地(松)字2010第024379号]向五矿公司提供抵押,抵押债权为2亿元,期限为2011年7月5日至2013年7月31日。审理过程中,五矿公司确认上述两份抵押借款合同系为办理抵押手续而签订,荣腾公司主张上述两份抵押借款合同实际未履行。2011年5月27日,五矿公司与马某某订立编号为P2011M18A-RTZY-008的《股权质押合同》一份,约定马某某以其持有的荣腾公司40%股权及其孳息为荣腾公司在前述《信用增级协议》项下的补足资金支付义务提供股权质押担保,担保范围包括但不限于荣腾公司应向五矿公司支付的主债务金额、违约金、赔偿金、其他款项、五矿公司为实现债权与担保权利而发生的费用(包括但不限于诉讼费、仲裁费、财产保全费、差旅费、执行费、评估费、拍卖费、公证费、送达费、公告费、律师费等),合同另对双方其他权利义务作了约定。同日,五矿公司与马某某订立编号为P2011M18A-RTZY-009的《保证合同》一份,约定马某某为荣腾公司在前述《信用增级协议》项下的补足资金支付义务提供连带责任保证,保证范围同上,保证期间为主债务履行期限届满之日起两年,若五矿公司宣布主债务提前到期的,保证期间为主债务提前到期日起两年。该合同同时约定,无论五矿公司对主合同项下的债权是否拥有其他担保(包括但不限于保证、抵押、质押、保函、备用信用证等担保方式),不论上述其他担保何时成立、是否有效、五矿公司是否向其他担保人提出权利主张,也不论是否有第三方同意承担主合同项下的全部或部分债务,也不论其他担保是否由债务人自己所提供,马某某在本合同项下的保证责任均不因此减免,五矿公司均可直接要求马某某依照本合同的约定在其保证范围内承担保证责任。2011年6月9日,上海市工商行政管理局松江分局对上述股权质押办理股权出质登记手续,相应登记通知书编号为股质登记设字[272011]第0017号。2011年6月27日,荣腾公司与马某某订立《借款协议》一份,约定为履行五矿公司与荣腾公司、马某某及案外人诸某帆、诸某兰的相关信托项目协议,马某某向荣腾公司借款0.75亿元,专款用于向诸某帆、诸某兰支付五矿公司受让上述案外人60%股权的股权转让款首付部分,马某某承诺将根据有关信托项目协议的约定,通过支付五矿公司信托回报的方式归还上述借款。2011年8月31日,五矿公司与马某某又订立《借款协议》一份,约定的借款金额为1.75亿元,借款用途为支付五矿公司受让上述案外人60%股权的股权转让款溢价部分,其余内容与前份借款协议相同。2011年7月13日,五矿公司登记为荣腾公司股东,持有荣腾公司60%股权,之后五矿公司多次参加了荣腾公司股东会议。上述合同订立后,2011年6月7日,五矿公司成立荣腾商业地产投资基金信托计划,发行规模为2.12亿元,信托期限为24个月,满12个月后可提前结束,募集资金用于购买"荣丰休闲购物广场"项目3期和4期的特定资产收益权及该公司60%股权,并以其未来产生的现金流作为收益来源,预期年化收益率为10.5%至13.5%,五矿公司网站上关于该信托计划的信息表明该信托计划委托人总计67人。2011年6月15日,五矿公司向荣腾公司划款1.5亿元,用途为支付购买资产收益权款项。2011年6月17日,五矿公司向荣腾公司划款6,200万元,用途为支付股权收购款。2011年7月5日,五矿公司成立荣腾商业地产投资基金信托计划二期,实际募集资金18,800万元,委托人总计58人。2011年7月6日,五矿公司向荣腾公司划款1,300万元,用途为支付购买资产收益权款项。2011年8月11日,五矿公司向荣腾公司划款17,500万元,用途为拨付长期股权投资款。2012年9月7日,五矿公司向荣腾公司、马某某发出催收通知,称荣腾公司支付了截至2012年3月6日的信托投资收益款共计61,551,448.89元,之后荣腾公司拒付2012年3月7日至2012年9月6日的信托投资收益款46,992,586.67元,故要求荣腾公司、马某某履行合同义务,支付收益款及迟延履行违约金。2013年3月8日,五矿公司又向荣腾公司、马某某发出履行义务通知书,称荣腾公司自2012年6月6日起未按约支付预期收益,且在多个核算日信托财产专户内的现金未达到约定的预期收益金额,故要求荣腾公司支付全部补足资金及违约金478,408,993.55元并承担抵押担保责任,要求马某某承担质押担保责任及连带保证责任。2013年3月15日,荣腾公司回函五矿公司称,对于五矿公司主张的逾期付款行为不予认同。2013年4月3日,五矿公司发布公告,提前结束荣腾商业地产投资基金信托计划,并称将于2013年4月3日后10个工作日内一次性向受益人分配本金及最后一期收益。之后,五矿公司以其自有资金垫付了相关信托本金及收益,五矿公司确认其分配的信托财产情况为支付投资者投资本金400,000,000元、投资收益88,781,448.89元、信托手续费8,565,686.67元、托管费用579,644.45元、咨询服务费3,767,688.78元、代理推介费13,040,000元。2013年6月30日,五矿公司与荣腾公司、马某某订立《关于"五矿信托—荣腾商业地产投资基金集合信托计划"相关事宜的备忘录》,明确上述信托计划已实际募集资金4亿元,年收益按20%计算,截至本备忘录签署之日,荣腾公司已支付五矿公司67,051,448.89元,荣腾公司应于2013年7月5

日前支付五矿公司500万元,五矿公司承诺收到该款项之日签署同意荣腾公司经营期限延长至2013年12月31日的股东会决议、公司章程修正案等文件,剩余应付款项的最终结算期限为3个月,从荣腾公司经营期限延长后的工商部门签发新营业执照之日起算,在荣腾公司支付清应结算的全部款项当日,五矿公司协助办理解除荣腾公司原设定的所有不动产抵押登记及马某某名下持有荣腾公司40%股权的质押登记手续,以及协助受让五矿公司60%股权的第三方办理股权工商变更登记手续。本备忘录按约生效后,如荣腾公司未能直接或通过第三方在前述约定的结算期内支付清应结算的全部款项,则视为荣腾公司根本性违约,荣腾公司同意按本备忘录已付500万元作为违约金支付给五矿公司等。2013年7月2日,荣腾公司向五矿公司支付500万元,2013年7月3日,工商管理部门同意荣腾公司变更登记经营期限。之后,因荣腾公司未继续履行付款义务,遂涉讼。

一审法院认为,本案主要争议焦点为如何认定五矿公司与荣腾公司间法律关系的性质。一审法院认为,系争《合作协议》虽约定五矿公司作为受托人发起设立集合信托计划,但并无荣腾公司将其财产交予五矿公司予以信托管理的意思表示;实际履行过程中,荣腾公司仅接受信托募集款项,并未向五矿公司交付信托财产,荣腾公司亦非相关信托计划的受益人,故五矿公司与荣腾公司间并不构成信托法律关系,而是信托受托人与信托募集钱款使用人之间构成的债权债务关系;故本案各方当事人的权利义务应依此种债权债务法律关系的约定予以认定,而不能以信托法律关系为基础。荣腾公司及马某某的相关主张,缺乏法律依据,一审法院不予采信。

关于双方争议的1.5亿元收益权转让款的法律性质问题,一审法院认为,系争《合作协议》约定五矿公司作为信托财产受托人以信托资产受让荣腾公司的特定资产收益权,荣腾公司在支付了相应投资收益款后,自动收回相应特定资产收益权,之后,双方又订立系争《特定资产收益权转让合同》,约定五矿公司以1.5亿元受让荣腾公司特定资产收益权,荣腾公司据此向五矿公司承担相应付款义务。上述1.5亿元虽被约定为收益权转让款,但依照相关合同的约定,荣腾公司作为出让人出让此种收益权后,对受让人五矿公司负有付款义务,且此种付款义务的金额大于五矿公司支付的转让价款,当荣腾公司付款义务履行完毕后,收益权自动回转至荣腾公司名下,此种权利义务的约定明显与一般权利转让法律关系不同。而依照相关合同的约定,荣腾公司实际系通过此种收益权的出让行为获得五矿公司募集的信托资金,并在之后对五矿公司负有归还前述资金并支付固定收益的义务,五矿公司通过此种转让行为除收回转让款项的本金外,还可获取约定的固定收益,双方当事人的此种权利义务,符合借款法律关系的基本特征,故就该1.5亿元,应认为五矿公司与荣腾公司间实质上构成借款法律关系。

关于另外2.5亿元款项的性质问题,一审法院认为,系争《合作协议》约定五矿公司以信托资产受让荣腾公司60%股权,之后五矿公司并与荣腾公司原股东订立了相应《股权转让合同》,以2.5亿元受让了上述股权,五矿公司亦在形式上行使了相应股东权利,故该2.5亿元符合股权转让款的外观法律特征,应当认定就该2.5亿元,五矿公司与荣腾公司间构成股权投资关系。除上述约定外,该2.5亿元同时亦被系争《合作协议》约定为信托财产的一部分,而该协议已明确约定信托期限为24个月,同时,该《合作协议》还约定在条件成就时,马某某可按约定价款对上述股权行使优先购买权,五矿公司亦可处置上述股权;另外,依照系争《合作协议》《信用增级协议》等合同的约定,荣腾公司基于该种股权转让关系负有向五矿公司支付股权收益款的义务,此种股权收益款系定时给付,且金额按固定方式计算形成等,前述种种约定内容虽与我国现行公司法框架下的股权转让有所不同,但并不能据此否定此种股权转让行为的法律性质。据此可认定荣腾公司与五矿公司间就上述1.5亿元构成借款法律关系,系争2.5亿元款项的法律性质是五矿公司支付的股权转让款。

就前述1.5亿元借款,一审法院认为,荣腾公司已实际收取该笔借款,当依约履行相应还款义务。五矿公司与荣腾公司就本案系争债权债务达成的最后一份法律文件为《关于"五矿信托—荣腾商业地产投资基金集合信托计划"相关事宜的备忘录》,现荣腾公司未能依照该备忘录的约定结清相应钱款,显属违约,应承担相应民事责任,故荣腾公司应就借款本金1.5亿元向五矿公司承担还款责任。五矿公司主张荣腾公司除归还借款本金外,还应向其支付预期收益款及违约金等,对此一审法院认为,上述1.5亿元既系借款,则相应预期收益款实质为此种借款的利息,现本案中系列合同约定的年固定收益率为20%,并未超过同期银行贷款基准利率的4倍,故五矿公司有关预期收益款的诉请可予支持。《中华人民共和国信托法》第二十六条规定:受托人除依照本法规定取得报酬外,不得利用信托财产为自己谋取利益。受托人违反前款规定,利用信托财产为自己谋取利益的,所得利益归入信托财产。现本案中系列合同约定的年固定收益率高于五矿公司作为信托受托人向委托人承诺及支付的信托收益率,依照上述法律规定,五矿公司在荣腾公司履行相关义务后,若该部分预期收益款在五矿公司扣除其实际成本及相应报酬后仍高于五矿公司实际兑付的信托收益,五矿公司应将差额部分款项向信托委托人予以返还。至于五矿公司主张的违约金部分,因五矿公司与荣腾公司间就上述1.5亿元系借款法律关系,故相应违约金实质亦系利息的一部分,本案系列合同约定的违约金为每日万分之五,与年固定收益率之和超出同期银行贷款基准利率的4倍,显然于法有悖,故一审法院对于五矿公司有关违约金的诉讼请求不予支持。但基于现荣腾公司仍未履行还款义务,故可以该约定利率作为计算相应逾期利息的依据。

就2.5亿元股权投资款,一审法院认为,五矿公司与荣腾公司原股东间就该2.5亿元系成立一股权转让法律关系,五矿公司亦实际因此成为了荣腾公司的大股东,故有关该 2.5 亿元部分的权利义务,应以《中华人民共和国公司法》的相关规定为主要认定依据。五矿公司主张该 2.5 亿元亦系其向荣腾公司出借的借款,但荣腾公司作为该股权转让关系中的标的公司,并非其自身股权的出让方,故其对于相应股权转让款并无相应请求权,即使股权出让人确认由荣腾公司代收该笔钱款,荣腾公司亦非该笔 2.5 亿元钱款的实际权利人,如荣腾公司实际使用了该笔钱款,其权利来源亦应系相应股权的出让方,而非作为股权受让方的五矿公司,故五矿公司的上述主张,缺乏事实与法律依据,一审法院不予采信。依照《中华人民共和国公司法》相关规定,民事主体成为公司股东后,应以公司资产分配或股权溢价作为其投资保值增值的主要方式,故该 2.5 亿元作为信托财产的一部分,其善后事宜亦应通过处置相应股权等公司法框架内的方式完成,现五矿公司要求荣腾公司直接归还该笔股权转让款并支付收益、违约金等的请求,一审法院不予支持。荣腾公司及马某某另为五矿公司的上述债权提供抵押、质押及保证担保,故荣腾公司及马某某应依约承担相应担保责任,鉴于马某某与五矿公司订立的《保证合同》已约定即使荣腾公司自己提供担保的,五矿公司亦可直接要求马某某承担保证责任,故上述担保责任间不存在履行的先后顺序。荣腾公司及马某某均主张五矿公司因信托计划已终止故主体资格不适格,荣腾公司另主张其股东已提起强制清算诉讼,故本案应中止审理。对此一审法院认为,本案基础法律关系并非信托而系借款,五矿公司与荣腾公司、马某某间的借款债权债务关系,和五矿公司与案外人间的信托法律关系系不同的法律关系,且上述法律关系各自独立,相关信托计划的终止,并不必然影响五矿公司基于本案系争债权享有的民事权利,荣腾公司及马某某的上述主张缺乏法律依据,一审法院不予采信。

至于本案是否因相关强制清算诉讼而中止审理,一审法院认为,解散清算中的公司,其权利义务与解散清算前并未发生变化,仅是权利能力及行为能力发生缩减,故在公司被注销登记前,其解散清算事由是否发生并不影响其债权人主张相关权利;同时,《最高人民法院关于适用〈中华人民共和国公司法〉若干问题的规定(二)》第十条第一款规定:公司依法清算结束并办理注销登记前,有关公司的民事诉讼,应当以公司的名义进行。依照上述规定,公司清算结束并办理注销登记前,公司仍应以其名义参加相关诉讼,相关诉讼并不当然中止,故荣腾公司的上述主张缺乏事实与法律依据,一审法院不予采信。

马某某另主张本案系争特定资产收益权转让不具备法律效力,应属无效,相关信托计划亦应属无效;荣腾公司仅应对 1.5 亿元承担还款责任,鉴于荣腾公司不存在违约情节,马某某无须承担担保责任;且主合同无效,质押合同也无效。对此一审法院认为,相关信托计划的效力如何,并非本案审理的范围,本案系列合同实质构成的系借款及股权转让法律关系,并不影响相关信托计划的效力;鉴于借款本金的总金额为1.5亿元,现借款期限早已到期,荣腾公司应履行相应还款义务,结合荣腾公司的付款情况,可认定荣腾公司未依约履行到期债务,显属违约,故马某某的上述主张,缺乏事实与法律依据,一审法院亦不予采信。

就荣腾公司所提反诉请求,一审法院认为,五矿公司终止信托计划,处分的系其基于信托受托人身份与其委托人、受益人间的权利义务,与荣腾公司的权利义务并无直接关联,荣腾公司已实际收到五矿公司给付的1.5亿元钱款,故五矿公司已履行了对荣腾公司的借款义务,其提前终止信托计划的行为并不会导致荣腾公司在借款法律关系项下产生相应损失,故荣腾公司主张五矿公司违反交易文件,擅自终止信托计划,造成荣腾公司损失的反诉主张,缺乏事实依据,一审法院不予采信。荣腾公司另主张信托计划募集费用的收取对象应为信托计划项下的委托人,而非五矿公司,故五矿公司应返还荣腾公司募集费用16,220,000元;对此一审法院认为,荣腾公司作为信托法律关系之外的第三人,对于信托计划的募集费用并无支付义务,且荣腾公司主张的上述钱款已被五矿公司计入其支付的预期收益款中,故该部分钱款的性质并非信托募集费用,五矿公司不存在相应返还义务,荣腾公司的上述主张,缺乏事实依据,一审法院亦不予采信。荣腾公司还主张其无须向五矿公司支付股权转让价款的预期收益,故五矿公司应向荣腾公司返还超额收取的特定资产收益款18,368,948.89元;对此一审法院认为,以借款本金1.5亿元为基数,荣腾公司依约应付借款期限24个月的总利息应为6,000万元,现各方当事人于2013年6月30日订立的《关于"五矿信托—荣腾商业地产投资基金集合信托计划"相关事宜的备忘录》中已明确荣腾公司已支付五矿公司67,051,448.89元,荣腾公司此后又向五矿公司支付了500万元,本案审理过程中,各方当事人对此均无异议,据此可认定荣腾公司共向五矿公司履行了72,051,448.89元的付款义务,股权转让法律关系中,标的公司并无向股权受让人支付钱款的义务,故应认定上述钱款系基于1.5亿元借款发生。同时,五矿公司系于2011年6月15日向荣腾公司实际交付1.5亿元,相应借款到期日依约应为2013年6月15日,但依照上述备忘录的约定,双方当事人间的借款合同关系最迟延长至2013年9月,实质系双方当事人合意将借款期限延长3个月,该3个月的利息应为750万元,故荣腾公司应支付的利息总额为6,750万元,现其实际支付的上述款项确已超出利息总额范围,荣腾公司超额支付的部分4,551,448.89元应在借款本金中予以抵扣,荣腾公司的上述主张,具备事实依据,一审法院予以部分采信,但其要求五矿公司承担返还义务的主张,欠缺事实与法律依据,一审法院不予支持。据此荣腾公司应支付五矿公司借款本金145,448,551.11元(1.5亿元减去4,551,448.89元)外,尚应按系争《合作协议》的约定支付自2013年9月16日起计算的逾期利息。综上,依照《中华人民共和国信托法》第二条,《中华人民共和国合同法》第一百九十六条、第二百零五条、第二百零六条、第二百零七条,《中华人民共和国物权法》第一百七十六条、第一百七十九条、第一百九十五条、第一百九十八条、第二百二十三条、第二百二十六条,《中华人民共和国担保法》第六条、第十八条、第三十一条、第三十三条、第五十三条、第七十五条之规定,判决:一、荣腾公司应于判决生效之日起十日内归还五矿公司借款本金人民币 145,448,551.11 元及逾期还款利息(自 2013 年 9 月 16 日起计算至实际清偿日止,以上述本金为基数,按每日万分之五计算);二、如荣腾公司未能履行上述第一项判决义务,五矿公司可以依法与荣腾公司协议,将编号为松 201117022595 号及松 201117020229 号的抵押权登记证明书记载的荣腾公司名下建筑物及土地使用权折价或者以拍卖、变卖该抵押物所得的价款优先受偿;上述抵押物折价或者拍卖、变卖后,其价款超过债权数额的部分归荣腾公司所有;不足部分由荣腾公司清偿;三、如荣腾公司未能履行上述第一、二项判决义务,五矿公司可以依法与马某某协议,将编号为股质登记设字[272011]第 0017 号的股权出质设立登记通知书记载的马某某名下股权折价或者以拍卖、变卖该质押物所得的价款优先受偿;上述质押物折价或者拍卖、变卖后,其价款超过债权数额的部分归马某某所有;不足部分由荣腾公司清偿;四、马某某对荣腾公司上述第一项偿债义务承担连带清偿责任;马某某在履行上述义务后,有权向荣腾公司追偿;五、驳回五矿公司的其余诉讼请求;六、驳回荣腾公司的反诉诉讼请求。

本院二审期间,五矿公司围绕上诉请求依法提交了证据:

证据 1.《资金流出预测》和《资金收入预测》,证明荣腾公司向五矿公司申请 4 亿元融资时对资金用途和还款资金来源进行过说明,反映荣腾公司作为融资主体向五矿公司要求融资 4 亿元的真实意图和意思表示。

证据 2.《司法鉴定科学技术研究所司法鉴定中心鉴定意见书》,证明荣腾公司伪造《章程修正案》及《临时股东会决议》,将公司经营期限延长至 2018 年 12 月 31 日,其目的是逃避债务。

证据 3. 往来款确认,证明荣腾公司的财务记账中,承认欠五矿公司 4 亿元的事实。

证据 4. 2.5 亿元用款凭证、监管账户对账单,证明荣腾公司先后将 2.5 亿元转账给马某某的事实。

证据 5. 未售房源清单,证明荣腾公司当时未销售的具体房屋信息,结合"房屋状况及产权人信息清单",证明后来上述房屋又成功售出且售出时间基本在 2013 年的事实,荣腾公司自 2012 年 12 月 27 日再未向监管账户支付过任何款项,上述房屋出售所得未进入监管账户。

证据 6. 11 张照片,证明自 2014 年 10 月起荣丰休闲购物中心项目第四期已经开工,荣腾公司未将该事实告知五矿公司,未将五矿公司视作股东。

证据7. 录音及其文字摘录,内容包括研究荣腾公司给五矿公司的利息如何不被税务机关认定为股权分红而是按照真实利息来认定等,证明马某某对4亿元属于借款是明知的。

本院组织当事人进行了证据交换和质证。荣腾公司质证认为:对证据1真实性无异议,但反而能够证明2.5亿元是要交付给原股东的。对证据2真实性无异议,但认为不属于二审阶段的新证据,鉴定是五矿公司单方委托,且鉴定书无法反映出公章是谁伪造的。对证据3真实性无法确认,无法看出形成时间,且只是内部财务记账,无法证明荣腾公司认可4亿元债务。对证据4真实性无异议,马某某已经将钱款给了原股东。对证据5认为没有时间节点,形成时间不清楚,荣腾公司不存在隐瞒行为,只是为了正常营业所需要。对证据6真实性无异议,但其证明的内容只是五矿公司的推测。对证据7真实性不予认可,且不属于二审阶段的新证据,录音无法反映出系争款项是五矿公司借给荣腾公司的。

马某某质证认为:对证据1真实性无法确认,且不属于新证据,从关联性上说即使是真实的,也只能说明是投资的预判,与本案无关。对证据2真实性无异议,但其证明内容不成立,恰恰能证明五矿公司在行使股东权利,通过签章表示了自己的真实意愿,即延长公司经营期限。对证据3、证据4、证据5的真实性均不予确认,且不属于二审阶段新证据。对证据6真实性有异议,照片无法看出路牌和工程项目,不能达到五矿公司证明目的。对证据7认为五矿公司无法出示原始录音文件,不属于二审阶段新证据,且对其真实性也不予认可。

荣腾公司提交下列证据材料:

证据1. 松江公证处编号为(2015)沪松证经字第1002号《公证书》,证明五矿公司已经从案外人处受让了荣腾公司60%的股权。

证据2.《律师函》,证明2011年8月,五矿公司委托的律师事务所已经知道涉案2.5亿元款项的性质和支付安排,并曾代表原股东向五矿公司发送律师函。

五矿公司质证认为:证据1中的邮件,因所涉人员王舵已经离职,其真实性无法确认,即使是真实的,也仅能代表王舵个人与马某某之间的意思表示往来,不能约束五矿公司。对证据2真实性无异议,但对证明目的不予认可。

马某某质证认为:对证据1真实性无异议,能够进一步说明2.5亿元属于股权转让款。对证据2真实性无异议,能够证明2.5亿元是股权转让款而非债权。

马某某未提交新的证据材料。

对当事人二审争议的事实,本院认定如下:对五矿公司提交的证据1、证据2、证据3、证据4、证据5、证据6的真实性予以确认,对证据7的真实性不予确认。证据2、证据5、证据6所证明的事实与本案无关联性,本院不予采纳。对荣腾公司提交的证据真实性,本院予以确认。

经审理查明,一审法院查明的事实属实,本院予以确认。

本院另查明,马某某与五矿公司之间的《股权质押合同》第9.5条约定,无论乙方(五矿公司)对主合同项下的债权是否拥有其他担保,不论上述其他担保何时成立、是否有效、乙方是否向其他担保人提出权利主张,也不论是否有第三方同意承担主合同项下的全部或部分债务,也不论其他担保是否由其他债务人所提供,甲方(马某某)在本合同项下的担保责任均不因此减免,乙方均可直接要求甲方依照本合同约定在其担保范围内承担担保责任,甲方不得提出任何异议。

本院认为,本案主要争议焦点在于2.5亿元的合同性质应如何认定以及相应的利息应如何计算,本院将结合案件事实逐一评判:

一、合同性质问题

五矿公司认为,《股权转让合同》项下的2.5亿元与本案所涉4亿元融资不可分割,"股权转让"只是各方当事人为收回信托资金及实现预期收益所作风险控制安排。荣腾公司则认为,2.5亿元系五矿公司受让荣腾公司原股东持有该公司60%股权所支付的股权转让款,故其无归还义务。对此问题应当结合各方所签全部关联协议和实际履行方式综合加以考量。本院分析认证如下:

首先,五矿公司与荣腾公司所签《合作协议》在先,该协议主要内容是以4亿元信托资金分别受让特定资产收益权和股权(详见该合同2.1条)。就资金收益,《合作协议》系以4亿元作为基数进行计算,而非仅以其中的1.5亿元为基数。就五矿公司收益的来源和实现方式,《合作协议》不仅约定特定资产的销售收入、出租收入是来源,还约定股权转让款、分红亦构成收益来源。从4亿元资金的退出条款看,五矿公司将已受让股权再转让出去的价格并非市场价格,马某某有权以4亿元为基数计算的收益金减去已支付的收益作为转让价格回购股权。是故,《股权转让合同》不是一份独立合同,应结合《合作协议》《特定资产转让合同》确定各方当事人的缔约本意和权利义务。

其次,收益权转让和股权转让合同的核心在于受让方支付对价并取得所谓收益权和股权。转让后,受让人既应当承担标的物减损、灭失的风险,亦应全部享有上述标的物带来的收益。而根据三份协议的约定,五矿公司受让上述两标的物后,并不实际承担特定资产的任何经营风险,而是按约定日期收取固定回报。而且,系争合同还安排了转让标的物的回赎程序。根据《合作协议》5.4.5条的约定,即使收益权和股权可能给作为受让人的五矿公司带来超过约定收益,五矿公司一旦实现合同约定的固定收益,收益权即自动归荣腾公司所有。又,各方通过合同还约定了追索权。《合作协议》5.4.3条明确约定,当荣腾公司支付的收益款无法达到预先约定的金额时,荣腾公司有义务补足以 4 亿元为基数计算的收益款。亦即,五矿公司对受让标的物根本无须实际承担任何风险,当约定的固定收益无法实现时,有权要求荣腾公司补足。综合上述三因素,本院足以认定各方当事人签订《合作协议》《特定资产转让合同》和《股权转让合同》的目的并非仅在于永久性地转让收益权、股权,而是五矿公司有偿提供 4 亿元资金,2 年后向荣腾公司收回全部本金及固定收益;荣腾公司、马某某通过收益权转回、股权优先购买权及转让价格预先约定等合同安排,确保除向五矿公司支付上述本金和固定收益外,其他权益由其直接享有或由其安排的其他人享有。在法律性质上,系争合同有别于合同法列明的有名合同,属无名合同、混合合同。现五矿公司起诉要求归还本息,该诉讼请求所依据的合同条款是《合作协议》的主要条款、核心条款。与该部分主要条款的法律性质最相类似的是合同法上的借款合同。但本院必须指出,作为无名合同、混合合同,系争合同的其他条款可能不符合合同法上的借款合同,有的也很难归入合同法列明的有名合同。然而,无论如何系争合同全部条款只要不存在合同法明确列明的无效情形,均属合法有效条款。不能因为其主要条款的性质接近借款合同,即否定系争合同中其他条款的法律效力。

第三,从资金流转来看,五矿公司于 2011 年 6 月 15 日、次月 6 日以支付资产收益权之名向荣腾公司划款 1.5 亿元和 1,300 万元;又于 2011 年 6 月 17 日、同年 8 月 11 日以支付股权收购款名义向荣腾公司名义划款 6,200 万元、17,500 万元。由荣腾公司按约偿还归还上述资金并按约收益,既符合合同约定,亦无违法或违反常理之处。

第四,不论将系争合同界定为何种性质,法院审查给付之诉的基本思路都应当是原告行使请求权是否存在法律依据或者合同依据。系争《合作协议》5.4.3 条明确约定了荣腾公司对以 4 亿元为基数计算的收益具有补足义务,该条款并无任何法定无效情形时依法成立并有效,荣腾公司应当按约定向五矿公司履行补足资金义务。

二、利率和违约金问题

五矿公司主张,一审判决以信托收益超过银行贷款利率 4 倍为由,不支持五矿公司关于违约金的诉讼请求,于法无据。本院对此认为,如前所述,系争合同中五矿公司的主要权利义务与合同法上借款合同最相类似,故有关收益的处理应当比照利息的相关法律规定处理。《最高人民法院关于审理民间借贷案件适用法律若干问题的规定》第三十条规定,出借人与借款人既约定了逾期利息,又约定了违约金或者其他费用,出借人可以选择主张逾期利息、违约金或者其他费用,也可以一并主张,但总计超过年利率 24% 的部分,人民法院不予支持。是故,系争合同约定的逾期收益、违约金等各项约定虽然有效,但超过年利率 24% 的部分,法院不予保护,上述司法解释规定的目的在于维护国家金融安全和社会稳定,五矿公司作为专业的金融机构,收取利息行为应受监管,且由于其存在规模、管理等优势,其风险远较民间借贷为低,故对于本案所涉借贷,亦应比照上述司法解释的规定,对高于年利率24%的利率不予保护。

关于涉案2.5亿元的利息和逾期费用问题,五矿公司主张应按照双方合同约定的借款利率和违约金比例计算利息和逾期费用。对此本院注意到,五矿公司和荣腾公司签订涉案合同时,系通过股权转让的交易安排来达到融资目的,这一行为规避了国家金融监管部门关于信托资金运用的相关规定,其目的显然不具有正当性,因此对于五矿公司与荣腾公司之间的此类交易模式,本院难以认同。本院认为,五矿公司不得因其规避监管行为而获取利益,但其2.5亿元的资金占用损失应予合理补偿,故本院酌情判定荣腾公司应向五矿公司支付以2.5亿元为本金,按照同期银行贷款基准利率计算的利息。一审判决有关1.5亿元资金的收益,因荣腾公司就该部分资金的收益未提出上诉,故本院不再予以调整。

五矿公司还主张,荣腾公司所支付的500万元性质应为违约金,一审判决将该部分资金归入荣腾公司的还款总额存在错误。对此本院认为,荣腾公司依约负有向五矿公司的付款义务,无论对该笔500万元的性质认定如何,均可计入荣腾公司对五矿公司的还款金额,对此一审法院已有详细论述,本院不再赘述,对五矿公司的该项上诉理由,本院不予采纳。

三、担保责任

五矿公司主张,一审法院判决对五矿公司行使质押权的顺序的认定错误。根据本院查明的事实,马某某与五矿公司之间《股权质押合同》9.5条约定,五矿公司可直接要求马某某承担股权质押责任,因此五矿公司行使股权质押权并不以其不动产抵押权无法实现为前提。故五矿公司的该项上诉主张具有合同依据,本院予以支持。一审法院对此处理有误,本院予以纠正。

荣腾公司主张,一审法院仅认定主债权1.45亿元及其利息,其余约2.55亿元的主债权已经不具备合法存在的依据,相应的担保物权也应当消灭。对此本院认为,涉案担保物权应视作为4亿元主债权金额所设的整体担保,故对于荣腾公司的上诉请求,本院亦不予采纳。

综上所述,上诉人五矿公司的上诉请求部分成立,依法应予改判。上诉人荣腾公司的上诉请求无法律与事实依据,依法应予驳回。依照《中华人民共和国民事诉讼法》第一百七十条第一款第二项、第一百七十五条的规定,判决如下:

一、维持上海市第一中级人民法院(2013)沪一中民六(商)初字第10号民事判决第一项、第五项、第六项。

二、撤销上海市第一中级人民法院(2013)沪一中民六(商)初字第10号民事判决第二项、第三项、第四项。

三、上诉人上海荣腾置业有限公司应于本判决生效之日起十日内归还上诉人五矿国际信托有限公司借款本金人民币 250,000,000 元及利息（自 2013 年 9 月 16 日起计算至实际清偿日止，以上述本金为基数，按同期银行贷款基准利率计算）。

四、如上诉人上海荣腾置业有限公司未能履行上述第一项、第三项判决义务，上诉人五矿国际信托有限公司可以依法与上诉人上海荣腾置业有限公司协议，将编号为松201117022595 号及松 201117020229 号的抵押权登记证明书记载的上诉人上海荣腾置业有限公司名下建筑物及土地使用权折价或者以拍卖、变卖该抵押物所得的价款优先受偿；上述抵押物折价或者拍卖、变卖后，其价款超过债权数额的部分归上诉人上海荣腾置业有限公司所有；不足部分由上诉人上海荣腾置业有限公司清偿。

五、如上诉人上海荣腾置业有限公司未能履行上述第一项、第三项判决义务，上诉人五矿国际信托有限公司可以依法与被上诉人马某某协议，将编号为股质登记设字[272011] 第 0017 号的股权出质设立登记通知书记载的被上诉人马某某名下股权折价或者以拍卖、变卖该质押物所得的价款优先受偿；上述质押物折价或者拍卖、变卖后，其价款超过债权数额的部分归被上诉人马某某所有；不足部分由上诉人上海荣腾置业有限公司清偿。

六、被上诉人马某某对上诉人上海荣腾置业有限公司上述第一项、第三项偿债义务承担连带清偿责任；被上诉人马某某在履行上述义务后，有权向上诉人上海荣腾置业有限公司追偿。

如果未按本判决指定的期间履行金钱给付义务，应当依照《中华人民共和国民事诉讼法》第二百五十三条规定，加倍支付迟延履行期间的债务利息。

本案一审本诉案件受理费人民币 2,576,389 元，财产保全费人民币 5,000 元，合计人民币 2,581,389 元，由上诉人五矿国际信托有限公司负担人民币 45,175 元，上诉人上海荣腾置业有限公司、被上诉人马某某负担人民币 2,536,214 元。一审反诉案件受理费人民币 214,744.74 元，由上诉人上海荣腾置业有限公司负担。二审案件受理费人民币 3,345,431.37 元（上诉人五矿国际信托有限公司已预缴人民币 2,576,388.61 元，上诉人上海荣腾置业有限公司已预缴人民币 769,042.76 元），由上诉人五矿国际信托有限公司负担人民币 58,545 元，上诉人上海荣腾置业有限公司、被上诉人马某某负担人民币 3,286,886.37 元。

本判决为终审判决。

第四讲　信托通道业务中的信托公司法律责任认定

朱颖琦

2021 年 4 月 18 日

> **主讲人简介：**
> 朱颖琦,法学硕士、博士研究生、四级高级法官。现任上海金融法院综合审判一庭庭长。2019 年入选上海法学会首批"上海涉外法律人才库",2021 年被评为全国法院办案标兵。长期在金融审判一线工作,承办全国首例内幕交易民事赔偿案件、全国首例证券群体性纠纷示范案件、全国首例判决信托公司在通道业务中承担责任的案件、全国首例涉外"董""监""高"责任保险纠纷等业界有影响力的案件。上述案件曾分别入选 2019 年度"人民法院十大民事行政及国家赔偿案件""第十五届(2019 年度)中国十大影响性诉讼""第二届全国法院百场优秀庭审"2020 年度"全国十大商事案例",六次获得全国性奖项。在全国首试证券纠纷示范判决机制。是全国首个证券纠纷示范判决机制规定、全国首个证券纠纷代表人诉讼机制规定的主要起草成员。近年来,多次执笔上海市高级人民法院课题,并获评优秀。撰写的调研文章曾获第二十三届全国法院系统学术讨论会二等奖,有三十余篇论文先后在《法学》《法律适用》《民商事审判指导》《证券法苑》《人民司法》等期刊发表。

今天跟大家交流的主题是信托。2001 年颁布的《信托法》,条文比较简单,实践中也没有发展出相应的司法解释。一般而言,社会上频繁运用、争议很多的法律,才需要最高人民法院出具司法解释。信托法在实践中有运用,但不知道是由于信托法律架构的特殊性还是权利义务设计不够平衡准确,《信托法》与实践比较脱节,一直是"高高在上"的法律,很少有当事人直接运用《信托法》主张自己的权利。

在我们读法律的同学看来,信托法这门单行法不是那么热门,但其实在金融特别是资管领域,信托法律关系是很核心的法律关系。

通道业务是一个很具有中国特色的业务。法官在接触这个业务时,跟同学们一样,也是先学法律理论,再看法律背景,关注通道行业的法律地位包括法律状况,到底有没有按照《信托法》设定的权利义务框架来走。今天跟大家交流的三个主题,首先是信托法律关系的基本逻辑,再是我国信托行业的业务状况,信托行业在做什么事情,有什么业务,通道业务在这里占什么比例,最后再介绍一些信托纠纷与司法实践中的认定。

一、信托法律关系的基本逻辑

首先来看什么是信托。根据《中华人民共和国信托法》的规定,信托是"委托人基于对受托人的信任,将其财产权委托给受托人"。最关键的是"财产权委托给"这六个字。实践中和理论界产生了非常大的争议,很多的争议都围绕这六个字展开。信托主要有四个方面的内涵,这里面最重要的内涵就是以信托财产独立为前提,这是信托和委托区别的前提。委托关系也是委托人将一件事务交给受托人,让受托人去做。委托和信托的区别就在于信托首先是一种财产制度,不仅是意思表示。既然有财产制度,就必须有信托财产,同时还有法律上拟制的一种隔离,也就是信托财产要独立。

整个信托架构以受托人的义务为核心。这里面要讲一个逻辑,比如我的事情要委托给你去做,在一定的法律框架下你怎么做都可以,但是最终的结果是由我这个委托人来承担的。如果受托人肆意妄为,最后由委托人承担法律责任,这个架构本身是难以维系的,所以受托人义务很重要。

(一)信托的历史起源与发展

信托和信托法起源于英美法系,原来大陆法系是没有的。英国出现这样的制度,是跟当时英国土地所有权的状态紧密关联的。前两天华政有一位年轻的教师写过一篇文章讲英美法系的财产所有权跟大陆法系有很大的区别,虽然都叫财产所有权,但其实是不一样的。

在中世纪的时候,英国国王分封下去的财产权有很多层次,其中权能比较彻底的权利叫不限嗣所有权。什么是不限嗣?就是你可以把财产给所有你想让他继承的人,这叫作不限嗣。限嗣就是长子继承。不限嗣所有权是极少数的,大部分所有权都受到法律严格的权能限制。严格的土地制度不太符合英国人的意愿,所以他们就创设了用益制。通俗地讲,用益制即我在生前可以把我的财产委托给第三方,从此委托人在这个关系中脱离出来,建立一个受托人制度,让受托人对土地享有一项财产权利。当然,这样的一个交易安排在普通法上是得不到支持的,因为普通法认为土地有严格的监管,前述财产所有权转移必须按照法律上的制度来进行,这是很严格的。英国法官于是使用衡平法,在普通法无法提供救济的情况下,以良知为原则进行判决。因为他觉得受托人既然接受了委托人的委托,就应当有一个基本的良知和诚信,不能因为普通法上规定财产所有权转移了,就不顾彼此之信赖去主张不属于自己的权利;受托人应该按照委托人的委托进行善良管理,并且最终由受益人享有它的收益。在英国的判例中,法官最终以良知为基本原则对当事人启动了救济。这是信托的起源以及信托法的起源。

信托发端于民事信托,这里有一个民事信托比较有意思的例子。比如说爷爷有10万英镑,他临死之前把这10万英镑给孙女,但孙女才2周岁。怎么办?可以设立一个信托,告诉受托人这10万英镑将来用于孙女成年前的生活开支,包括教育费用,当孙女年满18周岁的时候要把剩余的钱交还给孙女。这就是很普通的民事信托。信托起源于民事信托,最终繁荣于商事信托。商事信托在财产管理,尤其是基金投资方面的功能被不断地扩展。所以各个国家后来借鉴信托制度,基本上都是将其运用于金融制度中。

起源于英美法系的信托制度经过移植和发展来到大陆法系。大陆法系国家是以成文法为法律渊源的,它们具有非常高超的理论抽象和推演能力。所以信托制度,比如刚才讲到衡平法官对一个一个案子通过良知进行个案判断,如果把它转换为大陆法系的概念,并不那么容易。大陆民法里最重要的概念是意思表示和法律行为,我们通过意思表示的内容区分了各种各样的合同,包括租赁和借贷都通过意思表示区分。大陆法系国家因此建立了信托行为的概念,希望借此把英美法系的信托概念移植过来。

大陆法系的信托制度最初是为了解决让与担保的问题。大家看到现在台湾地区有很多的法律制度里有信托行为的概念,其实指的不是我们说的信托,而指的是让与担保,王泽鉴的很多书里都有涉及。让与担保也有一个财产所有权转移的问题,所以当时为了把让与担保放进大陆法系国家的制度中,用了信托行为这个概念。随着法律发展,特别是日本和德国的法律理论不断发展,在本土化的移植过程中进行了很多尝试,对信托行为的概念采用了所有权转移加债权的结构,也就是刚才所说的财产权转移加意思表示,把信托这个制度给抽象出来。这样的抽象有积极意义,但也产生了很多的问题,所以现在大陆法系国家也好,我们国家也好,有关信托法的基本争议都源于将英美法系的相关制度硬性抽象出来强制纳入大陆法系框架所造成的不匹配、不兼容。这其中最核心的争议就是信托财产的归属。我刚才讲到了"委托给"这样的概念,理论界分为受托人所有权说和委托人所有权说,受托人所有权说认为"委托给"应该理解为"委托"+"给",也就是"委托"是指设立信托的意思表示,"给"是指财产所有权的转移,这两者必须合一。这样的情况下,其实财产的所有权是转移给了受托人,这是符合信托法的架构的。学理上觉得这个"委托给"就应该包括委托的意思表示加财产权的转移。这样的说法在实践中就出了很多的问题,委托人一旦把他的财产所有权转移给了受托人以后,他无法实现对信托财产的掌控,在配套制度还不完善的情况下,委托人权利无法得到保障,很难使得信托制度在实践中得到运用。

(二)信托在我国的理论争议

我国很多学者认为委托人所有权说更符合中国的国情,因为财产所有权可以划分为占有、管理、收益、处分的权利,现在信托实践中有的委托人确实只是把所有权里面的收益权能进行了转移,其他的权能不转移,委托人继续保留对整个财产的所有权。所以采用委托人所有权说更加符合我们国情,这也使得信托制度在我们国家得以被接受、得以顺利实施,不会像受托人所有权说那样使得受托人权利过大,委托人丧失了对整个信托运行掌控的权利。

信托法理论的争议也包括关于信托性质的争议。信托到底是不是一种契约?信托肯定包含契约,但信托同时是一个财产制度安排,不仅仅是通过信托对受托人进行一个授权。也有人提出信托主体论,虽然不符合当前的法律规定,但其实是很务实的。信托财产集合以后,一般会形成集合资金信托计划,每个计划都有其受托管理人。但信托计划本身无法以主体身份对外进行投资、签订合同,只能以管理人的名义对外交往。实践中,一个管理人名下会有多个信托计划。一旦管理人签订的合同涉及风险,管理人对外回收底层资产以后,有没有把底层资产重新分配给信托计划当时的委托人或者其他的受益人,这是一个问题。同时,资产集合信托计划可能会对外购买一些债券,这一过程中需要登记,登记机关能不能把信托计划作为主体登记进去?有的信托基金计划有一个账户归类,信托计划名称也比较繁杂;有的管理人有无数的集合信托计划,如果写在同一管理人名下很难分辨到底哪项信托计划持有哪项证券,实践中如果管理人管理混乱,非常容易产生风险,主体论盛行的理由主要在此。但是主体论在理论上行不通。为什么?因为我国《民法典》总则编并未认可除公益性质以外财产集合具有民事主体的资格,所以这只是理论上的探讨。

信托法理论中受益权的性质也有一些争议。主流观点认为信托受益权是债权,委托人只是对受托人享有请求权。也有相反观点认为委托人的权利不仅仅是请求权,如果受托人违背信托目的处分财产时,委托人还有撤销权、财产取回权这样的权利。一旦涉及权利性质说不清楚的时候,就有人认为受益权属于新型权利,但其实这种新型权利说已经突破了大陆法系对权利分类的概念,只是理论上的探讨。

信托在我们国家的发展,从信托制度移植开始,基本上以发展金融、发展资本市场为目的。从20世纪80年代到90年代,我国的信托行业经历了五次大整顿,过程一直比较艰难,但业务壮大得非常迅速,特别是2008年到2018年这十年间,大家发现市场上的各种金融产品,包括各种金融工具,其实都是用了信托法律制度。无论是投资公募基金证券,还是到银行买理财、私募基金,还有各种各样的保险资管产品以及私募资管产品,等等,其实本质上还是运用了信托的概念和制度。只有理顺信托法律上的一些争议,在大资管的环境下,才能理顺资管的制度背景。很多人说大资管时代其实是大信托时代,这个信托是广义的信托,不仅仅是信托行业,所有金融机构从事的绝大部分资产管理业务中都是以大信托的制度背景为基础的。

二、信托公司业务模式概述

现在从金融的角度给大家介绍一下信托业务。金融,所谓资金融通,往往涉及几方主体:任何资金的融通都存在有闲钱的一方和非常需要用资金的一方,一个衔接出资人和用资人的中间人。融通社会上的资金,有很多的方式。这些方式对我们法律人来说,就是各个方面的风险配置。最传统的方式就是通过商业银行进行融资,商业银行是一种间接融资。间接融资就是出资人和用资人没有直接关系,中间要通过第三方机构。商业银行会把这些资金配备给用资方和融资方,这个过程中商业银行肯定不仅仅起中介的作用。商业银行有国家背景和信用,有制度上的保障,同时也有实力,所以商业银行是信用机构。有了商业银行作为信用中介以后,存款人会有安全的保障,同时融资方也可以源源不断地从商业银行得到资金。

商业银行作为中介机构的制度安排成本是比较高的,因为金融机构承担的是对用资人绝对的刚性兑付,银行兑付不了是银行的问题,不是用资人的问题,同时由于成本较高,出资人获得的利率相对来说比较低,所以银行存款不会有比较高的利率。这是一种比较传统的融资方式。

第二种典型的融资方式是证券市场融资方式,也就是资本市场,资本市场的运行和金融市场完全两样。我们开股票账户到市场上买股票,本质上会成为这个证券市场中上市公司的一个股东,作为股东肯定不能要求投100元最后拿到100元再加上一些利息,而是你的收益或者损失都会随公司的股价波动。这种情况下,投资人与融资人之间是直接的投资关系,其中有没有中介机构?有中介机构。但证券市场的中介机构并不是信用机构,仅仅是作为看门人为资本市场服务,证券公司的义务就是在上市公司上市前做承销、保障信用方面的工作,在完成这些业务、保障公司上市以后就退出,不再参与这里面的投融资业务。

银行的业务和证券市场的业务都有它的局限性。能从商业银行获得贷款的融资方是非常少的,要么是国企,要么是有比较好的资产可以作为抵押品的融资方;在证券市场上能融到资的也只是上市公司。大量的处于中间地带的企业就要靠其他方式来进行融资,这其中就包括信托公司、私募基金、投资银行的业务,我们称之为中间道路。中间道路是怎么走的？中间道路需要依靠专业的金融机构，将产业端与资金端匹配起来。信托公司承担了这方面的职能，即运用自己的管理能力、风险控制能力、开发产品和业务的能力，使得融资方和出资方能进行融通匹配，这样的匹配对接形成了信托行业的业务。信托行业主要的业务，既可以是股又可以是债，但是是私募的股和私募的债。所谓公募的股和债只能在特定的公开市场进行，公开市场对信息披露、公众投资者的利益有很多的制度保障。私募的股和债一方面依托中介机构的专业能力，一方面也考验合格投资者的风险承受能力。信托行业要做的是相当于替用资方设计私募的股和私募的债，创设这样一个金融工具，所以信托行业首要做的业务是投资银行的业务。同时也做资产管理业务，主要是资金信托，从委托人那里拿到资金，通过集合投资组合的运用实现资产的配置。

在我们国家，投资银行业务和资管业务非常具有特色。我们国家的信托公司的资产管理和投资银行业务基本上两者合一，因为从表面上来看，我们从图的左边来看，一般是高净值客户，或者是机构投资者将要信托的资产交给受托机构，让它进行集合运用和组合投资，表面上是从左到右的业务顺序。但实际上，信托公司从事的极有特色的业务，是从资产端开始的，真正的发起方是右边的资产端，资产端需要用资，在一定历史时期需要用资最多的是房地产公司，需要信托机构帮它去募集资金，募集资金的方式就是创设各种金融工具，包括信托收益权、各种股债。创设了金融工具以后，投资方的权益分割成信托受益权。大家要知道受益权和收益权是两个不同的概念。收益权是指从资产里获得收益。受益权是信托中的概念，源自受益人本身享有的受益权。受益权可以进行分割，就像股份一样，分割了以后可以进行转让。本质上，中国特色的信托公司的业务，其实是从资产端发起，由信托公司帮它找寻资金，找寻资金的方式主要是通过创设各种金融工具，形成集合资金信托计划。当然从左边开始也有顺畅的逻辑，资方把资产交给了信托公司，由信托公司帮忙运营资产。所以信托公司的业务是投资银行业务和资产管理业务二合一。

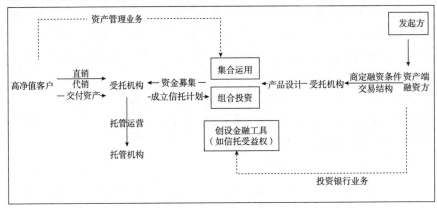

图4-1　中国特色信托业资产管理（投资银行）业务链条图

三、信托公司的中间业务——2013 年中国信托业第一案①

2013 年中国信托业第一案反映了常见的信托法争议以及中国信托行业的核心业务。案件发生在 2009 年,受托人是安信信托公司,委托人是昆山纯高公司,昆山纯高公司是房地产企业,它们签订了资产收益合同。昆山纯高公司享有一处土地使用权和在建工程,它把土地和工程的资产收益权交付给信托公司,由它来进行信托管理。收益权交给安信信托以后,由安信信托公司发行受益权份额,一共 62,700 份。受益权的份额肯定是要卖给愿意出资的人,于是开始向社会募集资金。这项集合资金信托计划分为优先级和劣后级,优先级就是社会公众,共向公众募集 2.15 亿元,劣后级指的就是昆山纯高本身,向昆山纯高募集了约几千万元。

双方签订信托合同以后,当日又签订了一份信托贷款合同以及抵押协议,把在建工程抵押给了安信信托。安信信托是抵押权人,协议决定发放信托贷款 2.3 亿元——这笔信托贷款和刚才讲到的募集到的资金是同一笔资金。前述合同签订以后,信托成立,并发布公告说优先级实际募集 2.15 亿元,共募集 2.3 亿元,全部以支付信托优先受益权转让款的方式给了昆山纯高。上述结构如果抽象到刚才所讲的资金融通的必要主体,大家认为这个结构里面谁是需要资金的一方,谁是提供资金的一方,谁是中间的金融机构?昆山纯高房地产公司是想要资金的一方,它把在建工程收益权交给了安信信托,表面是让安信信托获取收益,其实是自己在后期不断地通过在建工程创设出来现金流,用于归还向社会公众募集的款项,社会公众属于出资人。

当时的案件中,原告是安信信托,被告是昆山纯高房地产公司,安信信托的基本诉求认为双方是信托贷款法律关系,依据就是它们当日签的另一份信托贷款合同。安信信托认为昆山纯高房地产公司违约了,应该按照信托贷款合同支付利息和本金,同时要求实现抵押权。这个是很普通的信托贷款法律关系。昆山纯高房地产公司抗辩称,双方并不是信托贷款关系,而是财产权信托法律关系,当时同时签订两份合同,但信托贷款合同并非真实意思表示,应该是无效的。2013 年还没有《民法典》中的"通谋虚伪"的意思表示。但其实是运用了这样的一个概念,它认为这是阴阳合同,信托贷款合同是配合信托签订的,双方真实意愿是签订信托合同。因此双方构成财产权信托的法律关系,财产权信托并没有做抵押,昆山纯高房地产公司所以也不同意实现抵押权。

从这个架构上我们来看整个案件中资金运作的实质。虽然签订了信托的合

---

① 参见上海市第二中级人民法院(2012)沪二中民六(商)初字第 7 号民事判决书、上海市高级人民法院(2013)沪高民五(商)终字第 11 号民事判决书。

同,大家知道所谓的信托收益权,最核心的是合同里的最低现金余额表。这是整个信托的基础资产,其实现的收益其实是比较固定的收益,合同里面写了信托成立第360天昆山纯高应当支付多少金额,也就是这个资产产生的现金流是多少,同时也约定了第500天、第600天的时候要产生多少的现金流。这样的一个构造就是财产信托的收益。

收益权信托的实质是不是一个借贷关系？不能因为存在用资方和出资方,就认为所有的法律关系就是借贷。资金的融通方式有很多,风险的匹配包括权利义务设置的结构有很多种,虽然有资金融通和资金运作,但是并不能因此认为它们之间就是借贷的关系,因为它们还是套用了信托收益权的结构。当时为什么房地产企业没有直接通过信托贷款的方式获取资金？因为对房地产企业而言,这几年一直有各种政策,要求房地产公司必须五证齐全以后才能获得融资类资金,可能这家昆山纯高房地产公司当时还没有做到,或者在建工程还有一些许可证没有办下来,没有办法在当时直接获取贷款或者以其他的方式获取资金,所以采用了信托收益权的结构。这个结构一般人很难看懂,你既是资产收益人同时又是委托方,你把财产委托给信托公司干什么？信托公司也没有把你的资产运用起来。其实是借用了信托的构架,也就是投资银行资产管理的复合业务。

"委托人—房地产公司"这对关系中委托人将自己的资产收益权委托给受托人,同时公众也把自己的款项给信托公司,也就是说它是一个双重的信托关系,一边是资产管理业务,一边是投资银行业务。实质是信托公司在里面创设了一个资产收益权信托化的工具,这里面的本质其实是信托公司为了撮合两方的交易,创设了一个跟其他的金融工具不一样的金融工具。我们理解这种金融工具有点类似于资产证券化,其实是资产信托化。借用资产证券化的表达方式,资产信托化是将某一项资产变成一个信托。变成一个信托,就是变成信托受益权,这个受益权可以等额拆分,拆分以后跟证券一样可以转让。虽然资产证券化不同于资产信托化,但其实没有本质区别,资产证券化是发展更加全面的一种产品,资产证券化依托于强有力的信息披露以及托管等级划分。资产信托化还没有做到这一点,所以信托化相对而言私募属性更强,本质上也是将一种权利拆分以后进行转让。

从昆山纯高这个案子我们可以看出,当时信托机构做得非常多的业务就是投资银行资产管理业务,这项业务其实也是挺有局限的。为什么？因为首先你要找到资产的发起端。当时为什么这些业务能做成？是因为太多的房地产公司需要融资,所以资产端很容易找到。如果信托公司要开展业务,不能永远依赖房地产企业,而是要拓展自身业务能力,开发自己的产业端资产端。要找到有收益、前景好的项目,这个要依赖于信托公司自己的能力。同时在资产管理中,其实信托公司需要具备资产配置混合投资的能力。

这个案例反映的是信托行业非常典型的业务,同时也反映了信托法上的一个争议,即围绕"委托给"发生的争议。按照字面解释"委托给",当事人抗辩说在建工程并没有转移给信托公司,所以信托不成立。也有人认为按照委托人所有权说,虽然在建工程本身没有转让给信托公司,但是中间一部分的权能也就是收益权转让了,也可以认为将财产权转移给信托公司。当时没有把在建工程转移给信托公司,是有实践考虑的。不动产转移税收非常高,同时不动产转移还涉及审批,在建工程还涉及法律和行政管理上的障碍,所有权不能轻易转移,只能想办法把收益权剥离出来,当然收益权转移有赖于信托登记的制度,否则很难实现权利,但当时没有信托登记这样的制度。因此,在创设信托金融工具的时候信托公司只能想办法,最终设计了签订阴阳合同这样的方式,签了信托贷款合同和抵押合同,目的就是想把在建工程给固定下来,也就是成为在建工程的抵押权人,来保障信托计划后面的一些收益。案件审判中,当时法院秉持了比较开放的态度,考虑到交易双方的真实意思,以及在实践中确实缺乏良好的制度保障,资产收益权作为信托财产的独立性应当是获得认可的,毕竟在这个过程当中,资产收益权确实已经通过一定的方式进行了固定,所以不再要求把在建工程整个转让给受托人,不要求其实现完美的信托法上的架构。法院最终还是支持了信托成立这一观点。

四、信托公司通道业务概述

信托公司所从事的中间业务并不是像银行业务或证券业务一样,有一个比较好的制度以及资金实力上的保障,所以信托公司的市场定位应该是一个精品型机构。所谓的精品,它自己要有三个方面的能力:要有资产挖掘的能力,必须找到资产端;要有产品设计的能力,在资产管理业务中有没有产品设计的能力很关键;在管理过程中还要有过程管理的能力。信托公司承担的压力很大——不同于银行揽储放贷,也不像证券市场不存在刚性兑付——投资人只会用脚投票。

(一)通道业务的市场背景

在我国,信托行业承担的市场风险非常大。我们看看我们国家的信托行业发展状况,这个图表上有三根柱子:一个是融资类的信托产品,一个是投资类的,但最高的还是事务管理类的产品。

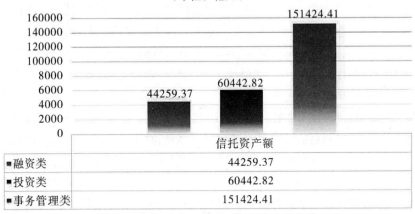

图 4-2 2018 年我国各类信托资产总额

从图中可以看出我国的信托公司做得最多的是事务管理类的业务,占 59.12%。所谓的事务管理类当然也有一些家族信托、服务信托,但主要还是通道业务。投行业务、资产管理业务虽然是信托公司的核心业务,但是这两类业务的量不大,加起来也就占约 40%。信托公司的通道业务是指信托公司利用它的牌照优势(信托公司是全牌照,什么业务都可以做)。作为其他机构的投资通道,协助银行、保险公司投资于多元化的资产类别。我们国家信托牌照是唯一全面投资于资金市场、资本市场以及产业市场的金融业务牌照,所以信托是非常良好的一个通道。银行可以存贷,但是它的存贷是有限制的,同时还有比例,有资产备付金这样的保障和限制,银行虽然面临很多的资金需求,但是没办法在表内业务里放那么多的贷款,需要借助其他金融机构的牌照做一个通道。所以一开始的通道业务是从银行通道开始的,从 2008 年开始做,之后保险资金也大量借助这个通道发放贷款或者进行投资。

通道业务是一个极具中国特色的概念,本质上是信托公司利用牌照优势和监管局限进行的监管套利。为什么是监管上的套利?因为监管对其他资金需求非常旺盛的行业、部门有所限制,市场上的融资需求变得特别大,所以给了通道业务蓬勃发展的空间。信托牌照为什么很稀缺?全国银行有 3500 多家,信托全国只有 68 家,而且信托牌照可能不再发放,所以信托牌照资源优势很明显。这些信托公司陷入困境的时候,地方政府也好,监管部门也好,总希望能救活它,因为牌照资源实在太紧缺了。

通道业务的基本结构也是运用了信托的架构,存在委托人、受托人、用资人等几方主体,当然委托人占主导地位,委托人一般将银行的理财资金、同业资金、保险资金交给信托公司,成立一个信托项目(有的是单一资金信托,也有集合资金信托),再将这些信托以发放贷款或直接投资的形式交给投融资客户。这些客户会把他的抵押或者第三方担保转给信托公司。这其中比较多见的是单一资金信托,当然单一资金信托后来也受到监管部门的关注,比如原银保监会专门规定保险资金不能做单一资金信托。有的保险公司为了继续进行通道业务,就采用集合资金信托的形式。因为单一集合其实很容易规避,只要有两个以上委托人,就是集合资金信托,一般就形成了优先级、劣后级这种结构。优先级是从社会募集的资金,劣后级是其实际需求方本身,认购的一小部分。

通道业务的蓬勃发展有很多原因,一方面来自信托公司内部,持有牌照资源,希望迅速做大规模。信托公司的投资银行以及资产管理业务,其实非常考验机构的水平,私募股或者私募债总有投资失败的时候,因为投资出去的产品本身不成熟,失败是正常的。2018年以前基本上所有的信托公司做这些业务风险都很高,因为涉及信托公司的刚性兑付问题,大部分老百姓认为信托公司具有国家背景,大部分是国企,作为一个金融机构,其产品如果没有办法兑付,老百姓接受不了。所以信托公司有非常大的刚性兑付的压力,一方面风险很高,另一方面刚性兑付压力又很大,所以信托公司不敢大规模开展投行的业务或者管理业务。另外,2008年次贷危机时我国也进行了4万亿元的资金刺激,市场上的资金非常多,而好的项目不多,都集中在房地产项目,房地产项目当时确实有非常巨大的资金需求,银行受限于放贷规模,不能放太多的款,保险资金放贷又受严格限制。怎么办?银行、保险公司大量都是通过信托公司的通道,使得整个市场上的资金进行了流通。所以这个通道是一个很宽敞的通道,信托公司有时会被称作影子银行也就是因为信托公司本身不是银行,但实际是借助信托通道进行银行式的放贷业务。

信托公司里面内部还有一种想法,即通道业务收费虽然低,如一般的通道业务是0.03%,或者0.1%~0.5%都有可能,但那时候通道业务基本无风险,一方是银行,一方是房地产公司,银信和房地产一般相对都很稳定。委托人和用资人之间的关系很稳定,收益也很稳定,信托公司在里面又不承担任何责任,所以是无风险利用牌照资源获得收益。收益虽然少,但是业务量很容易做大,所以各家公司在通道业务上大行其道。2018年《资管新规》第22条明令禁止了通道业务,规定"金融机构不得为其他金融机构的资产管理产品提供规避投资范围、杠杆约束等监管要求的通道服务"。因为通道业务做的就是规避投资范围、杠杆约束等监管要求,这句话基本上把通道业务禁止了。但是这种禁止也是有限度的,因为《资管新规》从2018年4

月份出台以后,有一个过渡期,过渡期到2020年年底。2020年一直在提是不是要延长这个过渡期,现实是各家信托公司都在进行去通道化,慢慢把通道业务降下来,但是降的压力非常大。

(二)关于通道业务的争议

通道业务有什么不好?长期发展通道业务对金融市场和整个社会肯定有负面影响。通道业务带来的监管套利,会让金融活动摆脱资本金监管的管束。这个管束很重要,金融法也好,金融秩序也好,底线要求就是防范发生系统性风险。系统性风险一般会有一个测算指标,银行的存贷业务是靠准备金制度进行管束的,如果离开了这样一个制度,风险是很大的,而且社会融资规模等宏观调控指标就无法很真实客观地展示出来。

通道业务中的一些嵌套导致权利义务不清,参与业务的主体既有银行,又有信托公司、私募基金,投资者根本不知道最终是什么产品,不知道它的底层资产到底投在什么地方,也不知道到底哪家公司在里面承担责任,普通投资者根本看不清晰。所以层层嵌套导致一些权责不清,通道业务也抬高了金融活动的杠杆,使得这个市场上的资金快速流转,又脱离在监管之外,这是危险的。

另外对信托行业本身而言,信托行业脱离了它的主业,按道理信托行业应该承担中间道路的职能,代人理财,使高净值客户的资金得到很好的利用,把钱投到该投的地方去。通道业务使得信托公司怠于发展主业,无法锻炼自身在资产管理、投资上的业务能力,而实际上资产配置、组合投资的能力依托于非常专业的金融管理能力和丰富的投资经验。国外有一些信托产品,通过精算和配比设计得非常精巧,能够满足不同投资者的投资需要。这样的产品在国内非常少,如果信托公司长期做通道业务而不搞这方面的研究,不进行这方面的锻炼,不到市场上摸爬滚打一番,可能将来信托行业业务能力提升会受到很大影响,慢慢形成一个行业的积弊。

大家可以看到这张图,信托行业的去通道化。去年年底整个信托行业去通道化压力非常大,最上面的黄色线就是事务管理类信托,远远高于下面这两条线,说明本身占比就非常大,2018年《资管新规》出台的时候达到顶峰,接近60%,之后占比慢慢往下降。到今年上半年,也就是2021年上半年又有所回调。说明去通道化的压力非常大。信托公司的业务转型非常难,面临多重考验,包括信托的刚性兑付能不能打破,寻找产品挖掘项目的能力能不能提升。

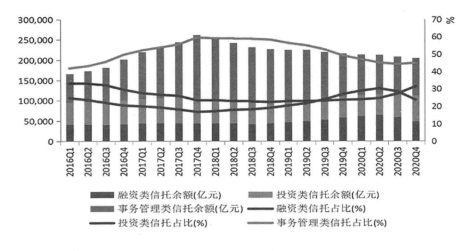

图 4-3　信托资产按功能分类的规模与占比

我们来重点讲一下 2018 年的《资管新规》。我想学金融法的同学应该都是比较熟悉的,这虽然是四个部委作出的规定,但是确实对整个资管业务是纲领性的规定。里面提到很多相关的目标和规定,其实都是近几年来金融机构在转型过程中高质量发展的前提,包括合格投资人的一些制度。大家会看到现在互联网平台对合格投资人制度慢慢进行了强化,有些产品没有提交 500 万元的资产证明是根本不会让你买的。金融销售的意识也在加强,在投资者适当性义务上也是加码了,这两年的司法判例有很多,如果金融销售者没有履行适当性义务,很可能会被认定为构成缔约过失责任,本金损失由销售者承担。

《资管新规》里面也讲到了不能承诺保本保收益,要打破刚性兑付,这也是纲领性的。对资管业务而言,从源头到合格投资者、适当性义务,到打破通道抑制通道业务、实现净值化的产品管理,再到打破刚性兑付,权责清晰,这一系列是环环相扣的。

从金融审判的角度看,上海的金融审判量在 2013 年、2014 年、2015 年、2016 年、2017 年都保持在一定的量,相对比较平衡。2018 年大量案件涌入法院,这些年越来越多的纠纷涉及流动性支持、保底刚兑、阴阳合同、抽屉协议、管理人跑路、信托计划烂尾等,2018—2020 年案件数量居高不下。这跟 2018 年的《资管新规》对整个金融市场的正本清源也有一定关系,它厘清了很多不好的做法,风险也释放出来。

五、通道业务典型案例分析

(一) 通道业务担责第一案[①]

案件原告是投资者吴某,但这个案子里显名投资者大概有 30 个。被告是华澳信托。吴某当时投的产品是华澳联众单一资金信托贷款有限合伙基金,里面又有华澳信托的冠名,又有联众,联众就是后面将会提到的浙江的一家房地产公司。华澳联众单一资金信托贷款有限合伙基金,从名称上看,又是信托贷款,又是有限合伙基金,就极具迷惑性。当时投资者实际的交易相对方是上海寅浔有限合伙,有限合伙是基金非常显著的外在表示形式。私募基金的架构一般是合伙型、契约型、公司型,公司型比较少,契约型风险比较大,一般投资人和管理人直接签一个契约成立一个基金。合伙型是比较常见的,里面有有限合伙人和无限合伙人,有限合伙人一般是投资者,承担无限责任的一般是管理人。这个基金是上海寅浔有限合伙,它的执行事务合伙人也就是管理人,叫中楚公司。这个中楚公司通过上海寅浔有限合伙这个外在表现形式共向社会募集 2.8 亿元,吴某投资 170 万元。上海寅浔合伙以全部募集的 2.8 亿元资金和华澳信托签订了单一资金信托合同,这个单一资金信托合同大家一看就觉得很可能是个通道,因为这是通道的最常见的形式。单一资金信托合同里面约定了上海寅浔要把 2.8 亿元交给华澳信托,当然没说是社会募集,这个也很关键。合同写明了资金专项用于浙江联众公司,要向它发放流动资金贷款,信托公司在里面不承担责任,只是听委托人的指令行事。华澳信托在拿到 2.8 亿元资金以后,就与浙江联众公司签订了一份信托贷款合同,这是资金的后端投放,2.8 亿元交给浙江联众公司以后,整个信托的架构就完成了。

之后随着浙江联众资金链断裂无法还款就"爆雷"了,2.8 亿元就没了。社会投资人到公安机关报案,公安机关和法院有很多的手段获得证据并查明了事实。最终认定上海寅浔的执行合伙人,即中楚公司的法定代表人陈成志伙同了几个人,设立了上海寅浔等 7 家有限合伙,向社会募集基金,通过跟华澳信托签订合同转出资金,而其实资金流入浙江联众的实控人也是陈成志手中。这里面的风险是不是一下子就看出来了?也就是陈成志把社会募集来的资金通过信托倒腾到了自己的口袋里。中间还走了华澳信托公司的通道,其实整个架构就是被犯罪分子的诈骗行为利用,向投资者募集了资金以后,犯罪分子将钱款花完了。花到哪儿去了?给了辽阳红美公司,这个公司也是由陈成志控制的,陈成志把诈骗所得用来归还对外债务,也就是 2.8 亿元一下就没了。

[①] 参见上海市浦东新区人民法院(2020)沪 0115 民初 58902 号民事判决书;上海市金融法院(2021)沪 74 民终 339 号民事判决书。

刚才提及,当时募集基金的时候,用了非常复杂的架构名称,普通老百姓被这种名称唬住了,觉得很专业,一会儿是信托资金,一会儿又贷款,一会儿还是有限合伙基金,有人觉得是在买基金,也有人说他在买信托,反正各人有各人的理解。但总的来说,投资者的想法是:170万元本金投进去,对方承诺的年化收益率是9.5%～12.5%。10%左右的年化率其实是挺吸引人的,也挺坑人的,大家知道余额宝的年化率是2%,最多4%,如果20%就没人相信了,10%左右是最有吸引力的。该案中大部分是杭州、宁波的投资者,觉得这样的信托产品、基金产品是很有吸引力的。当时上海寅浔做宣传的时候,称浙江联众有一个保障房项目,老百姓觉得房地产项目比较稳健,投资基本上有收益。而事实上房地产项目是虚构的,这个也是跟事实认定有关联。原告认为所投资金被犯罪分子挥霍了,且追赃不成,只能告华澳信托,华澳信托公司毕竟还是一家有实力的金融机构。一审在上海浦东新区人民法院,法院预判这很可能群体性事件,因为投资者很可能不止30人,按照社会募集2.8亿元的总额计算,每个人要投不少钱。实际上投资者的本金都是百万元,这很可能背后是有拆分的,这里面就会发生社会问题。我刚才讲到《资管新规》所列的第一关就是合格投资者制度,这个制度很关键。高风险投资需要投资人有实力、有资金,也能承担起风险。对风险投资来说,资金投10个项目可能有8个失败,没有关系,只要有2个成功还是赚钱的,但普通老百姓没有这样的风险承受能力。

从法律关系上说,吴某没有跟华澳信托签订任何合同,双方不存在合同关系;上海寅浔跟吴某签订的是基金份额购买合同,上海寅浔跟华澳信托签订的是信托合同。吴某和华澳信托之间没有直接的合同关系,所以经原审法院释明,原告以侵权为由起诉华澳公司,要求华澳信托公司承担本金以及利息的全额损失。审理过程中双方展开激烈的争论,因为当时大部分有关通道业务的案件中,信托合同明确规定了信托公司不担责,不承担风险,不做尽调,法院一直判决信托公司没有责任。

这个案子中信托公司要不要承担责任?这里面最核心的争议就是关于受托人的责任。关于通道到底是不是一个信托,以及受托人是不是要承担《信托法》下全面管理的义务及责任,争论非常激烈。原告认为既然是信托,信托公司对后期的流动资金(信托财产)就负有监管责任,不能一放了之。如果认定侵权,华澳信托有哪些侵权的行为,这个也要看案件的事实。同时,犯罪分子实施诈骗的情况下,华澳信托如果承担侵权责任的话,是怎样的责任序位和责任形态,到底是承担连带责任,还是按份责任,还是补充责任?如果承担一部分责任的话,到底是一个什么比例额度,是不是由华澳信托承担全额赔偿的责任?这些都是激烈的争论点。

原告主张华澳信托负有全面管理的责任,他认为受托人谨慎管理的义务是不能被合同约定排除的,《信托法》上规定了受托人有勤勉尽责以及谨慎管理的义务。被告人坚称这是被动管理型信托,是一个通道业务,各方在合同里都写明了,不做尽职调查,信托公司不对信托资金进行监管,只是按照委托人的指令处置款项,委托人让我发放给谁,我就发放给谁,发放完毕以后对信托贷款收回的风险不承担任何责任。

1. 法律关系分析

这里面就涉及通道业务的性质。通道业务主要有三个特征,即无风险、不管理、不尽调。具备这三个特征的情况下,通道业务还是信托吗?第一种观点认为通道业务已经不是信托,通道业务里的受托人的管理权和处分权受到极大的限制,受托人不承担实质性的管理义务,因此就不是信托,更像委托贷款。委托贷款就是委托方(出资方)委托银行向用资人发放贷款。第二种观点认为通道业务还是信托,必须严格按照《信托法》确定的受托人的义务履行合同,受托人谨慎管理义务依然存在。既然选择了信托法律关系,双方签订了信托合同,那就是一个严格的信托,有一些义务的排除是无效的。第三种观点认为通道业务是一个事务管理类信托,是信托关系的一种,受托人的义务本身由信托文件、信托合同以及委托人的意愿决定,并不必然负有全面的义务。

通道业务到底是不是信托?其实我们一直对这个问题很困惑,确实通道业务中受托人的权能受到很大的限制,委托人在其中居于主导地位,我们在很多通道业务的案件当中能看出委托人对受托人发出指令,主导后续的信托投资,这个时候受托人还是信托业务受托人的角色吗?这个确实争论得很激烈。反过来看,从某种意义上说,通道业务倒是最接近信托的起源。如前所述,信托起源于英国的用益制,一开始就是为了规避英国的封建法律制度对于土地的继承限制,设计了这样一个用益制度,最后因为受托人不诚信,把这个案子告到法院去,衡平法院从诚信和良知的角度出发,肯定了当事人之间通过规避法律,最后实现权利义务配置平衡的安排。也有人说规避法律限制本身是信托与生俱来的基因,而通道业务的本质也是规避监管,两者极为相似。从行业的发展来看,确有服务类信托。

我国在《民法典》颁布以后比较重视家族信托,以前家族信托在我们国家没有得到长足的发展,现在信托公司把它作为重要的业务开发出来。家族信托包括一些不动产信托本质就是服务管理类的信托,受托人按照委托人的指令做一些事务管理类的事情,并没有主动为委托人实现财富保值增值的义务,只是按照委托人意愿、按照信托文件的规定进行事务管理。受托人的权能并不是实现受托人财富的增加,也不是为了实现信托财产效用,而是为了达成委托人的意愿。所以从这个角度说《九民纪要》秉持了务实的态度,个人认为《九民纪要》跟《资管新规》一样重要,虽然《九民纪要》不是法律,但是厘清了实践中经济领域很多的问题。《九民纪要》明确指出从审判实践来看,营业信托主要表现为事务管理类信托和主动管理型信托。其中第93

条明确规定了通道业务的效力。首先提及通道业务的基本特征,即当事人在信托文件中约定"委托人自主决定信托设立、信托财产运用对象、信托财产管理运用处分方式等事宜,自行承担信托资产的风险管理责任和相应风险损失,受托人仅提供必要的事务协助和服务,不承担主动管理职责的,应当认定为通道业务",这就是刚才讲的三点:无风险、不尽调、不管理。这样的架构被认为是通道业务的形式。《资管新规》规定金融机构不得进行通道业务,但同时也是按照"新老划断"的原则,将过渡期设置为到 2020 年年底。最高人民法院在此作出了相向而行的规定,即通道业务虽然被禁止了,但是有过渡期,过渡期内如果一方当事人单纯以违法目的为由,请求确认合同无效,人民法院不予支持;并且认为委托人和受托人之间的权利义务关系,就是信托合同里面双方的权利义务关系,还是应当根据信托文件的约定加以确立。

2. 该案的裁判思路

该案中,上海寅浔和华澳信托之间的权利义务安排是有效的,华澳信托公司根据信托合同对上海寅浔公司是不需要承担任何责任的。

原告以侵权关系为由要求赔偿。构成侵权要有侵权的事实,要有因果关系,要有损害结果。损害结果已经有了,本金损失就是损害结果。有没有侵权事实?原告方提出了两个事实,认为投资者当时是基于对华澳信托的信任才进行投资,投资者认为上海寅浔公司募集资金时借用了华澳信托的信托背景,宣传资料里强调了信托公司,同时有部分投资者也打电话到华澳信托公司内部询问有没有这个产品,但是经办人当时没有否认。这样的回应涉嫌误导投资者,这是一个侵权行为。还有一个侵权行为,华澳信托公司当时在信托存续期间曾经应上海寅浔的要求,在内部出具了一个不对外的中期项目报告。项目报告显示华澳信托对信托贷款项目进行了调查,保障房项目运行良好,资产是很稳定的,现金流非常可观,华澳信托抗辩称其没有尽调义务,也没有向投资者出具此报告,因为报告并不对外。另外还有一个事实,根据目前的监管要求,信托公司须审查信托资金的来源,因为社会募集资金的风险和自有资金的风险不一样,要关注这点。当时是 2013 年,没有监管规定要求信托公司审查信托资金的来源,仅在公司内部有这样的合规要求。

侵权事实的认定需要把握案件的细节。刚才讲到了关于电话咨询,即投资者询问华澳信托时它的回应和态度是很重要的事实:一方面需要从事实判断华澳信托对资金来源于社会募集是否知情,另一方面从其回应也能判断与投资者受骗有没有关联。我们在审理时找到了公安机关在刑事侦查中做的笔录,里面有一节问及"华澳信托公司知不知道上海寅浔在向大众筹款",当时犯罪分子王某在公安机关说"应该是知道的,因为里面还有一个小插曲,有的客户拿着我们宣传资料的时候,一看以为我们跟红星美凯龙有关,红星美凯龙还发函给华澳信托公司,说辽阳红美公司不是我们的子公司,不要进行对外募集"。这样一个非常细节的事情,就说明华澳信托公司内部,至少是经办人员,知道上海寅浔在以华澳信托的名义进行对外募集。

同时,公安机关审查的时候不仅对犯罪分子进行了询问笔录,也对华澳信托当时的项目经办人做了笔录。笔录里记载,公安人员问他"是否有具体的客户向你电话询问,有浙江联众信托这样的产品",经办人回答说"这个情况是有的",说明投资者确实打电话到华澳信托内部问过。他说"我知道这个情况以后我就问了一下王某(犯罪分子),问你这个资金到底是不是自有资金",王某说"是自有资金",还提供了证明。上述事实表明,虽然当时监管没有规定信托公司对委托资金要核查,但是内部的经办人员都知道社会募集资金和自有资金的差别,公司内部对此也是要进行审查的。信托公司内部从审慎的角度出发,确有审查委托人资金是否为自有资金的规范要求,但是当时他们自己没做到。而且华澳资金当时掌握较多的信息,上海寅浔是一家有限合伙,这个有限合伙一看就是一个私募基金,华澳信托作为专业的信托机构也应该知道资金来源于社会募集。在知晓自身与项目关联度风险较低的情况下,华澳信托没有对犯罪分子借用其金融机构背景进行募集的行为采取必要的防控措施,没有对社会投资者做相应的警示,客观上促成了犯罪分子的诈骗行为。所以我们认定华澳信托对吴某等投资者投资被骗负有一定的责任。当然这里面也要明确,从各种事实来看,华澳信托确实没有主动积极参与过资金的募集,它仅仅是在管理上没有审慎作为,抱着放任的心态,对他人以其金融机构的背景进行社会募集的行为未做干预和必要的防控管理。

另一个事实,2013年12月华澳信托向上海寅浔出具了《项目风险排查报告》,报告没有对外公开,也不是投资人问了以后才给对方的。报告称"本信托为支持浙江联众流动资金缺口,多个政府建设项目均在建设开发中,建设进度顺利,无重大异常情况,上述施工情况预计38~40亿元",里面还写了人员报酬怎么样,流动资金已经安排采购,租赁费用如何。这就跟华澳自身在信托合同里的义务相矛盾——受托人本来是不需要做尽职调查的,合同里面没有约定这个义务,但是它却出具了一份报告,看似的确做过一番调查,把一个完全虚假、根本不存在的项目说成了运行良好的项目。这确实是造成其需要担责的一个比较重要的因素,说明华澳信托内部的管理确实存在很多问题。法院认定,虽然受托人在信托合同中未约定尽职调查义务,但是没有主动调查的义务不代表可以随意出具没有事实依据的报告,华澳信托出具《项目风险排查报告》被犯罪分子利用,吴某等投资者如果从上海寅浔处看到了这份报告,会有理由相信这个产品受到信托公司的监管核查和管理,这对投资人被蒙骗起到一定的作用。

上述两个事实基本上确认了华澳信托公司需要承担责任。承担什么责任？这是难度更大的一个问题。《侵权责任法》和《民法典》规定的责任形态主要是两种，一是连带责任，二是按份责任。上述责任形态其实不能包含社会生活中发展出来的各种各样的当事人之间的责任形态。如果说华澳信托公司和犯罪分子之间是连带责任，毕竟双方没有侵权的共同故意，华澳信托没有想着要去骗投资者的钱。如果按照按份责任的话，就要切割比例，难道说犯罪分子承担80%，华澳信托公司承担20%？这也不符合它们的责任形态。犯罪分子不因华澳信托公司要承担责任而免除自己全额的责任，所以审判实践中运用比较多的是补充责任。也有人反对补充责任，称补充责任根本不是侵权责任里的一个责任形态。他认为补充责任可轻可重，虽说是补充，但是第一责任人承担不了任何责任的话，补充责任是很重的。实践中最高人民法院在很多的司法解释中均采用了补充责任的责任形态。安全保障责任，以存单为表现形式的经济纠纷中银行的责任，会计师事务所、金融机构在尽职调查过程中的责任，其实都是补充责任。补充责任一般能厘清第一责任人（直接责任人）与承担管理保障类责任主体之间的责任关系。比如说在涉及存单的纠纷里面，首要责任肯定是用资方的还款责任。用资方归还不了款项的情况下，金融机构因其不当作为需要承担后一顺位的补充责任。补充责任也分为全额责任和限额责任，该案中通过法院认定的是补充责任里的20%，这也是考虑到吴某这些投资者本身也存在过错，吴某至少清楚合同的相对方是上海寅浔，而非华澳信托公司，这说明他没有甄别清楚投资标的。同时孙某等过于轻信他人，片面追求收益，漠视投资风险。这个案子最终判决刑事追索不足以后华澳信托公司承担20%的补充赔偿责任。判决获得了最高人民法院的认可，该案被评为2020年全国法院十大商事案例。

（二）通道业务典型案例之二

接下来再看一个比较典型的案例，这个案子是纯粹的通道业务营业信托合同纠纷，直接就是投资人和信托公司两方的关系。原告是杭州某实业公司，被告是信托公司。原告参与了信托公司的集合资金信托计划。很多人认为信托通道业务就是单一资金信托，但事实并非如此。单一资金信托是一个表征，很多通道业务现在走的都是集合资金信托计划，这也是为了规避法律上的一些规定，有的监管规定把投资单一资金信托的通道给禁止了，但投资者还是可以利用集合资金计划进行投资。原告购买了6000万元份额的信托产品，也就是投了6000万元，其余资金通过银行的理财计划进行募集，因此银行的理财计划是优先级的受益人。杭州公司与信托公司在信托合同中约定，投资决策均由"委托人指令权人"（一家资产管理公司）作出，信托公司仅依据指令权人的指令行事。由此可见，信托公司没有承担主动管理的责任，是由案外第三方作出投资指令，实践中对这些资产管理公司的专业能力、投资判断能力的要求非常高,因为这类业务并非依托于信托公司的投资能力,而完全是看指令权人的能力。从信托计划投资的项目来看,最终全部投资债券,这是债券投资型的集合资金,不是放贷。后来这些债券投资都失败了,这个计划持有的债券基本都是近几年市场上违约的债券产品,榜上有名。爆雷以后杭州这家公司作为原告把信托公司告上法庭。

原告起诉信托公司主要是基于几方面的理由。第一,原告认为部分的债券存在内幕交易。债券购买的指令虽由指令权人作出,但信托公司依约负有核查义务。该案许多债券交易的对手方是指令权人自己,存在内幕交易,因此才会获得比例如此之高的垃圾债券。信托公司则认为这些债券交易并非内幕交易,内幕交易指的是委托人投资委托人所关联的财产,而不是指交易对手方跟委托人相关。况且信托公司不负责投资决策,对指令的核查也非常有限。

第二,原告认为信托公司信息披露不及时,举了很多的证据。根据信托合同的约定,信托公司既有定期报告义务,又有临时报告义务,也就是说每个季度每个月要出具定期的信息披露报告,同时一旦发生违约事件,比如说公司债券停牌,或者公司违约、被起诉,公司资产被保全,被告要进行临时报告,当然合同里面都有时间节点的安排,比如几日之内要进行报告。被告履行披露义务存在瑕疵。

原告还认为信托公司没有公平对待投资人,因为这些债券都在处置中,信托公司作为债券的持有人积极采取各种诉讼手段,对债券发行人进行诉讼,其管理的部分信托计划已经取得了新的担保,但是这份信托计划没有,所以原告认为信托公司没有公平对待委托人。

信托公司的主要抗辩理由是,信托公司依据信托合同承担的义务就是很少,就只是按指令操作,指令权人让买什么股票就买什么股票,没有决策权。也举了很多证据,比如至少定期披露义务是按期履行的,临时披露义务虽然有一些迟延履行,但是信托公司认为原告应当自己去盯盘。相当于你做投资你自己不看,让接受指令的那方帮你看,这是不合理的。这些公司违约、停牌都是市场公开的信息,委托人或其指令权人早就知道了,晚两天披露也于事无补,与委托人的损失没有因果关系。

受托人还有一个很强硬的理由(也是现在所有的信托案件都面临的问题),即信托计划还没有进行清算。信托公司作为受托人很积极地履行向底层资产追讨清算的义务,诉讼在进行中,整个的信托计划处于未完成的状态下,受托人要收回本金,这是不可能的,首先要对信托计划进行清算。我们现在很多案子里面也确实碰到这类问题,因为清算的过程时间非常长,合同约定一般比较模糊,约定了有义务及时进行清算,但是没有约定要在几年之内完成,或者怠于清算会有什么后果。一般怠于清算的情况也会存在,有的不负责任的受托人跑路了,受益人如何追讨底层资产存在问题。该案中因为信托公司确实在非常积极地履行信托义务,此时信托计划的受益人就要推定全损拿回本金要求赔偿损失,没有法律依据和前提。这个案子目前还在二审当中,结论也仅代表个人意见,供大家思考。

(三)通道业务典型案例之三

接下来看一个比较有意思的案例。这个案例反映了层层嵌套权责不明。案件金额非常大,涉及30.3亿元,投资的是煤矿煤炭项目。早年间,因为通道业务发展以后,原先的保监会、银监会、证监会都对自己行业内部的通道业务作过一些规定,一开始并不是想要禁止,监管一开始的想法是把通道业务规范化,有的时候不能堵,可以疏导它,所以规范过程中有一条非常明确,通道业务必须在信托合同中明确约定各方的权责。

这个案子中,参与社会募集的人员约700人,初步测算了一下,700人投资30亿,每个人至少3000万,因此怀疑真正影响到的社会人员远远不止700人。资金是由工商银行某分行募集的。工行募集以后就交给中诚信托开展一个集合信托计划,大家注意这个不是单一信托,一眼看不出通道。这个集合资金信托计划社会募集的是优先级的受益权人,振富集团是劣后级受益权人。振富集团其实就是融资方,社会募集30亿元,振富集团投3000万,一共是30亿元加3000万成立集合信托计划。这个集合信托计划直接投资给振富集团,购买了振富集团49%的股权。买一家公司的股权,要想成功退出,这家公司必须非常有实力,或者将来前景很好,信托才有可能获益,否则里面的风险非常大。这么高风险的投资应该有一个专业机构进行投资后的后续管理,至少要设定一系列的交易安排,如对赌协议等为将来的回收做保障,要安排退出。否则股权投资很可能血本无归。

振富集团号称有一个煤炭整合项目,层层嵌套又成立了一家振富能源公司,是百分之百控股的,这家公司号称有三家煤矿的采矿权。风险爆发以后发现其虽然有三家煤矿的采矿权,实际上许可证有瑕疵,所以最后这个煤炭项目失败了,兑付危机严重爆发。中诚信托认为自己不承担责任,因为没有主动管理,整个投资是工商银行主导。但从合同文件反映的权利义务关系上看,工商银行只是信托的托管行。当时很多的银行一方面能募集到较多的社会资金,一方面又接触资产端,但囿于贷款额度限制和投资限制,自身无法完成资金匹配,于是就进行了银信通道业务。这个项目涉及被严重诟病的层层嵌套、权责不清的通道业务。法律上不能解决的问题最后如果都通过刚性兑付的方式解决,整个金融市场无法承受这么大的压力。这也是《资管新规》要把通道业务禁止的重要原因之一。

(四)通道业务典型案例之四

接下来我们再来看保险资金的通道业务。保险资金前两年很活跃,保险资金投到资本市场,掀起了一些波澜。保险资金的来源比较广泛,保险公司的资金实力是很强的。对保险资金的监管规定是较为严格的,《保险法》就规定,保险资金的运用限于以下几种形式,只能投银行存款,只能买银行债券股票,就是标准化的资产。资产有标准化和非标准化之分,保险资金要投的都是银行存款或者标准化资产,也可以投资不动产,但是其他的就不能投了。原保监会的《保险资金运用管理办法》专门规定,保险公司的保险资金运用不得有以下行为:不得将投资财产用于向他人提供担保或发放贷款。因此保险资金不能直接向个人或公司发放贷款。2019年原银保监会明确规定保险资金不能投单一资金信托,也不可成为集合信托计划中的劣后级信托受益人。可见监管规定随着实践发展在加码,当然也规定了新老划断,以便平稳过渡。

该案例的案情是这样的,2017年某信托公司与宁波某公司签订了一份信托贷款合同。这是信托结构的后端,信托公司以发放信托贷款这种最简单的信托投资的方式去投资,两笔贷款分别发放6亿元和4亿元,约定的贷款期限是12个月,利率10.15%。之后,宁波某公司无法偿付。信托公司向法院起诉,要求宁波某公司承担还款责任。宁波某公司抗辩认为这是保险资金放贷,10亿元的资金来源都是保险资金,该项目是保险资金放贷的一个通道,信托计划及信托贷款合同本质上都是保险公司发放贷款的工具,应当认定无效。宁波某公司主张无效的理由有三:一是违反法律强制性规定,二是侵害社会公共利益,三是以合法的形式掩盖违法的目的。所谓损害公共利益,主要是影响了金融秩序、金融稳定、金融安全这一类的利益。原告不认为这是通道,坚称这是一个主动管理的信托计划。

金融法官经常遇到的难题是,面对一个行业既有的、大量开展的业务模式,如果认为其不那么符合法律或者不符合金融监管政策,究竟是顺从当事人意思维护合同的诚信原则,还是积极主动干预问题。比如有一些典当公司从事车辆质押。大家知道一定要实际控制质押物才能形成一个质权,这是物权公示的体现。但在实践中有的典当公司并不实际占有车辆,进行典当的车辆由所有权人继续驾驶,最终却要求实现车辆质押权。这样的法律关系还是典当吗?这样的质押权利可以获得支持吗?虽然进入法院诉讼的是单个案件,但背后可能是千千万万的业务,处理起来就要很慎重。保险资金的通道业务也是一样,很难处理。

审理金融案件时的考量因素很多,既要考量金融市场整体的安全与秩序,也要注重个案当事人的公平与诚信。金融审判和其他民事审判不太一样,它还要注重金融司法和金融监管的良性互动。《九民纪要》也是以比较务实的态度来面对现在金融监管的背景,面对通道业务为何种类型的信托众说纷纭,最高人民法院更多从权利义务的角度来明确各方责任,在对合同效力的态度上也与监管相向而行,以"新老划断"为原则。我们在审理险资放贷案件的时候,也同样关注原银保监会的态度,关注是否有相应的行政处罚。同时也考虑过渡期的问题。《九民纪要》是 2019 年颁布的,这个贷款发生在 2017 年。原来的规定里面没有说不能投资成为劣后级的受益人。同时考虑利益平衡和诚信的问题,因为这个案子中宁波某公司还不出钱,同时期在法院还有一个案子,也是关于宁波某公司的,那一笔保险资金的贷款已经还得差不多了,一直在履行,但是在那个案子里宁波某公司也主张合同无效,这太恶劣了。英国的衡平法判例中,虽然委托人和受托人之间的权利约定违反了普通法下英国的土地制度,但是委托人和受托人之间仍应遵循诚实信用的基本原则。保险资金的放贷毕竟是后端,信托公司通道业本身依然是一个信托构造。信托成立后,信托公司已经可以以自己的名义对外将信托资产进行投放,信托公司收回资产的时候,不需要再去探究前端的法律关系。

六、信托合同保底刚兑纠纷

信托是不能保本保收益的,这是一个前提。因为投资都是有风险的,如果有中间机构来保证收益的话,就变成了银行业务,信托公司从制度和实力上都无法承受。但实践中,信托公司为了顺利募集资金,以自身信用进行保底的情况也不少见。有的案件中会发现有抽屉协议,即如果信托计划顺利进行,投资者获得预期收益,那么抽屉协议永远不会曝光。但如果风险发生,投资人就会拿出抽屉协议,要求信托公司直接兑付。如果信托当事人之间既签订了信托合同,又签订抽屉承诺函的话,信托当事人之间到底还是不是信托法律关系,虽然说目前直接否定信托法律关系的案例非常少,但是这确实值得思考。当事人真实的意思表示到底是什么?现在《民法典》里面有"通谋虚伪"的意思表示的规定,可否认定这一法律关系表面上是信托,实际并非信托?

我个人认为这要做两方面的考虑,一方面是意思表示,另一方面是看信托是否真实成立,具体而言是否实现信托财产的有效隔离。实践中有的信托公司可能经不起查,信托资金进入独立的信托账户是否真实进行投资,还是被变相划转,里面甚至可能会涉及刑事问题。如果一旦查明信托资产根本就是混同的,根本没有有效隔离,根本没有按照整个账户的名义对外投资的话,甚至没法找到对应的底层资产,这就很难再认定属于信托法律关系。对于信托合同的效力认定现在也是众说纷纭,有的人认为应当按照实际构成的借贷法律关系处理;也有人说构成欺诈,信托公司一开始就没有尽到适当性义务。投资者投资信托产品,实际想要保本保收益,信托公司也承诺保本保收益,以承诺函等抽屉协议为证据,说明当时确实形成了欺诈行为。这类观点主张通过认定欺诈,要求信托公司承担缔约过失责任。目前在中国缔约过失责任已经远远超过了其本身的概念,承担的责任很可能是全额的。也有人认为保底刚兑条款要统统被认定为无效,而保底刚兑条款属于信托合同项下的核心条款,整个信托合同都因为影响了金融秩序与交易安全,而被认定为全部无效,这也是一个路径。

另一个重要争议是投资者的损失是否已经确定。保底刚兑条款无效,但条款无效以后怎么承担责任这个问题争议很大。有的信托计划尚未清算或者正在清算,是不是要等待清算完成？受托人怠于清算怎么办？诉讼过程中发现找不到受托人了,底层资产去向不明,提供不出什么证据,提供的证据乱糟糟,怎么办？法院是不是可以重新指定一个受托人进行清算？目前还在探索,还没有成熟的经验。有些投资人会只要求归还本金和利息,哪怕法院认定本金和利息是按过错比例支付也可以,但是将来如果信托财产还能够收回来,而且有收益,投资人愿意放弃,这样可否在信托财产没有清算完毕之前去认定投资者的损失？

信托公司在抽屉协议承担的差额补足责任究竟是一个什么性质的责任,也是有争议的。《民法典》及配套的司法解释对这种类似担保意思条款的性质认定专门有了新的规定,不再按照以往承担连带责任的简单思路,而要区分其责任的轻重。另外,补足义务是一个直接义务,还是一个补充责任？要不要按照原告投资者的主体能力进行区分？比如投资人是个人投资者,是一家普通的企业,还是一个专业的金融机构,是否需要区分？在与信托公司签订合同,接受刚兑条款的时候,不同的主体的认知水平、对产品和金融法律的认知程度是不同的,以此是否可以区分过错的程度？

上述问题可以留给大家思考,也是你们研究、撰写论文的方向。关于这些问题既有理论上的争议也是实务中的难题。作为金融法官,我们努力在个案中寻找突破口,也希望各位跟我们一起研究前沿中的信托法问题。

七、问答环节

同学： 朱法官,我想问一下关于刚性兑付的效力问题。我们国家对于这种刚性兑付明令禁止,是在《资管新规》还有《九民纪要》颁布之后形成的监管趋势,如果之前会不会直接认定刚性兑付的效力问题？

朱颖琦： 刚性兑付这个问题相对而言比较明确。早在金融委托理财合同中,实务界就倾向于认为受托人的保底条款是无效的。实践中如果是信托公司自己,而非第三方进行的保本保底承诺,无论形式如何,均为无效。当然实践中还是千变万化的。现在也碰到很多变相刚性兑付,有的信托公司将坏账的底层资产转给资产管理公司,以转让所得款项兑付投资者,同时又向资产管理公司承诺回购债权。整个过程中信托公司深陷其中,是否无效值得研究。

同学： 朱法官我想请问一下在案例二里面,指令权人作为投资顾问、委托人,工商银行、杭州某公司、信托公司是否知道他们的身份？

朱颖琦：是的，这个是在信托计划里明确规定的，信托计划明确规定委托人有一方是指令权人，一家资产管理公司发送指令；还规定了这个指令怎么由指令权人发送，信托公司怎么接受。

同学：是不是应该告指令权人？

朱颖琦：为什么不告指令权人，你应该明白。

同学：为什么要看资产隔离？资产隔离代表保底刚兑信托关系，为什么这么重要？

朱颖琦：这也是一个司法政策的问题，还涉及刚才说的信托法的核心争议。核心争议就是你的信托关系是不是只是一个合同关系，如果只是一个合同关系，那仅有意思表示就够了。如果当事人之间没有信托的意思表示只是借贷的意思表示，那就认定为借贷关系，不是信托关系。问题就在于这个前提我们是不确定的，现在还在争论当中，信托关系不仅仅是一个意思表示的法律行为，还是一种财产制度安排。目前还没有定论，学界也没有定论，部分法官认为如果没有充分证据否认信托资产的有效隔离，就很难否认信托关系。

八、相关案件裁判原文

华澳国际信托有限公司、吴某财产损害赔偿纠纷

上海金融法院二审民事判决书

（2020）沪 74 民终 29 号

上诉人吴某上诉请求：1. 撤销原审判决，改判支持其原审中的诉讼请求；2. 一审、二审诉讼费由上诉人华澳信托承担。事实和理由：1. 上诉人吴某认购《华澳·浙江联众贷款项目单一资金信托合同》（以下简称《单一资金信托合同》）基金项目，并非出于对上海寅浔投资管理中心（有限合伙）（以下简称"上海寅浔"）的信任，而是出于对华澳信托的信任，如果没有信托产品作为支撑，投资者不会陷入犯罪分子的骗局，因此，华澳信托在基金销售中扮演了关键性角色。上海市公安局金山分局对华澳信托项目负责人杜某某做的询问笔录显示，曾有投资者向华澳信托电话询问，是否存在"浙江联众信托产品"，该负责人未曾否认。上述材料说明华澳信托对信托产品资金来源于社会募集的事实应属明知，但其还是放任上海寅浔进行基金销售，也未对投资者进行风险提示，导致投资者误以为所投资金系用于华澳信托的信托产品。2. 华澳信托作为信托的受托人，未严格按照《中华人民共和国信托法》（以下简称《信托法》）的规定对

信托资金来源进行认真审查,也未对信托项目进行尽职调查,未对信托财产进行有效监管,最终导致犯罪分子陈某某等将委托人的资金进行转移和占有,最终使投资者资金受到损失。华澳信托在信托产品经营过程中还出具《项目风险排查报告》,内称"多个政府建设项目均在建设开发中,建设进度顺利,无重大异常情况,上述项目施工合同预计总金额达 38~40 亿元",这一报告内容严重失实,并误导了投资者。3. 原审判决认定华澳信托承担 20% 补充赔偿责任,该赔偿比例显失公平,认定过低,华澳信托的过错与上诉人吴某的损失存在因果关系,应当承担全额赔偿责任。原审判决主文内容不明确,属于附条件的给付,需要在通过刑事追赃程序追索不成后承担补充赔偿责任,判决主文不符合法律规定。

上诉人华澳信托上诉请求:1. 撤销原审判决,依法改判驳回上诉人吴某的全部诉讼请求;2. 一审、二审诉讼费由上诉人吴某承担。事实和理由:1. 上诉人华澳信托已充分履行《单一资金信托合同》约定的各项义务,经营过程符合当时的法律和监管规定,不存在过错。本案信托产品是信托公司的通道业务,属于被动管理型信托。首先,根据当时的法律法规,上诉人华澳信托公司无义务审查委托人的资金来源,本案信托资金系从光大银行上海真新支行账户划至信托资金账户,华澳信托有理由基于对商业银行强大的反洗钱系统的信任认可资金系客户自有资金,华澳信托无法穿透银行账户审查资金来源。其次,上诉人华澳信托根据《单一资金信托合同》及委托人的指示划付资金、分配财产,对贷款资金的最终流向无义务进行审查,也无义务对资金进行监管。根据《单一资金信托合同》第十一条的约定,华澳信托不对借款人和信托资金运用的项目做实质性尽职调查和审核,只提供事务管理服务,华澳信托依约提前终止信托并将信托财产向受益人原状分配,华澳信托根据合同约定,无义务保证全部收回信托贷款或刚性兑付。华澳单一信托资金贷款是流动资金贷款而非项目贷款,上诉人吴某所投资的项目是"浙江联众杭州保障房投资基金",而华澳信托参与的信托贷款资金用途为用于借款人浙江联众建设有限公司(以下简称"浙江联众公司")日常经营流动资金周转。因此,华澳信托无义务出具浙江联众保障房项目的风险排查报告。即便华澳信托工作人员在信托计划中期曾根据委托人的要求出具过类似报告,也是向委托人工作人员王某出具,并非向投资者出具。该报告被王某等犯罪分子非法利用,与华澳信托无关。再次,《中国银行业监督管理委员会上海监管局信访事项处理意见书(沪银监访复[2016]443 号)》不应作为事实认定的依据。该份现场检查意见是在 2016 年作出,该意见从审慎监管的角度对监管对象提出了高标准严要求,依据的是 2016 年的监管规定,与 2013 年相比,监管规定发生了很大变化。2. 华澳信托的行为与投资者遭受的损失之间不存在因果关系。投资者损失系因犯罪分子集资诈骗、非法吸收公众存款,并将吸收的存款肆意挥霍造成的,投资者签订相关投资协议时应知晓签约相对方是上海寅浔等融资平台,而与华澳信托无任何关系。原审认定部分投资者曾向华澳信托电话求证信托产品存在的事实,该事实仅为上诉人吴某的单方陈述,未有证据证实,属认定错误。华澳信托从未参与基金销售和集资的过程,从时间顺序上看,先有陈某某等人的集资行为,后有华澳信托单一信托产品的成立,华澳信托并未帮助陈某某等人做宣传。通道业务是信托公司常见的业务,历史上从未出现过信托公司向委托人、受益人等信托利害关系人之外不特定的对象承担义务的先例,华澳信托不可能预见到委托人的资金系来源于非法集资行为。3. 上诉人吴某遭受的损害结果并未最终确定,目前追赃程序尚在进行中,原审判决华澳信托在通过刑事程序追索不成后承担不超过 20 万元的赔偿责任有所不当。4. 原审判决确定的赔偿标准有失公允,根据刑事判决书,预计总共有 157 名投资者可能提出类似诉讼,损失总额高达 2.3 亿元,参照 20% 的标准,华澳信托可能面临 4,600 万元的赔偿。而根据《单一资金信托合同》约定,受托人的信托报酬系按照信托资金总额的 1% 计算,共计 560 万元。华澳信托所收取的对价显著低于其付出的代价。

双方的答辩意见同上诉意见。

原审中,上诉人吴某提出诉讼请求:1. 华澳信托赔偿吴某 100 万元,并支付 2013 年 8 月 3 日至款项实际付清之日止以 100 万元为本金,按人民银行同期贷款利率计收的利息;2. 诉讼费用由华澳信托承担。

一审法院认定事实:2013 年 6 月,上海寅浔(作为委托人)与华澳信托签订《单一资金信托合同》。其中第一条"释义"约定:"……3. 指定管理资金信托:指委托人向受托人交付资金设立信托时,在信托文件中就信托财产的运用方式、运用期限等进行明确指定,由受托人根据信托文件管理、运用、处分信托财产的资金信托业务。"第二条"信托目的"约定:"委托人上海寅浔投资管理中心(有限合伙)基于对受托人的信任,将其合法所有的自有资金委托给受托人,由受托人本着'受人之托,代人理财'的理念,将信托资金以向浙江联众建设有限公司发放流动资金贷款方式进行运用,以获取收益。"第三条"信托类别"约定:"本信托为指定管理单一资金信托。委托人指定将信托资金由受托人管理,用于向浙江联众建设有限公司发放贷款。"第五条"信托资金及其交付"约定:"1. 本信托项下信托资金金额为人民币(大写)贰亿捌仟万元……"

吴某提供的《浙江联众杭州保障房投资基金项目募集文件》载明产品类型为"华澳信托联众单一资金信托贷款有限合伙基金",募集资金不超过 2.8 亿元。吴某在募集文件中的《上海寅浔投资管理中心(有限合伙)合伙协议书》上签名,该协议书载明普通合伙人是杭州中楚实业有限公司(以下简称"杭州中楚公司")。吴某又在《上海寅浔投资管理中心(有限合伙)入伙协议书》上填写了"新有限合伙人(投资人)基本信息",该协议书载明"合伙企业确认投资人之出资款应在三个工作日内一次性缴纳至合伙企业以下募集账户:户名:上海寅浔投资管理中心(有限合伙),开户行:中国光大银行上海真新支行,账号:×××××××××……"2013年8月1日,吴某向前述收款人户名为上海寅浔的账户汇款100万元,后该100万元被陈某某等人用于归还案外人辽阳红美置业有限公司(以下简称"辽阳红美公司")股东的对外债务。

2013年8月3日,"杭州保障房项目"与杭州中楚公司共同向吴某发布《浙江联众杭州保障房投资基金项目成立公告》,载明:"尊敬的吴某女士/先生/公司:感谢您投资由杭州中楚实业有限公司担任执行事务合伙人发起设立的'浙江联众杭州保障房投资基金项目',本项目对接《华澳信托浙江联众贷款项目单一资金信托计划》,本期募集资金于2013年8月2日正式成立并起息。我公司已确认您认购的金额:壹佰万元正。本项目期限为24个月(可提前12个月结束),自成立之日起计算,每半年分配投资收益,项目结束返还本金。根据合伙文件的约定本项目可提前终止,具体以本项目的公告为准……"

根据工商登记信息记载,上海寅浔的成立日期是2013年5月30日,合伙类型是有限合伙企业,执行事务合伙人是杭州中楚公司(委派代表:陈某某)。吴某并未被登记为上海寅浔的有限合伙人。

在涉案信托项目进行期间,华澳信托内部曾于2013年12月出具过《项目风险排查报告》,载明:"……六、项目风险判断:浙江联众财务状况良好,由建设的多项目保障营收稳定;保证人辽阳红美的现金流充足,项目去化速度令人满意,担保意愿正常,担保实力佳。该项目为单一被动管理类信托项目,项目风险可控,本次检查未发现重大风险事项。"

2017年11月8日,中国银监会出具银监行复决字〔2017〕183号《行政复议决定书》,内容包括:"……2.被申请人(即上海银监局)已对华澳信托违规问题依法作出处理;被申请人于2015年收到过其他信访人关于'华澳信托·浙江联众单一信托计划'的举报,并在当年对该公司的现场检查中对该信托计划进行了检查。经检查,被申请人已查实华澳信托在管理上述信托计划时存在对机构委托人未作充分调查,对其委托资金来源的调查流于形式,对该信托计划的委托资金来源未尽到合规审查义务,违反审慎经营规则……"

2016年7月16日,上海市金山区人民检察院以被告人陈某某、林某某涉嫌犯集资诈骗罪、被告人王某涉嫌犯非法吸收公众存款罪,向上海市金山区人民法院提起公诉。上海市金山区人民法院于同月21日立案,经审查后以该院不具有管辖权为由,于2017年4月11日向上海市第一中级人民法院报请移送管辖。上海市第一中级人民法院经审查后,同意上海市金山区人民法院移送管辖。上海市金山区人民检察院遂退回起诉,并将案件移送至上海市人民检察院第一分院。2017年5月22日,上海市人民检察院第一分院以沪检一分诉刑诉〔2017〕49号《起诉书》指控被告人陈某某、林某某、王某犯集资诈骗罪、非法吸收公众存款罪,向上海市第一中级人民法院提起公诉。

上海市第一中级人民法院经审理后查明:"浙江联众公司系被告人陈某某于2007年通过变更注册方式成立,陈某某系实际控制人,被告人林某某担任挂名的法定代表人。辽阳红美公司成立于2011年9月,法定代表人胡国华,被告人陈某某系股东之一。2014年4月,辽阳红美公司股权变更后,陈某某成为法定代表人和实际控制人。2015年9月,辽阳红美公司又变更法定代表人为于某某。2013年初,被告人陈某某因辽阳红美公司有融资需求,遂通过他人介绍认识了被告人王某等人,在王某等人的帮助下确定了以浙江联众公司为融资主体的信托融资方案。其间,陈某某自行伪造浙江联众公司承建杭州保障房项目的合同,指使被告人林某某伪造浙江联众公司的虚假财务报告,授权王某成立并控制了上海寅浔等7家有限合伙企业(均由陈某某控制的杭州中楚公司担任执行事务合伙人,王某控制银行账户和网银)。嗣后,陈某某、林某某等人与华澳信托公司在2013年6月签订了《单一资金信托合同》以及相关《贷款合同》《保证合同》,约定上海寅浔作为委托人,将资金交付受托人华澳信托,华澳信托再作为贷款人将资金贷款给借款人联众公司,辽阳红美公司作为保证人为浙江联众公司提供连带责任保证担保。2013年6月至8月间,被告人王某使用上海寅浔等有限合伙企业的名义,以年化利率9.5%~12.5%的高额利息为诱,向社会不特定公众销售'浙江联众杭州保障房投资基金项目',非法集资2.8亿余元。嗣后,王某依照上述合同约定划款2.8亿元至华澳信托,华澳信托再贷款给浙江联众公司。浙江联众公司收到后,划款2.53亿余元至辽阳红美公司,划款558万余元至被告人陈某某银行账户,上述钱款主要用于归还辽阳红美公司股东的对外债务。至案发,各投资人共计收到5,308万余元,尚有2.3亿余元经济损失。"上海市第一中级人民法院于2018年6月29日作出(2017)沪01刑初50号刑事判决,以集资诈骗罪分别判处被告人陈某某"有期徒刑十五年,剥夺政治权利四年,并处没收财产人民币三千万元";判处被告人林某某"有期徒刑六年,并处罚金人民币二十万元";以非法吸收公众存款罪对被告人王某判处"有期徒刑五年,并处罚金人民币五十万元";同时判决"追缴违法所得人民币二亿三千一百八十七万五千二百元,发还被害人"。

上海市高级人民法院于2018年8月14日作出(2018)沪刑终65号刑事裁定,认为:"原判认定被告人陈某某、林某某、王某犯集资诈骗、非法吸收公众存款罪的事实清楚,证据确实、充分,适用法律正确,量刑适当,审判程序合法。依照《最高人民法院关于适用〈中华人民共和国刑事诉讼法〉的解释》第三百零五条第一款之规定,裁定如下:准许上诉人林某某撤回上诉。上海市第一中级人民法院(2017)沪01刑初50号刑事判决自本裁定送达之日起发生法律效力。"

原审法院认为,吴某在本案中主张华澳信托因怠于履行《信托法》所规定的信托责任而应对吴某损失承担侵权损害赔偿责任,故本案主要争议焦点在于华澳信托应否对吴某承担侵权损害赔偿责任。对此,根据侵权责任的构成要件,原审法院认定如下:

首先,从损害后果来看,根据上海市第一中级人民法院(2017)沪01刑初50号《刑事判决书》的认定,因陈某某、林某某、王某的犯罪行为已经造成了吴某等投资者231,875,200元的实际损失,其中吴某投入的100万元尚未追回,因此,吴某存在经济损失的事实应予认定。

其次,从华澳信托的过错来看,应当综合考量以下三个方面:第一,陈某某等犯罪分子通过伪造浙江联众公司承建"杭州保障房项目"的合同,成立并控制了上海寅浔等七家有限合伙企业,与华澳信托签订了《单一资金信托合同》及相关《贷款合同》《保证合同》。在信托项目进行过程中,根据华澳信托自行出具《项目风险排查报告》,华澳信托作为信托受托人,并没有发现、排除涉案信托项目的各种风险,反而出具报告认为"项目保障营收稳定……项目去化速度令人满意……项目风险可控,本次检查未发现重大风险事项",由此可见华澳信托对信托项目管理流于形式,存在信托失责的情况。第二,根据中国银监会出具的《行政复议决定书》,华澳信托在管理涉案信托计划时存在"对机构委托人未作充分调查,对其委托资金来源的调查流于形式,对该信托计划的委托资金来源未尽到合规审查义务,违反审慎经营规则"等具体违规行为,这些违规行为是华澳信托作为专业信托机构所不应当存在的行为,因此华澳信托在进行涉案信托业务过程中存在一定过错。第三,华澳信托辩称,其作为事务管理型信托的受托人,不对信托资金的来源和性质进行穿透性核查。原审法院认为,华澳信托作为专业信托机构,即使本案的信托履行属于被动事务管理型信托,根据我国《信托法》第二十五条的规定,华澳信托也应当审慎尽职地履行受托业务的法定责任,把控业务准入标准,完善项目尽职调查,同时认真做好事中事后管理,严格资金支付,严格贷(投)后管理,还应特别关注信托项目背景以及委托资金和项目用途合规性审查,不得向委托人转移信托计划合规风险管理责任,而华澳信托在签订及履行涉案《单一资金信托合同》的过程中并没有尽到上述责任,故存在一定过错,因此,对华澳信托该项辩称,难以采信。

再次,从华澳信托行为的违法性来看,华澳信托作为专业信托机构,应当遵守《信托法》等法律和行政法规的相关规定。《信托法》第二十五条明确规定:"受托人应当遵守信托文件的规定,为受益人的最大利益处理信托事务。受托人管理信托财产,必须恪尽职守,履行诚实、信用、谨慎、有效管理的义务。"因此,华澳信托作为"华澳·浙江联众贷款项目单一资金信托"的受托人应当忠实、勤勉地履行自己的信托义务。从前述华澳信托的过错行为来看,华澳信托违反了《信托法》所要求的受托人诚实、信用、谨慎、有效管理的法定义务,因此存在违法行为。

最后,从华澳信托违法行为和吴某损害后果之间的因果关系来看,其一,根据吴某等投资者陈述,吴某等投资者在投资涉案有限合伙基金产品时,因案外人宣某某与华澳信托产品有关,所以吴某等投资者有理由充分信赖华澳信托作为专业信托机构而作出的投资决策。吴某等投资者还陈述其专门与华澳信托客户服务人员进行了电话求证,可见若没有华澳信托的信托产品作为信赖依撑,吴某等众多投资者可能不会轻易陷入犯罪分子的骗局。其二,本案所涉法律关系虽为单一资金信托关系,委托人是上海寅浔,华澳信托是信托受托人,吴某等投资者是作为有限合伙投资人进行出资,但是在信托项目的实际运营中,若华澳信托能够按照相关信托法律和规定,谨慎严格地按照《单一资金信托合同》的约定,对信托资金来源进行认真审查,对信托项目进行尽职调查,对信托贷款严格按照合同约定的账户进行发放,陈某某、林某某、王某等犯罪分子就无法将信托委托人的资金通过委托贷款的方式进行转移和占有,吴某等投资者的资金也不会因此受到损失。因此,虽然陈某某、王某、林某某等人的犯罪行为是本案中吴某等投资者损失的根本和主要原因,但是华澳信托的过错行为无疑也为前述犯罪活动创造了条件和可能,具有"源头性作用",故华澳信托的侵权行为和吴某的财产损失之间存在着因果关系。

关于华澳信托的侵权行为对吴某造成损失的范围问题,原审法院认为需要综合考量涉案各方的行为对吴某损害后果产生的原因力。第一,从已经生效的刑事判决来看,陈某某、王某、林某某等人的犯罪行为是造成吴某财产损失的直接原因,且陈某某、林某某、王某等犯罪分子并非华澳信托工作人员,其行为亦非执行华澳信托工作任务的职务行为,因此,华澳信托并不是吴某损失的直接侵权人。第二,本案所涉信托为指定管理单一资金信托,华澳信托作为受托人根据《单一资金信托合同》的约定接受委托人的指定发放贷款,此类被动事务管理型信托文件中约定的内容并不违反合同签订时的信托业务相关规定,由此产生的法律后果亦应根据《单一资金信托合同》的约定由委托人自行承担。何况,吴某只是作为有限合伙人在涉案合伙协议上签名,并且向收款人户名为上海寅浔的账户汇款100万元,并没有在工商机关登记成为有限合伙人,更遑论是本案信托合同关系的委托人,因此吴某与华澳信托之间不存在直接的投资或信托等合同法律关系,华澳信托相关行为并不是造成吴某损失的主要原因。第三,吴某作为投资者,应当充分了解自身所投资产品的交易对手和交易风险,并不能片面追求收益(无论是稳定或者激进)而漠视投资风险。本案中,根据吴某等投资者陈述,其是经案外人介绍购买涉案有限合伙基金产品,但是由于涉案信托产品属于单一资金信托合同关系,委托人是上海寅浔,吴某并非本案所涉信托合同关系的直接委托人,也不是涉案信托产品的投资人,没有直接投资华澳信托发行的涉案信托产品,吴某在进行投资时并没有甄别清楚其投资标的,过于轻信他人的推荐,自身亦存在一定过错,故不能将由此产生的损失均要求由华澳信托承担,吴某应当对自己的投资行为承担不利的法律后果。

综上,案外人陈某某、林某某、王某等人的犯罪行为是造成吴某财产损失的直接原因,且吴某自身对其损害发生亦具有过错,故应自行承担相应损失。但华澳信托在管理涉案信托业务的过程中亦存在一定过错,故原审法院认定华澳信托应对吴某涉案损失承担20%的补充赔偿责任,即吴某应自行根据前述生效刑事判决通过追赃程序向犯罪分子追索其全部损失,但对其损失中不超过20万元的部分,在吴某追索不成的情况下,应由华澳信托向吴某承担补充赔偿责任。对于吴某主张的利息损失,因缺乏相应法律依据,原审法院不予支持。依照《中华人民共和国信托法》第二十五条、《中华人民共和国侵权责任法》第二条、第三条、第六条、第十二条、第二十六条、《最高人民法院关于适用〈中华人民共和国民事诉讼法〉的解释》第九十条的规定,原审法院判决:一、华澳信托应于判决生效之日起十日内对吴某根据(2017)沪01刑初50号刑事判决通过追赃程序追索不成的损失在20万元的范围内承担补充赔偿责任。二、驳回吴某的其余诉讼请求。案件受理费15,784元,由吴某负担11,484元,华澳信托负担4,300元。

二审中,当事人没有提交新的证据。

本院对一审查明的事实予以确认。

本院另查明,1.《单一资金信托合同》第十一条约定,受托人依据委托人的指令履行后续管理义务,不对借款人和信托资金运用的项目做实质性尽职调查和审核,只提供事务管理服务。第十二条约定,委托人指定受托人将信托资金向浙江联众建设有限公司发放信托贷款,借款人逾期不能偿还贷款本息,受托人有权提前终止本信托并以信托财产原状形式向受益人进行分配,其损失均由委托人/受益人自行承担。

2. 2016年2月24日公安机关对犯罪嫌疑人王某讯问笔录记载,王某称"华澳信托在整个过程中是发放贷款方。华澳信托没有参与向大众筹款的行为,但是华澳信托应该是知道我们这边有向大众筹款的动作,因为我记得有一个小插曲,有客户拿到我们的宣传资料,就向红星美凯龙公司求证,红星美凯龙公司发律师函给华澳信托,意思禁止这些单位对外宣传辽阳红美是红星美凯龙的母子公司关系,进行对外募集资金……"

2015年10月公安机关对项目经手人杜某某询问笔录记载,杜某某称"做单一通道,华澳信托根据银监会的相关规定,要求委托资金确实存在,并且是自有资金,我当时询问过,也查过,并且对方也出具过自有资金的证明,实际资金情况不清楚"。在被问及"是否有具体的客户来你华澳信托电话询问是否有浙江联众信托这样一个产品"时,杜某某回答:"这个情况是有的,我把这个情况告诉王某,并且向王某说明过必须自有资金,并且王某给我公司资金来源是自有资金的证明。"

3. 在涉案信托项目进行期间,华澳信托内部曾于 2013 年 12 月出具过《项目风险排查报告》,载明:"二、本信托为支持浙江联众补充流动资金缺口,……多个政府建设项目均在建设开发中,建设进度顺利,无重大异常情况,上述项目施工合同预计总金额达 38—40 亿元,公司运用流动资金安排材料采购、支付设备租赁费用、人员薪资报酬等。项目的资金用途经运营部确认无异常,用款符合合同约定。企业还款意愿良好,还未到本息兑付时间。三、交易对手整体情况检查:浙江联众公司经营状况良好,工程建设进展顺利,财务状况稳定。……辽阳红美置业作为本项目担保方,目前运营情况正常。作为第一还款来源,融资人的主营业务正常运营,第一还款来源未出现重大不利变化;且担保人还款能力也较强,也能较好地保障信托计划本息的安全。六、项目风险判断:浙江联众财务状况良好,由建设的多项目保障营收稳定;保证人辽阳红美的现金流充足,项目去化速度令人满意,担保意愿正常,担保实力佳。该项目为单一被动管理类信托项目,项目风险可控,本次检查未发现重大风险事项。"

本院认为,根据本案查明的事实,上诉人吴某系"浙江联众杭州保障房投资基金项目"的投资人,该项目的法律形式是由杭州中楚公司担任执行事务合伙人发起设立的上海寅浔有限合伙企业,吴某虽非该合伙企业登记的有限合伙人,但实际投入资金 100 万元。上海寅浔作为委托人,与受托人华澳信托签订《单一资金信托合同》以及相关《贷款合同》将前述项目募集资金交付华澳信托,华澳信托再作为贷款人将资金贷款给借款人浙江联众公司。由于上海寅浔和浙江联众公司均受案外犯罪分子陈某某等人的控制,上诉人吴某所投资金被犯罪分子转移而无法收回。上诉人吴某与上诉人华澳信托之间并无投资、信托等直接的合同关系,上诉人吴某原审中起诉要求华澳信托承担侵权损害赔偿责任。

本案的争议焦点为上诉人华澳信托是否应对上诉人吴某承担侵权损害赔偿责任,原审判决从侵权行为的构成要件——损害行为、损害结果、主观过错和因果关系出发——进行了分析,二审中,双方的主要争议仍集中在华澳信托开展华澳·浙江联众贷款项目单一资金信托业务是否合法合规,是否存在侵害上诉人吴某利益的行为。具体包括如下方面:一、华澳信托是否有义务核查信托资金来源,进一步而言,对于委托人资金来源于社会募集的情况,华澳信托是否有充分注意,并需要对犯罪分子误导吴某等投资者的行为负责。二、华澳信托是否有义务对信托产品所涉项目开展尽职调查,其出具《项目风险排查报告》的行为是否侵害了上诉人吴某的利益。三、华澳信托是否有义务对信托财产进行监管,是否需要对贷款本息无法收回的后果负责。

本院认为，华澳信托与上海寅浔签订《单一资金信托合同》，根据该合同约定，委托人自主决定信托设立、信托财产运用对象、信托财产管理运用处分方式等事宜，自行承担信托资产的风险管理责任和相应风险损失，受托人仅提供必要的事务协助或者服务，不承担主动管理职责，故该业务应当认定为通道业务。尽管《中国人民银行、中国银行保险监督管理委员会、中国证券监督管理委员会、国家外汇管理局关于规范金融机构资产管理业务的指导意见》第二十二条规定"金融机构不得为其他金融机构的资产管理产品提供规避投资范围、杠杆约束等监管要求的通道服务"，但由于上述业务开展于2013年，根据"新老划断"原则，系争单一资金信托合约非属违规业务，委托人和受托人之间的权利义务关系，仍应当依据信托文件的约定加以确定。

一、关于华澳信托是否有义务核查信托资金来源，是否构成误导投资者的问题，上诉人吴某认为，吴某系基于对华澳信托的信赖而进行投资，其误以为所投基金是华澳信托的信托产品，华澳信托明知系争信托的委托资金来源于社会募集，却在电话回应投资者询问时做了误导性回应。上诉人华澳信托则认为，犯罪分子的募集行为与华澳信托无关，华澳信托无义务核查信托资金来源。本院认为，刑事判决认定的事实表明，虽然犯罪分子在募集资金时利用华澳信托产品进行宣传招揽，但华澳信托本身并未参与资金募集。同时，按照当时2013年的法律法规，信托公司对委托人提供的信托资金来源并无核查的义务，但信托公司内部从审慎管理的角度出发，确有审查委托人资金为自有资金的规范要求。本案还存在如下特殊情况：首先，华澳信托参与系争单一信托项目的负责人员已了解到资金来源于向社会不特定人员募集的事实，公安机关对各方人员的询问笔录均证实曾有私募投资者向华澳信托致电征询。由于委托人本身为有限合伙企业，符合合伙型私募基金的法律特征，华澳信托作为专业的金融机构，对此资金募集形式应有充分认识。其次，华澳信托在掌握较多资金与项目信息、知晓自身与项目投资风险关联度的情况下，未对犯罪分子借用其金融机构背景进行资金募集的行为采取必要防控措施，也未对社会投资者作相应警示，客观上促成了犯罪分子的集资诈骗行为。况且，行政监管部门也曾认定华澳信托存在对机构委托人未作充分调查，对其委托资金来源的调查流于形式，对该信托计划的委托资金来源未尽到合规审查义务，违反了审慎经营规则。由此，本院认为，华澳信托在信托业务开展时对委托资金来源的审核未尽必要注意义务，对吴某等投资者投资被骗受损负有一定责任。

二、关于华澳信托是否有义务对信托产品所涉项目开展尽职调查，其出具《项目风险排查报告》的行为是否侵害到上诉人吴某的利益。根据本案信托合同约定，华澳信托依据委托人的指令履行后续管理义务，不对借款人和信托资金运用的项目做实质性尽职调查和审核，只提供事务管理服务。因此，华澳信托在系争信托产品运行过程中确实无义务对项目开展尽职调查。但是本案特殊之处在于,信托存续期间,华澳信托在不负有尽职调查之合同义务的情况下,应委托人要求向犯罪分子王某等人出具了《项目风险排查报告》,该报告称"流动资金项目的资金用途经运营部确认无异常,用款符合合同约定……浙江联众公司经营状况良好,工程建设进展顺利,财务状况稳定。……辽阳红美置业作为本项目担保方运营正常,还款能力也较强,也能较好地保障信托计划本息的安全。"从事后查实的结果看,《项目风险排查报告》内容明显虚假。本院认为,被动管理型信托业务中,信托公司虽主要依据信托合同约定履行相应义务,但其在以自身名义独立从事信托管理事务时,仍应尽到合理注意义务。本案中,虽然华澳信托系依据委托人指令履行后续管理义务,自身并无主动调查的义务,但并不代表其可以在未经调查的情况下出具没有任何事实依据的《项目风险排查报告》。华澳信托作为专业的金融机构,在明知委托资金系属私募募集资金的情况下,更应当审慎回应委托人提出的明显不合理的要求。华澳信托出具的《项目风险排查报告》虽为内部资料,但被犯罪分子利用。根据《中华人民共和国信托法》的相关规定,在信托设立后,受托人对信托财产所投项目的尽职调查、信托存续期间的事务管理等负有全面管理的责任,因此吴某等投资者从上海寅浔处看到《项目风险排查报告》,有理由相信系争产品受到了信托公司的监管和核查。因此,华澳信托出具虚假调查报告的行为客观上起到了蒙骗投资者的作用,应对吴某等投资者投资被骗受损负有一定责任。

三、关于华澳信托是否有义务对信托财产进行监管,并对流动资金贷款无法收回的结果负责。本院认为,信托通道业务的委托人和受托人之间的权利义务关系,仍应当依据信托文件的约定加以确定。本案中,《单一资金信托合同》约定委托人指定受托人将信托资金向浙江联众公司发放信托贷款,借款人逾期不能偿还贷款本息,受托人有权提前终止本信托并以信托财产原状形式向受益人进行分配,损失均由委托人自行承担。该约定表明,华澳信托作为受托人,仅负有根据指令发放贷款并最终收回贷款的义务,华澳信托并不负有主动管理的职责,也不承担贷款风险。事实上,华澳信托根据单一信托委托人的指令将款项发放给浙江联众公司后,对后续资金流向和使用情况也无法进行监管。因此,上诉人吴某认为华澳信托对信托财产缺乏监管,导致款项被犯罪分子转移的主张,缺乏事实依据,本院不予支持。

综上所述,上诉人华澳信托在开展单一资金信托业务中存在违反审慎经营原则的情况,一定程度上侵害了上诉人吴某的利益。至于上诉人华澳信托应当承担的责任范围和比例,原审法院综合考虑认为,犯罪分子陈某某、王某、林某某等人的集资诈骗行为是本案中吴某等投资者损失的根本和主要原因,吴某自身对其损害发生亦具有过错,应自行承担相应损失。华澳信托在管理涉案信托业务过程中的过错行为一定程度造成了吴某等投资者损失,酌情认定其对吴某的涉案损失承担 20% 的补充赔偿责任。本院认为上述责任认定主次分明,比例合理,应予认可。上诉人吴某同时系(2017)沪 01 刑初 50 号刑事判决的被害人,其民事权利可先通过刑事追赃、退赔方式得以保障,原审判决上诉人华澳信托就投资者刑事追赃程序追索不成的损失在 20 万元的范围内承担补充赔偿责任,应属明确可行,本院予以支持。

综上所述,上诉人吴某、上诉人华澳信托的上诉请求均不能成立,应予驳回;一审判决认定事实清楚,适用法律正确,应予维持。据此,依照《中华人民共和国民事诉讼法》第一百七十条第一款第一项之规定,判决如下:

驳回上诉,维持原判。

二审案件受理费人民币 15,784 元,由上诉人吴某负担人民币 11,484 元,上诉人华澳国际信托有限公司负担人民币 4,300 元。

本判决为终审判决。

第五讲　场外衍生品纠纷审判实务

孙　倩

2021年6月6日

> **主讲人简介：**
>
> 孙倩，法学硕士，三级高级法官，现任上海金融法院综合审判一庭副庭长。长期从事金融商事审判工作，主审全国首例证券纠纷普通代表人诉讼案、投保机构股东派生诉讼案、"董""监""高"违反公开承诺被诉侵权案以及上海首例石油掉期纠纷案等金融商事案件千余件。所办案件入选中国十大影响性诉讼、全国法院优秀案例分析、全国法院百场优秀庭审、新时代推动法治进程十大提名案件、证监会十大投资者保护典型案例、上海法院十大金融商事案件等。多次执笔上海高级人民法院课题获评优秀。在《法学》《人民司法》《证券法苑》等期刊发表论文十余篇。获评全国法院办案标兵、上海法院审判业务骨干、第四届上海法院十佳青年。

本讲分为三个部分，第一部分和大家聊聊衍生品的一些基础知识。第二部分，重点讲解渣打银行和张家口石化这个案子，主要围绕双方当事人在程序、事实、法律方面的争议焦点展开。第三部分，谈谈ISDA协议和其他法律的衔接问题。

一、衍生品漫谈

金融业和其他行业一样，都是通过销售产品、服务来获取利润的。为了实现利润最大化，金融机构也会开发新的产品来满足自身和客户的需求。金融创新的动力有三种：一是适应需求的变化。近年来，经济环境发生的最重大的变化莫过于利率波动性日益增强，利率风险的上升增加了对能够控制这种风险的金融产品和服务的需求，可变利率抵押贷款和金融衍生工具的诞生就是对这种需求的回应。二是适应供给的变化。计算机和通信技术的发展是推动金融创新的最重要的供给变化,技术的进步降低了处理金融交易的成本,也使得投资者更容易获取信息,从而为企业发行证券提供便利。现在广泛使用的信用卡、网络银行、电子票据,都是技术进步的成果。三是规避现行监管,金融业是强监管行业,政府监管也是促进这一行业创新的重要动力。例如,货币基金最初产生时就是为了不必缴纳法定准备金,也不受利息支付限额的约束,到今天已经是一项非常成功的金融创新。

现代意义上的衍生品创新,开始于20世纪70年代。这个时期发生了两件大事。一个是布雷顿森林体系解体,浮动汇率代替固定汇率,不少国家逐步放松了利率管制。全球金融自由化的浪潮导致汇率、利率等基础金融要素价格剧烈波动,企业与金融机构面临的风险骤然增加,金融市场脆弱性更加明显。另一件大事是石油危机。1973年10月第四次中东战争爆发,石油输出国组织的阿拉伯成员国当年12月宣布收回石油标价权,油价从每桶3.011美元提高到10.651美元,引发了第二次世界大战以来最严重的全球经济危机,造成很多国家和国际商品价格稳定机制崩溃。1978年底伊朗政局动荡,又引发了第二次石油危机。

对于世界经济而言,波动性既是威胁,也是变革的催化剂。传统的财务风险管理制度已经不能满足人们的需求,期货等一系列金融衍生品获得前所未有的蓬勃发展。可以说,金融衍生品是顺应投资者规避利率风险、汇率风险及股价波动风险的需求而产生和发展起来的。金融衍生品的出现突破了基于现货的风险管理的局限性,带来了20世纪最伟大的风险管理革命,由此也引发了很多争议。有的人欣赏它的灵活性和创造之美,也有人声讨它让人嗜赌成性。

经济合作与发展组织(OECD)给衍生品的定义是:衍生交易是一份双边合约或支付交换协议,它们的价值是从基本资产或某种基础性的利率或者指数上衍生出来的。衍生交易依赖的基础包括利率、汇率、商品、股票及其他指数。

美国商品期货交易委员会(CFTC)的定义是:一种金融工具,在交易所内或交易所外交易,其价格取决于一个或多个标的证券、股票指数、债务工具、商品、其他衍生工具,或者其他约定的价格指数以及协议的价值。衍生品涉及基于标的资产的权利和义务的交易,但并不发生标的资产的转移。

国际货币基金组织的定义是:任何金融工具,只要与另一种金融工具、指标(指数)或商品相连,且通过此种金融工具,特定金融义务可以自行交易,就是衍生品。

从各个组织对衍生品的定义看,衍生品是一种金融工具,一种金融合约。之所以叫衍生,是因为它的价值是和基本资产相挂钩的。衍生品有多种分类方式,按照金融产品的形态划分,包括远期、期货、期权和互换。其中,场外衍生品包括远期、互换和部分期权。

场外市场和场内市场到底有什么区别？

从交易场所看，顾名思义，场内交易是在固定交易所进行交易的。场外市场没有固定的场所，比较分散。场外交易一开始为什么叫 Over-the-Counter？因为最早源于银行兼营股票买卖业务，在柜台上向客户出售股票。

从交易组织形式看，场外市场通常采用双边协商或做市商模式。双边协商是指衍生品合约由双方自由协商确定，做市商模式指做市商会对一些常见衍生品合约进行报价，也回应客户的询价，在价格协商一致的基础上达成交易。场内市场通常采用经纪商模式，就是说，经纪商作为交易所的会员，接受客户的委托指令并进行交易。场内市场在某些情况下也引入做市商制度，主要目的是提高合约的流动性。

从定价模式看，场内市场通常采用公开竞价的方式，价格优先，时间优先。

从合约类型看，场外市场通常交易非标准化的合约，场内市场都是标准化合约，即合约的主要条款已经由交易所确定，对所有交易者都相同，交易者只要报出价格或接受价格就可以进行交易。

从市场参与者看，场外市场的交易者通常是大型企业机构、投资基金或金融中介机构。个人投资者或信用级别较低的机构难以参与，甚至不具备交易资格。相对而言，场内市场中个人投资者或中小客户所占比例较高。

总体而言，期货属于高度标准化、透明度高、流动性好、监管严格、信用风险低的产品，而场外衍生品具有根据市场需求量身定做的特点，属于标准化程度低、透明度低、流动性差、监管松散、信用风险高的产品。场内、场外衍生品处于共生状态。我们今天案例涉及的是商品互换，属于场外衍生品。

下面依次来看一下具体的衍生品类型：

远期合约是指交易双方约定在未来的某一确定时间，以确定的价格买卖一定数量的某种金融资产(如商品、金融资产或指数)的合约。

举个例子，农民生产小麦，大家知道农产品有很大的风险，如果小麦价格在 5 元/千克以上，是获利的，低于这个价格，可能一年就白干了。市场上还有一家面粉厂，小麦是它的关键原材料，如果进货小麦价格在 10 元/千克以上，面粉厂就亏损了。这样双方在 5 元到 10 元的区间里就产生了协商的可能性。于是，双方签订了一份远期合同，约定到了收获的季节，要以 8 元/千克的价格交割 1 万吨小麦。到了交割的那天，根据当年的小麦产出情况，小麦现货价格可能比 8 元高，也可能比 8 元低，但通过提前约定价格，双方都踏实了，也都获得了稳定的收益。

在金钱尺度上，远期合约是一个零和博弈，因为价格变动给一方带来的收益就是另一方的损失。但是从更广阔的视角看，远期合约也带来互利共赢。通过锁定价格，小麦生产者和使用者都可以更好地规划、组织生产贸易。远期合约能够帮助面粉厂规避小麦价格上涨的风险，否则面粉厂就得提前买好小麦储存起来，而有了远期合约，就可以在不产生储存成本的情况下获得确定的价格。对于农民来说，通过确保最低价格，能够更好地估量种植小麦的回报，作出最优的农作物种植计划。否则，为了规避风险，可能要同时种好几种农作物。

期货合约是远期合约的标准化。还是拿前面的例子继续说下去，农民和面粉厂达成了价格为每千克8元、共计1万吨的远期协议，双方互为交易对手方。但是，这种情况下，当事人就要面临交易对手方违约的风险，而且这样的远期协议通常是依据当事人的特定需求专门拟定的，当事人的债权债务很难再转手出去，也不是每个人都有这样的实力一次性订购1万吨的小麦。市场上有个聪明人就想出了一个点子，把远期协议切割成一小份一小份的，比如说10吨一手，2021年8月1日交货，每手的数量、价格、时间都一样。这个聪明人偏巧还很有钱，他制定了小份合约后，来做所有人的交易对手方，谁想找他买他都有，谁想卖给他也接受，所以交易时不必考虑交易对手方的信用风险。同时呢，如果一个人买了合约后，不想要了，还可以转给其他想要的人。当然，每笔交易中，这个聪明人都要从中赚笔手续费，这样就形成了期货交易所。

标准化最大的好处在哪里？最大的意义在于超脱了熟人社会，允许陌生人之间进行交易，并使交易所成为所有交易的对手方，降低了买卖双方彼此寻找的成本。你无须认识种植小麦的农民或者面粉厂厂长，也不用在乎合约的对手方究竟是谁，只是从交易所买卖期货合约。而且，通常不用实际交割小麦。

远期和期货最重要的区别也在这里，一个场外，一个场内。为了保证交易的顺利完成，期货交易所要审查入场交易者的资质，并建立了严格的保证金制度，为买卖双方提供信用担保，所以市场参与者承担价格波动的风险，而不承担信用风险。在合约到期前，投资者都可以通过相反交易，对冲平仓。远期合约受个性化的限制，相对来说找到下家不是那么方便。

期权是指一方购买在将来某一特定时间、以特定价格进行交易的权利，而非义务。分为看涨期权和看跌期权，看涨期权是支付一笔期权费用，将来以一定价格购买标的物，如果到了这一时间点，和预期一样，价格果然涨上去了，那么就可以行权，以约定价格购买；如果和预期不一致，那就放弃行权，损失一笔期权费。看跌期权则相反，是约定在未来以一定价格卖出标的物。

举个例子，小明支付期权费100元，购买在2021年8月1日以每股100元的价格买入1手美的电器股票的权利。如果在这一天，股票上涨到150元，就行权，也就是按每股100元买入1手，马上就能赚钱，如果股票低于100元呢？就放弃行权，损失100元期权费。当然，这种个股期权，我国还没有开放，目前只有股指期权。

前面讲的都是欧式期权,欧式期权指期权买方只能选择合约到期日行使权利,在合约到期日之前不能行权。我国目前的期权产品都是采用欧式期权模式。美式期权指期权买方在合约到期日之前任意交易日都可以行使权利,也可以选择到期日行使权利。也就是说,在2021年8月1日之前,如果小明觉得有任何一天股价涨幅可以,自己能赚钱了,都可以行权。

听起来,期权好像是花钱买了个保险,出险就赔,不出就损失了保险费。确实,期权费和保险费英文都是 premium,结构类似,但二者还是有明显差别的。

一是保险有资金池,期权没有,有的只是一系列合约。你出售你的风险,而那些跟你对风险判断不一样的人,购买你的风险。

二是在信息披露上,保险法上除强调保险公司对免责条款的提示说明义务外,根据最大诚信原则,还要求客户如实告知身体状况、财产状况等投保相关信息;期权交易中,如果一方为金融机构的话,更强调卖方的风险披露义务。

三是保险公司给付的保险金起到弥补损失的作用,当然,也有理财型保险,但收益有限,最基础的功能还是起到保障作用;期权交易者主要目的就是获利。有的人说期权交易类似于赌博,购买你风险的人是在赌博吗?或许有赌博心理,但又或许他的风险敞口和你不同。衍生品是风险管理工具,而不是赌博,其中的区别就是,风险是客观存在、无所不在的,而赌博的风险是人为制造的。

互换是指交易双方商定在未来一段时间内彼此交换某种资产的金融交易。它是最为重要的场外衍生品,类似于一系列具有多个规定结算日期的远期合约。包括利率互换、货币互换等。

利率互换是最为普遍的互换类型,是指同种货币不同利率之间的互换,也就是说交换的是不同特征的利息,而不涉及实质本金的互换。利率互换包括固定利率和浮动利率的互换、浮动利率和浮动利率的互换等。

货币互换是指双方在一定期限内交换约定数量的两种货币本金,并定期交换两种货币利息的协议。举个例子:中国A公司计划到美国设立分公司、开展业务,产生1000万美元的融资需求。但由于在美国人生地不熟,大家都不知道它,融资比较困难。很明显,在国内贷出人民币更有优势。为了获得美元资金,它的最佳做法就是在国内贷款,然后到货币互换市场上找到交易对手,签订一份美元和人民币的互换协议。于是,它就在国内通过发债、银行贷款等,筹到了6,000万元人民币,固定利率是年化6%。经过一番信息搜索,它又找到美国一家当地公司B,签订了一份5年期的互换协议。具体的交易结构是这样的:从2000年1月1日开始,A把它的6,000万元人民币给B,B给A 1,000万美元;期间,每年的1月1日和7月1日为计算日,B要以6%的年利率向A支付人民币利息,A要按5%的年利率向B支付美元利息;2005年1月1日是合约终结日,双方再次交换人民币和美元,以及最后一期的利息。这样,A 就达到了以年利率 5% 的成本获得美元融资的目的。

刚才讲的是一般意义上的货币互换,称作 CCS(Cross-Currency Swaps):按固定利率计算利息,只涉及汇率风险,不涉及利率波动风险。更复杂一点的有交叉型货币互换 CIRS(Cross-Currency Interest Rate Swaps):固定利率对浮动利率,或浮动利率对浮动利率,同时涉及汇率风险和利率波动风险,实质是利率互换和货币互换的组合。另外,一般意义上的货币互换有本金交换,也可以不交换本金。

商品互换是交易双方为了管理商品价格风险,交换与商品价格有关的现金流,主要是指固定价格及浮动价格的商品价格的互换。常见的标的有贵金属、原油、天然气、电器、海运费等。商品互换合约在场外衍生品市场上的份额较低,不过这是我们今天讲的重点,因为这起案件就是关于商品互换的。商品互换业务是 20 世纪 80 年代以来发展起来的一种国际金融业务创新。对于互换市场的最终用户来说,商品互换的目的是降低筹资成本和避免商品价格波动的敞口风险,最终用户主要是大宗商品的生产者和消费者;对于商品互换市场的中介人来说,则是为了获取手续费或交易利润。一般来说,商品互换是不交换实物的,它的核心逻辑是交换基于商品价格或价格指数的现金流,而不是商品,不过也可以在合约中约定实物交割。

今天的案例是原油互换,所以下面就以原油为例,介绍一下几种常见的原油互换衍生品。

1. 固定价-浮动价互换(Fixed-for-Floating Swaps)

为了控制价格波动的风险,原油生产商、石油用户(如航空公司)等可以通过互换工具将价格锁定。例如,2021 年 5 月 15 日,BRENT 原油价格为 68 美元/桶,A 航空公司从石油用户的角度考虑,认为价格会继续走高。为了降低未来经营成本,与 B 银行签订了一份一年期的互换合同,约定 A 每个月从 B 处以 80 美元/桶的价格买入 1 万桶原油,也就是说 A 向 B 支付固定金额 80 万美元,B 向 A 支付浮动价格,也就是原油实时现价。交易过程是这样的:到了每月结算日,如果原油价格高于 80 美元,例如 90 美元,B 向 A 支付(90-80)美元×1 万桶=10 万美元。如果原油价格低于 80 美元,例如 70 美元,也就是说,浮动价格低于合同约定的固定价格,A 向 B 支付(80-70)美元×1 万桶=10 万美元。

以此类推,也就说,在每个结算日,A、B 都根据 BRENT 原油的实时行情与锁定的 80 美元/桶的差值结清头寸。大家可以想一想,如果原油价格确实如 A 公司预期的那样,一路走高,A 公司肯定是获利的,但如果和预想的不一致,从现在的 68 美元/桶一路下跌,A 签这个互换合约是不是就亏了呢?我们说,互换合约的功能之一是风险管理,这个 80 美元/桶就是 A 经测算能够负担得起的一个成本。由于这个互换合约中支付的差值,不管原油价格是一路飙升,还是会下行,A 最终都能够实现以相当于 80 美元/桶的价格来锁定成本,由此就规避了原油市场的价格波动。

2. 敲出式互换(Knock-Out Swaps)

当约定的标的资产,如 BRENT 原油价格指数达到一个合约约定的价格水平时,该互换失效。还是前面那个例子,这次 A、B 之间设定了敲出掉期水平为 80 美元/桶,敲出触发点为 100 美元/桶。结算过程中,如果 BRENT 原油实时价格低于 80 美元/桶,A 不变,仍然是向 B 支付 10 万美元;如果价格高于 80 美元,就要分情况来判断了,当价格高于 80 美元且低于 100 美元时,B 向 A 支付差价,当价格高于或等于 100 美元时,互换失效,双方无需支付任何款项。

敲出式互换显然对 B 有利,但对于 A 来说,当价格高于 100 美元时,A 没有保值收益,而是要承担以高价购买现货的风险,实时价格低于 80 美元时,A 还要同样承担价格下跌的风险。但这也可以理解,毕竟,根据通常认知,下跌是有地板的,最多跌到零,去年原油宝事件中跌到负数,是罕见的,而上涨是无上限的。

3. 延展式互换(Extendable Swaps)

与第一种类似,不同的是赋予投资银行延长互换合同的权利。这是一种权利,银行也可以到期选择不延长。这种互换合约中的固定价可以低于传统的互换。

股票收益互换是将股票或股票价格指数标的所实现的总收益交换为固定利率或浮动利率。例如每 6 个月将 1000 万元市值的某股票的总收益交换为 1000 万元本金的 6MShibor,其实是把股转成了债。股票收益互换与利率互换类似,不需要交换名义本金,但是它最特殊的地方在于,股票或指数在持有期间,可能会因资产价格下跌出现负收益,此时股票收益的支付方不需要支付任何现金,反而可以获得对方的赔偿。另外,在计算股票收益时不仅要考虑它的价格变化,还要考虑期间的股息收入。在我国,证券公司柜台市场可以从事这类交易,但个人投资者没法参与,主要是金融机构和一般法人。

最后,我们再来说说信用违约互换。大家都看过电影《大空头》吧?2008 年美国次贷金融危机中,几个年轻的基金经理看穿美国楼市泡沫,通过做空次贷而赚取大笔收益,协助他们做空的工具正是 CDS。CDS(Credit Default Swaps)并非传统意义上的互换,双方并不互换金融标的物,而是在一定期限内,买卖双方就指定的信用事件进行风险转换的一个合约。所以有人认为这并不是互换,将其归入专门的信用衍生品类。互换中的买方须定期向卖方支付一定费用,一旦出现信用事件,这个信用事件根据参照实体来确定,比如说债券,那么信用事件就是债券到期不能兑付,此时卖方就要按照债券面值进行赔付。听起来也像一种保险,所不同的是,CDS 的买方是不需要真正拥有这些债券的,而保险合同中,根据保险利益原则,被保险人名下必须有真实的资产。

其他类型的衍生品就不再一一赘述了,金融创新层出不穷,例如1997年推出天气衍生品,1999年芝加哥商业交易所(CME)正式将天气衍生品引入场内进行交易。正如加拿大学者John Hull总结的,"互换的变化形式只受限于金融工程师的想象力与企业资金部总管和基金经纪对于特殊交易结构的胃口"。

为什么会有这么多的互换呢? 一是出于风险管理的需要,面临利率变化、汇率变化,双方对风险的预期不同。如果预计未来利率将上升,可以支付固定利率收浮动利率。如果预计未来利率将下降,可以收固定利率付浮动利率。二是各个市场主体的比较优势不同。李嘉图在其代表作《政治经济学及赋税原理》中提出了比较优势贸易理论,Bicksler和Chen继承与发展了这一理论,最早把比较优势运用在利率互换市场上。他们认为利率互换的经济基础是市场的非完备性,市场中各种机构之间的差异(如信用等级不同、地理位置差异等)导致了市场的不完备,由此在不同的市场上形成比较优势。例如有的在美元融资上占优势,有的在人民币融资上占优势。利率互换交易和其他的经济贸易一样,交易双方所能获得的经济利益是比较优势产生的结果。三是信息不对称。在实际应用中,仅仅具有比较优势还是不够的,交易双方可能由于信息不对称,而无法达成交易。因此,一些机构(如投资银行等)可以利用自己的信息优势,作为中间人,与双方分别签订互换协议,这样将原来有条件但交易成本较高的交易,拆分为两笔互换交易,并使双方实现资源配置和风险管理。但对于做市商来说,当买卖双方的头寸不能完全对冲时,就会产生互换头寸的敞口,因此还需要其他衍生工具(如期货、期权等)对其进行风险管理。

因此,可以将互换交易概括为,在允许信息不对称的情况下,交易双方利用自己在不同市场中的比较优势,为实现以较低的交易成本来配置资源所进行的一种交易行为。与期货市场相比,互换市场并不发现价格,而是通过买卖双方转移交易成本,来更有效地配置资源、管理风险。因此,期货、期权和互换市场相互依存,共同实现了市场发现价格、管理风险和配置资源的功能。

从上述对多类型衍生品的介绍中,能总结出衍生品的如下基本特征:

第一,合约性。金融衍生品实际上就是约定交易各方权利义务的合同,合约性是其本质属性。衍生品本身是一种虚拟的存在,正是因为合约中关于各方当事人权利、义务的设计架构,使虚拟的金融衍生品有了现实意义。所以,基于合同平等性、自由性和任意性,在案件审理中,也应充分尊重当事人的意思自治。

第二,派生性。这种金融合约总是以另外一种资产的价值作为标的资产,标的资产可能是商品实物价格,也可能是利率、汇率、指数等,这也是衍生品名字的由来。不过,虽然衍生品价值与基础资产的价格变化息息相关,但不一定以取得基础资产所有权为目的,衍生品交易的是风险,而不是背后的资产本身。

第三,价值独立性。金融衍生品合约本身可以成为交易的标的,而不仅仅是约定当事人之间权利义务关系的载体。在衍生品合约的履行期到来之前,有潜在获利的一方当事人可以将合约转让,并收取对价,这实际上就是一种买卖合同关系,而此时的交易标的就是金融衍生品合约本身。金融衍生品合约的价值性使其突破传统民商法中合同仅充当交易媒介的功能定位,成为交易的标的本身。刚才讲到派生性,给人的感觉好像衍生品是第二性的,是某种附带产品,它的价格围绕真实的基础资产的价值波动。但是,在衍生品市场实际运行过程中,衍生品价格可能反其道而行之,价格先形成于期权和期货市场,现货市场价格紧随其后。也就是说,衍生品具有了定价(价格发现)这一重要功能。

金融衍生品交易是资本独立参与市场竞争的缩影。从历史上看,资本与所有权曾有过三次剥离,剥离的每一个阶段都会驱使所有权更具流动性,资本更具竞争力。第一次剥离是工人与生产资料的占有及所有权相剥离,也即劳动与生产资料的剥离,以便企业主控制生产,资本以公司的形式进行竞争。第二次是所有权与生产的剥离,资本以股份制公司的形式进行竞争。股份公司的形成被认为是企业和市场的巨大飞跃。所有权从工厂的物质形态中剥离,以股权形式存在。资本所有权的去人格化使得股权投资者不需占有公司财产,但有权分享公司的业绩,同时也可以自由转让给他人,而公司也足以获得足够资源,成长到先前从未有过的规模,形成市场支配力。资产阶级往往表现为资本所有者(股东)和管理者两类,股份公司的目的只有一个:资本积累,且控制与监督积累的责任由所有者和管理者共同承担。

金融衍生品则标志着资本所有权形式的发展进入第三个阶段,它使得资本所有权从公司所有权中剥离出来,并且资本独立参与竞争。这种剥离最明显的形式是股票衍生品(期权或期货合约)的所有权区别于股票本身的所有权。与股权所有者一样,股票衍生品所有者也不需要占有公司财产,就可以分享公司业绩。

衍生品就是如此灵活,它的灵活性体现在可以跨越时空和一切的资本形态。跨越时空,联结现在和未来,这并不稀奇。所谓金融就是财富在时间和空间上的转移。衍生品的特殊之处在于,它跨越了资本形态。衍生品能够提供一种手段,将一种资产价值形态转化为另一种形态,因此抽掉了持有任何特定资产所面临的风险。例如负债和权益,股价与汇率等。所以,现在的资本所有者除了股东、管理者,还有金融市场参与者,他们也在推动资本的持续分配和再分配。任何金融资产的所有者都能够通过衍生品分享其他资产生出的财富,而无须转让基础资产本身的所有权。衍生品即资本,是资本的最新发展状态。资本再也不体现为股权和债券的唯二形式,而是你中有我,我中有你,各种资产前所未有地混合在一起,相互估值,相互竞争。

正因为如此,有学者提出,衍生品已经取代黄金成为全球金融体系的锚。大家知道,黄金曾经是金融体系的锚,在黄金从全球货币的王座上退位后,动荡中的人们渴望一种稳定的秩序,而市场自发产生的创新产品——衍生品,就编织了这么一种动态的锚定网络,可以实现任何地点和时间上所有资本形式之间的融通,进而提供了一种可以直接比较所有不同种类资本的工具,成为一般等价物。当然,这只是一家之言,但无论观点成立与否,衍生品的重要性不容小觑。

接下来给大家介绍一个衍生品领域绕不开的组织 ISDA(International Swaps and Derivatives Association)。

衍生品交易虽然在满足个性化需求方面有优势,但由于合约的高度定制化使得交易者在提前退出时比较困难,而且在合同签署前的谈判细节上要耗损大量时间,增加了企业的运营成本和时间成本。20 世纪 80 年代开始,以互换为代表的场外衍生品快速发展。1985 年,在纽约交易商的发动下,ISDA 成立,总部设在纽约市,最初是叫国际互换经纪商协会,1993 年更名为如今的国际掉期与衍生工具协会。1987 年发布了第一版的 ISDA 主协议,后来 1992 年、2002 年都经过了修订,分别形成 1992 年版主协议和 2002 年版主协议,目前市场中基本都使用 1992 年版和 2002 年版。ISDA 主协议将场外衍生品合约的内容进行标准化处理,减少了双方谈判时间和起草协议的法律风险,降低了法律成本。目前,ISDA 是全球规模和影响力最大、最具权威性的场外衍生品的行业组织,有来自 75 个国家的 900 多个机构会员,几乎囊括了国际市场上所有重要的场外衍生交易的市场参与者,包括银行、跨国公司、会计及法律服务中介机构等。

实践中,当事人往往先行签订 ISDA 主协议(MA, Master Agreement),再据此开展交易。主协议的内容包括主协议正文、主协议附件(Schedule)和交易确认书(Transaction Confirmations)。主协议正文是 ISDA 文本的核心,是文件群的框架,其目的在于规范当事人之间达成的一系列交易。主协议的条款主要涉及协议所规范的各个交易的基本要件,其中包括了释义、义务、违约与终止事件、提前终止与终止净额结算、转让、约定货币、准据法与司法管辖等重要内容。附件是对主协议正文条款所作的修改和补充,当附件内容与主协议正文不一致时,以附件为准。交易确认书是对双方业已达成的某项衍生品交易进行确认或予以证明的文件,通过交易确认书,双方当事人可以确定每笔交易的具体条款,也可以针对特定交易对主协议中的内容进行修改。一旦签订交易确认书,其约束力便及于双方当事人,并且如果交易确认书与主协议条款不一致,对于具体的某项交易而言,以确认书为准。

为了保障衍生交易的履行,避免信用风险,在衍生交易实践中,通常涉及担保品的提供。为此 ISDA 也拟定了相关担保文件。由于各国法律制度特别是英美法系和大陆法系担保法律制度的差异，ISDA 就此类文件采用了宽泛且兼具中性色彩的名称，即信用支持文件。ISDA 共制定了五份以不同法律制度为背景的担保类文件，供当事人根据交易情况及不同法律适用、司法管辖选择适用。

ISDA 主协议设定了一些非常重要的条款和制度。例如单一协议制度。1992 年主协议和 2002 年主协议中都明确规定，所有交易之进行乃基于信赖本主协议以及所有确认书构成双方之间之单一协议，否则双方不会进行任何交易。也就是说，在签署主协议的双方当事人之间只存在一个合同法律关系（单一协议），双方之间的每一个交易均是这个合同法律关系下的一个具体交易，并不构成双方之间单独的合同法律关系。这一安排是 ISDA 主协议的最具基础性的制度设计与安排。正是通过单一协议制度的约定及安排，才使交易双方当事人对在一个合同法律关系下的所有交易进行净额计算（Netting），具备了合同上的正当基础。

再比如净额结算制度。净额结算是指交易双方就其在交易合同项下相互应支付的款项进行冲抵或轧差，以求得一个单向的净支付金额。比如说，在两个交易方 A 和 B 之间，进行了多个交易或多次交易，并因此产生多笔相互应支付金额，为了结算方便，双方在实际支付时，无须就每笔应支付金额进行实际的全额支付，而只需将本应全额支付的金额进行冲抵或轧差，得出一个最终的单向净支付金额，并随后按净额进行一次支付。

对于一般交易而言，通常是一方为买方，另一方为卖方，各自应实际履行其在合同项下的义务，不会出现将相互履行义务进行对冲的情形。另外，交易主体相互之间通常不会在同一时间段内进行多次重复的类似交易，双方因此也没有净额结算的真实需求。但是，在金融市场上，以金融机构为主的交易主体之间进行重复双向交易，且多个交易于同日发生支付结算的情况是很常见的，特别是互换交易，净额结算成为一项必要的制度安排。单一协议制度是主协议的基础和前提，使得净额结算制度成为可能。只有在单一协议制度前提下，交易双方才能将所有未到期交易视为一个整体，从而计算整体合约价值数额。也只有在单一协议制度下，交易一方因主观或客观原因未履行任何一个文件或交易项下的义务，才会被视为整个协议的提前终止。

根据 ISDA 协议，净额结算可以针对一个具体的交易项，也可以针对整个 ISDA 主协议项下所涵盖的多笔交易；不仅适用于正常终止的合约，也适用于因违约事件或终止事件导致的提前结束的合约。今天的案例涉及的就是提前终止净额结算制度。

对于金融市场而言，净额结算不仅是一项便捷支付安排，它具有独特的价值。其价值主要有以下几个方面：

一是降低交易双方的信用风险。信用风险是金融市场的主要风险之一。信用风险是交易一方面临交易对方到期违约不支付且实际不能进行支付或全额支付的风险。

举例说,在两个交易方 A 和 B 之间,因存在多个交易,A 应向 B 支付一笔或多笔款项合计 500 万美元,相对地,B 应向 A 支付一笔或多笔款项合计 600 万美元。如果没有净额结算,A 面临 B 违约不能支付之信用风险敞口金额是 600 万美元,而 B 面临 A 违约不能支付之信用风险敞口金额则是 500 万美元,即信用风险敞口均是全额或总额性的。如果双方之间有净额结算安排,则双方之间实际需单向支付金额仅是 100 万美元,即 B 应向 A 支付 100 万美元。这样,A 面临的实际风险敞口就降低到了 100 万美元,而 B 面临的实际风险敞口为零。也就是说,通过净额结算,A 和 B 各自在等额范围内消灭了面临对方的 500 万美元的信用风险。

二是降低流动性风险。流动性风险也是金融市场的主要风险之一。从狭义角度看,流动性风险是交易方没有充足资金按时足额进行支付的风险,尽管从其实际拥有的资产净值角度看,其最终是有偿付能力的。一个机构不能将其资产及时兑换为现金或出现其他各种经营性困难等,都可能导致流动性问题。基于上述同样例子,如果 A 和 B 双方之间有净额结算安排,则 B 为保持其支付能力,满足必要的流动性的现金头寸就减少为 100 万美元而不是 600 万美元,A 则不会有不能支付的流动性问题。相反,如果没有净额结算,A 和 B 须分别持有 500 万美元和 600 万美元的现金头寸以供各自交易支付所需。这样,就自然会影响到他们其他业务活动的流动性,或为保持必要的总体流动性,必须减少其他交易或控制交易量。从这个角度上讲,净额结算制度也有利于金融机构提高资本金的利用效率,节约交易成本。

三是降低市场系统风险。金融市场构成一个整体支付系统,在这样的系统里,一个交易主体无力履行其支付义务,不能进行到期支付,可能连带其他交易主体也不能履行支付义务,从而出现整体市场的系统性风险。在实践中,金融市场的交易,如外汇买卖、股票债券买卖等,通常是巨额的。至于金融衍生品交易,若以名义交易金额计,则更是巨大。交易各方通常都面临来自交易对手一个或多个的巨额信用风险敞口。一旦一方出现流动性的不能支付风险或破产性的不能支付信用风险,将可能导致与之交易的对手的流动性支付能力或信用的下降,并引发该等交易对手的交易对手出现支付违约或支付不能,从而引发市场的不断连锁反应,导致金融市场的系统性风险。面对这种情况,若允许净额结算,则交易各方均可在等额范围内冲抵相互之间的支付义务或盈亏头寸,即在等额内消灭各自的信用风险敞口。这种安排不仅直接降低了市场各方的流动性风险和信用风险,而且有助于降低或避免因单个交易主体之风险而触发整体金融市场的多米诺骨牌式的系统性风险的可能性。

接下来讲一讲监管体制的变革。刚才讲到了 2008 年的金融危机,在这场金融危机之前,各个国家对于场外衍生品的监管是比较松散的。以美国为例,1999 年,美国总统金融市场工作小组(PWC)提交了一份报告。报告认为,《商品交易法》的主要目的是防止市场操纵和保护投资者,而参与场外衍生品交易的大多是金融机构,这些机构都有足够的能力保护自身的利益和控制对手方的违约风险,因此不必进行监管。放松监管还可以促进金融创新,确保美国在该领域的竞争优势。美国国会采纳了报告的意见,在 2000 年颁布的《商品期货现代化法案》(CFMA)中将多项场外衍生品交易排除在商品期货交易委员会(CFTC)的监管范围之外,所有合格的参与者在场外进行的衍生品交易都可以免受其监管。这也代表了各国的主流态度,从 20 世纪 80 年代到次贷危机发生前,场外衍生品市场主要是靠金融机构内部风控体系进行自我监督管理。监管上的放松造就了场外衍生品市场的繁荣,但市场也相对混乱。

2008 年金融危机给世界经济带来了深刻的影响,在这场危机中,出现大量违约风险事件的交易主体正是 CFMA 定义的可以豁免场外交易监管的合格的合约参与者,出现问题的交易客体正是 CFMA 豁免的场外衍生品。监管层意识到,金融衍生产品确实能够有风险管理的作用,但因为它是表外交易,也就是说,因为衍生品通常不涉及基础资产的占有或所有权变化,所以公司和银行通常不会在资产负债表上记录衍生品交易。例如,资产负债表显示,公司持有一笔人民币固定利率贷款,但实际上,公司可能已经互换了这笔贷款,实际拥有的是一笔美元浮动利率贷款。这就使得传统会计上以资产负债表为基础的银行资本要求的监管方式不再有效,市场运行的不透明导致监管上的缺失,再加上杠杆作用,以及大型金融机构之间互相依存、问题快速传播,更加剧了市场的不稳定性。

2009 年 9 月,20 国集团(G20)领导人在匹兹堡峰会上达成加强场外衍生品监管的若干共识,提出"所有标准化的场外衍生品均应通过中央对手方清算,所有的场外衍生品合约均应向交易存管机构报告"。2010 年 7 月,美国《多德-弗兰克法案》(Dodd-Frank Act)增设金融稳定监督委员会,负责检测和处理威胁国家金融稳定的系统性风险,和场外衍生品监管有关的规定主要在第七章,这一章也被称为《2010 年华尔街透明度和问责法案》(Wall Street Transparency and Accountability Act of 2010),法案对《商品交易法》和《证券交易法》进行了重大修订,CFTC 和美国证券交易委员会(SEC)有权对互换和证券基准互换进行定义和监管(在此之前,互换不属于证券,SEC 没有监管权限,又由于互换与期货类似,CFTC 发布声明,满足一定条件的互换和互换期权可以免受 CFTC 的监管),同时要求互换市场参与者必须在中央交易所或受监管的场所进行交易,并通过受监管的清算所进行清算,交易数据及时公开披露,在清算要求出台前达成的互换不必参加清算,但必须向互换库、CFTC 或 SEC 报告。

在次贷危机之前,欧洲场外衍生品的监管是比较分散的,欧盟并不存在一个完全统一的金融监管机构。2010 年 9 月,欧洲议会通过了《欧洲金融监管改革法案》,标志着成员国部分金融监管权限开始向欧盟转移。新的欧洲金融监管框架由一个设立于欧洲中央银行下的欧洲系统风险委员会和三个欧洲监管署构成,前者负责金融稳定和宏观审慎监管,关注系统性风险的早期预警并提出应对建议;后者是分别以伦敦为基地的欧洲银行署、以法兰克福为基地的欧洲保险和职业年金管理署、以巴黎为基地的欧洲证券和市场管理署。新的监管署并不是要取代各国监管机构,而是要与各国监管当局协调配合。欧盟委员会要每三年向欧洲议会汇报是否有必要将这三家监管机构合为一家,以及三个监管署是否应被赋予更多的监管权。这一新的体系为不同国家金融监管机构的合作开创了先例。

为加强对场外衍生品的监管,欧盟2012年8月实施了《场外衍生品、中央对手方和交易存管机构条例》,也被称为《欧洲市场基础设施监管条例》(European Market Infrastructure Regulation),条例要求所有欧洲衍生品交易商都需要通过交易存托机构报告相关信息,并要求标准的衍生品合约必须通过中央对手方进行清算。

这里提一下中央对手方问题。场外衍生品交易大多是交易双方的两两合约关系,双方都面临对手方违约风险。于是逐渐出现大量交易向少数几个大交易商集中的趋势,因为市场参与者都希望与信用评级高的对手交易,这就增加了系统性风险发生的可能性。2008年危机中,就是CDS产品过于集中在少数大机构,如贝尔斯登、AIG等,一旦大机构违约,将导致众多市场参与者面临风险,进而引发系统性危机。通过建立中央对手方集中清算制度,能够减少信用风险和操作风险,增加金融的稳定性和安全性,避免某个金融公司破产引发其他公司接连破产的连锁反应。场外监管机构也可以通过中央对手方的报告得到场外衍生品交易的具体情况,增加市场透明度,以便监管当局了解市场全貌,制定相关政策。

最后,让我们来看看我国场外衍生品市场的发展情况。1997年1月18日,以《中国人民银行远期结售汇业务暂行管理办法》(已于2008年废止)发布为标志,我国开始有了场外衍生品交易。目前,已经形成三个市场,主要包括以商业银行为主导的银行间场外市场、以证券公司为主导的柜台交易市场和以期货风险管理公司为主导的大宗商品类场外市场。其中,银行间场外市场占主导地位,2018年累计成交金额为134.91万亿元,交易主要品种是利率、汇率和信用类衍生品。证券公司和期货公司的场外衍生品业务处于试点阶段,市场规模相对较小,但增速很快。证券公司交易的主要场外衍生品是权益类的,像A股股指、A股个股、黄金期货/现货等。期货公司则是以大宗商品类场外衍生品为主,开展大宗商品类远期、互换和期权等交易。其中,场外期权业务占比较高。

在我国分业经营、分业监管的格局下,场外市场的监管不尽相同,各种监管规则散落于(原)银保监会、证监会和三个行业协会制定的部门规章和规范性文件中。在场外衍生品市场发展之初,还是缺乏经验的,也缺少自律组织,市场参与者往往签订简单的合同,或是照搬 ISDA 主协议。

在银行间市场,央行等监管部门相继出台了一些制度,其中效力最高的是《银行业金融机构衍生产品交易业务管理暂行办法》,它属于部门规章,另外还有一些规范性文件,例如《全国银行间债券市场债券远期交易管理规定》(2005年)、《中国人民银行关于开展人民币利率互换业务有关事宜的通知》(2008年)等。

随着市场的发展,2007年成立了中国银行间市场交易商协会(NAFMII)作为银行间市场的自律组织,并制定了《中国银行间市场金融衍生产品交易主协议》。国家外汇管理局也发布了《全国银行间外汇市场人民币外汇衍生产品主协议》(CFETS 主协议),适用范围是通过中国外汇交易中心系统进行的人民币外汇衍生品交易。由于两份协议存在交叉和重叠,中国人民银行对其合并,并于 2009 年发布了新的 NAFMII 主协议。NAFMII 协议也是由主协议、补充协议、转让式履约保障文件、质押式履约保障文件及定义文件组成,并采用单一协议制度和净额结算制度。

在权益类和商品类场外衍生品市场,则以自律性规则为主。2013 年中国证券业协会发布了《证券公司金融衍生品柜台交易业务规范》(已于 2022 年失效);2012 年中国期货业协会发布《期货公司设立子公司开展以风险管理服务为主的业务试点工作指引》(已于 2019 年失效),2019 年发布《期货公司风险管理公司业务试点指引》。

为了解决跨行业进行场外衍生品交易的问题,中国证券业协会、中国期货业协会、中国证券投资基金业协会于 2014 年联合制定发布了《中国证券期货市场场外衍生品交易主协议》,2018 年修改为《中国证券期货市场衍生品交易主协议》(SAC 主协议),适用于除信用保护合约外的场外衍生品。针对信用保护合约(类似于 CDS),三家协会专门发布了信用版 SAC 主协议。它和 SAC 主协议最大的区别在于,信用版不允许对协议项下的权利义务进行转让,而且信用版只能到证券业协会备案。

刚才谈到 2008 年金融危机以来的变化,在这个背景下我国大连商品交易所在 2018 年 11 月发布了《商品互换业务管理办法(试行)》(已于 2021 年修订),舍弃了原有场外业务对手方双边清算模式,变为中央对手方清算,由交易所代理交易双方进行清算。上海清算所也是场外衍生品进行中央对手方集中结算的平台和系统,主要开展人民币利率互换、外汇远期、外汇掉期、人民币远期运费协议等中央对手结算业务,也覆盖了航运、黑色金属、化工、能源、有色金属、碳排放六个行业的商品互换产品。其中黑色金属板块包括人民币铁矿石掉期等;能源板块包括人民币动力煤掉期;有色板块包括人民币电解铜掉期、自贸区铜溢价掉期等产品。目前,证监会已批复上海期货交易所、郑州商品交易所、大连商品交易所、中国金融期货交易所、上海国际能源中心都可以作为"合格中央对手方"(Qualifying Central Counterparty)。

二、渣打银行(中国)有限公司与张家口联合石油化工有限公司金融衍生品种交易纠纷案

基本案情是,2011年9月15日,渣打银行与张家口石化公司签订ISDA 2002年主协议及其附件。之后双方进行了三次互换交易,交易已经终结。

2014年2月14日,张家口石化公司签署《布伦特原油-买入绩效互换》交易条款(以下简称"2月份交易条款"),上面写着:本文件仅作讨论之用,并不构成任何要约、建议或诱导任何人士订立任何交易。参考条款并不全面,亦不是最终的,受限于最终的交易条款、确认书或者其他文件的规定。

2014年3月7日,双方签订《布伦特原油-买入绩效互换》及对应的《交易确认书》(以下简称"3月份交易条款"),双方约定于2014年8月1日至2015年2月28日间的7个公历月间(每个公历月为一个计算期间)就布伦特原油开展互换交易。

3月份交易条款签订后,渣打银行与张家口石化公司依约履行了4期互换交易。

2014年5月28日、2014年9月17日,渣打银行与张家口石化公司的授权交易员齐某通话,就系争交易向张家口石化公司提示油价下跌风险。张家口石化公司均表示了解且希望按原约定3月份交易条款执行。

2014年11月11日,张家口石化公司出具《关于终止布伦特原油-买入绩效互换的函》,要求提前终止2月份交易条款,否认2014年11月10日后互换交易的效力,并表示不再承担11月10日后的损失。

2014年11月27日,渣打银行向张家口石化公司发出《提前终止通知》,指定2014年12月2日为主协议项下所有未完成交易的提前终止日。

2014年12月3日,渣打银行向张家口石化公司发出《提前终止金额计算报告》及其附件,载明:要求张家口石化公司支付提前终止款项1,456,840美元。

2014年12月11日,渣打银行从张家口石化公司账户中扣款128,279.03美元。

因为张家口石化公司账户迟迟不予付款,渣打银行向一审法院起诉,请求判令:(1)张家口石化公司向渣打银行支付互换交易项下欠付的提前终止款项1,328,560.97美元,以及自2014年12月2日至其实际支付结算款项之日止的利息;(2)张家口石化公司承担渣打银行支出的律师费人民币20万元。

看一下具体交易结构,双方约定:(1)互换计算期间是2014.8.1—2015.2.28之间的每个公历月;(2)每一计算期间的名义数量为20,000桶,总计140,000桶;(3)渣打银行于每个计算期间的相应支付日向张家口石化公司支付固定金额20,000美元;(4)双方以每桶布伦特原油93美元为执行价格,以在相关计算期间内的每个商品营业日英国

洲际期货交易所布伦特原油价格的未加权算术平均值为评估价格,简单来说就是布伦特原油这个月每个交易日价格的平均价;(5)在每个计算期间的结算日就浮动金额依如下安排结算:当评估价格等于或高于执行价格,则双方之间不产生另行支付的金额;当评估价格低于执行价格,则张家口石化公司向渣打银行支付的美元金额为"(执行价格-评估价格)×名义数量"。

实际履行是怎么样的呢?前三期,形势一片大好,张家口石化每期从渣打银行那里收取2万美元,但不用支出。到了第四期,布伦特原油的均价已经跌到79美元了,按照约定,张家口石化要付渣打银行26万美元。也就是在这个月,张家口石化提出要终止交易。

本案涉及的是原油互换交易。原油作为一种大宗商品,既有商品属性也有金融属性,还是一种非常重要的战略物资。从这张分布图上看,地球上几乎每个有人居住的大洲都有石油的地质储藏和开采,但是每个油田出产的石油品质是不一样的。国际上一般用原油轻质度(API)和含硫量两个主要的指标确定不同油田原油的品质。API值越高,则表示原油越轻,越容易浮于水面,含硫量越低,处理起来越节约成本。一般把英国北海的布伦特原油和美国西得克萨斯的轻质原油作为最佳的范本。西得克萨斯轻质原油品质更好一些。沙特的原油和俄罗斯的原油现货的产量和出口量都比布伦特和西得克萨斯油的总量大,这两家的原油品质,基本算是介于轻质和中质之间,品质尚可。

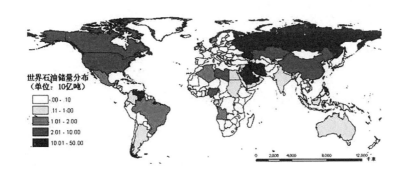

图 5-1 世界石油产量分布图

历史上的原油定价机制经历过一个漫长演变的过程,从普通商品定价到石油公司垄断定价,到OPEC石油主国垄断定价,到现在的金融工具定价。现在的原油定价以金融期货定价为主。1981年4月,伦敦国际石油交易所推出重柴油(Gasoil)期货交易,该合约是欧洲第一个能源期货合约。1983年3月30日,纽约商业交易所推出轻质低硫原油期货合约,也是目前世界上成交量最大的商品期货品种之一。原油期货品种的出现彻底打击了OPEC定价权,从而令油价从1985年11月的31.75美元/桶降到1986年4月的10美元/桶。由此开始,世界进入为期16年的低油价时代。

虽然在全球范围内有着众多的原油期货,但是真正能够流通并被广泛交易、当作基准价格的只有三个原油期货,分别是:(1)布伦特原油(Brent Oil),出产于北大西洋北海布伦特地区,在伦敦洲际期货交易所交易。(2)西得克萨斯中间基原油(West Texas Intermedium, WTI)基准油,在美国纽约商品交易所进行交易,所有在美国生产或销往美国的原油,在计价时都以轻质低硫的WTI作为基准油。中行原油宝就是挂钩的这一期货。(3)中东是全球石油产量最大的基地,其基准油是阿联酋的高硫迪拜原油。它往往可以反映亚洲对原油的需求状况。其现货主要在新加坡和东京交易,期货交易量很小。

除了基本的供需、库存影响,金融市场的力量,地缘政治的影响,都会成为影响油价的主要变量。2010年11月至2014年9月,布伦特原油价格连续46个月超过了90美元/桶,这是历史上高油价持续最长的一段时间。长期高油价令页岩油、深海石油和油砂的开发能够顺利进行。美国在2011年爆发"页岩革命",而且探明美国蕴藏大量石油,过半为页岩油,超过俄罗斯和沙特阿拉伯石油储量,世界石油进入"三巨头时代"。过度投资以及页岩油技术的成熟使得原油产量过剩,最终导致了油价从2014年9月开始暴跌。本案就是在这样一个背景下发生的。从图表中可以看到,2011至2014年价格区间是90至110美元,2015至2019年价格区间是40至70美元。显而易见,石油价格波动非常大。离我们最近的一次波动,是2020年4月21日美国WTI5月期货合约价格暴跌,最低价格突破每桶40美元。

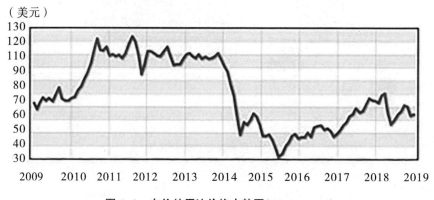

图5-2 布伦特原油价格走势图(2009—2019)

回到我们这起案件,对于原告的起诉,被告是怎样抗辩的呢?

1. 管辖权异议

在衍生品交易纠纷中,被告常见的第一道防御策略是提起管辖权异议,管辖权异议的通常目的是将案件移送到对自己更为方便的法院管辖,但是也有大量的异议是为了拖延时间以寻求更好的纠纷解决方案。

本案中,张家口石化提出要把本案移送到张家口中级法院或者北京市朝阳区法院来审理。为什么呢?因为本案的被告,就是张家口石化住所地是在张家口,张家口中级法院有管辖权。而在之前三次交易中,有两次渣打银行都把它要支付的2万美元付到张家口石化在渣打银行北京分行开立的账户,所以认为本案合同履行地是在北京。渣打银行则说,本案争议履行行为是给付货币,所以合同履行地是渣打银行的所在地,也就是中国(上海)自由贸易区,所以浦东新区法院有管辖权。最终法院裁定驳回了张家口石化提出的管辖权异议,主要理由是根据《民事诉讼法》的规定,因合同纠纷提起的诉讼由被告住所地或合同履行地法院管辖。如果合同约定履行地点的,就以约定履行地点为合同履行地。合同对履行地点没有约定或约定不明确,如果争议标的是给付货币,那么接收货币一方为合同履行地。在别的合同关系中还会出现特征履行地的争议,而在衍生品交易中,双方都是给付货币,所以就看本案的争议点是什么。本案的争议点是提前终止款项的支付,这笔款项是属于张家口石化应该向渣打银行履行的义务,所以渣打银行是接受货币的一方,就以渣打银行所在地作为合同履行地。关于这一轮的异议,张家口石化是没有任何依据的。

涉外衍生品纠纷的管辖权异议审理要更加复杂一些,例如在光明食品诉德意志银行一案中,这个案子的原告是光明食品(香港)公司,被告是德意志银行。德意志银行提起了管辖权异议,理由有三点:第一点,ISDA主协议约定了案子如果有纠纷,英国法院是有管辖权的法院。第二点,就本案的争议,德意志银行已经向英国法院提起了诉讼,中国法院不应受理。另外,双方还在主协议约定准据法为英国法,依照不方便管辖原则,中国法院不应当行使管辖权。审理过程中,法院查明了如下事实。首先,双方签订的ISDA主协议中约定,如本协议明确规定由英国法院管辖,而且诉讼不涉及公约法院,则接受英国法院非专属管辖;如果诉讼涉及公约法院,则接受英国法院的专属管辖。所谓的公约法院就是指在诉讼中适用1968年《布鲁塞尔公约》以及1988年《卢根诺公约》中的任何法院,而中国并不是这些公约的签署国。另外双方还在协议中约定,本协议受英国法律管辖,并且按照英国法律进行解释。而且德意志银行确实向英国某地法院提起了诉讼,德意志银行和本案中渣打银行是一样的,都是要求终止净额款项。还查明,光明食品(香港)系光明集团的全资子公司,光明集团是上海一家非常知名的大型公司。

最终法院是怎么样裁断这个管辖权异议的呢?首先德意志银行提出的英国法院

管辖问题,可以确定的是英国法院对本案是非专属管辖权。因为中国并不是这些公约的签署国,也就是说英国法院可以管辖,但是属于非专属管辖,中国法院也是有管辖权的。在中国法院和外国法院都有管辖权的情况下,如果一方当事人向外国法院起诉,另外一方当事人向中国法院起诉,中国法院是可以受理的。不过需要注意的是,如果外国法院判决或裁定已经被我国法院承认,再来起诉就不予受理了。这个案子当中当时争议比较大的是不方便管辖原则。根据《关于适用〈中华人民共和国民事诉讼法〉的解释》的规定,只有同时符合六种情形的才可以裁定驳回原告起诉,告知其向更方便的外国法院提起诉讼。注意,六种情形必须得同时满足,第一项是被告提出了管辖权异议,德意志银行已经提出了。第二项是双方当事人不存在选择中国法院管辖的协议,以及第三项,不属于中国法院专属管辖,这些案子都符合。关键是第四项,案件不涉及中国的公民、法人或者其他组织的利益。光明食品(香港)是光明集团的全资子公司,所以可能会涉及中国法人的利益,在第四项不满足情况下,不应适用不方便管辖原则,所以最终这个案子裁定驳回德意志银行提出的管辖权异议。

第一轮较量结束,接下来进入实体审理的争议环节。

2. 事实争议

被告张家口石化认为终止的是2月份交易条款,并没有终止3月份交易条款,渣打银行发来《提前终止通知》,是其先违约。

原告渣打银行则认为,张家口石化公司在签署3月份交易条款同日签署确认书,该确认书是对3月份交易条款的确认。对于2月份交易条款,张家口石化公司未曾签署过相应确认书,也从未实际履行过,故2月份交易条款并未发生法律效力。

在案件审理中,经常会出现当事人表意不清的情形。由于认知能力、表达能力的有限性,也有出于情况发生变化当事人意思改变等原因,甚至在正式的书面合同中,也会发现有前后矛盾的情况。就像这份张家口石化公司《关于终止布伦特原油-买入绩效互换的函》中一开始把协议签署时间记载为"2月18日",但后面又说,认同并履行2014年11月10日以前的合约约定,2014年11月10日之后的协议不再生效。现在对于这份函所要表达的意思,双方就各执一词。张家口石化说,我写得很清楚,终止的是2月份的条款;渣打银行说,2月份交易条款根本没发生效力,双方都心知肚明你要终止的是3月份交易条款。那么,如何解释合同条款呢?一般来说,有相对人的意思表示的解释,应当按照所使用的词句,结合相关条款、行为的性质和目的、习惯以及诚信原则,探究当事人的真意。

双方虽然在2014年2月签订了一份交易条款,但这份文件记载的交易期间是2014年7月1日到2015年1月31日,而且明确载明:"本文件仅作讨论之用,并不构成任何要求、建议或诱导任何人士订立任何交易或采纳任何对冲、交易或投资策略。"双方后来也没有签订《交易确认书》。而在 3 月份交易条款中记载的交易期间是 2014 年 8 月 1 日到 2015 年 2 月 28 日,这个和后来的履行情况是一致的,双方正式签订了《交易确认书》。再从终止函的目的看,它是要终止正在进行的互换交易,否定剩余三期互换约定的效力,而非要终止一份未生效的协议。所以,可以认定,张家口石化公司的真意是要解除 3 月份交易条款,也就是双方正在履行的交易条款,函中的 2 月 18 日签署被认定为笔误。

根据主协议约定,任何一方取消、否认、放弃或拒绝全部或部分之主协议、由该方签订和交付之任何确认书或由此等确认书证明之任何交易,或对主协议、上述确认书或交易之有效性提出异议,构成该方之违约事件。张家口石化公司在互换交易依约履行四期后,向渣打银行发函要求提前终止并解除互换交易,否认 2014 年 11 月 10 日之后互换交易的效力并表示不再履行合同义务,构成主协议项下的违约事件。

3. 交易主体资质问题

被告张家口石化公司提出,自己一直和渣打银行北京分行联系,也是北京分行把钱打给自己的,所以这个合同的实际交易主体是渣打银行北京分行,而这个分行不具备金融衍生品交易资格,所以合同无效。

原告渣打银行则说,双方的签约、履约主体都是渣打银行总行,而不是北京分行。即便是,北京分行也是具备交易资质的。

我国的场外衍生品交易系特许经营业务,其交易应适用严格的市场准入管理制度。未经许可经营场外衍生品交易业务的,应作合同无效处理。

具体到本案,原银监会颁布的《银行业金融机构衍生产品交易业务管理暂行办法》规定,银行业金融机构经银监会审批后方能开办衍生产品交易业务,其取得的资格分为基础类和普通类。基础类资格指只能从事套期保值类衍生产品交易,即银行业金融机构主动发起,为规避自有资产、负债的信用风险、市场风险或流动性风险而进行的衍生产品交易;普通类资格指除基础类资格可以从事的衍生产品交易之外,还可以从事非套期保值类衍生产品交易,包括由客户发起,银行业金融机构为满足客户需求提供的代客交易和银行业金融机构为对冲前述交易相关风险而进行的交易等。换言之,银行业金融机构只有取得普通类资格,才能与除金融机构以外的市场主体客户进行场外衍生品交易。

全国银行间场外市场参与者中,具有做市商或结算代理业务资格的金融机构(市场核心需求,主要指商业银行)可与其他所有市场参与者进行衍生品交易,其他金融机构可与所有金融机构进行出于自身需求的互换交易,非金融机构只能与具有做市商或结算代理业务资格的金融机构进行以套期保值为目的的互换交易。

为什么原银监会批准的资质会影响到合同效力?在办理金融案件中经常会遇到

这样的问题。金融机构需要持牌经营。那么,这个市场准入一般都是监管部门规定的,法律位阶不高;但是,如果任何机构都能从事特许经营的义务,将会扰乱金融管理秩序,引发系统性风险。我国发展的步子特别快,很多监管方面的规章还没来得及上升到法律层面。所以《九民纪要》第 31 条专门规定了违反规章的合同效力,违反规章一般情况下不影响合同效力,但该规章的内容涉及金融安全、市场秩序、国家宏观政策等公序良俗的,应当认定合同无效。对于场外衍生品来说,特许经营的准入就是涉及金融安全的一种规定,如果没有取得资质将导致合同无效。不过在本案中,法院已经查明渣打银行最早在进入中国的时候就已经具备金融衍生品的交易资质,而且北京分行经过总行授权,业务范围和总行一样。本案涉及的金融衍生品交易业务也已经在银保监会上海监管局进行了备案,所以在这一点上渣打银行不存在问题,这一轮仍然是渣打银行胜出。

4. 适当性审查

被告张家口石化对适当性提出了质疑。它认为,渣打银行对于张家口石化的经营范围认识错误,张家口石化其实并没有进行这个交易的必要性,渣打银行没有把合适的产品销售给适当的消费者。原告渣打银行则说,张家口石化根本不落入金融消费者范畴,而且具备丰富的金融衍生品交易经验,没有倾斜保护的必要。

适当性审查简而言之就是:了解客户、了解产品和适当销售,把合适的产品卖给合适的人。大家有没有买过理财产品或基金?银行或者基金公司会让你填写一张调查问卷,了解你的年龄、职业、收入、对亏损的承受能力等,最后会给你评定风险等级(分为保守型、稳健性、进取型),这就是了解客户。同时,金融机构也会把所销售的产品根据风险程度分成 R1—R5 级,然后在客户和产品之间进行匹配。例如,不能把 R5 级产品卖给稳健型客户;卖了,就是金融机构违反适当性义务。如客户亏损,金融机构要赔偿客户部分损失。

为什么如此强调适当性义务?信息不对称是金融市场的固有问题,再加上投资者自身知识、能力的局限性,使得投资者在购买金融产品或接受服务时往往无法真正理解其中的风险和收益,双方缔约能力处在不对等地位。强调金融机构的适当性审查义务,确保其推荐的金融产品符合投资者的风险承受能力,是平衡金融市场中买卖双方交易不平等地位、信息不对称现象的有效工具。在案件审理中,金融机构对此负有举证义务,应由金融机构来举证证明自己进行了适当性审查,如果举证不能,要承担不利后果。只有在卖者尽责的前提下,买者才自担投资风险。

适当性义务发源于美国证券法领域,原为道德义务,由美国证券业自律组织于 19 世纪 30 年代创设。现在,英国、日本、澳大利亚、韩国、欧盟等国家和地区都把适当性义务写进了成文法,将它转化为法定义务。在我国,最早是在 2012 年《证券投资基金法》

规定了适当性义务,基金销售机构应当向投资人充分揭示投资风险,并根据投资人的风险承担能力销售不同风险等级的基金产品。2019年修订的《证券法》也规定了证券公司向投资者销售证券、提供服务时的适当性审查义务。

当前,场外衍生品市场的参与者以机构投资者为主。基于投资者适当性的要求,监管机构已明确禁止部分金融机构与自然人开展场外衍生品业务。例如,根据《证券公司金融衍生品柜台交易业务规范》(已于2022年失效)的规定,证券公司开展衍生品交易业务的交易对手方应限于机构。中国期货业协会也于2017年9月27日发布了通知,要求风险管理公司不得再与自然人客户开展场外衍生品交易业务。2018年4月,私募基金管理人、私募基金产品也被禁止参与场外期权大门外交易。对于银行间市场,目前尚未查到关于禁止个人客户交易的监管规定。从《银行业金融机构衍生产品交易业务管理暂行办法》第5条的规定看,衍生品的管理和理财产品相通,理财产品若具有衍生产品性质,"其产品设计、交易、管理适用本办法,客户准入以及销售环节适用中国银监会关于理财业务的相关规定"。对个人衍生产品交易的风险评估和销售环节也是适用个人理财业务的相关规定。

不过到了《九民纪要》出台时,适当性义务引发了更广泛的关注,为公众所熟知。因为《九民纪要》第72条明确把适当性义务适用的对象扩大到金融消费者。这实际上是对交易弱势方的倾斜保护,体现了我们既关注形式上的法律地位平等,又关注到在一方为金融消费者和中小投资者的情形下,关注缔约双方的实质平等。本案中,张家口石化就是按《九民纪要》提出的抗辩。但遗憾的是,金融消费者一般来说都是自然人,而且张家口石化公司作为经营油类产品的企业,进行涉案衍生品交易,并非出于个人或家庭消费需要,不属于金融消费者的范畴。张家口石化不是金融消费者,是不是意味着渣打银行就不用尽到适当性义务了呢?我们认为,基于金融衍生品交易的复杂性和其自身所隐含的风险,金融机构在与客户缔约时也应评估交易对手的适合度,并向客户充分披露风险,这属于金融机构在先合同阶段的诚信义务。违反先合同义务,应承担缔约过失责任。

在衍生品交易中,如何审查客户适当性?

首先,审查与衍生品交易直接相关的基础资产或基础负债的真实性。一般来说,在现货市场上,有真实需求的人才会参与买卖。比如,你不会没事跑到美国的原油仓库去买原油,哪怕你知道原油价格真的要涨,但是,你怎么把美国的原油运回来?买回来的原油你要放在哪里?所以说,进行现货交易的成本很大,在一定程度上天然性抑制了投机性。但是在衍生品领域,很多人是为了获得投资或者投机收益而进行交易。比如被称为"纸原油"的原油宝,绝大部分购买这个产品的投资者并不是真的想要原油。考虑到衍生品的杠杆性、投机性,监管部门为了防范风险,专门在监管文件里规定,非金融机构只能进行套期保值类的衍生品交易,也就是为规避自有资产、负债的信用风险、市场风险或流动性风险而进行的交易。这样,金融机构就要审查客户是否有相关的基础资产或基础负债。

那我们来看看张家口石化到底是做什么的。渣打银行审查了张家口石化2013年的审计报告、采购合同和发票,对该公司相关贸易背景、货物采购和销售量进行了核实。这里是工商登记的经营范围,概括下来就是两项业务,成品油批发零售和高速公路服务区配套经营服务。张家口石化公司从事成品油类销售业务,具有成品油的采购和销售需求。基于我国国内油价与国际油价的接轨制度,国际油价波动对国内油类销售业务可能产生影响,故该公司具有与涉案交易直接相关的基础资产。再来看交易目的,张家口石化签署了《交易确认书》,同时,还确认其具有与本交易直接相关基础资产或基础负债,进行本交易的目的是对冲或避险。最后,关于风险揭示。金融机构的告知说明义务是其适当性义务的组成部分,该告知说明义务的履行是投资者能够真正了解衍生品投资风险的关键。金融机构应当向客户充分说明与金融产品相关的市场风险、信用风险、合同的主要内容等重要事项,使得客户对所要投资的金融产品有足够的认识来作出投资决定。

5. 风险披露问题

我们来看看渣打银行是怎样进行风险披露的。渣打银行作了若干个情景分析,展示了不同评估价格下一方可能出现的损失或收益以及可能发生的交易现金流。情景1:评估价格等于或高于执行价格时,张家口石化无须支付浮动金额。情景2:评估价格低于执行价格时,张家口石化要在每一计算期支付浮动金额,最差情况下,整个合约的最大亏损为13,020,000美元。同时,渣打银行罗列了衍生品交易中可能遇到的风险,包括利率、汇率、参考价值的浮动,信用风险,以及提前终止交易的成本等。

应该说,渣打银行已经充分揭示了风险,而张家口石化公司也并非没有任何经验的"小白"。此前,双方已经进行了三次类似的衍生品交易,采用的是敲出式互换结构。第一次(2012年3月5日至2013年3月31日),1万桶,上限价格117美元/桶,下限价格99美元/桶,有敲出条款(超出上限价格15美元/桶);第二次,2012年6月22日至2013年6月30日,1万桶,上限价格85美元/桶,下限价格75美元/桶,有敲出条款(超出上限价格12美元/桶);第三次,2012年9月25日至2013年10月31日,1万桶,上限价格130美元/桶,下限价格117美元/桶,有敲出条款(超出上限价格12美元/桶)。张家口石化也书面确认,完全明白可能因交易和协议引起的全部风险,包括但不限于最差情况下其潜在的损失,其已基于自身判断对是否订立交易以及交易是否合适或适当作了最终决定。

综合以上分析,我们可以得出结论,渣打银行在缔约过程中已履行了相应的客户审查及风险提示义务。另外,在信息披露上,再补充一点,尽管张家口石化没有提出,但是,在交易履行阶段,渣打银行也负有持续性的风险披露义务,应当及时向客户提供已交易的衍生产品的市场信息。本案合同履行中,渣打银行也进行了两次风险提示。虽然不是定期,频率也不高,但也算是做过了,谈不上存在重大过错。

6. 产品设计的公平性

被告张家口石化辩称,本案金融衍生品结构设计上存在重大问题,收益上限封顶,而亏损下限不托底,显失公平。原告渣打银行却说,系争交易不存在收益及风险不对等的情形,执行价93美元/桶系张家口石化基于对原油价格看涨与渣打银行协商确定,双方交易时最近一个月布伦特原油期货合约价格约为108美元/桶,所以才对张家口石化收取的固定金额作了限制,而不是像前几期,由张家口石化获得实际价格与执行价格的差价。如果张家口公司希望获得差价,那么渣打银行不可能按照93美元/桶的价格与其达成交易,最低也得是105美元/桶。

首先要向大家说明的是,根据1999年《合同法》(《民法典》施行后,《合同法》已经失效,但对于当时的交易还是要适用《合同法》)第54条规定,显失公平的,不是无效事项,当事人只有撤销权,而且撤销权作为一种形成权,要在知道或应当知道撤销事由之日起一年内行使,否则权利消灭。所以,张家口石化提出的这项抗辩,从合同法上并不成立。

尽管如此,衍生品交易是否显失公平是一个很有趣的问题,当事人也经常提出这样的抗辩,我们不妨来审查一下。在前面介绍案情时已经大概介绍了双方的交易条款,现在我们重新再来审视这个交易结构。渣打银行是固定金额支付方,不管基础资产的价格,也就是布伦特原油结算均价如何变化,它都要固定地每月向张家口石化公司支付2万美元,一共是支付14万美元;另一方张家口石化公司是浮动金额支付方,如果布伦特原油结算期间均价≥93美元/桶,无须支付任何款项,如果布伦特原油结算期间均价<93美元/桶,应付(结算均价−93)美元×2万桶,这个差额最多可能是多少呢?之前在风险提示中,渣打银行其实演示过最差情形,一个结算期间可能达186万美元,看起来是不是收益和风险不成正比?

我们再来看看张家口石化签约时到底怎么想的。回顾一下前述原油价格走势,确实如渣打银行所说,从2011年到2013年,布伦特原油价格高企,大部分时间都在100美元/桶以上。在张家口石化和渣打银行2012—2013年进行的三笔类似衍生品交易中,张家口石化看涨油价,并没有亏钱。2014年3月签约时,原油价格仍然比较高,93美元/桶这个价格基本是过去几年的最低点了。在张家口石化法定代表人和渣打银行业务员的通话中,他是这样说的:"很可能布伦特油价会跌到90以下,原来我就有这个预测的,所以才定这个数是在93,这个我也有思想准备。""现在油价越低,对我零售越有好处……油价批发价越便宜,零售的差价越大……虽然(低于)93 我们要赔钱,但那是小头,这个才是大头。"从这个通话中,我们看到,对于张家口石化,还有一个买油、卖油的现货市场。张家口石化在现货市场中,需要进行成品油的采购和零售。由于我国存在成品油零售价格保护机制,对于张家口石化来说,油价下跌是利好消息,所以不太担心价格下跌,担心的是价格上涨。而价格上涨,大于 93 美元/桶时,张家口石化在衍生品交易中并不需要支付任何价款。低于 93 美元/桶时,张家口石化虽然在衍生品交易中向渣打银行付款,但同时可以在现货市场获利。

最终,法院认定,从交易本身看,渣打银行支付的是固定金额,无论原油价格如何变化都应承担付款责任,而张家口石化的付款责任不必然发生。从核心条款原油的执行价格看,93 美元/桶是张家口石化基于对原油市场的预测与渣打银行协商确定。衍生品交易是合同当事人对未来的不确定性进行博弈,在渣打银行对产品交易结构、蕴含风险进行充分揭示的情况下,当事人应对交易过程中可能产生的收益或亏损有一定的预期,并在此基础上自主作出商业判断。同时,作为风险管理工具,衍生品交易下的盈亏与现货交易中的损益之间存在对冲关系,企业应了解到商品互换对冲价格波动的作用,在商品互换中亏损的钱是可以用现货市场的盈利弥补,不要因为在商品互换中的亏损而认为是交易的失败。所以在案件审理中,不应仅从涉案交易本身的盈亏判断合同的公平性。

7. 终止净额结算条款的效力①

被告张家口石化提出,终止净额结算条款和我国法律是冲突的,应该无效;而且提前终止款项应承担违约责任或损害赔偿责任。张家口石化在订立合同时无法预见到这些情况,不应当赔偿,即便赔偿,也应该适用违约金的调整原则予以减少。原告渣打银行则坚持说提前终止款项不是违约金,而是履行合同项下的付款义务。

前面简单介绍过 ISDA 主协议的两大核心制度:单一协议制度和净额结算制度。净额结算不只适用于正常终止的合约,对于违约事件和终止事件所导致的提前结束的合约同样适用,这一条款也被称为提前终止净额结算制度。ISDA 主协议第 6 条规定,如果发生合同约定的违约事件或终止事件,则有关当事方有权指定一个提前终止日来终止相关交易。在此情形下,一般不再要求就相关交易进行原定支付或交付。交易双方之间所有现存未到期交易宣告结束,并对上述提前终止的交易计算盈利和亏损轧差计算净额,以该净额作为双方权利义务的最终金额,以替代或更新之前存在于双方之间的权利义务。

提前终止净额结算机制包括两个核心组成部分,一是提前终止合同交易的权

---

① 2022 年 8 月 1 日起施行的《期货和衍生品法》承认了终止净额结算条款的效力。

利,即终止权;二是终止后对各交易盈亏头寸进行净额计算或净额处理的安排,即净额结算。根据 ISDA 主协议第 6(a)条的规定,在违约事件发生后,非违约方可以以通知的形式,根据协议就所有受到影响的未到期交易指定一个提前终止日。不论有关的违约事件、终止事件是否仍持续,该提前终止日将于指定的日期生效,并以此提前终止日为基准,使相应的未到期交易被提前终止。本案中,渣打银行于 2014 年 11 月 27 日发出提前终止通知,并指定 2014 年 12 月 2 日为提前终止日,符合双方合同约定。

接下来就进入了重点和难点,提前终止款项该如何计算? 主协议第 6(e)(i)条对此也作出了约定,简单来讲,在违约的情形下,提前终止款项分为三部分:第一部分是对于终止交易本身计算出来一个结算款项,这个款项根据盈亏情况可能是正值,也可能是负值;第二、三部分是对已发生并确定之债务的履行。以本案为例,双方已经正常进行了四期交易,那么在已经进行的四期交易里,张家口石化可能有未付的款项,渣打银行也可能没有按月支付 2 万美元的款项,这部分是确定的,也是比较容易理解的。难的是第一部分结算款项如何计算?

ISDA 主协议下"提前终止结算款项"的计算方法,经历了从 1992 年版主协议中市场报价法和损失法到 2002 年版主协议中终止款项法的演进。1992 年版提供了市场报价法和损失法两种计算方法,交易双方可在签订主协议时予以选择,这个净额加上终止前所有已到期但应付而未付的金额(unpaid amounts),即构成最终的结算总数。市场报价法,非违约方在当时的市场条件下为达成替代交易而应支付的款项或收到的款项,可能是正,可能是负,其最大的优点在于将复杂的衍生交易估值问题交给独立的第三方——市场——来解决。因此,对于估值能力相对较弱的市场参与者而言,选择该方法较为有利。但市场报价法也存在明显的弊端:市场报价法建立在一系列假设条件基础上,一旦假设条件不能成就,市场报价法即丧失其存在的合理性,其中最重要也最现实的一项假设条件即为市场须有能力对各种交易进行估值并愿意作出报价,这在复杂的或流动性差的衍生品交易中较难实现。例如,2008 年发生的雷曼系公司破产事件导致超过 46 万笔衍生品交易面临终止,由此引发的结果是做市商突然面对数量惊人的询价以及濒临崩溃的衍生品市场。很多复杂交易甚至得不到三个报价,或所得到的报价合理性明显存在疑问,导致很多市场参与者不得不转用损失法进行计算。损失法相对于市场报价法的显著优点在于不会因金融市场动荡而受到严重影响,且计算方可灵活采用适当方法对损失进行估值,而不必遵循严苛的程序要求。但其局限性同样非常明显,即主观性较强,计算结果容易遭到挑战。

由此可见,1992 年版主协议项下的两种"提前终止结算款项"的计算方式均存在局限性,因此 2002 年版主协议在对这两种计算方式进行吸收和改进后提出了终止款项法,只有这一种计算方法。具体指导原则和要求体现在第 14 条的约定。"提前终止结算款项"指为替换或取得与被终止交易主要交易条款相同的经济效果,计算方应付出的成本(以正数表示)或将取得的收益(以负数表示)。终止金额的计算同时应将各方对于该等被终止的交易的本应存在但因提前终止日的发生而未实现的期待利益包括在内。看到这里,不知道大家有没有联想到我国《合同法》上有关信赖利益和可得利益的保护规则。信赖利益是基于对对方的合理信赖而对履行合同做出必要准备而支出的费用,赔偿原则是使合同守约方的利益恢复到订约之前。可得利益保护的是契约已经有效且并未解除时的履行利益。这条规定和我国《合同法》在违约责任的承担上保护可得利益是一致的。

继续看下去,计算方将以诚实信用原则,并按合理之商业程序确定任何结算款项。结算款项不包括未付款项和律师费等费用,决定方可以参考以下信息:一是第三方报价,二是第三方提供的相关市场数据之资料,包括利率、价格、收益率、收益率曲线等,三是与上述信息类型相同的内部资料,但该资料应是计算方在评估同类交易之日常商务过程中使用的同类资料。从商业程序上看,计算方须首先考虑第三方提供的报价或其他相关市场数据,除非按照诚实信用原则合理认为无法获得此类报价或市场数据可能不符合该定义所规定的标准。这里的第三方可以包括相关市场的交易商、相关产品的最终使用者、资料销售者、经纪商等。

终止款项法一方面避免了市场报价法烦琐的程序,另一方面也通过补充有关计算的指导原则和要求,进一步规范了计算过程、克服了损失法的主观任意性。另外,1992年版和2002年版主协议还有一个重大区别。在最终支付上,1992年版主协议中,当事人可以选择适用"脱身条款"(walk away),即在终止净额计算结果是负数的情况下,守约方无须向违约方支付。2002年版则不存在该条款,无论何方盈亏,均须按净额支付。

大体了解提前终止净额结算机制后,我们再来看本案的实际情况。渣打银行在它确定的终止日2014年12月2日这一天发出了询价,询价对象包括金融机构高盛集团、巴莱克资本公司、法国巴黎银行,也包括道达尔石化公司、英国石油公司。这五家公司在回复时基本都以布伦特原油2015年1月期货价格为参考数据,给出一个报价,最低为1,151,140美元,最高为1,227,600美元。随后,渣打银行出具了《提前终止金额计算报告》,为便于讲述,利息就略过不表了,我们重点来看终止净额。渣打银行给出的终止净额为1,189,000美元,由三部分组成。第一部分是提前终止结算款项,报告里它给出了5家公司的市场报价,然后写银行计算的终止交易结算款项为1,189,000美元,该金额与在剔除上述最高价和最低价后剩下的三个市场报价的算术平均数金额相近。其他细节没有了,只能猜测是在市场报价的基础上,又参考了其他数据和信息确定金额,但并没有在报告中写明是哪些数据和信息。第二部分是张家口石化欠渣打银行的钱。双方一共正常履行了四期,前三期都是渣打银行支付2万美元,张家口石化不用付钱,到了第四期,也就是11月份结算日的时候,张家口石化不愿付款,表示要终止交易,所以这次的钱还没付,这个结算月的布伦特原油每日均价为79.6080美元/桶,所以张家口石化应该支付2万桶的差价部分,也就是267,840美元,这个是没有争议的。第三部分是渣打银行欠付张家口石化的钱,因为已经按月支付2万美元,所以欠付款项为零。

张家口石化公司提出,终止净额结算条款与我国法律冲突,应属无效,即便有效,也应当适用违约金规则请求予以调整。终止净额结算条款的性质到底是什么？首先确定的是,它肯定不是违约金,因为协议里清清楚楚地写着:这一款项系对亏损之合理预先估计而非违约金。我们认为,掉期交易中,交易双方对具体违约责任触发交易提前终止的合约安排实质上属于继续性合同的约定解除。与一时性合同不同,继续性合同的内容并不是一次性就可以完成的,甚至在合同订立时并不明确,而是随着时间的延展而逐步确定的。这与金融衍生品合约"当前定约、未来履行"的属性一致,合同的全部条款已经合意妥当,但是合同的履行、标的物的实际交付均在未来的某个时日或时段。因为继续性合同持续时间长,双方当事人对后期的情势可预见程度明显低于一时性合同,同时合同周期越长,不确定风险越大,故对继续性合同的解除限制不应过于严格。继续性合同的解除可以分为约定解除和任意解除,而终止净额结算条款事先已经约定在ISDA主协议之中,是对金融衍生品合约的约定解除。

违约事件下提前终止应付额包括提前终止结算款项和未付款项两部分,其中未付款项的清偿属于对已发生并确定之债务的履行,也就是渣打银行报告里的后面两个部分,而提前终止结算款项即为交易违约方在合同解除后对非违约方应承担的违约责任,也就是赔偿非违约方因交易提前解除而遭受之损失,具体金额是通过一定的计算方法估算出来的。

终止净额结算制度与传统民商法中继续性合同的约定解除法律后果不同。在传统民商法下,合同提前终止意味着仅仅对已经履行的部分进行结算,对尚未到期、尚未履行的部分不再履行。但在终止净额结算条款项下,合同提前终止后的结算款项部分依然要兑现未来的盈亏,合同提前终止的效果与假定合同在终止日全部履行完毕的效果差别不大。该制度设计的目的在于衍生合约价值性的实现,即不能因为违约方的过错导致守约方失去利用衍生合同套利保值的目的,所以违约方需要补偿守约方本该获得的收益。

以传统民商法理念为判断依据,可能否认终止净额结算条款的效力,从而拒绝认可终止净额结算条款的处理方式。例如在宝来证券与某企业衍生品纠纷一案中,双方签订了一份3年期利率互换合约,履行半年后,企业方因合约下的亏损要求解除合约,宝来证券以企业违约为由提前终止利率互换合约,并要求企业支付合约尚余部分的利息净额,企业拒绝接受并诉至法院。台湾地区高等法院认为,宝来证券主张衍生品的投资人支付合约尚余部分的利息净额,会使得合同形式上虽然已经终止,但是双方当事人没有退场机制,仍要求衍生品投资人支付未到期部分的净额,将使得合同的解除或终止没有任何意义。该条款名为提前终止而无终止之实,应认定无效。该起案件也引发了传统民商法理论与金融市场兼容性的争论。

结合金融衍生品纠纷的特征及审理的基本原则,本案支持终止净额结算条款的效力,原因主要有以下三方面:

一是对合同法预见规则的恪守。在处理金融衍生品纠纷案件时,应以合同条款作为判断权利义务内容、违约责任的依据。终止净额结算条款出自 ISDA 主协议,在 2002 年版本的 ISDA 主协议第 6 条中涵盖了终止净额结算的各个步骤安排,在第 6(a)、6(b)条提前终止中明确发生了违约事件或终止事件后,违约方向守约方通知上述事件及守约方指定终止日。在第 6(e)(i)(ii)(iii)条和第 6(d)(i)条轧差计算中规定了提前终止款项的计算方式,明确通过协议中约定的方法计算被终止交易的公允价值,从而确定提前终止的款项。可见在交易双方共同认可且签订的 ISDA 主协议中,终止净额结算条款的各个步骤内容明确,金额计算方式明确披露。1999 年《合同法》第 113 条规定,当事人一方不履行合同义务或者履行合同义务不符合约定,给对方造成损失的,损失赔偿额应当相当于因违约所造成的损失,包括合同履行后可以获得的利益,但不得超过违反合同一方订立合同时预见到或者应当预见到的因违反合同可能造成的损失。可见,终止净额结算金额的计算与我国合同法上预见规则和可得利益规则一致。

二是对可预见范围内商业风险的自担。金融衍生品交易是一项商业活动,而张家口石化作为长期从事油类销售的商事主体,应当承担相应的风险。前面讲过"卖者尽责、买者自负",金融机构负有信息披露与风险揭示义务,交易相对方也应对可预见范围内的商业风险有一个合理的预期。在金融机构已经充分揭示风险后,在交易过程中所产生的损失应属于市场主体自行承担的商业风险。

三是对金融衍生品交易国际惯例的尊重。由于衍生品交易结构复杂、设计精巧,普通交易参与者并不具备制定交易条款的能力,ISDA 主协议为该类交易提供了适用于国际市场的标准化合约,并作为国际惯例在衍生品交易中被广泛使用,为交易参与者熟知。因此在交易中采用 ISDA 主协议中关于终止净额结算条款的约定,应认定交易参与者对该条款的效力予以充分的认可,并且对违约责任的承担具有一定的预期。终止净额结算条款亦未与我国现行法律法规相违背,应作为国际惯例加以适用,其效力亦应得到认可。

最终,法院认可终止净额结算条款有效,对于具体金额,渣打银行向行业内数家第三方咨询了有关替代交易的报价,并结合其他市场信息计算了提前终止款项。这是2002年版主协议所确定的计算方法。但是,对于内部数据,渣打银行并没有举证都参考了哪些信息,尤其是其中一部分还涉及它的商业秘密。所以,一审法院并没有采信渣打银行的终止金额,而是以剔除了最高价和最低价的其他三家市场报价的简单算术平均数作为提前终止款项计算,也就是说,实际采用了报价法来确定终止结算金额。二审法院认为,这种计算方式并不违反双方合同约定,且低于渣打银行计算的金额,实际减轻了债务人的负担,可予维持。

最后补充一下,在本起案件的审理中,法院从我国《合同法》的规定出发,解释了ISDA协议的条款,但是并不完美。比如说,很多人提出,提前终止结算条款的性质,并不是继续性合同的解除。这里面有几点疑问:一是衍生品合同是否归类为"继续性合同"？二是在发生违约或终止事件时,产生的法律效果究竟是整个衍生品合同的解除还是衍生品合同下各项具体交易的终止？从商业角度,市场主体追求的实质效果在于通过单一协议制度使交易全部终止以规避拣选履行权的行使,而非整个合同的解除,其原因在于磋商签署衍生品交易主协议对于交易的各方主体而言均需花费大量的时间及精力,如提前终止导致整个主协议被解除,无疑将提高后续重新进行衍生品交易的成本。正如本案的情况,双方在ISDA主协议下开展了数次互换交易,如果出现终止事由,双方会希望终止交易,而非辛辛苦苦签订的ISDA主协议也被解除。三是前面讲过的,提前终止的法律效果与传统的合同解除效果也不太一样。的确,面对层出不穷的金融创新产品,传统民商法理论是否足以包容和解释,也是商事金融审判中始终面临的问题。对于很多创新,大陆法系的传统理论无法完美地解释其中所涉的法律关系,是削足适履套入既有理论,还是改变理论以包容现代创新,抑或不再拘泥于传统民商法、因地制宜设定金融领域的特殊规则,不乏讨论余地。

三、ISDA协议与其他法律之衔接

签署ISDA主协议的交易者大多选择英格兰法与美国纽约州法作为准据法,很少选择其他法律。为什么呢？因为主协议的规定及制度安排在这两个准据法下都能得到支持,而选择别的准据法,就存在法律不支持主协议相关内容的风险,特别是终止净额结算和信用支持安排。下面,我们就来谈谈这两个制度和我国法律的衔接。

(一) ISDA协议与《民法典》

世界银行集团《全球营商环境报告》迎合国际动产担保制度改革的总体趋势,在其指标体系中将各国是否采行基于功能主义的一元化动产担保交易制度作为评估指标之一。《民法典》的编纂正值我国提出要持续优化营商环境之际,在此背景之下,功能主义的立法潮流必然影响到《民法典》担保物权分编的规则设计。《民法典》第388条增加了"其他具有担保功能的合同",该法条扩张了担保合同的范围,能够对商事活动中新型担保方式进行制度上的兼容,被认为是本次立法的最大亮点之一,也是我非常喜欢的一个条款。一般认为,所有权保留、让与担保属于典型的有担保功能的合同。其中和ISDA协议相关的就是让与担保这种担保形式。

同时,《民法典》第401、428条涉及的流押、流质条款,《物权法》是旗帜鲜明地认定无效的,但《民法典》并未否定流押、流质条款的效力,在这种情况下债权人有权就担保财产优先受偿,在一定程度上也承认了让与担保的有效性。

让与担保,又称为担保之给付,是指债务人或者第三人为担保债务的履行,将担保物的所有权移转予债权人,债务清偿后,担保物应返还债务人或第三人;债务不获清偿时,债权人可以就该担保物受偿。例如,A把自己的一辆车卖给B,价款50万元,约定一年后A再花60万元买回,以前这种交易模式可能会被认定为名为买卖、实为借贷,按照民间借贷来处理,那么这辆车的转让就被认定是无效的。现在认识到,这是借贷不假,但车辆的转让是一种担保手段,承认这种担保的有效性。

ISDA协议的信用支持文件有五种类型,其中就包括以转让作为担保的增信措施。我国2009年版NAFMII协议也提供了两种信用支持文件,一种是《转让式履约保障文件》,一种是《质押式履约保障文件》。所以,很高兴的是,转让式增信的效力问题在《民法典》之后已经完全解决了。

(二) ISDA协议与《破产法》

破产是指债务人不能清偿债务时所适用的偿债程序,其目的在于剥夺资不抵债或没有清偿能力的债务人对其财产的管理处分权,让全部债权人就破产财产取得公平受偿的机会。在破产情况下,个别清偿是被禁止的。为了有效实施这一强制性的管理处分破产财产的行为,实现所有债权人平等受偿的制度目的,在各国破产法律规定中,普遍存在以下两个制度:

一是管理人选择履行合同的制度。即破产管理人对破产程序开始时破产人的未完成履行的合同有权决定终止(或解除)或继续履行。破产管理人拥有这一权利,通常会采取有利于保全破产财产的选择履行行为。也即,对于对破产人有利的合同,会倾向于决定继续履行,以增加破产财产的价值;而对那些于破产人不利的合同,则通常会决定提前终止。至于因终止合同而产生的违约赔偿责任,则转为破产债权,由债权人申报债权,然后按比例从破产财产中受偿,这个比例可能很低。

但是,按照终止净额结算的制度设计,触发终止净额结算的事件中包括破产类事件。当发生破产类事件时,一方面,依据终止净额结算合同安排,非破产一方在这种情况下有权提前终止主协议项下全部未完成履行的交易；但另一方面，按照破产法律的基本规定，破产管理人或清算人恰恰拥有决定继续履行或终止的权利，从而就出现了合同当事方依照合同约定终止合同的权利与破产管理人法定的选择履行合同的权利两者之间的直接冲突。

二是破产抵销限制制度。在世界各国破产法律制度中，对破产抵销采取的立法态度有很大差异。在法律有利于债权人的国家如英国，破产抵销是强制性的，是交易双方不能通过合同约定排除的。而在法律有利于债务人的国家，如法国，破产抵销是不被允许的，有特别规定的除外。抵销的结果是非破产一方拥有的较大概率不能完全清偿的债权在其所欠破产人债务金额的范围内得到全额清偿，或换个角度看，抵销的结果是非破产一方所欠破产人的债务在其针对破产人的债权金额范围内无须作任何偿还。相比于那些没有欠破产人任何债务的其他破产债权人，拥有抵销权的非破产一方实际得到了明显的优惠对待，其债权因抵销而得到部分或全部清偿。

按照终止净额结算制度，当出现破产事件时，非破产一方不但有终止权，而且得就全部被终止交易的盈亏头寸进行净额结（计）算，即轧差处理，以得出一个应单向支付的净额。在法律性质上，净额结算和抵销不同，但是在经济效果上，净额结算与抵销并无差别。可是根据破产法律，在破产程序中，抵销权是要受制于破产管理人审核同意的，或至少不是一项可由非破产一方完全自主自助行使的权利。显然，此时的净额结算与破产抵销之间就存在着冲突。

在上述两个冲突情形下，非破产一方的合同权利与破产管理人的法定权利两者之间，孰优孰劣，将直接决定终止净额结算机制的法律效力和可执行性。在过去的十多年里，世界上经济金融及衍生交易业务相对发达的国家，充分认识到了终止净额结算制度对于衍生交易市场乃至整个金融市场的风险控制价值，纷纷通过修改破产法律或制定专门法律，明确终止净额结算制度的有效性，明确规定破产法的一些制度不适用衍生交易，使得衍生交易享有破产法的特别对待。

最后总结一下，从境外发达国家的发展经验来看，场外衍生品交易规模远大于场内衍生品市场，我国场外衍生品市场仍具有较大的发展空间，从法律角度研究衍生品更是刚刚起步。

四、问答环节

同学 A：孙法官您好，我有两个小问题，第一个是关于案例的损失类型和范围。您刚才提到有一个可预见规则，您最后认同一审法院的判决。但如果按照可预见规则，其实是当事人对于损失和类型有约定，法院判决是否符合可预见规则适用的基础、适用的条件？第二个，刚才您提到 NAFMII 还有 ISDA 协议约定了不同的担保类型，比如转让式履约保障文件，但是在《民法典》颁布之前，我们国家《物权法》担保制度是类型法定，在《民法典》颁布之前怎么样适用或者在我们国家法律情况下是否适用呢？

孙倩：关于第一个问题，一审法院虽然最后修改了渣打银行最后计算出来的金额，但是并没有做出一个大幅的改变，整个计算逻辑还是跟渣打银行是一致的。刚才讲到提前终止之后，提前终止款项分为两部分，第一部分是还没有到期但已被终止的那部分交易的结算款项，还有一部分是已经确定的、发生履行的那部分交易的未付款项。现在不明确的是没有到期的那部分到底怎么算。2002 年版的 ISDA 主协议规定了可以参考第三方报价、第三方提供的市场数据以及银行自己的内部数据等。渣打银行自己提供的计算报告是按照 ISDA 协议约定计算出来的结果，但是需要向法院说明每一项参考的数据都是哪些数据，目前我们只能看到它发出了市场报价，进行市场报价的第三方也参考了相关的市场数据，比如布伦特原油期货价格。至于渣打银行内部到底参考了哪些内部数据并没有向法院举证。所以一审法院最终是按照市场报价的均值计算提前终止结算款项部分，虽然和渣打银行提出的金额略有区别，但整体上还是符合 ISDA 协议约定的。

同学 A：决定方的依据还是符合 2002 年版 ISDA 主协议的，由渣打银行来确定，只不过有调整。

孙倩：是的。

同学 B：但是有一个问题，我国《合同法》中赔偿规则不仅有一个可预见规则，还有一个损害赔偿规则应当以实际发生的损失为准，和可预见规则相比算法区别在于 ISDA 协议约定的是五家市场报价，去一个高价、去一个低价，取中间三家的平均报价。问题是从 97 元或者 117 元跌到 73 元，这里就有一个问题，就是五家银行报价都是 72 元左右，为什么要取中间三家的平均报价，而不能从历史数据中取综合的一个报价？

孙倩：这个是第三方报价的一个内部计算问题，其实是金融工程领域的问题了。我个人理解不是按照历史数据作为参考数据的，因为现在计算的是还没有到期的那三期交易，也就是后面的 2014 年 12 月、2015 年 1 月、2 月的三次互换，提前终止日是定在 2014 年 12 月 2 日这一天，此时未来没有履行的交易被提前终止，所以我看到它报价时主要参考依据是 2015 年 1 月份的原油期货价格。

彭冰：张家口石化没有提出一个自己的计算方案吗？

孙倩：没有，其没有提出针对金额本身的抗辩。在双方对于这个款项有争议的情况下，另外一方可以请专家辅助人来抗辩这个报价本身的合理性。

同学 B：证据里面给的 5 家投资银行的报价是当月报价还是未来预期报价？

孙倩：简单来说是替代交易的报价，就是说这个时候交易已经终止了，渣打银行为了实现签订这个合同的目的，如果能在市场上找到其他第三方替代你跟我一起完成这个交易，我要付出怎么样的代价，或者是我能得到多少钱。本案这个报价的意思是我只有给你 110 多万美元，你才愿意和我一起完成接下来的交易。可以这么去理解，但实际报价过程要复杂得多。

回答一下刚才第一位同学说的第二个问题，NAFMII 协议中的转让式履约保障还没有发生过争议，很难知道法院对这个问题的态度。之前举的"名为买卖，实为借贷"的例子，在过去审判实践中有法院是不认可这个转让效力的。

同学 A："名为买卖，实为借贷"是后让与担保，跟让与担保好像是两种不同的法律关系。后让与担保跟让与担保是两种不同的法律关系，后让与担保否定法律效力，司法实务中通常认为是无效的。

孙倩：你说的后让与担保是双方先签订借款合同，后面再把这个东西转让给你，是这种吗？

同学 A：不是，可能先签订了买卖合同，也可能买卖合同是后签的，跟让与担保还是存在区别。

孙倩：你说的交易模式和让与担保确实还是有不一样的地方，我刚才举的例子是双方直接约定了一笔买卖，就是一个车辆的买卖加上回购。

同学 A：那就是让与担保了。

同学 C：他（同学 A）的意思是后让与担保的本质是以买卖合同作为贷款关系的担保，以前人民法院审判的时候会以"名为买卖，实为借贷"去否定买卖合同，说买卖合同是表面行为，隐藏了借贷关系，所以拟了双方许可协议书，这个是在否定后让与担保，不是否定让与担保。

孙倩：这种现象在房地产交易中比较常见，有一些案例是借款不能清偿，双方就签订房屋买卖协议。后让与担保不是一个严谨的法律概念，有个别学者提出，但在审判实践中极少这么用。如果是在不能清偿债务时，约定将某物转移给债权人，这实际上是间接给付（为清偿之给付），和让与担保（为担保之给付）是完全不同的。《九民纪要》不认可所谓的"后让与担保"，不是说合同本身无效，而是说由于标的物没有交付，不产生担保上的效力。

五、相关案件裁判原文

渣打银行(中国)有限公司与张家口联合石油化工有限公司
金融衍生品种交易纠纷案

上海金融法院民事判决书

(2020)沪74民终533号

上诉人(原审被告):张家口联合石油化工有限公司,住所地河北省怀安县柴沟堡镇西门外。

法定代表人:齐某,董事长。

委托诉讼代理人:张某某,北京市问天律师事务所律师。

委托诉讼代理人:艾某某,河北隆业律师事务所律师。

被上诉人(原审原告):渣打银行(中国)有限公司,住所地中国(上海)自由贸易试验区世纪大道201号渣打银行大厦16层(实际楼层15层),17层2室(实际楼层16层2室),18层1、2、3室(实际楼层17层1、2、3室),19层2、3室(实际楼层18层2、3室),22层1、2、4室(实际楼层21层1、2、4室),23层1、2室(实际楼层22层1、2室),25层1室(实际楼层23层1室)及28层(实际楼层26层)。

法定代表人:张某某,行长。

委托诉讼代理人:关某,北京市金杜律师事务所上海分所律师。

委托诉讼代理人:赵某某,北京市金杜律师事务所上海分所律师。

上诉人张家口联合石油化工有限公司(以下简称张家口石化公司)因与被上诉人渣打银行(中国)有限公司(以下简称渣打银行)金融衍生品种交易纠纷一案,不服上海市浦东新区人民法院(2019)沪0115民初25676号民事判决,向本院提起上诉。本院于2020年5月18日立案后,依法组成合议庭进行了审理。本案现已审理终结。

上诉人张家口石化公司上诉请求:撤销一审判决,改判驳回被上诉人渣打银行一审全部诉讼请求,或发回重审,如果驳回渣打银行的全部诉请不成立,则请求减少违约金。事实和理由:1.在程序方面,本案不应以合同履行地确定管辖法院,应以被告住所地确定管辖法院,故应移送至张家口石化公司住所地的法院管辖。一审时,张家口石化公司在法庭调查阶段提起反诉,但一审法院以超过答辩期无权提起反诉为由拒不受理,剥夺其合法权利,程序严重违法。此外,合约签订后,一直是渣打银行(中国)有限公司北京分行(以下简称渣打银行北京分行)与其联络,故实际的交易主体应为渣打银行北京分行,而该分行是否具有从事金融衍生品交易的资格存疑,一审法院未通知渣打银行北京分行参加诉讼,遗漏了必须参加诉讼的当事人。2.一审法院判令张家口石化公司为违约方属于事实认定错误,张家口石化公司要求终止的2014年2月签订的交易条款并未生效,该行为并不会导致2014年3月签订的交易条款直接终止,渣打银行在明知张家口石化公司产生误解的情况下未与其进行任何沟通直接终止后者,系违约方,应承担全部责任。3.一审判决对责任未作出正确划分,部分采用中国银行业监督管理委员会北京监管局出具文件中的内容,对张家口石化公司有利部分只字未提,属于事实认定错误。4.提前终止款项应属于承担违约责任或损害赔偿责任,不存在第三种责任。即使法院认为背对背交易所造成的损失是渣打银行亏损的预先估计,但因渣打银行未披露过背对背交易对手及交易结构,张家口石化公司对该部分交易根本不知悉,在订立合同时无法预见,不应当赔偿。即便赔偿,也应该适用合同上的违约金调整规则予以减少。另外,申请鉴定渣打银行北京分行是否与英国渣打银行有限责任公司(以下简称英国渣打银行)发生实际交易,是否已向英国渣打银行支付了赔偿金。5.渣打银行作为金融衍生品的销售者,负有适当性审查和告知说明义务,但其对张家口石化公司的经营范围认识错误,未将合适的产品销售给适合的消费者,且仅提供英文版合同,合同中无任何标注或加粗显示,也未进行任何讲解,未尽到该义务给投资者造成的损失应由其自己承担。6.一审法院未从整体上了解案件实情,片面处理问题有违公平,包括:(1)渣打银行存在以贷款为由搭售涉案金融衍生品的行为;(2)本案金融衍生品结构设计上存在重大问题,采用"收益上限封顶,亏损下限不托底"的设计,显失公平,实际上是渣打银行通过签署该协议牟利,故意隐瞒风险诱导张家口石化公司签订;(3)渣打银行未建立和执行止损制度。7.因为存在上述问题,涉案合同因违反公序良俗而无效。8.2019年7月31日,张家口联合石化公司向中国银行保险监督管理委员会(以下简称银保监会)投诉渣打银行,银保监会经过调查,认为渣打银行在客户适合度评估和风险提示方面仍有进一步改善空间,并表示会督促其进一步完善和提高风险管理和内部管控水平。故张家口石化公司向银保监会申请信息公开,被拒绝。后张家口石化公司申请行政复议,银保监会维持其答复函。2020年6月6日,张家口石化公司以银保监会为被告提起行政诉讼,该案已被受理,但未审结,该案对本案责任划分具有重要作用,本案需要以该行政案件审理结果为依据,故申请中止本案审理。

被上诉人渣打银行辩称:1.涉案交易性质上属于商品掉期交易产品,合法有效,渣打银行北京分行不是涉案交易主体,其是否具备交易资质与本案无关,且事实上其也具备交易资质。根据监管机构调查结果及本案证据,张家口石化公司主张渣打银行以借贷搭售金融衍生产品没有事实依据,且借贷搭售行为本身不影响涉案交易的效力。

张家口石化公司具有与涉案交易直接相关的基础资产需求,该交易目的在于对冲、规避市场风险,交易结构设计合理,不存在收益及风险不对称的情形。2. 张家口石化公司不落入金融消费者范畴,且具备丰富的金融衍生品交易经验,无倾斜保护之必要。根据监管机构调查结果,渣打银行也已尽到适当性义务及告知说明义务。张家口石化公司仅签署过英文版 ISDA 主协议不影响其了解并达成涉案交易。3. 张家口石化公司根本没有对 2014 年 2 月交易条款的错误认识,其关于 2014 年 11 月 11 日发函系要求提前终止 2014 年 2 月交易条款而非 3 月交易条款的主张,与本案事实及一审笔录矛盾。由于其发函否认涉案交易,构成违约事件,渣打银行有权依约提前终止涉案交易。4. 渣打银行要求张家口石化公司支付提前终止款项符合合同约定,一审判决认定的提前终止款项金额合理、妥当。提前终止款项并非违约金,而是履行合同项下的付款义务,张家口石化公司关于提前终止款项应根据实际损失进行调整的主张缺乏法律和合同依据。5. 在程序方面,本案管辖权争议经过两审已发生法律效力,管辖权问题不应在本案二审程序中再次审查;一审法院未受理张家口石化公司反诉不属于程序违法;本案不属于共同诉讼,一审程序未遗漏必须参加诉讼的当事人。6. 根据监管机构调查结果,张家口石化公司关于渣打银行未建立并执行止损制度的主张缺乏事实依据。故请求驳回上诉,维持原判。

渣打银行向一审法院起诉,请求判令:1. 张家口石化公司向渣打银行支付互换交易项下欠付的提前终止款项 1,328,560.97 美元,以及自 2014 年 12 月 2 日至其实际支付结算款项之日止的利息(截止至 2018 年 10 月 31 日,暂计为 58,571.55 美元);以上暂计人民币 9,660,823.15 元(按判决时银行间外汇市场人民币汇率美元对人民币中间价计算);2. 张家口石化公司承担渣打银行支出的律师费人民币 20 万元;3. 张家口石化公司承担渣打银行支出的仲裁费人民币 106,938 元。

一审法院认定事实:2011 年 9 月 15 日,渣打银行与张家口石化公司签订 ISDA2002 主协议及其附件(以下简称主协议),约定:双方按照主协议的规定进行场外衍生品交易,并按确认书的具体内容履行付款或交付义务。任何一方取消、否认、放弃或拒绝全部或部分之本主协议、由该方签订和交付之任何确认书或由此等确认书证明之任何交易,或对本主协议、上述确认书或交易之有效性提出异议,构成该方之违约事件[第 5(a)(ii)(2)条];违约方之违约事件发生且在持续之中,另一方得以通知期不超过二十天之通知向违约方通知有关违约事件,并指定不早于通知生效之日期为有关所有未完成之交易之提前终止日[第 6(a)条];如提前终止日系因违约事件产生,提前终止款项等于"未违约方就每一项终止交易或一组终止交易(视情况而定)决定之结算款项(无论是正数还是负数)相当于终止货币之金额"与"积欠未违约方之未付款项相当于终止货币之金额"之和减去"积欠违约方之未付款项相当于终止货币之金额",如该提前终止款项为正数,应由违约方向未违约方支付,如该提前终止款项为负数,未违约方应向违约方支付该金额之绝对值……按本条支付之款项系对亏损之合理预先估计而非违约金,支付该数额之目的系为补偿交易之未能实现及保障未来损失之风险[第6(e)条];在出现违约方或发生任何其他终止事件而所有未完成交易成为受影响交易时,付款人应向收款人支付之任何提前终止款项将按未违约方之选择(无需事先通知违约方)下用于扣减抵销收款人应向付款人支付之任何其他款项,于任何其他款项以此方式抵销时,此等其他款项之付款义务将被立即全部解除,未违约方将通知另一方根据约定所为之任何抵销[第6(f)条];如提前终止款项于提前终止日到期,该款项将以终止货币与自该提前终止日(包括当日)至该款项实际支付之日(不包括当日)期间按适用之结算利率计算之利息,(于判决之前及之后)一并支付,利息将按每日复式利率以及实际过期的日数计算[第9(h)条];违约方将依请求,向另一方赔偿并报销其一切合理的开支(包括律师费、签署费及印花税)并使其免受损害,该等开支系因该方因执行和保障违约方为一方当事人之本协议或任何信用支持文件下之权利所产生或因任何交易提前终止而产生之费用,包括但不限于催收费用(第11条);决定方将以善意并按合理之商业程序确定任何结算款项,以达到合理之商业效益。决定方可为任何一组终止交易或一笔终止交易确定结算款项。每笔结算款项应在提前终止日确定,或如以该日为之在商业上非合理可行者,亦可按提前终止日之后商业上合理之日确定。在决定结算款项时不应考虑有关某一笔终止交易或一组终止交易之未付款项和律师费及实付费用,决定方可在确定结算款项时参考任何有关信息,包括但不限于以下一类或多类信息:(i)一个或多个第三方提供之有关替换交易之(确定或参考性的)报价,第三方在提供这些报价时可以考虑决定方在提供报价时之信用状况以及决定方与提供报价之第三方间之任何有关文件,包括信用支持文件之条款;(ii)一个或多个第三方提供之相关市场数据之资料,包括但不限于相关利率、价格、收益率、收益率曲线、波动性、利差、相关性以及相关市场之其他相关市场数据;(iii)源于内部之(包括源于决定方之任何关系人)以上(i)和(ii)款所述类型之资料,但该资料应是决定方在评估同类交易之日常商务过程中使用之同类资料;根据以上(i)款提供报价或根据以上(ii)款提供市场数据之第三方可包括但不限于相关市场之交易商、相关产品之最终使用者、资料销售者、经纪商以及市场资料之其他来源。确定结算款项合理之商业程序可包括:(1)适用按以上(ii)款由第三方提供之相关市场数据或适用按以上(iii)款源自内部之资料、定价或其他评估模式,唯该等数据、资料、定价或模式亦系在决定结算款项时,决定方在日常商业过程中评估与第三方进行类似交易时所采用者;(2)根据一笔终止交易或一组终止交易之类型、复杂性、规模和数量对该笔或该组终止交易适用不同之评估办法(第14条)。

2014年2月14日,张家口石化公司签署《布伦特原油-买入绩效互换》交易条款(以下简称2月份交易条款),载明:本文件仅作讨论之用,并不构成任何要约、建议或诱导任何人士订立任何交易或采纳任何对冲、交易或投资策略。参考条款并不全面,亦不是最终的,受限于最终的交易条款、确认书或者其他文件的规定。如果最初的交易条款和后续的交易条款存在不一致,则以最近被确认或者签署的交易条款为准来解释该不一致。如果交易条款与已经签署的确认书不一致,则以已经签署的确认书为准。

2014年3月7日,双方签订《布伦特原油-买入绩效互换》及对应的《交易确认书》(以下简称3月份交易条款),双方约定于2014年8月1日至2015年2月28日间的7个公历月间(每个公历月为一个计算期间)就布伦特原油开展互换交易:(1)每一计算期间的名义数量为20,000桶,总计140,000桶;(2)渣打银行于每个计算期间的相应支付日向张家口石化公司支付固定金额20,000美元;(3)双方以每桶布伦特原油93美元为执行价格,以单个计算期间内每一定价日商品参考价格的未加权算术平均值为评估价格,在每个计算期间的结算日就浮动金额依如下安排结算:当评估价格等于或高于执行价格,则双方之间不产生另行支付的金额;当评估价格低于执行价格,则张家口石化公司向渣打银行支付的美元金额为"(执行价格-评估价格)×名义数量"。另约定不依赖和非投机目的两条附加条款:不依赖,指交易一方向对方声明:(a)其并未从对方处获取任何就本交易在法律、税务、法规、会计等方面的建议或依赖于任何该等建议(b)就本交易而言,(i)其有能力(通过内部或根据独立的专业建议)对该交易作出评估,并遵照自身决定达成本交易,且(ii)其已理解本交易的所有条款、条件及所含风险并愿意(在财务及其他方面)承担该等风险。非投机目的,指在达成本交易之日时,张家口石化公司向渣打银行声明(或应视为声明):张家口石化公司达成本交易是出于管理其借款或投资,对其资产、负债或与其经营范围相关的业务避险之目的,而非为了进行投机活动。在《风险确认书》中,张家口石化公司向渣打银行确认及承认:张家口石化公司已经基于自身的判断对是否订立交易以及交易是否合适或适当做了最终决定,且对于其认为需要取得其他咨询以协助其作出本决定的,其已经取得自身顾问的所有额外意见。对于相关交易,渣打银行已向张家口石化公司充分披露了协议和交易的风险,包括:(1)交易和协议之条款和固有风险的描述;(2)可能会导致其遭受与交易和协议有关的任何损失的主要因素的描述。张家口石化公司已阅读上述之风险警告,完全明白可能因交易和协议引起的全部风险,包括但不限于最差情况下其潜在的损失;其有能力承受可能因交易和协议引起的全部风险,包括但不限于最差情况下其潜在的损失;其具有与本交易直接相关基础资产或基础负债(以下简称基础敞口),并且该基础敞口为进行本交易的真实需求背景;其进行本交易的目的是对冲或者避险而不是为了投机,且上述对冲或者避险的目的完全符合本交易条款中交易目的部分的规定。

同日,渣打银行与张家口石化公司的授权交易员齐某就系争交易内容进行确认,渣打银行特别就布伦特原油价格跌破执行价格的亏损风险向张家口石化公司进行说明,张家口石化公司最终确认进行系争交易。主协议、3月份交易条款签订后,渣打银行与张家口石化公司依约履行了四期互换交易。

2014年5月28日、2014年9月17日,渣打银行与张家口石化公司的授权交易员齐某通话,就系争交易向张家口石化公司提示油价下跌风险。张家口石化公司均表示了解且希望按原约定3月份交易条款执行。

2014年11月11日,张家口石化公司出具《关于终止布伦特原油-买入绩效互换的函》,要求提前终止2月18日签署的"布伦特原油-买入绩效互换"协议,否认2014年11月10日后互换交易的效力,并表示不再承担11月10日后的损失。

2014年11月27日,渣打银行向张家口石化公司发出《提前终止通知》,指定2014年12月2日为主协议项下所有未完成交易的提前终止日。

2014年12月2日,渣打银行向高盛、道达尔、巴克莱、法国巴黎银行、英国BP石油发送电子邮件,就系争交易提前终止所需的平仓成本发送询价函。5家市场交易商回复电子邮件中的报价分别为:高盛报价1,167,000美元,道达尔报价1,161,000美元,巴克莱报价1,170,651美元,法国巴黎银行报价1,227,600美元,英国BP石油报价1,151,140美元。

2014年12月3日,渣打银行向张家口石化公司发出《提前终止金额计算报告》及其附件,载明:要求张家口石化公司支付提前终止款项1,456,840美元,提前终止金额在本报告生效日起的第二个本地工作日到期(以下简称支付到期日),要求张家口石化公司在支付到期日支付以上提前终止款项加上到期应付的利息。附件中载明:(1)终止交易结算款项的终止货币等值额为1,189,000美元,与5家市场交易商市场报价剔除最高价和最低价之后的算数平均数金额1,166,217美元相近;(2)张家口石化公司欠渣打银行的未付款项的终止货币等值额为267,840美元;(3)渣打银行欠张家口石化公司的未付款项的终止货币等值额为零美元。根据主协议约定,提前终止款项等于(1)(2)(3)的总和,应由张家口石化公司支付给渣打银行。

2014年12月11日,渣打银行从张家口石化公司的人民币账户和美元账户中分别扣除人民币185,597.62元(按2014年12月10日牌价折合30,328.89美元)和97,950.14美元。

2015年6月8日,渣打银行向中国国际经济贸易仲裁委员会提交仲裁申请书,中国国际经济贸易仲裁委员会根据渣打银行与张家口石化公司签订的主协议中仲裁条款及渣打银行提交的仲裁申请书受理主协议争议仲裁案,并于 2016 年 6 月 26 日作出 (2016) 中国贸仲京 (沪) 裁字第 145 号裁决书,认定以市场报价 1,166,217 美元作为终止交易结算款项的终止货币等值额,以 1,305,777.97 美元作为张家口石化公司尚欠提前终止款项本金。

2016 年 12 月 2 日,中国银行业监督管理委员会北京监管局办公室出具《关于对张家口联合石油化工有限公司反映问题回复的函》,载明:渣打银行是获准经营从事金融衍生产品交易业务(其中包括大宗商品衍生产品)的机构,其在和张家口石化公司的交易相关文件中就业务细节及交易产品的风险情况做出了说明,张家口石化公司对此进行了确认。渣打银行曾通过电话提出可提前结束合约或采取保护措施控制损失,并于 2014 年 11 月 6 日通过邮件向张家口石化公司提供了止损方案作为参考。

一审法院认为,本案争议焦点有三个:第一,关于涉案主协议、2 月份交易条款、3 月份交易条款的效力问题;第二,违约责任及违约的后果问题;第三,提前终止款项的法律性质和金额的确定问题。

关于争议焦点一:张家口石化公司在签署 3 月份交易条款同日签署确认书,该确认书是对 3 月份交易条款的确认,对于 2 月份交易条款,张家口石化公司未曾签署过相应确认书,也从未实际履行过,故 2 月份交易条款并未发生法律效力。

本案系争主协议、3 月份交易条款均系双方当事人的真实意思表示,且内容不违反法律和行政法规的效力性强制性规定,也不存在其他导致合同无效的事由,故上述合同合法有效,当事人理应恪守。

关于争议焦点二:根据主协议约定,任何一方取消、否认、放弃或拒绝全部或部分之主协议、由该方签订和交付之任何确认书或由此等确认书证明之任何交易,或对主协议、上述确认书或交易之有效性提出异议,构成该方之违约事件。张家口石化公司在互换交易依约履行四期后,向渣打银行发函要求提前终止并解除互换交易,否认 2014 年 11 月 10 日之后互换交易的效力并表示不再履行合同义务,构成主协议项下的违约事件。渣打银行据此确定双方之间互换交易的提前终止日并要求张家口石化公司支付提前终止款项及其利息的主张,具有合同依据,予以支持。渣打银行关于律师费、仲裁费的主张,因其未能提供相应证据证明,无法予以支持。

关于争议焦点三:从现有证据来看,双方在合同中约定的提前终止款项系对亏损之合理预先估计而非违约金,支付该数额之目的系为补偿交易之未能实现及保障未来损失之风险,故张家口石化公司关于提前终止款项作为违约金应按照实际损失来确定的抗辩没有事实和法律依据,不予支持。该提前终止款项的金额,仲裁庭已根据相关市场报价作出了认定,该金额尚属合理,予以认同。关于提前终止款项利息,渣打银行主张适用的利率相当于渣打银行取得有关资金之须支付资金成本(以年利率计)加

1%,应采用隔夜融资利率上浮1%等于年化1.1017%作为利率,具有合同依据,予以采纳。

一审法院遂判决:1.张家口石化公司于判决生效之日起十日内支付渣打银行互换交易项下欠付的提前终止款项1,305,777.97美元,自2014年12月2日起至2018年10月31日止的利息58,571.55美元,以及自2018年11月1日起至实际清偿日的利息[以原告取得有关资金之须支付资金成本(以年利率计)加1%为利率],以上款项按判决时银行间外汇市场人民币汇率美元对人民币中间价计算后以人民币支付;2.驳回渣打银行其他诉讼请求。一审案件受理费人民币246,468.10元,由张家口石化公司承担。

二审中,上诉人张家口石化公司提交了以下证据:1.被上诉人渣打银行与英国渣打银行背对背平仓交易付款的相关凭证,以证明涉案交易的实际主体是渣打银行北京分行,以及渣打银行主张已平仓交易付款的虚假性,怀疑其并不存在真实的背对背交易;2.渣打银行北京分行企业登记信息,以证明其经营范围不包含金融衍生品交易;3.张家口石化公司章程,以证明该公司董事长并无签署金融衍生产品合同的权利;4.有关渣打银行和张家口石化公司商品衍生交易合同纠纷的补充情况说明、渣打银行背对背平盘交易成交记录单及说明,该证据系渣打银行在仲裁阶段提交,以证明渣打银行诉讼请求的基础依据是其向交易对手支付了赔偿金;5.银保监会就信息公开有关事项征求渣打银行意见材料、渣打银行出具的反馈意见,以证明银保监会认定渣打银行在客户适合度方面存在问题;6.《行政复议答复通知书》、银保监会相关部门复议答辩材料,以证明银保监会国际部再次对渣打银行在客户适合度评估和风险提示方面存在问题进行确认。

被上诉人渣打银行质证认为:对证据1真实性、合法性认可,但不属于新证据,该证据系渣打银行在一审中作为参考资料提交给法院,因提前终止款项并不属于违约损失或违约金,渣打中国并未将其和英国渣打银行的背对背交易作为证明实际损失的证据;对证据2真实性、合法性认可,但不属于新证据,上诉人张家口石化公司一审时即可提交但未提交,对证明目的也不认可,因为渣打银行北京分行并非涉案交易的当事方;对证据3真实性、合法性无法核实,也不属于新证据,张家口石化公司一审时即可提交但未提交,对证明目的也不认可,因为该章程落款日期为2016年4月20日,晚于涉案交易文件签署时间,涉案交易所对应的主协议、交易条款均已加盖张家口石化公司公章,并经齐某签字,代表该公司真实意思表示;对证据4真实性、合法性认可,但不属于新证据,亦不认可其证明目的,因为提前终止金额并非违约金,无须根据实际损失进行调整,渣打银行在背对背交易下向交易对手方支付提前终止金额系依约履行背对背交易项下付款义务的行为,而非支付交易赔偿金;对证据5、6真实性、合法性无法核实,对证明目的亦不认可,银保监会、仲裁委员会均未认定渣打银行在客户适合度方面存在问题,监管机构已多次调查认定未发现证据证明渣打银行在办理本案业务时存在违法违规的情形。

本院认为,对于证据1、4,被上诉人渣打银行在本案中并未将其与案外人背对背平仓交易作为涉案终止净额结算的依据,故该证据与本案不具有关联性,本院不予采纳;证据2真实性可予确认,但与本案无关(下文将结合涉案合同当事人的认定进一步阐述理由);对于证据3,涉案协议上均由上诉人张家口石化公司加盖公章,能够代表该公司意思表示,故对该证据不予采纳;证据5、6内容为张家口石化公司在申请行政部门信息公开中产生的相关资料,与本案均不具有关联性,故本院不予采纳。

经审查,一审法院认定事实无误,本院予以确认。

二审审理中,被上诉人渣打银行表示,放弃一审中关于利息的诉讼请求。

本院认为,综合双方当事人诉辩意见,本案二审阶段的争议焦点主要集中在以下四个方面:第一,一审审理程序是否合法;第二,涉案交易协议是否成立并有效;第三,上诉人张家口石化公司发函终止协议是否构成违约;第四,终止净额结算条款的性质为何及如何计算。

一、一审法院审理程序的合法性审查

首先,在管辖问题上,上诉人张家口石化公司在一审阶段提出管辖权异议后,一审法院已作出驳回裁定,并经本院二审裁定维持,管辖权业已确定,本院不再重复审查。

其次,对于上诉人张家口石化公司提起的反诉,法院可以审查是否属于应当合并审理的范围,且即便未予受理,该公司亦有权提起另案诉讼,故一审法院未受理反诉并未实际影响张家口石化公司的诉讼权利。

最后,涉案所有协议,包括主协议、交易条款、交易确认书等均由上诉人张家口石化公司和被上诉人渣打银行签订,渣打银行北京分行并非合同相对方。渣打银行北京分行仅在《提前终止通知》和《提前终止金额计算报告》加盖公章,但该两份文件落款处均署名为渣打银行,对此,渣打银行认可该两份文件的效力,张家口石化公司亦未对该两份文件代表渣打银行意思表示提出异议。另外,张家口石化公司发函的对象也是渣打银行,并未因渣打银行北京分行工作人员参与部分事务而对合同相对方有所误解,故一审法院未予追加第三人并无不当。

二、涉案交易协议的效力

上诉人张家口石化公司上诉称,被上诉人渣打银行未尽到适当性义务,未将合适的产品销售给适合的消费者。本院认为,所谓金融消费者,是指为满足个人或家庭生活消费需要、购买金融机构金融产品或接受金融服务的自然人。卖方机构在向金融消费者推介、销售高风险等级金融产品中必须履行了解客户、了解产品、将适当的产品(或者服务)销售(或者提供)给适合的金融消费者等义务。本案中,张家口石化公司作为经营油类产品的企业,进行涉案衍生品交易,并非出于个人或家庭消费需要,不属于金融消费者的范畴,故对其该项上诉理由,不予支持。

虽然上诉人张家口石化公司不属于金融消费者,但基于金融衍生品交易的复杂性和其自身所隐含的风险,金融机构在与客户缔约时也应评估交易对手的适合度,并向客户充分披露风险。在案证据显示,张家口石化公司从事油类销售业务,基于我国国内油价与国际油价的接轨制度,国际油价波动对国内油类销售业务可能产生影响,故该公司具有与涉案交易直接相关的基础资产。张家口石化公司还签署了《风险确认》,确认其已基于自身判断对是否订立交易以及交易是否合适或适当作了最终决定,渣打银行已充分披露了协议和交易的风险,张家口石化公司已阅读上述风险警告,完全明白可能因交易和协议引起的全部风险,包括但不限于最差情况下其潜在的损失,同时,还确认其具有与本交易直接相关的基础资产或基础负债,进行本交易的目的是对冲或避险。故被上诉人渣打银行在缔约过程中已履行了相应的客户审查及风险提示义务。

在涉案产品设计的公平性问题上,衍生品交易是合同当事人对未来的不确定性进行博弈,在金融机构对产品交易结构、蕴含风险进行充分揭示的情况下,当事人应对交易过程中可能产生的收益或亏损有一定的预期,并在此基础上自主作出商业判断。同时,作为风险管理工具,衍生交易下的盈亏与现货交易中的损益之间存在对冲关系,故也不应仅从涉案交易本身的盈亏判断合同的公平性。

此外,上诉人张家口石化公司还主张,被上诉人渣打银行存在强制搭售行为,但对此并未提供有效证据予以证明,本院难以采信。

综上分析,涉案交易协议系双方当事人真实意思表示,并不违反法律、行政法规的禁止性规定,已经成立并合法有效,当事人均应恪守合同约定。

三、上诉人张家口石化公司发函终止协议是否构成违约

上诉人张家口石化公司主张,其要求终止的 2 月份交易条款,因其并未生效,该行为并不会导致 3 月份交易条款的直接终止。本院认为,有相对人的意思表示的解释,应当按照所使用的词句,结合相关条款、行为的性质和目的、习惯以及诚信原则,确定意思表示的含义。从张家口石化公司《关于终止布伦特原油-买入绩效互换的函》的具体内容看,函中虽将协议签署时间记载为"2 月 18 日",但同时也明确表示,认同并履行 2014 年 11 月 10 日以前的合约约定,2014 年 11 月 10 日之后的协议不再生效,故其目的在于终止正在进行的互换交易,否定剩余三期互换约定的效力,而非要终止一份未生效的协议。现双方当事人对实际履行的协议为 3 月份交易条款并无争议,故张家口石化公司向渣打银行出具此函应理解为要求终止 3 月份交易条款,构成主协议第 5(a)(ii)(2)条项下的违约事件,渣打银行得依据第 6(a)条约定享有违约事件发生后

提前终止之权利。张家口石化公司该项上诉理由并无事实依据,本院难以采信。

四、终止净额结算条款的性质和计算

主协议第6(e)(v)条约定:"按第6(e)条支付之款项系对亏损之合理预先估计而非违约金。支付该数额之目的系为补偿交易之未能实现及保障未来损失之风险。"掉期交易中,交易双方对具体违约责任触发交易提前终止的合约安排实质上属于继续性合同的约定解除。违约事件下提前终止应付额包括终止款项和未付款项两部分,其中未付款项的清偿属于对已发生并确定之债务的履行,而提前终止款项即为交易违约方在合同解除后对非违约方应承担的违约责任,也就是赔偿非违约方因交易提前解除而遭受之损失。

《中华人民共和国合同法》第一百一十三条规定,当事人一方不履行合同义务或者履行合同义务不符合约定,给对方造成损失的,损失赔偿额应当相当于因违约所造成的损失,包括合同履行后可以获得的利益,但不得超过违反合同一方订立合同时预见到或者应当预见到的因违反合同可能造成的损失。ISDA主协议的出台为场外衍生品交易提供了适用于国际市场的标准化合约,并作为国际惯例和国内行业规则在衍生品交易实践中被广泛采用并为交易参与方所熟知。因此,若交易协议中实际采用了ISDA主协议的相关规定,则应当认为交易各参与方对协议中所列违约责任的承担具有一定的预期。

根据主协议的规定,在违约事件发生后,非违约方应当以通知的形式,根据协议就所有受到影响的未到期交易指定一个提前终止日。不论有关的违约事件、终止事件是否仍持续,该提前终止日将于指定的日期生效,并以此提前终止日为基准,使相应的未到期交易被提前终止。本案中,渣打银行于2014年11月27日发出提前终止通知,并指定2014年12月2日为提前终止日,符合双方合同约定。

关于提前终止款项的计算方法,根据主协议第14条的约定,计算方将依诚实信用原则,并按合理之商业程序确定任何结算款项,以达到合理之商业效益。计算方可参考任何有关信息,包括但不限于第三方提供的有关替换交易之报价,第三方提供的相关市场数据资料等。本案中,渣打银行向行业内数家第三方咨询了有关替代交易的报价,并结合其他市场信息计算了提前终止款项。一审法院以市场报价的平均数作为提前终止款项计算的依据,并不违反双方合同约定,且低于渣打银行计算的金额,实际减轻了债务人的负担,可予维持。

被上诉人渣打银行自愿放弃关于利息的诉讼请求,系其对自身权利的处分,与法不悖,本院予以准许,并据此对一审判决作出相应变更。

此外,上诉人张家口石化公司还以提起另案行政诉讼为由申请中止审理。本院认为,银保监会已就张家口石化公司的投诉作出了处理,该公司提起行政诉讼系向银保监会申请信息公开,故本案并不必须以该案审理结果为依据,不属于《中华人民共和国民事诉讼法》第一百五十条所规定的中止诉讼的情形,因此,对张家口石化公司的该项请求,本院不予支持。

综上所述,上诉人张家口石化公司的上诉请求不能成立,应予驳回;一审判决认定事实清楚,适用法律正确,因被上诉人渣打银行放弃相关诉请,依照《中华人民共和国民事诉讼法》第一百七十条第一款第二项之规定,判决如下:

一、维持上海市浦东新区人民法院(2019)沪0115民初25676号民事判决第二项;

二、将上海市浦东新区人民法院(2019)沪0115民初25676号民事判决第一项变更为:上诉人张家口联合石油化工有限公司应于本判决生效之日起十日内支付被上诉人渣打银行(中国)有限公司1,305,777.97美元,该款项按二审判决作出之日银行间外汇市场人民币汇率美元对人民币中间价计算后以人民币支付。

若未按本判决指定的期间履行给付金钱义务,应当依照《中华人民共和国民事诉讼法》第二百五十三条之规定,加倍支付迟延履行期间的债务利息。

一审案件受理费人民币81,574.33元,二审案件受理费人民币79,292元,均由上诉人张家口联合石油化工有限公司负担。

本判决为终审判决。

上海金融法院民事裁定书

(2019)沪74民辖终217号

上诉人(原审被告):张家口联合石油化工有限公司,住所地河北省怀安县柴沟堡镇西门外。

法定代表人:齐某,该公司董事长。

被上诉人(原审原告):渣打银行(中国)有限公司,住所地中国(上海)自由贸易试验区世纪大道201号渣打银行大厦16层1室(实际楼层15层1室)、17层(实际楼层16层)、18层(实际楼层17层)、19层(实际楼层18层)、21层(实际楼层20层)、22层1室(实际楼层21层1室)、23层1室(实际楼层22层1室)、25层1室(实际楼层23层1室)及28层(实际楼层26层)。

法定代表人:张某某,该行行长。

上诉人张家口联合石油化工有限公司因金融衍生品种交易纠纷一案,不服上海市浦东新区人民法院(2019)沪0115民初25676号民事裁定,向本院提起上诉。

张家口联合石油化工有限公司上诉称,因合同纠纷提起的诉讼,应由合同履行地或者原审被告住所地法院管辖,本案接收货币的一方实际上是渣打银行(中国)有限公司北京分行,该分行所在地北京市朝阳区应视为合同履行地,而原审被告住所地在河北省张家口市,上海市浦东新区人民法院对本案无管辖权。故请求撤销原裁定,将本案移送河北省张家口市中级人民法院或北京市朝阳区人民法院处理。

本院经审查认为,本案系合同纠纷,因当事人未对管辖法院进行书面约定,根据《中华人民共和国民事诉讼法》第二十三条之规定,应由合同履行地或者被告住所地人民法院管辖。本案的争议焦点在于合同履行地的认定,根据《最高人民法院关于适用〈中华人民共和国民事诉讼法〉的解释》第十八条第二款之规定,合同对履行地点没有约定或者约定不明确,争议标的为给付货币的,接收货币一方所在地为合同履行地。本案被上诉人的原审诉请是要求原审被告按约履行互换交易项下欠款的提前终止款项等,即本案的争议标的为"给付货币"类型,且被上诉人在金融衍生品种交易纠纷中是接收货币一方,故应当认定被上诉人所在地为合同履行地。因被上诉人住所地在上海市浦东新区,故上海市浦东新区人民法院对本案有管辖权。上诉人的上诉理由不能成立,原审裁定驳回上诉人管辖权异议并无不当,本院应予维持。

依照《中华人民共和国民事诉讼法》第一百七十条第一款第一项、第一百七十一条、第一百七十五条之规定,裁定如下:

驳回上诉,维持原裁定。

本裁定为终审裁定。

上海市高级人民法院民事裁定书

(2018)沪民辖终6号

上诉人(原审被告):Deutsche Bank AG(德意志银行股份有限公司),住所地Taunusanlage 12 60325 Frankfurt Germany。

指定代理人:Michael Strauch/Dr.Jorg Mucke,授权代表。

上诉人(原审被告):Deutsche Bank AG, Hong Kong Branch(德意志银行股份有限公司香港分行),住所地中华人民共和国香港特别行政区西九龙柯士甸道西1号环球贸易广场(ICC)52层。

指定代理人:Catherine Mary Mcbride/Stephan Holger fischleichael,授权代表。

上诉人(原审被告):德意志银行(中国)有限公司上海分行,住所地中华人民共和国上海市世纪大道8号上海国金中心办公楼二期(B座)30层3001-16室、38层3804-3811室和3814室、39层3901-16室、40层4001-16室。

负责人:梁某某,代理行长。

被上诉人(原审原告):光明食品香港有限公司,住所地中华人民共和国香港特别行政区皇后大道东 183 号合和中心 54 楼。

指定代理人：曹某某，授权代表。

上诉人德意志银行股份有限公司（以下简称德银公司）、德意志银行股份有限公司香港分行（以下简称德银香港公司）、德意志银行（中国）有限公司上海分行（以下简称德银上海公司）因金融衍生品种交易纠纷一案，不服上海市第一中级人民法院（2016）沪 01 民初 454 号民事裁定，向本院提起上诉。

上诉人德银公司、德银香港公司、德银上海公司分别上诉称：上诉人德银上海公司作为本案被告的适格性直接决定原审法院有无管辖权的认定，因此在案件受理和管辖权异议阶段应予以审查。本案系合同之诉，上诉人德银上海公司并非系争合同当事人，也未有证据证明上诉人德银上海公司加入了合同关系，因此上诉人德银上海公司不是本案适格被告。就"不方便管辖"原则，原审法院规避本应查明的被告适格性问题，将本来与争议无关的上诉人德银上海公司认定为本案被告并因此确立管辖权，再以上诉人德银上海公司为中国法人，案涉中国当事人利益为由认定本案不适用"不方便管辖"，裁判逻辑显属错误。综上，请求撤销原审裁定，并驳回被上诉人光明食品香港有限公司（以下简称光明香港公司）的起诉。

本院经审查认为，涉案《国际掉期及衍生工具协会 2002 年主协议》在适用法律和管辖权部分约定：如本协议明确规定由英国法律管辖，倘该诉讼不涉及公约法院，则接受英国法院之非专属管辖，及倘该诉讼涉及公约法院，则接受英国法院之专属管辖。该协议定义部分约定："公约法院"指需在诉讼中适用 1968 年《关于民商事案件之司法管辖以及承认和执行判决之布鲁塞尔规定》第 17 条以及 1988 年《关于民商事案件之司法管辖以及承认和执行判决之芦根诺公约》第 17 条之任何法院。该协议附件准据法部分约定：本协议以及因本协议产生或与本协议相关的任何非合同义务均受英国法律的管辖，并按照英国法律进行解释。综合上述合同约定可见，本案依约准据法应适用英国法律，本案诉讼若向公约国法院起诉，则由英国法院专属管辖，若向非公约国法院起诉，则不受英国法院专属管辖限制。中华人民共和国并非上述公约的签署国，因此当事人可以就涉案纠纷向我国法院提起诉讼。

本案系涉外合同纠纷案件。《中华人民共和国民事诉讼法》第二百六十五条规定，因合同纠纷或者其他财产权益纠纷，对在中华人民共和国领域内没有住所的被告提起的诉讼，如果合同在中华人民共和国领域内签订或者履行，或者诉讼标的物在中华人民共和国领域内，或者被告在中华人民共和国领域内有可供扣押的财产，或者被告在中华人民共和国领域内设有代表机构，可以由合同签订地、合同履行地、诉讼标的物所在地、可供扣押财产所在地、侵权行为地或者代表机构住所地人民法院管辖。对于管辖权争议，本院须依法对全案进行审查。本案系合同纠纷案件，而上诉人德银上海公司并非合同主体,原审法院仅依上诉人德银上海公司住所地位于其辖区范围对本案行使管辖权依据不足。经查,上诉人德银公司在上海设有代表机构,名称为"德意志银行股份有限公司(证券业务)上海代表处",该代表处驻在场所为中华人民共和国上海市浦东新区世纪大道8号上海国金中心办公楼二期38层3801-02&15-16室,属于原审法院辖区范围,原审法院依法可以对本案行使管辖权。

《最高人民法院关于适用〈中华人民共和国民事诉讼法〉的解释》第五百三十三条规定,中华人民共和国法院和外国法院都有管辖权的案件,一方当事人向外国法院起诉,而另一方当事人向中华人民共和国法院起诉的,人民法院可予受理。判决后,外国法院申请或者当事人请求人民法院承认和执行外国法院对本案作出的判决、裁定的,不予准许;但双方共同缔结或者参加的国际条约另有规定的除外。外国法院判决、裁定已经被人民法院承认,当事人就同一争议向人民法院起诉的,人民法院不予受理。依该规定,上诉人等在外国法院提起的相关诉讼,在外国法院裁判被我国法院承认之前,并不影响原审法院受理本案。

《最高人民法院关于适用〈中华人民共和国民事诉讼法〉的解释》第五百三十二条规定:涉外民事案件同时符合下列情形的,人民法院可以裁定驳回原告的起诉,告知其向更方便的外国法院提起诉讼:(一)被告提出案件应由更方便外国法院管辖的请求,或者提出管辖异议;(二)当事人之间不存在选择中华人民共和国法院管辖的协议;(三)案件不属于中华人民共和国法院专属管辖;(四)案件不涉及中华人民共和国国家、公民、法人或者其他组织的利益;(五)案件争议的主要事实不是发生在中华人民共和国境内,且案件不适用中华人民共和国法律,人民法院审理案件在认定事实和适用法律方面存在重大困难;(六)外国法院对案件享有管辖权,且审理该案件更加方便。据本案现有证据,被上诉人光明香港公司系光明食品(集团)有限公司的全资子公司,且在涉案合同中多处条款涉及光明食品(集团)有限公司,上诉人德银上海公司的主体资格虽影响本案管辖权的确定,但其同本案确有关联是否应承担相应责任仍须实体审理查明,鉴于上述主体均系中国法人,故上诉人等认为本案应适用不方便管辖原则,不符合法律规定。综上,三上诉人的上诉请求不能成立,本院不予支持。依照《中华人民共和国民事诉讼法》第一百七十条第一款第(一)项、第一百七十一条之规定,裁定如下:

驳回上诉,维持原裁定。

本裁定为终审裁定。

融资租赁

第六讲　租赁物与融资租赁法律关系的司法认定

高　琼

2021 年 5 月 9 日

> **主讲人简介：**
>
> 　　高琼,现任上海铁路运输法院党组成员、副院长,三级高级法官。长期从事商事和金融审判,在涉银行、融资租赁、保理、破产等领域有着丰富的审判经验。其审理的案件被评为全国法院商事审判十大案例、最高人民法院《人民法院高质量服务保障长三角一体化发展典型案例》等,另有多起案件入选上海法院参考性案例、年度精品案例。参与最高人民法院《关于审理融资租赁合同纠纷案件适用法律问题的解释》等多项司法解释的起草和论证工作。参与最高人民法院《中华人民共和国民法典适用与实务讲座》融资租赁编的撰写。执笔的多项最高人民法院司法统计分析重点课题、上海法院重点调研课题和报批课题获评优秀成果。曾获中国法学会学术论文评比二等奖,在《人民司法》《商事审判指导》等刊物发表论文数篇。

　　本讲主要从租赁物与融资租赁法律关系的司法认定角度和大家作一些交流,主要包括三方面的内容:一是介绍一下上海法院审理融资租赁纠纷案件的概况,主要从案件审理的特点以及我们在审理案件当中的一些理念来进行介绍。二是结合当前审判实践,从案例出发,就租赁物与融资租赁法律关系的司法认定谈一些看法,这里主要涉及适格租赁物的条件,《民法典》第 737 条虚构租赁物导致融资租赁合同无效的条款的理解以及租赁物登记等问题。三是就审判实践当中的一些难点问题和大家进行探讨。

一、融资租赁合同纠纷案件概况

(一) 案件特点

一是案件数量逐年增加,二是案件类型呈多样化趋势,三是目前融资租赁案件审理难度明显加大,特别是在事实认定和行为定性方面。

1. 案件数量逐年增加

2010—2020年融资租赁业发展很迅速。2010—2018年,每年融资租赁合同标的额大概是1万亿元,2019—2020年每年已经达到6.5万亿元。随着融资租赁合同数量的增加,法院审理的融资租赁案件也不断增加,2015年、2016年上海法院审理的一审融资租赁合同案件数量为2000多件,2017年是4000多件,2018年是5000多件,2019年首次突破了1万件,2020年有2万多件。案件数量增加,案件所涉标的额也是逐年增加,2015年融资租赁的诉讼标的额大概是40多亿元,到2020年大致增长了9倍,诉讼标的额已经达到了400多亿元。

总之,上海法院审理的商事案件中,融资租赁案件是金融商事案件的重要组成部分,占据了两个"第三"。一是案件数量位居第三。金融商事案件中最多的是涉银行卡纠纷案件,第二是金融借款合同纠纷案件,第三就是融资租赁合同纠纷案件。从所占比例来看,近几年融资租赁合同纠纷案件和保险、期货、证券类案件数量的差距进一步加大。虽然银行卡纠纷案件数量居第一位,但因涉及大量信用卡案件,即小标的案件,该类纠纷从总标的额来看只位居第二位,金融借款合同纠纷案件涉案标的额占据第一位,融资租赁合同涉案标的额位居第三位。

2. 案件类型呈多样化趋势

审判实践中当事人主要有以下几类诉请:一是出租人直接诉请支付全部未付租金,包括已到期的租金和未到期的租金以及相应的违约金。二是出租人仅仅诉请要求收回租赁物,这类诉请相对来说比较少,主要是在租赁物比较值钱的情况下有这样的诉请。三是出租人既诉请给付全部未付租金,包括到期未付租金和未到期租金,又请求收回租赁物。关于这两个诉请,最高人民法院《关于审理融资租赁合同纠纷案件适用法律问题的解释》(以下简称《融资租赁司法解释》)对此予以了明确,法院是要进行释明的,当事人只能择一行使。2020年新修订的《融资租赁司法解释》第10条又对此予以明确。四是出租人先诉请支付全部租金,判决后也执行了,但没有执行到位,这种情况下出租人可以另行诉请解除合同收回租赁物。五是直接诉请解除合同,收回租赁物并且赔偿损失,赔偿损失的计算根据《融资租赁司法解释》的相关规定,损失赔偿范围为全部未付租金和其他费用,同时要减去租赁物的残值。六是仅仅诉请支付到期未付租金,同时诉请解除合同收回租赁物。审判实践中第一、第五这两类诉请较多。

3. 融资租赁案件审理难度明显加大

(1)事实认定难。一是融资租赁合同虽然只涉及出租人、承租人、出卖人这三方主体,但实践中出租人为了保证其利益,控制相关风险,在签订合同时会想尽办法把更多利益主体纳入融资租赁合同体系当中来。我们可以看到融资租赁合同后面往往会跟着保证、抵押、质押、最高额抵押、回购等增信措施。有的融资租赁案件会涉及二三十个担保人,被告主体众多,法院送达很困难。在有些被告不来应诉的情况下,法院查明合同履行情况有一定的困难。二是针对租赁物存在与否在事实认定上也会存在一些问题,比如有时候出租人仅仅能够提供发票以及相应的租赁物清单,这种情况下能不能认定租赁物的存在?三是对于首付款、保证金,当事人没有明确约定抵扣时点、范围和顺序。四是租赁物残值的确定比较难,特别是在当事人对租赁物残值没有明确约定的情况下,目前没有一个专门机构评估租赁物残值。五是违约金不易确定。六是担保的真伪。融资租赁案件中,一些担保人在一二审当中都未到庭参加诉讼,判决之后进入执行时,担保人会提出申诉,声称担保函上的字非本人所签,最终导致案件发回重审。

(2)行为定性难。随着融资租赁业的发展,最近几年融资租赁的创新举动很多,譬如说关于租赁物范围,除了传统的租赁设备之外,越来越多的物被纳入融资租赁体系当中。特定物到底是不是一个适格的租赁物是我们审理当中的难点。又如在租金、还款方式、期限等方面出现了新的模式。以气球贷案件为例,它跟常规的融资租赁合同不一样,租金及回购价款采用先息后本的特征,也就是说每一期租金没有平摊,每一期只是付一点利息就可以了,到期末的时候购买价是融资的本金,是先付息后付本。又譬如一般融资租赁合同租期相对来说是比较固定的,比如五年期的合同、八年期的合同,但是现在融资租赁企业采用一个新的模式,就是租期是开口的,是不定期的,承租人可以任意选择赎回的时间,在这之前只要付利息就可以,付完全部的本金之后,合同就终止。对这一类合同到底如何定性,实践中有一些争议。

(3)涉及民刑交叉问题。最近几年融资租赁涉及民刑交叉的案件越来越多,如承租人涉嫌犯罪,案件是不是要移送公安机关,应不应当中止审理,合同效力怎么认定都是难点。

(二)融资租赁案件的审判理念

1. 尊重契约自由

融资租赁合同本身是出租人和承租人之间就条款协商的结果,应当是各方当事人对履约成本、履约风险以及履约收益的综合考量。案件审理中如果有合同约定，还是应尊重当事人之间的约定。但是当事人之间的合同约定应当在法律允许的框架之内。在涉及合同效力问题时，法院应依职权进行认定。

2. 不轻易否定合同效力

对于合同效力问题，我们在审理中是慎之又慎，个案合同无效可能仅与债务人、担保人的责任承担有关，但是个案有时也会涉及融资租赁企业的交易模式，对合同的否定可能就是对交易模式的否定。在审理融资租赁合同案件中，特别是对一些金融创新业务，还是应尽量维护创新，审理中不仅要依据《民法典》《关于适用〈中华人民共和国民法典〉有关担保制度的解释》和《融资租赁司法解释》等相关规定，也要尊重监管的规定，尊重行业的惯例。

关于合同的效力，《民法典》规定了合同无效的六种情形：一是无民事行为能力人实施的民事法律行为是无效的。二是限制民事行为能力人实施的与其年龄、智力、精神状况等不相适应的民事法律行为，实施的其他民事法律行为未得到法定代理人的同意或者追认的，均是无效的。三是以虚假的意思表示实施的民事法律行为无效。四是违反法律、行政法规的强制性规定的民事法律行为无效。五是违背公序良俗的民事法律行为无效。六是恶意串通损害他人合法权益的民事法律行为无效。融资租赁合同无效的情形主要有四类：一是《民法典》第737条明确规定的以虚构租赁物方式订立的融资租赁，二是融资租赁合同违反法律、行政法规强制性规定，三是融资租赁合同违反公序良俗，四是出租人与承租人恶意串通。关于强制性规定主要有以下几种情况：一是涉及金融安全、社会秩序、国家宏观政策等公序良俗。二是交易标的禁止买卖的，比如禁止人体器官。三是违反特许经营规定的，比如场外配资合同。四是交易方式严重违法的。五是交易场所违法。管理性规定有哪些？譬如说一个公司的经营范围，还涉及交易时间、交易数量，这些涉及行政管理性质的都属于管理性强制性规定，如果违反这些规定，并不会导致合同无效。另外，需要注意的是，违反规章一般情况下不会影响合同效力，但如果规章内容涉及金融安全、市场秩序或者国家宏观政策等公序良俗的，应当认定合同无效。法院审查公司的规章制度是不是涉及公序良俗的时候要慎重考虑，在裁判文书当中予以特别强调。

3. 妥善处理民刑交叉案件以及民商事案件能否受理的问题

刑事诉讼和民事诉讼在价值取向、诉讼标的以及证据认定的标准、责任构成要件方面确实存在很大的差异，所以这两者不能相互替代。一般来说刑民案件分开处理，特别是同一个当事人因不同的事实产生民商事纠纷和涉嫌刑事犯罪的情况下更应当分开处理。例如，融资租赁合同当中承租人涉嫌合同诈骗罪，这时候出租人要求担保人承担相应的担保责任，在这种情况下这个案件能够全案移送吗？不能，这时候法院还是要继续审理,如果涉及事实方面应当等待刑事判决的话,案件应当中止审理。再如,行为人以法人名义订立合同,行为人涉嫌犯罪,合同相对人请求法人来承担相应的责任,因为刑事诉讼主体和民事诉讼中的被告是两个不同的主体,在这种情况下也应当予以分别审理。实践当中最多的是融资租赁合同中承租人的法定代表人涉嫌犯罪,在这种情况下,如果出租人要求公司来承担责任,法院还是应当分别予以受理,而不应移送。这是关于刑民交叉当中的审理要点。

二、租赁物与融资租赁法律关系的司法认定

(一)适格租赁物的认定

什么是融资租赁？《民法典》第735条基本沿袭了《合同法》原来的条款,只是对部分内容作了修改。融资租赁合同是指出租人根据承租人对出卖人、租赁物的选择,向出卖人购买租赁物提供给承租人使用,承租人支付租金的合同。这条从权利义务角度对融资租赁合同作了相应的规定。从这条可以看到融资租赁合同具有以下几个法律特征:(1)主体具有特殊性。根据目前的监管规则,出租人主要有两大类,因为原来银监会和商务部各管一块,原银监会审批金融租赁公司,商务部审批内资试点融资租赁公司和外资融资租赁公司。2019年开始由原银保监会统一监管,监管部门统一了。(2)租金具有特殊性。融资租赁合同中的租金除了成本之外还包括一些利润,租金相对于一般的租赁合同的租金是比较高的。(3)是非典型的担保合同。在《民法典》草案说明中对此予以明确。(4)出租人不负瑕疵担保责任。也就是说租赁物意外灭失的风险由承租人承担。(5)中途不可解约性。大型设备租期比较长,而且很多时候租赁物是出租人根据承租人的要求去购买的,在这种情况下如果允许当事人随意解约,会导致整个合同履行处于不确定状态。这个条款没有明确规定租赁物的范围。

关于租赁物范围,《美国统一商法典》规定:融资租赁中的货物是指符合合同要求的一切可移动的物,或不动产附着物,但不包括货币、资料、票据、账簿、动产契约、一般无形资产,以及未开采的石油天然气类的矿产等。《国际融资租赁公约》调整的融资租赁关系的租赁物仅限于成套设备、资本货物及其他设备。国际统一私法协会《租赁示范法》第2条规定,租赁物是指所有承租人用于生产、贸易及经营活动的财产,包括不动产、资本资产、设备、未来资产、特制资产、植物和活的以及未出生的动物。

我国监管部门对租赁物作了哪些规定？2014年《金融租赁公司管理办法》(已于2024年失效)第4条规定,"适用于租赁物交易的租赁物为固定资产,银监会另有规定的除外"。"固定资产"是指企业为生产产品、提供劳务、出租或者经营管理而持有的、使用时间超过12个月,价值达到一定标准的非货币性资产,包括房屋、建筑物、机器、机械、运

输工具以及其他与生产经营有关的设备、器具和工具等。依《外商投资租赁业管理办法》(已于2018年失效)的规定,租赁物包括医疗设备、科研设备、检验检测设备、工程机械设备、办公设备等各类动产,还包括飞机、汽车、船舶等各类交通工具,以及上述动产和交通工具所有附带的软件、技术等无形资产。商务部、国家税务总局《关于从事融资租赁业务有关问题的通知》第3条规定,租赁物包括各种先进或适用的生产、通信、医疗、环保、科研等设备,工程机械及交通运输工具(包括飞机、轮船、汽车等)。《融资租赁公司监督管理暂行办法》第7条规定,适用于融资租赁交易的租赁物为固定资产,另有规定的除外。融资租赁公司开展融资租赁业务应当以权属清晰、真实存在且能够产生收益的租赁物为载体。融资租赁公司不得接受已设置抵押、权属存在争议、已被司法机关查封、扣押的财产或所有权存在瑕疵的财产作为租赁物。第14条规定,融资租赁公司应当合法取得租赁物的所有权。这是融资租赁公司开展相关业务的最新规定。

审判实践中涉及的融资租赁物有在太空翱翔的租赁物,比如卫星(2019年5月长光卫星把已经发射的10颗卫星租赁给九银,这10颗卫星的价值是7.4亿元,后来融资6亿元)和飞机(1980年中国第一单用杠杆租赁的是波音飞机)。融资租赁物还可能是汽车、核磁共振仪器、桥梁、公路、地下水管、教学设备。

2020年,浦东新区针对自贸区的融资租赁案件作了梳理,归纳了7年来的融资租赁情况。除了车辆、医疗器械、教育设施等传统租赁物,有的案件中出现了城市管网、天然气锅炉等城市基建设施等租赁物,甚至出现鸡、猪、奶牛等生物资产的新类型租赁物,这说明租赁物范围在不断拓展。

某融资租赁网站曾评选过年度"最奇奇怪怪的租赁物",比如管网的窨井盖、山体、陵园墓地、佛像、舍利塔、孔雀、东北虎等都参与了评选。2020年1月某金租公司用景区步道和停车场融资1.5亿元。2019年不锈钢的莲花座、贴金佛龛以及一些主塔的安全系统作为融资租赁物出现。最终评选结果第1名是锅碗瓢盆,第2名是智能马桶,第3名是陵园,第4名是佛像,第5名是林木果树。生活中有形形色色的融资租赁物,但并不是所有都会反映到案件当中。

司法层面对于租赁物范围的态度怎么样?最高人民法院态度还是比较明确的,认为租赁物的范围不应当由法院作出认定,而是应当由行业监管部门予以认定和解决。同时对于以不动产为标的的融资租赁合同,采取了比较开放的态度,没有明确否定房地产融资租赁,但仍以租赁物的性质作为认定是否构成融资租赁法律关系的因素之一,由人民法院结合具体个案予以认定。从优化营商环境角度来看,法院更倾向于让更多的标的物能够成为适格的租赁物。

下面是几类租赁物与租赁物法律关系的认定。

1. 房地产及附属设施作租赁物的司法认定

在国泰租赁公司与三威置业公司、鑫海投资公司、鑫海担保公司等企业借贷纠纷案中,国泰租赁公司与三威置业公司签订《融资租赁合同》,约定三威置业公司将大地锐成项目137套商业房所有权转让给国泰租赁公司,然后回租该商品房,融资金额1亿元,租赁年利率20%,租赁期限自2011年7月12日至2011年10月12日,案涉租赁物因为系违章建筑,至今未取得预售许可证。案件审理当中,三威置业公司对到底是融资租赁还是借贷提出了相应的抗辩,担保人对担保责任的承担提出了相应的抗辩。争议焦点是两个:(1)案涉《融资租赁合同》的性质及效力;(2)案涉《保证合同》的效力及鑫海投资公司、鑫海担保公司所应承担的保证责任范围。

关于融资租赁合同的性质,二审法院经审理认为,本案所涉《融资租赁合同》系房地产售后回租业务,出卖人和承租人均为三威置业公司,租赁物系三威置业公司在建137套商品房。在合同订立前,该租赁物已被有关行政主管部门认定为超规划建设的违章建筑;在租赁期间,该项目亦未取得商品房预售许可,故案涉商品房(即租赁物)所有权无法从出卖人三威置业公司移转至出租人某租赁公司。由此产生的实际法律关系是,某租赁公司作为名义上的商品房买受人和出租人,并不享有租赁物的所有权,作为专业的融资租赁公司,其对案涉租赁物所有权无法过户亦应明知,故其真实意思表示并非融资租赁,而是出借款项;三威置业公司作为租赁物的所有权人,虽名为"承租人",但实际上不可能与自己所有的房产发生租赁关系,其仅是以出卖人之名从某租赁公司获得1亿元款项,并按合同约定支付利息,其真实意思表示也并非售后回租,而是借款。由此可以看出,案涉融资租赁交易,只有融资,没有融物,双方之间的真实意思表示名为融资租赁,实为借款法律关系。依照最高人民法院《融资租赁司法解释》第1条之规定,案涉合同应认定为借款合同。一审法院将案涉《融资租赁合同》性质认定为名为融资租赁实为企业间借款合同,定性准确,本院依法予以维持。

借款合同效力该如何认定?因案涉主合同性质为企业间借款合同,故应按企业间借款合同判断合同效力,进而确定各方当事人的权利义务。国泰租赁公司作为内资融资租赁业务试点企业,虽未取得发放贷款资质,但并没有证据表明其以发放贷款为主要业务或主要利润来源。国泰租赁公司与三威置业公司的企业间借款系双方的真实意思表示,且不违反法律、行政法规的禁止性规定,一审法院关于案涉主合同不符合借款合同无效情形的认定并无不当,本院对此予以维持。鑫海投资公司、鑫海担保公司关于案涉主合同无效的上诉请求不能成立,本院依法予以驳回。

鑫海投资公司、鑫海担保公司上诉提出,其签订合同时的真实意思表示是为有效的融资租赁合同而非借款合同提供保证,案涉《保证合同》因缺乏真实意思表示而无效;三威置业公司与国泰租赁公司故意隐瞒案涉租赁物属违章建筑的事实,对此骗取担保行为,保证人不应承担保证责任。经查,鑫海投资公司在国泰租赁公司之前即与三威置业公司就案涉房地产项目存在业务关系,且三威置业公司用案涉借款偿还了对鑫海投资公司的欠款,故鑫海投资公司在提供保证担保时对案涉租赁物为违章建筑的事实应属明知;鑫海投资公司、鑫海担保公司作为专业的投资、担保公司,在签订《保证合同》时亦应知道案涉融资名为融资租赁实为借贷。据此,一审法院认定案涉《保证合同》系鑫海投资公司、鑫海担保公司真实意思表示的事实依据充分,应予维持。因案涉主合同有效,鑫海投资公司、鑫海担保公司与国泰租赁公司签订的《保证合同》亦为有效合同。国泰租赁公司在保证期间内主张行使担保权,鑫海投资公司、鑫海担保公司作为保证人应按约定承担保证责任。鑫海投资公司、鑫海担保公司关于案涉《保证合同》无效、国泰租赁公司与三威置业公司存在骗取担保情形的上诉主张依法不能成立,本院对此予以驳回。

再看合德堂农产品市场与某金融租赁有限公司融资租赁合同纠纷案。租赁物包括房屋建筑物,具体有前店后库、交易大棚、附属设施(包括门房、配电室、消防建筑、绿化、围墙),估值 428,737,000 元。机器设备包括调冷库、设备系统,估值 2000 多万元。这件案件法院最终是怎么认定的?本案中,租赁物包括房屋建筑物与机器设备两部分,虽然某租赁公司与果维美公司、合德堂公司对房屋建筑物范围的认识存在分歧,但双方均未能提供证据证明上述租赁物所涉不动产已经办理了产权登记。本案中,某租赁公司并未取得相关不动产的权利证明,权利并没有发生转让。虽然部分租赁物为机器设备等动产,但不动产价值占据近 68% 的份额,且签约双方是将不动产与动产作为租赁物整体进行转让,二者密不可分。此外,某租赁公司未能进一步提交证据证明其按照《融资租赁合同》的约定在受让租赁物过程中从合德堂交易市场公司取得了包括所有权凭证原件、租赁物买卖合同、销售发票原件、租赁物保险凭证原件等能够证明合德堂公司拥有租赁物完整所有权的必要文件,该事实说明交易双方未有实际转让租赁物所有权的意愿。综上,某租赁公司与果维美公司、合德堂公司在《融资租赁合同》履行中仅有融资,没有租赁,不符合融资租赁合同的法律特征,其法律关系性质名为售后回租式的融资租赁合同,实为企业借贷合同。

下面是动迁安置房作为租赁物的司法认定,这是我们审理的首例涉自贸区融资租赁的案例。基本案情:农银租赁与赫洋置业签订《融资租赁合同》和《购房协议》各一份,约定农银租赁以协议价款 5.5 亿元购买赫洋置业在上海市闵行区马桥旗忠基地 33A-06A 地块上开发建设的动迁安置房(目标房产,即《融资租赁合同》项下租赁物),并将该房产作为租赁物出租给赫洋置业。因土地被收回,动迁安置房未能按期建成。我们经审理后认为,本案《融资租赁合同》内容系房地产售后回租业务。在签订《融资租赁合同》时,系争动迁安置房尚未建成,在合同履行期间,案涉地块又被上海市闵行区规划和土地管理局收回,农银租赁作为名义上的商品房买受人和出租人,并不实际享有也不可能享有租赁物的所有权,作为专业的融资租赁公司,其对案涉租赁物的不存在应是明知的,故其真实意思表示并非融资租赁,而是出借款项;被告赫洋置业作为租赁物的所有权人,其仅是以出卖人之名从原告处获得款项,并按合同约定支付利息,其真实意思表示也并非售后回租,而是借款。由此可以看出,案涉融资租赁交易,只有融资,没有融物,双方之间的真实意思表示名为融资租赁,实为借款法律关系。依照最高人民法院《融资租赁司法解释》第1条之规定,案涉合同应认定为借款合同。

再来看辽宁辉山乳业集团丰源牧业有限公司、辉山乳业(中国)有限公司等与海通恒信国际租赁有限公司融资租赁合同纠纷案件。《融资回租合同》附件1《租赁交易明细表》载明:租赁物为现代化奶牛养殖场水暖设备等。《融资回租合同》附件2为《租赁物件明细表》,列明了租赁物件名称、型号/规格、数量、评估价值总额、租赁物件交付地址/租赁物件设置地址、供应商、发票号,共计227件租赁物件,合计价值323,525,511.96元。《资产评估报告》载明:评估对象和评估范围为机器设备188项、构筑物39项,评估对象产权清楚、无纠纷,评估结论为评估对象的评估价值合计为32,352.69万元。法院经审理认为:各方对系争合同性质的争议主要集中于案涉租赁物是否真实存在且特定化,以及租赁物是否依法完成了所有权的转让。融资租赁法律关系应当体现融物与融资并重的特征,融物具有真实性,是认定融资租赁法律关系的基础。售后回租交易中融物真实性的判断,应以租赁物真实确定、租赁物价值与转让价格具有对应关系,以及租赁物所有权从承租人转移至出租人作为主要认定标准。案涉租赁物为被告辉山丰源公司所有的奶牛养殖场养殖设施,租赁物名称、型号规格、数量、租赁物地址、评估价值、供应商、发票号在《融资回租合同》的附件《租赁物件明细表》予以明确记载,考虑到案涉租赁物属整体化、规模化的农业设施,数量庞杂,租赁物件之间的依存度较高,结合原告恒信租赁公司提供的与租赁物有关的采购合同、发票,被告辉山丰源公司提供的相关设施农用地审批文件,加之有第三方具有资产评估资质的评估机构出具的《资产评估报告》,能够证明案涉租赁物真实且确定。案涉租赁物的价值经过第三方评估机构的资产评估予以确定为32,352.69万元,而被告辉山丰源公司向原告海通恒信租赁公司的转让价格为3亿元,两者之间基本具有等价对应关系,不存在低值高估等不合常理的情形。法院最终支持了租赁公司的诉请。

最高人民法院的倾向性观点:(1)对租赁物包括企业厂房、设备在内的融资租赁合同,倾向于认定构成融资租赁合同关系。理由如下:第一,此类租赁物符合原银监会及商务部有关租赁物为固定资产的规定,体现出融资与融物相结合的融资租赁特征,也符合通过融资租赁支持实体经济的产业政策。从权利义务关系的设定来看,将企业的厂房、设备的所有权转移给出租人,并在此基础上建立的融资租赁合同关系符合《民法典》第735条有关融资租赁合同的权利义务关系的规定。第二,就商业地产而言,其承租人为融资需要,以融资租赁合同的方式取得商业地产的使用权,并实际占有、使用租赁物,出租人作为租赁物的所有权人,在其物权担保得到保障的前提下,提供融资便利,并不违反法律法规的强制性规定,也并非政府房地产调控政策的调整对象和目标,故也不应以其租赁物为不动产而否定融资租赁合同的性质和效力。

(2) 对于以在建住宅商品房项目作为租赁物,以房地产开发商作为承租人、租赁公司作为出租人的"融资租赁合同",倾向于认定不构成融资租赁合同关系。主要理由是:第一,房地产在建项目尚不具备法律上的所有权,故出租人并未实际取得房地产项目的所有权,此与租赁期间出租人享有对租赁物的所有权的特征相背离。第二,房地产开发商作为承租人,并非租赁物的实际使用人,其租赁的在建房地产项目,也并非为了使用。而是通过房地产项目来取得贷款融资。第三,在建房地产并不属于实质意义上的固定资产。实践中,有的租赁公司和开发商为了避免缴纳房地产过户的大量税费,而采取了不过户的操作方式,对未过户的,因与出租人对租赁物享有所有权的法律关系不符,倾向于明确认定此类房地产融资租赁不构成融资租赁合同关系。

(3) 对以城市的市区道路、保障房等限制流通物作为租赁物的"融资租赁合同",不应认定构成融资租赁关系。理由如下:融资租赁交易的特点系以购买租赁物、保留租赁物所有权的方式为租金债权提供担保,限制流通物无法变价抵偿,不具有担保功能,故不适宜作为融资租赁交易的租赁物。实务中,存在以城市的市区道路、保障房等限制流通物作为租赁物的情形,实际上是变相扩大了政府债务的风险,租赁物本身并不具有担保功能,出租人无法取得租赁物的所有权,承租人也不能实际占有、使用租赁物,故此种交易不应当认定为融资租赁合同关系。

2. 供水管网、电网、煤气管网、自来水管网作租赁物的司法认定

我们看一个比较典型的案例:北固公司与丝绸公司融资租赁合同纠纷案。北固公司和丝绸公司签订的一份融资租赁合同约定,北固公司向丝绸公司购买电子提花机、变电供电设备系统、供水管网系统及天然气管网等资产,并且这些资产回租给丝绸公司使用,丝绸公司向北固公司支付租金,其他第三人提供了相应的担保。后来由于丝绸公司没有按约支付租金,北固公司起诉要求丝绸公司支付租金及其他应付款项。

最高人民法院提审后认为,本案的法律关系性质应为融资租赁法律关系。丝绸公司与北固公司签订的《融资租赁合同》,系丝绸公司按照双方约定,将自有租赁物出卖给北固公司,再通过融资租赁合同将租赁物从北固公司处租回,符合《融资租赁司法解释》第2条关于售后回租亦构成融资租赁法律关系的规定。本案融资租赁标的物具备融资与融物相结合的特征,亦不存在仅有资金空转的情形,原审判决以覆盖全厂区的电网、煤气管网、自来水管网已于2012年即开始使用,且不是独立的可分割物,无法实现租赁物的担保功能为由,否定融资租赁关系的成立不妥。因融资合同的租赁标的物可能实际上无法收回,或者起不到物权担保的作用导致出租人权利受损,故实践中存

在承租人向出租人提供担保以确保出租人债权实现的情形。因法律法规未就融资租赁关系中设定担保予以禁止,故北固公司与丝绸公司、其他保证人另行签订担保合同保障北固公司债权的安全,不影响融资租赁合同的法律性质。综上,原审判决认定本案北固公司与丝绸公司的法律关系名为融资租赁,实为抵押担保借贷不妥。

审判实践中会经常碰到当事人提出,租赁物担保功能比较弱,像自来水管网、煤气管网,当事人不履行租金义务,取回权怎么行使,能挖出来吗? 挖出来还有用吗? 需要注意的是,此类租赁物对出租人而言,可能存在物权担保功能较弱的问题。在承租人违约的情况下,出租人虽然理论上可以行使取回权,但实际上并不可行,或者取回后租赁物价值基本丧失,融资租赁交易的物权保障功能难以实现,由此给出租人带来的承租人违约风险不可避免,融资租赁合同的交易关系的基本价值并未实现。在认定融资租赁关系时,还要兼顾此类设备的建造价值与租金总额之间是否存在对应关系。但此属融资租赁公司的经营风险问题,不属于融资租赁合同的性质认定问题。

审判与监管政策的指导有很大的联系,我刚才讲了以地下管网、构筑物作为租赁物的案件,最新的一些监管政策还是有一些变化,窗口指导主要是金融租赁公司,从目前行业来看,金融租赁公司不再允许把地下管网这一类作为租赁物,对于构筑物的比例也有相应的限制。例如,构筑物不能超过30%,上海在窗口指导意见当中明确了构筑物资产余额较2020年末不得增长。什么叫构筑物? 主要是指不具备或者不包含不提供人类建筑功能的人工建筑物,比如桥梁、堤坝、隧道、纪念碑、围墙、招牌框架、水泥杆等。

3. 汽车销售4S店的钢结构及附属设施作为租赁物的司法认定

交银租赁公司与庞大汽贸公司等融资租赁合同纠纷案是涉及汽车销售4S店钢结构及附属设施作为租赁物的案件。这个案件当中当事人以钢结构作为融资租赁的标的物,承租人认为4S店的钢结构属于种类物,是镶嵌于房屋主体结构中的支撑物,不能独立割裂、不能独立转让,本案融资租赁缺乏融物属性,双方实为借款法律关系。法官专门到4S店查看相关构造物的情况后认为:首先,案涉钢结构真实存在,且因双方当事人的共同指定行为已经特定化,且其结构清晰、易于辨认。其次,案涉钢结构不因附着于不动产而不再为租赁物。从案涉合同约定来看,双方系以作为动产的4S店钢结构作为融资租赁的租赁物,当其附着于不动产而与玻璃幕墙等共同构成4S店建筑物时,由于其为建筑物的主体架构,故仍具有相对的独立性。最后,融资租赁虽兼具融资与融物双重属性,但其实质是以融物达到融资的目的。法律并未禁止4S店钢结构作为融资租赁的租赁物,此种情况下虽融资担保的功能有所减弱,但融物属性并未丧失。关于租赁物的偿债方式是否妥当,在合同解除的情形下,守约方所能获得的赔偿应以可得利益为限,这是合同法损失赔偿的基本原则。对于融资租赁合同而言,出租人基于租赁物所有权所主张的是物的返还利益,基于合同债权主张的是履行利益,二者均应被包含于出租人的可得利益范围,因此将租赁物的价值在可得利益损失中予以扣减当无异议。在融资租赁合同中,出租人既享有对承租人的租金债权又享有对租赁物的所有权,但所有权的主要作用是担保租金债权的实现,因此以租赁物价值抵偿债权合乎融资租赁合同目的,也有利于减轻庞大公司的民事责任,且与庞大公司的《重整计划》并无冲突。庞大公司关于系争租赁物偿债方式错误的上诉主张,并无相应的法律依据,本院不予支持。

4. 以生产资产作租赁物的司法认定(奶牛、猪、苗木等)

2015年8月,国务院办公厅发文表示支持融资租赁创新发展,在风险可控前提下,稳步探索将融资租赁标的物范围扩大到生物资产等新领域。宜信普惠融资公司和某畜牧有限公司做了200头泌乳牛售后回租业务。最大一单是辉山乳业用5万头奶牛做了10亿元的售后回租业务。

我们来看一下275头奶牛作为融资租赁标的物的司法认定。原告某融资租赁公司诉被告某农业发展公司等融资租赁合同纠纷案是浦东法院审理的,这个案件当中租赁物是西门塔尔基奶牛275头,签订售后回租协议之后在央行征信中心对上述租赁物进行了动产权属的统一登记。被告抗辩系争租赁物并不适格,双方签订的合同应以借款合同认定,原告无金融放贷资质,所以借款合同应当认定为无效。法院经审理认为,法律、法规原则上并不禁止生物资产作为融资租赁标的物,融资租赁行业相关指导意见也指出将探索租赁物范围扩大到生物资产等新领域。对于本案中以奶牛为租赁物,因奶牛具有"牛耳标"等身份标识,能够特定化,且不易消耗,符合租赁物的法律特征。

本案以判决形式肯定了融资租赁中以生产性生物资产(奶牛)作为租赁物的可行性,主要是基于以下两点考虑:第一,本案融资租赁的标的物为275头西门塔尔基奶牛,其属于畜牧场的生产性生物资产,非消耗物,使用寿命一般为5～6年,可以自由转让,并且所有权与使用权可分离;第二,虽然奶牛与一般的机械设备相比,容易受到生长周期、生存环境、动物疫病等方面的影响,作为租赁物的风险较大,但该风险一定程度上是可控的,可以通过科学的管理饲养和监测保障其健康或价值,所以本案所涉奶牛符合融资租赁的租赁物的相关要求。

还有一个案件是去年8月份登记的,某金融租赁公司以猪作为融资租赁物的一单业务,用163头猪融资163万元,平均1万元1头。这个案件是某融资租赁公司以大约克、杜洛克、二元母猪等若干种猪作为租赁物,法院认可融资租赁标的物的适格性,认为泗县永辉公司已经确认了租赁物的实际存在,而且其法律关系符合售后回租的核心要素,最终认定融资租赁法律关系。另一个案件中,合同约定租赁物为养殖设备、养殖栏舍设备、400头母猪,没有明确约定养殖设备等具体名称、型号,母猪也没有特定化。这个案件当中法院认为,原告作为出租人不能举证证明租赁物特定化的真实存在,故这个案件名为融资租赁实为借贷。所以同一类租赁物,不能仅看品种能不能作为租赁物,也要看能不能特定化,这是非常关键的。

某基层法院受理的云城融资公司与川巴公司等融资租赁合同纠纷案中,租赁物是240万棵猕猴桃的苗木。法院认为,原告与川巴公之间签订的《融资租赁合同(售后回租)》及其附件、《租赁物买卖合同》、补充协议及其附件均系当事人的真实意思表示,且未违反法律规定,上述合同成立并生效,当事人均应按约履行义务。原告按照《融资租赁合同》及《租赁物买卖合同》约定,通过支付对价的方式,已取得租赁物件240万棵猕猴桃苗木的所有权。被告川巴公司仅支付至2018年4月的租金,之后未再履行付款义务,该行为构成违约,原告有权依据双方约定解除《融资租赁合同》。

仲信租赁公司、同丰公司与中科金控公司、中科建设公司融资租赁合同纠纷案中,仲信租赁公司与中科金控公司、同丰公司签订《融资租赁合同》一份。合同约定采用售后回租的形式开展业务。合同附件二《租赁物明细表》载明了海桐球、香樟等103项植物名称、数量、占地面积等内容。同日,仲信租赁公司与中科金控公司、同丰公司签订《买卖合同(回租)》一份。还签署《租赁物交货验收证明书》,确认已收到《融资租赁合同》项下之租赁物,并验收合格无误。在租赁物清单中载明103项植物名称、数量、占地面积等内容。因中科金控公司、同丰公司未按期支付租金,仲信租赁提起诉讼。《资产评估报告书》中评估资产的范围以产权土地证为准,现场勘察时发现苗木数量多、种植密集,且存在套种现象,无法人工清点解决,故运用不同测量方法进行评估,评估公司对评估资产范围中的树木数量的真实性不负责,其仅对单价负责。

一审法院认为,系争的融资租赁物为树木,但各方当事人对于租赁物的具体构成及附着的土地范围说法不一,与《资产评估报告书》记载及评估人员说法亦不一致,故根据在案证据无法确认租赁物的具体指向。同时,案涉树木已经种植为小区自然环境的组成部分,如果仲信租赁公司行使取回权则会产生高额的取回成本,缺乏现实可操作性。综上,仲信租赁公司与中科金控公司、同丰公司在订立系争合同之初,未对租赁物的特定化和取回权行使等核心内容进行考量,系争合同缺乏融物特征,同丰公司主张系争合同名为融资租赁实为借款,具备事实和法律依据,依法予以采信。

二审维持一审判决,但理由稍微有一些变化。二审法院认为,仲信租赁公司用以证明标的树木具体明确的证据主要是《融资租赁合同》附件三《租赁物明细表》、租赁物照片、租赁物分布图以及《资产评估报告书》,但上述证据中均无关于标的树木具体栽种位置的描述,且资产评估范围仅以其附件8绿化占用土地使用权证对应区域为证,而按照仲信租赁公司和同丰公司的陈述,标的树木栽种区域对应三张产权证,因此资产评估的范围不能反映标的树木的实际栽种位置。由此可见,目前仅可知标的树木的总数以及大概栽种的区域,却无法明确树木具体栽种的位置和对应的数量,如此状态的租赁物标的难为明确。系争《融资租赁合同》缺乏融物特征,根据最高人民法院《融资租赁司法解释》第1条的规定,一审法院认定其名为融资租赁实为借款,具备事实和法律依据,本院予以确认。

5. 手机作租赁物的司法认定

深圳中电和池州电信的融资租赁合同纠纷案中,法院认为本案涉及的租赁物移动终端设备手机能否成为融资租赁合同的租赁物及租金构成的问题,系认定本案法律关系的关键。本案中,租赁物为消耗性动产手机,池州电信在接收货物后,直接对货物进行了处分,把手机的所有权转移给了不特定的其他民事主体,使得出租人对租赁物享有所有权的权利在转让时即落空。且池州电信支付给出租人的租金,就是在出租人支付给安徽创林的贷款中增加90%。由池州电信取得货物所有权后再分期偿还出租人。因此,出租人与池州电信之间签订的融资租赁合同并不符合融资租赁合同的法律关系构成要素,双方之间不构成融资租赁合同法律关系。

6. 石头作为租赁物的司法认定

中国青旅实业发展有限责任公司与某金融租赁有限责任公司融资租赁合同纠纷案中,租赁物为四块灵璧石,分别存放于园林大门西侧、停车场、静思园园林、静思园北门。法院认为:租赁公司支付了对价购买了案涉四块灵璧石,苏州静思园公司向其出具了《所有权转移证书》,即将案涉四块灵璧石的所有权转让给某租赁公司,某租赁公司作为出租人将案涉四块灵璧石出租给苏州静思园公司、中青旅公司后,后者已经部分履行给付租金的义务。对于某租赁公司而言,取得了案涉四块灵璧石的所有权,从而实现了融资的担保和破产隔离的法律价值;对于苏州静思园公司而言,盘活了自有资产,更大地发挥社会资本的价值,故案涉交易在权利与义务安排和交易本质上均符合售后回租交易的法律特征。

7. 医疗设备作租赁物的司法认定

从监管政策来看,2016年3月11日,国务院办公厅印发的《关于促进医药产业健康发展的指导意见》明确提出:探索医疗器械生产企业与金融租赁公司、融资租赁公司合作,为各类所有制医疗机构提供分期付款采购大型设备的服务。

关于融资租赁公司的资质要求,根据国家食品药品监督管理局《关于融资租赁医疗器械监管问题的答复意见》及国务院2017年发布的《医疗器械监督管理条例》的规定,以医疗器械为租赁物的融资租赁业务须由获得《医疗器械经营企业许可证》的融资租赁公司开展。融资租赁公司开展医疗设备的融资租赁业务时,首先要获得一张许可证。在《融资租赁司法解释》颁布之前,如果没有这些证,融资租赁合同因主体不适格都被认定为无效。《民法典》吸收了 2014 年《融资租赁司法解释》当中的相关内容,第 738 条规定:"依照法律、行政法规的规定,对于租赁物的经营使用应当取得行政许可的,出租人未取得行政许可不影响融资租赁合同的效力。"本条规定了租赁物经营许可对融资租赁合同效力的影响。主要理由如下:第一,融资租赁交易具有其特殊性,在融资租赁交易中,出租人承担的主要是资金融通的功能,其购买租赁物的目的是提供给承租人使用,并不是将租赁物作为其自身从事生产经营活动的工具。因此,要求出租人具备特定租赁物的经营许可并无必要。第二,从承租人的角度看,减少对出租人具备此类经营许可的限制,也有利于承租人获得更多的资金支持。第三,出租人未取得租赁物业务许可而从事融资租赁业务虽然违反了相应的管理规定,但该规定并不属于"法律、行政法规的强制性规定",不足以否定融资租赁合同的效力。

关于公益设施可以作为融资租赁标的物,《关于适用〈中华人民共和国民法典〉有关担保制度的解释》第 6 条明确规定:以公益为目的的非营利性学校、幼儿园、医疗机构、养老机构等提供担保的,人民法院应当认定担保合同无效,但是有下列情形之一的除外:(1)在购入或者以融资租赁方式承租教育设施、医疗卫生设施、养老服务设施和其他公益设施时,出卖人、出租人为担保价款或者租金实现而在该公益设施上保留所有权……

我们审理的秦皇岛市山海关人民医院与平安国际融资租赁有限公司、平安国际融资租赁(天津)有限公司融资租赁合同纠纷案基本案情如下:2017 年 12 月 27 日,平安租赁、平安租赁(天津)共同与山海关医院签订售后回租赁合同及相关附件,平安租赁(天津)、平安租赁为联合出租人,山海关医院为承租人。租赁物山海关医院账面价值共计 100,764,348.53 元,各方确认租赁物协议价款为 100,000,000 元。两租赁公司根据山海关医院的要求向山海关医院购买租赁合同记载的租赁物,并回租给山海关医院使用,山海关医院向两租赁公司承租该租赁物并向两租赁公司支付租金(不等额租金),自 2018 年 1 月 15 日起租至 2023 年 1 月 15 日到期,租赁成本 100,000,000 元,租金总额 122,920,000.04 元。租赁合同项下租赁期间共 60 个月,共 20 期。山海关医院向平安租赁支付保证金 3,000,000 元,向平安租赁(天津)支付服务费 3,000,000 元。交货地点为河北省秦皇岛市山海关区关城南路×××号山海关医院内。本案争议焦点在于:(1)本案是融资租赁法律关系还是借贷法律关系;(2)案涉《售后回租赁合同》的法律效力问题。我们经审理认为,就本案而言,首先,各方签订的《售后回租赁合同》等文件,约定了山海关医院将其自有物的所有权转让给两租赁公司,租赁公司支付对价,山海关医院再从租赁公司处租回该租赁物使用,并按期向租赁公司支付租金的交易方式,具有融资与融物的双重属性,符合《融资租赁司法解释》的相关规定,构成售后回租式融资租赁法律关系。其次,各方当事人前期也已依约定部分履行了合同,山海关医院确认收到两租赁公司提供的资金,确认两租赁公司对租赁物享有所有权山海关医院仅享有使用权,同时确认其提供给两租赁公司的资产清单与合同项下租赁物具有一致性。此外,山海关医院不仅实际使用租赁物,也已支付了部分的租金。山海关医院认为,本案所谓融资租赁合同是两租赁公司欺骗山海关医院违规签订,不是山海关医院的真实意思,但山海关医院并无证据支持该上诉主张,故应认为该等融资租赁合同的签订系各方当事人真实意思表示。山海关医院认为其是公立性医院,国家禁止公立性医院举债建设,因此《售后回租赁合同》违反了国家强制性规定应无效。对此本院认为,本案争之《售后回租赁合同》及其附件,符合《融资租赁司法解释》的规定,且山海关医院未能举证证明当事人之间的合同违反了国家法律法规禁止性规定而无效的具体情形,故山海关医院关于融资租赁合同无效的上诉请求亦不能成立。

8. 汽车融资租赁的司法认定

这是目前融资租赁纠纷案件中的热点问题。上个月我参加了上海地方金融局和上海融资租赁协会举办的"汽车融资租赁的研讨会",研讨会上经营汽车融资租赁的企业针对汽车融资租赁中的一些问题提出了很多意见。汽车融资租赁和汽车抵押贷款的本质区别在于:(1)汽车抵押借款是指以汽车为债权人设定担保,在债务人不履行到期债务时,就汽车优先受偿。(2)汽车融资租赁是指出租人购买汽车,提供给承租人使用,承租人支付租金。实践中,很多当事人其实并不清楚融资租赁和抵押贷款之间的区别。

我们先看某融资租赁公司与柳某融资租赁合同案——车辆登记在承租人名下,不妨碍认定出租人取得租赁物所有权。基本案情:2018年8月28日,某融资租赁公司与柳某签订《融资租赁合同》,约定某融资租赁公司根据柳某要求向柳某购买车辆,并租给柳某使用,某融资租赁公司在支付柳某租赁车辆购车款后,即取得租赁车辆的所有权。同日,某融资租赁公司与柳某签订《汽车抵押合同》,柳某作为抵押人以主合同下租赁车辆作为抵押物,为其在主合同项下的全部债务向某融资租赁公司提供担保,柳某按约将其所有的租赁汽车抵押给某融资租赁公司并办理了抵押登记。后由于柳某已经按约偿还16期款项,剩余20期款项未还,某融资租赁公司诉至法院。法院经审理认为:其一,有真实存在的租赁物。其二,在某融资租赁公司支付价款后,车辆虽然登记在柳某名下,但依照原《物权法》第27条关于动产物权占有改定的规定及第24条关于机动车等特殊动产物权变动登记对抗主义规定,某融资租赁公司已依约取得车辆所有权。其三,无证据表明车辆价值与租金存在明显差异。《融资租赁合同》兼具融资和融物属性,与借款合同仅具融资属性有所不同。

我们再来看梅赛德斯奔驰与毛某借款合同纠纷案——车辆系需要登记的不动

产,实际所有权并未转移。基本案情:2018 年 9 月 7 日,毛某因购买车辆与奔驰租赁公司签订《融资租赁与保证合同》一份,约定奔驰租赁公司向毛某购买已从卖方处购买的车辆并将其回租给毛某使用,毛某同意向奔驰租赁公司转让车辆的所有权,奔驰租赁公司在租期内拥有车辆的完整所有权;毛某向卖方支付约定的预付款后,奔驰租赁公司有义务将购买价款转入卖方指定账户;同日,奔驰租赁公司与毛某还签订了《抵押合同》一份,毛某于 2018 年 9 月 7 日购买案涉车辆,并于 2018 年 9 月 12 日取得机动车登记证书,车辆登记在其名下。同年 9 月 13 日,该车辆进行了抵押登记,抵押权人为奔驰租赁公司。2018 年 9 月 14 日,奔驰租赁公司将 202,294.43 元(约定融资费用款项)支付给卖车方。因毛某未按约支付租金,致涉讼。法院认为:奔驰租赁公司向毛某购买已从卖方处购得的车辆并将其回租给其使用,毛某同意向奔驰租赁公司转让车辆的所有权,但车辆系需要登记的动产,实际所有权并未转移,奔驰租赁公司在租期内拥有车辆的完整所有权仅系双方书面约定。毛某向卖方支付约定的预付款后,奔驰租赁公司将购买其余价款转入卖方指定账户,并将承租物设定了抵押权,该合同本身应属抵押借款合同,属民间借贷的法律关系。经向奔驰租赁公司释明,其不同意按民间借贷法律关系处置本纠纷,故其按融资租赁合同纠纷主张无事实和法律依据,不予支持。综上,判决驳回奔驰租赁公司的所有诉讼请求。

我们来看几个点,一个是融资租赁公司取得车辆是不是必须登记?实践当中融资租赁公司为了方便承租人使用汽车,在融资租赁业务当中,车辆基本上都是登记在承租人名下。根据《民法典》第 225 条规定,船舶航空器和机动车等物权的设立、变更、转让和消灭,未经登记不得对抗善意第三人。其实汽车的登记只是起到一个公示的效用,只具有对抗第三人的效果,不是一个转让所有权的必要条件。《中华人民共和国民法典物权编理解与适用(上)》①解释了立法初衷:第一,机动车的物权变动,如果一律采取登记要件主义,不仅会影响交易便捷,增加交易成本,而且会加重登记机关的负担。第二,船舶、民用航空器与机动车同为特殊动产,且船舶、民用航空器比机动车价值大得多,而我国现行立法(包括海商法、民用航空法)对船舶和民用航空器均以登记作为物权变动的对抗要件而非生效要件。实践证明,上述做法有其合理性,为了保持法律的统一性和稳定性,机动车与船舶、民用航空器一样,均适用登记对抗主义。

公安交管部门如何看待机动车登记效力?依据《道路交通安全法》的规定,国家对机动车实行登记制度。机动车经公安机关交通管理部门登记后,方可上路行驶。机动车所有权发生转移的应当办理相应的登记。公安交管部门的登记并非所有权登记。

---

① 参见最高人民法院民法典贯彻实施工作领导小组主编:《中华人民共和国民法典物权编理解与适用(上)》,人民法院出版社 2020 年版。

早在2000年,公安部就两次发函①给最高人民法院,明确了"根据现行机动车登记法规和有关规定,公安机关办理的机动车登记,是准予或者不准予上道路行驶的登记,不是机动车所有权登记。""公安机关登记的车主,不宜作为判别机动车所有权的依据。""将车辆管理部门办理过户登记的时间作为机动车财产所有权转移的时间没有法律依据。"

融资租赁公司在实践当中如何取得所有权?汽车的所有权并非以登记为准,不能仅因未办理登记而否定租赁公司的所有权。那么融资租赁公司取得汽车所有权的时点如何确定呢?《民法典》第228条规定,动产物权转让时,当事人又约定由出让人继续占有该动产的,物权自该约定生效时发生效力。就融资租赁业务来说,出租人和承租人可以约定承租人继续占有、使用租赁车辆,汽车所有权在双方约定的时间转让给出租人。

关于车辆的融资租赁,目前各个省市在作相应的规范清理,广东省地方金融监管局发布的《关于规范融资租赁公司汽车融资租赁业务的通知》规定,融资租赁公司不得以车辆售后回租或其他形式变相开展个人抵押贷款业务,不得在业务宣传中使用"以租代购""车抵贷""汽车信贷""车辆贷款"等语义模糊或不属于融资租赁业务经营范围的字样,不得为客户提供或变相提供融资担保服务。融资租赁公司经营车辆售后回租业务时,不得先行在支付款中扣除利息等费用。

9. 知识产权等无形资产作为租赁物的司法认定

《融资租赁公司监督管理暂行办法》第7条规定,适用于融资租赁交易的租赁物为固定资产,另有规定的除外。无形资产可作为租赁物的规定最早见于2015年《北京市服务业扩大开放综合试点实施方案》,其中规定"试点著作权、专利权、商标权等无形文化资产的融资租赁",国内首笔以版权为融资租赁标的物的交易是《纳斯尔丁·阿凡提》和《冰川奇缘》。上海去年通过了《上海市地方金融监督管理条例》,对知识产权能否作为融资租赁物没有作限定。厦门市地方金融监督管理局发布了《厦门市融资租赁公司监督管理指引(试行)》,该指引第15条明确租赁物包括固定资产和无形资产。在厦门,知识产权可作为无形资产进入融资租赁业务范畴。2020年4月,芯鑫融资租赁(厦门)有限责任公司以无形资产售后回租赁模式向紫光集团旗下紫光展锐投放14.5亿元人民币主要用于补充研发资金。

最高人民法院的倾向性观点:以商标权、专利权及单纯的软件作为租赁标的物,其实质关系多为知识产权的质押或许可使用,不构成融资租赁法律关系。最高人民法院

---

① 《公安部关于确定机动车所有权人问题的复函》(公交管〔2000〕98号)和《公安部关于机动车财产所有权转移时间问题的复函》(公交管〔2000〕110号)。

认为知识产权不是适格的租赁物,是基于权利不属于物,以及有关租赁物的折旧与残值处理、价值评级和交易等方面,对知识产权作为租赁物存在疑问。

鉴于最高人民法院没有明确表态,审判实践当中对这一块的处理也有不同。如(2019)沪0115民初13365号案件,以著作权为租赁物,法院直接认定以著作权为租赁物的"融资租赁合同"不构成融资租赁合同关系。(2020)京03民初106号案件,以三部软件作品的著作权为租赁物,法院认定融资租赁合同合法有效。又如,(2018)闽0102民初4564号案件,以著作权及相关专利、商标等无形资产组合为租赁物,法院并没有认定"无形资产本身不可做融资租赁的租赁物"。天津滨海区法院判决首例无形资产融资租赁合同有效,其中以电视栏目著作权作为租赁物。

10. 消耗品等作为租赁物的司法认定

租赁公司以装修材料作为租赁物。法院经审理认为:本案中的"装修材料",依其属性,在装修完毕后即附合于不动产,从而成为不动产的成分,丧失其独立作为物的资格。简言之,该等装修材料将因附合而灭失,不再具有返还之可能性,无法作为租赁的标的物。

综上,作为适格租赁物要具备以下条件:(1)租赁物应当客观真实存在,如果没有物,这个融资租赁关系就存疑。(2)租赁物应当特定化。审判实践中同一租赁物,有的可以作为融资租赁标的物,有的没有被认定为融资租赁标的物,就是因为没有特定化,所以融资租赁当中租赁物的特定化非常关键。(3)租赁物应为非消耗物。(4)对租赁物价值不存在低值高估的现象。(5)权属明晰且所有权能够转移。

审判实践当中有几个问题需要注意:(1)《民法典》第735条从权利和义务角度对融资租赁合同作了规定,《融资租赁司法解释》第1条是根据《民法典》735条的规定,认定融资租赁关系要结合第735条与《融资租赁司法解释》第1条,结合标的物的性质、价值(性质和价值是判断是不是融资租赁交易的一个要点)、租金的构成以及合同权利和义务来进行认定。(2)名实不符的融资租赁合同效力不应当认定为合同无效,而是应当依据现行法律按它实际构成的法律关系来予以处理。上文列举了很多名为融资租赁实为借贷的案件,一般我们认定借贷合同是有效的。有没有被认定无效的借贷合同呢?也有。基层法院审理的一个案件,名为融资租赁实际构成无效民间借贷。原告某融资租赁有限公司诉被告冉某某民间借贷纠纷案,法院经审理认为,原告与冉某某之间实质形成的是抵押借款合同关系。原告放贷的行为不属于其经营范围,其贷款对象主体众多,通过向社会不特定对象提供资金以赚取高额利息,出借行为具有反复性、经常性,借款目的也具有营业性,未经批准,擅自从事经常性的贷款业务,属于从事非法金融业务活动。根据《银行业监督管理法》第19条的规定,应认定案涉《机动车抵押借款合同》无效。原告作为准金融机构,应知晓相关法律法规之强制性规定,其发放贷款的行为不仅违法违规,更产生了扰乱正常金融秩序的不良后果,应自行承担案涉《机动车辆抵押借款合同书》合同期内的相应利息损失。被告冉某某在案涉《机动车辆抵押借款合同书》期满后仍实际占用某融资租赁有限公司的钱款,应向原告支付相应利息损失。

再看一个经典的最高人民法院再审案件——工银金融租赁有限公司、铜陵大江投资控股有限公司融资租赁合同纠纷再审案①。基本案情:2012年4月23日,工银金租与华纳公司签订4号《融资租赁合同》,约定双方建立售后回租式的融资租赁关系,租赁物转让价款15000万元,应付租金总额为17,565.856557万元,租赁物留购价为1元。2012年4月28日,工银金租将14,400万元合同款(扣除了600万元手续费)通过网银汇入华纳公司账户。2015年5月15日,安徽省铜陵市中级人民法院裁定受理对华纳公司的破产清算申请,并指定安徽蓝天会计师事务所担任破产管理人。2016年5月13日,铜陵市衡平公证处对工银金租申报债权资料与华纳公司存档合同及会计凭证中的发票原件、公司现有实物比对情况进行证据保全并作出公证书,公证书显示售后回租附件发票复印件总金额为17,951.2567万元,华纳公司与之相对应的发票原件总金额为1,068.8652万元。2016年,华纳公司向法院提起诉讼,请求法院确认《融资租赁合同》无效。一、二审法院判决案涉融资租赁合同应属无效。2018年11月30日,最高人民法院作出再审判决,认定案涉合同有效。

一审法院认为:案涉《融资租赁合同》系设备售后回租业务,华纳公司(出卖人、承租人)实有生产设备价值明显低于融资金额,无法起到对租赁债权的担保作用,即案涉融资租赁合同仅有融资,没有融物属性,名为融资租赁实为企业间借贷,对华纳公司关于确认合同无效以及工银租赁公司不享有物权的诉讼请求,予以支持。二审法院认为:案涉租赁物的价值与约定的转让价款差异巨大,工银租赁公司所提交的设备发票价款总额为179,512,567元,华纳公司与之相对应票号的发票原件的价款总额为10,688,652元,合同约定的货款为1.5亿元。同时,双方还约定了租金利息,可见,本案所述主合同系单纯的融资,并不具备融物特征。一审认定案涉《融资租赁合同》名为融资租赁实为企业间借贷并确认其无效正确,本院予以维持。

最高人民法院认为:工银金租和华纳公司所签订的4号《融资租赁合同》虽然形式上有售后回租融资租赁合同相关条款的约定,但实际上并不存在融物的事实,双方实际上仅是"借钱还钱"的借贷融资关系,华纳公司、大江公司、建行开发区支行对案涉合同系企业间的借款合同关系亦无异议,故对工银金租称案涉合同系融资租赁合同关系的主张,本院不予支持。即使合同双方的融资租赁行为系其通谋虚伪的意思表示,其隐藏的民间借贷法律行为并不当然无效,华纳公司等未能举证证明合同存在无效事

---

① 参见(2018)最高法民再373号民事判决书。

由,故《融资租赁合同》应属有效。华纳公司诉请确认《融资租赁合同》无效,同时主张即使案涉法律关系的性质认定为企业间的借款合同关系,亦因违反《民法总则》第146条及《合同法》第52条第2项、第3项、第5项的规定而无效。最高人民法院经审理认为:(1)根据《民法总则》第146条的规定,即使认定通谋虚伪意思表示无效,对于其隐藏的民事法律行为的效力,仍应根据相关法律规定作出判断。本案中,即使工银金租与华纳公司在签订合同之时,融资租赁行为系其通谋虚伪的意思表示,但其隐藏的民间借贷法律行为,并不当然无效。(2)案涉合同系企业间的借款合同关系,应当按照该性质认定合同的效力。第一,关于案涉《融资租赁合同》涉嫌恶意串通,损害国家和第三人利益的主张。本案中,没有充分的证据证明工银金租与华纳公司存在恶意串通。第二,关于案涉合同是以合法形式掩盖非法目的的主张。工银金租及华纳公司均系企业法人,本案实际系企业法人之间的民间借贷合同关系。根据《关于审理民间借贷案件适用法律若干问题的规定》第11条的规定,法人之间为生产、经营需要订立的民间借贷合同,目的并非非法。第三,关于案涉合同违反法律、行政法规的强制性规定而无效的主张。华纳公司等主张案涉合同无效所引用的均不是法律、行政法规的强制性规定,与《合同法》第52条第5项的规定不符。工银金租如果违反监管规定,其应承担相应的行政责任,并不当然影响案涉民事合同的效力。因此,华纳公司关于合同无效的理由不成立。

(二)对《民法典》第737条虚构租赁物订立的融资租赁合同无效的理解

(1)对当事人的理解。当事人应当包括出租人、承租人和出卖人。

(2)虚构租赁物的形式多种多样,虚构租赁物包括租赁物不存在、低值高估(价格差距比较大)以及权属不清。

(3)在当事人虚构租赁物情形下,对融资租赁法律关系的认定。可分为以下三种情况:第一,承租人单方欺诈或者承租人与出卖人合谋欺诈出租人,虚构租赁物骗取出租人资金,此种情况符合《民法典》第148条的规定,出租人享有对融资租赁合同效力的撤销权。若出租人不行使撤销权,坚持按照融资租赁法律关系处理的,法院应认定融资租赁合同有效,以保护实际权益受损的出租人。第二,出租人和承租人虚构租赁物,违反法律、法规强制性规定或损害他人合法权益的,法院可直接认定融资租赁合同无效(《民法典》第153条、第154条)。第三,出租人和承租人虚构租赁物,以满足承租人融资的需要,根据《民法典》第146条的规定,行为人与相对人以虚假的意思表示实施的民事法律行为无效。以虚假的意思表示隐藏的民事法律行为的效力,依照有关法律规定处理。此时,出租人与承租人之间的融资租赁合同应为无效,但出租人与承租人之间的借款合同并不必然无效,而是应当根据有关法律的规定作出相应认定。

(4)虚构租赁物下担保人责任的认定。名为融资租赁实为借贷的法律定性不影响被担保债务的同一性,担保人不能仅以法律关系另行定性为由,请求免除己方的保证责任。担保人是否仍然应当承担担保责任,需要在案件中根据实际约定以及实际的履行情况予以认定。

下面跟大家分享一下一起两审案件,从中可以看到审判思路的变化。东航租赁与中建六局三公司等企业借贷纠纷案件的基本案情如下:东航公司与中建六局三公司签订《售后回租赁合同》《所有权转让协议》《补充协议》。当日,中建六局三公司签署并向东航公司出具《接收确认函》《租赁物件明细表》《租赁物件确认函》以及购买租赁物件的增值税普通发票若干份。一审法院到外地税务局实地调查,查询结果证实本案涉及的增值税普通发票均属套票,实际的开票日期、金额、购方企业名称与本案证据不符。

一审法院认为,东航公司的缔约目的虽是与中建六局三公司建立融资租赁关系,也尽到了合同相对方的注意义务,且无证据证明东航公司明知租赁物不存在,但由于租赁物客观上不存在,导致东航公司与中建六局三公司之间仅存在融资并无融物的特定情形,不符合融资租赁法律关系成立的基本特征,故一审法院认定本案系争《售后回租赁合同》实为企业借贷合同关系。

二审法院认为,《售后回租赁合同》约定的租赁物转让价格高达1亿元,且上述物件在合同签订时就已客观存在并为中建六局三公司所有。按常理,对上述财产进行查验的成本并不会过高。东航公司既无证据证明其对买入的巨额财产进行了实物查验,也无证据证明其对上述巨额财产采取了能彰显其所有权的必要合理的风控措施,查验的发票也被证明是伪造的。作为专业的融资租赁公司,东航公司的上述行为明显不合常理,而中建六局三公司又始终主张双方在合同签订时即虚构租赁物以融资租赁之名行放贷之实。故根据上述业已查明的事实,应当认定双方当事人的真实意思并非售后回租,而是出借资金。东航公司有关其与中建六局三公司的真实意思是成立融资租赁法律关系的上诉理由缺乏证据证明,本院不予采纳。鉴于东航公司已经实际向中建六局三公司提供了融资服务,且东航公司并非经金融监管部门批准设立的从事贷款业务的金融机构,一审判决认定东航公司和中建六局三公司之间成立企业借贷法律关系并无不当。

(三)关于出租人对租赁物所有权的规定

《民法典》第745条规定,出租人对租赁物享有的所有权,未经登记,不得对抗善意第三人。本条是关于出租人对租赁物所有权的规定。该条款和原《合同法》第242条相比,有较大的改变。之所以作如此规定,主要理由:(1)优化营商环境、消灭隐形担保;(2)在同一标的物上可能同时存在动产抵押、浮动抵押、融资租赁、所有权保留、动产质押等各种竞存的担保物权情形时,按照原《合同法》第242条的规定,出租人借助于未公示的所有权即可享有一个最强大、最完整的权利,使得其他按照现有法律规范进行真正公示的权利的当事人反而得不到保护,有违现代担保交易的基本原理。

关于租赁物登记,我们前两年为了配合地方金融局的相关规定,出台过专门的《关于审理融资租赁物权属争议案件的指导意见(试行)》,该指导意见明确了以下内容:(1)明确租赁物登记义务及相关效力:规定中国人民银行征信中心的动产融资统一登记公示系统是出租人登记租赁物权属的平台,同时规定出租人具有登记义务,未按规定办理登记的,除有例外情形,出租人对租赁物的所有权不得对抗善意第三人。(2)明确第三人查询义务及相关效力:规定第三人在办理资产抵押、质押或者受让等业务时,应当登录动产融资统一登记公示系统进行查询,未依照规定进行查询的,应推定其未尽到审慎注意义务,因而不构成善意第三人。国务院《关于实施动产和权利担保统一登记的决定》(国发〔2020〕18号)规定,自2021年1月1日起,在全国范围内实施动产和权利担保统一登记,纳入统一登记的担保类型包括:①生产设备、原材料、半成品、产品抵押;②应收账款质押;③存款单、仓单、提单质押;④融资租赁;⑤保理;⑥所有权保留;⑦其他可以登记的动产和权利担保,但机动车抵押、船舶抵押、航空器抵押、债券质押、基金份额质押、股权质押、知识产权中的财产权质押除外。

(四)融资租赁合同的解除

融资租赁合同有它的特殊性,解除条件也比较严格,特别是在出租人单方解除的情况下。根据《民法典》第752条和《融资租赁司法解释》第5条的规定,有下列情形之一,出租人请求解除融资租赁合同的,人民法院应予支持:(1)承租人未按照合同约定的期限和数额支付租金,符合合同约定的解除条件,经出租人催告后在合理期限内仍不支付的;(2)合同对于欠付租金解除合同的情形没有明确约定,但承租人欠付租金达到两期以上,或者数额达到全部租金百分之十五以上,经出租人催告后在合理期限内仍不支付的;(3)根据《民法典》第753条,承租人未经出租人同意,将租赁物转让、抵押、质押、投资入股或者以其他方式处分的,出租人可以解除融资租赁合同。《融资租赁司法解释》还规定了转租也是可以作为出租人解除融资租赁合同的一个条件,但是这一次《民法典》出台的时候就删去了转租,因为转租并不必然导致出租人的租金债权无法实现,而且转租也没有直接侵犯出租人的所谓在租赁物上的担保义务,在一定情形下还可以充分发挥租赁物的效益。

《民法典》第754条规定了双方都可以解除的条件:有下列情形之一的,出租人或者承租人可以解除融资租赁合同:(1)出租人与出卖人订立的买卖合同解除、被确认无效或者被撤销,且未能重新订立买卖合同;(2)租赁物因不可归责于当事人的原因毁损、灭失,且不能修复或者确定替代物;(3)因出卖人的原因致使融资租赁合同的目的不能实现。

下面是上海法院审判实践中关于租赁物的一些处理方式。(1)原告起诉时直接依据合同约定的折旧率计算出租赁物的现值,主张赔偿损失时直接扣除租赁物的现值。(2)在案件审理阶段通过评估方式确定租赁物价值。(3)参考《企业所得税法实施条例》第60条关于设备折旧的规定确定租赁物的价值。(4)在判决书中未明确租赁物价值如何确定,只是明确承租人赔偿的损失应扣除出租人收回租赁物的变现价值。如判决主文其中项为:被告×××于本判决生效之日起十日内赔偿原告损失人民币×××元(其中应扣除原告收回本判决第×项下租赁物时的租赁物变现价值)。(5)将租赁物价值的确定交由执行程序处理,即判决以租赁物拍卖、变卖的金额来抵偿债权。《关于适用〈中华人民共和国民法典〉有关担保制度的解释》明确规定,如果要求收回全部租金,可以对租赁物行使相应的担保物权。

三、相关案件裁判原文

农银金融租赁有限公司与上海赫洋置业有限公司、上海安居置业有限公司等融资租赁合同纠纷

上海市高级人民法院

民事判决书

(2017)沪民初1号

原告:农银金融租赁有限公司。

法定代表人:高某某,董事长。

委托诉讼代理人:李某某,北京盈科(上海)律师事务所律师。

委托诉讼代理人:盛某某,北京盈科(上海)律师事务所律师。

被告:上海赫洋置业有限公司。

法定代表人:相某某,董事长。

委托诉讼代理人:穆某某。

被告:上海安居置业有限公司。

法定代表人:孙某某,总经理。

委托诉讼代理人:付某,上海协力律师事务所律师。

委托诉讼代理人:王某某,上海协力律师事务所律师。

被告:上海金丽华房地产发展有限公司。

法定代表人:吴某某,董事长。

被告:上海悦合置业有限公司。

法定代表人:相某某,董事长。

被告:相某某。

被告:上海赛虹房地产开发有限公司。

法定代表人:顾某某,董事长。

上述五被告的共同委托诉讼代理人:穆某某。

原告农银金融租赁有限公司(以下简称农银租赁)与被告上海赫洋置业有限公司(以下简称赫洋置业)、上海安居置业有限公司(以下简称安居置业)、上海金丽华房地产发展有限公司(以下简称金丽华公司)、上海悦合置业有限公司(以下简称悦合置业)、相某某以及上海赛虹房地产开发有限公司(以下简称赛虹公司)借款合同纠纷一案,本院立案受理后,依法适用普通程序,公开开庭进行了审理。原告农银租赁的委托诉讼代理人李某某、盛某某,被告赫洋置业、金丽华公司、悦合置业、相某某、赛虹公司的共同委托诉讼代理人穆某某,被告安居置业的委托诉讼代理人王某某、付某到庭参加诉讼。本案现已审理终结。

原告农银租赁向本院提出诉讼请求,请求判令:1. 被告赫洋置业向原告支付已到期未付租金人民币(以下币种同)508,713,988.71元。2. 被告赫洋置业向原告支付逾期支付租金的违约金至实际清偿之日,按每日万分之五计算。3. 被告赫洋置业向原告支付留购价款10,000元。4. 被告赫洋置业向原告支付律师费80,000元。5. 被告安居置业对被告赫洋置业的债务承担代偿责任。6. 被告金丽华公司对被告赫洋置业的上述第1—4项债务承担代偿责任。7. 被告悦合置业对被告赫洋置业的上述第1—4项债务承担代偿责任。8. 被告相某某对被告赫洋置业的上述第1—4项债务承担连带保证责任。9. 被告赛虹公司对被告赫洋置业的上述第1—4项债务承担连带保证责任。10. 案件受理费、财产保全费由六被告共同承担。

事实和理由如下:2011年12月26日,原告与被告赫洋置业签订《融资租赁合同》和《购房协议》,约定原告以协议价款5.5亿元购买被告赫洋置业在上海市闵行区马桥旗忠基地33A-06A地块上开发建设的动迁安置房(即目标房产),并将该房产作为租赁物出租给被告赫洋置业。租赁期限为12个月,自起租日起算。若延迟支付,违约金按延迟付款金额的万分之五按日计算。保证金为3,300万元,在原告向被告赫洋置业支付的协议价款中抵扣。留购价款为10,000元。被告相某某为被告赫洋置业的应付债务承担连带保证责任。原告依约履行义务,扣除保证金3,300万元,实际向被告赫洋置业支付5.17亿元。2012年12月18日,原告与被告赫洋置业、安居置业签订《代偿协议》,约定被告安居置业代被告赫洋置业向原告返还521,122,000元。2012年12月24日,被告金丽华公司向原告出具《关于代偿赫洋置业融资租赁及还款计划的函》,愿意代被告赫洋置业偿还8,644万元。2012年12月25日,被告悦合置业向原告出具《承诺函》,承诺代被告金丽华公司偿还2,644万元。2012年12月28日,原告与被告赫洋置业、金丽华公司、相某某签订《补充协议》,就租赁期限、租金支付等进行变更。2014年7月2日,被告赫洋置业、金丽华公司、悦合置业、相某某共同向原告出具《还款计划书》和《承诺书》,计划就全部债务分期偿还。被告赛虹公司于2017年1月16日向原告出具《担保承诺书》,自愿为被告赫洋置业的债务承担连带保证责任。因被告赫洋置业未能交付租赁物,其余被告亦未履行相关义务,遂涉讼。

被告赫洋置业、金丽华公司、悦合置业、相某某、赛虹公司答辩称:对原告的诉请无异议。

被告安居置业答辩称:其不应承担代偿责任。理由如下:1.安居置业不是适格被告。被告安居置业与被告赫洋置业之间不是连带责任,只是代偿。原告既然选择了被告赫洋置业和其他被告,就不能再选择安居置业作为共同被告,否则原告将获得双倍赔偿。2.系争《融资租赁合同》名为融资租赁实为借贷法律关系,因原告并无放贷资质,故应为无效。鉴于主合同无效,所以《代偿协议》也应无效。3.根据《代偿协议》,被告安居置业亦无履行的义务。(1)《代偿协议》已过诉讼时效。根据《代偿协议》的约定,被告安居置业应于2012年12月28日之前向原告按期足额支付上述代偿债务金额,但安居置业逾期未付之后,原告从未向被告安居置业有过任何催款行为。(2)被告安居置业在《代偿协议》中的地位,属于《中华人民共和国合同法》第六十五条规定的第三人代为履行,而非《中华人民共和国合同法》第八十四条规定的债务承担。综上,请求法院驳回原告对被告安居置业的诉讼请求。

当事人围绕诉讼请求依法提交了证据,本院组织当事人进行了证据交换和质证。

原告为证明其主张,向本院提交了以下证据:

第一组证据:《融资租赁合同》《购房协议》《经济咨询服务协议》(编号为×××年农银租赁直租赁咨字第[14]号)、《保证合同》《合作协议》《资金监管协议》《中粮-上海赫洋置业有限公司事务类股权单一信托合同》《监管协议》,以此证明原告与被告赫洋置业之间存在融资租赁法律关系,被告相某某对被告赫洋置业的债务承担连带保证责任。

第二组证据:《成交确认书》《国有建设用地使用权出让合同》《出让地块交地确认书》《闵行区发展和改革委员会关于新建马桥旗忠基地33A-06A地块动迁安置房项目批准的批复》,以此证明被告赫洋置业取得马桥旗忠基地33A-06A地块使用权。

第三组证据:《客户收(付)款入账通知》及《收据》,以此证明原告按约向被告赫洋置业支付5.5亿元。

第四组证据:《保证金合同》《承接债务意向书》《代偿协议》《关于代偿赫洋置业融

资租赁及还款计划的函》《承诺函》《补充协议》《经济咨询服务补充协议》(编号为×××)、《还款计划书》《承诺书》,以此证明各被告愿意为赫洋置业代偿还债务或承担担保责任。

第五组证据:《客户收(付)款入账通知》《发票》、农银租赁收款确认书、《贷记来账业务自动式入账通知书》,以此证明被告赫洋置业支付了部分租金,案外人也替赫洋置业补充了部分保证金。

第六组证据:上海市闵行区规划与土地管理局《关于上海市第二中级人民法院调查令的回复意见》,以此证明马桥旗忠动迁安置房33A-06A地块已经被该局收回。

第七组证据:《担保承诺书》一份,以此证明被告赛虹公司自愿为被告赫洋置业的债务承担连带保证责任。

第八组证据:《委托代理合同》《上海增值税专用发票》,以此证明为本案诉讼事宜,原告支付律师费80,000元。

被告赫洋置业、金丽华公司、悦合置业、相某某、赛虹公司对原告提交的证据的真实性、合法性、关联性无异议。

被告安居置业质证称:对第一组证据、第三组证据、第四组证据中的《承接债务意向书》和《代偿协议》、第七组证据的真实性无法确认,对其余证据的真实性均无异议。

被告赫洋置业、金丽华公司、悦合置业、相某某、赛虹公司未向本院提交证据。

被告安居置业提交2013年12月28日其与被告赫洋置业签订的《借款合同》《律师函》一份,以此证明被告赫洋置业因周转需要,向其借款220万元。其于2014年1月3日向原告转账220万元是基于该《借款合同》,并不是基于《代偿协议》。

原告对《借款合同》的真实性无法确认,对《律师函》的真实性无异议,同时认为该证据并不能证明被告安居置业想要证明的内容。被告赫洋置业对《借款合同》和《律师函》的真实性无异议。

本院认证认为,对当事人无异议的证据,本院予以确认。安居置业虽对《承接债务意向书》和《代偿协议》的真实性有异议,但并无相反的证据予以佐证,本院不予采信。

本院经审理查明,2011年12月26日,原告与被告赫洋置业签订编号为×××年农银租赁直租赁租字第[14]号《融资租赁合同》和2011年农银租赁直租赁买字第[14]号《购房协议》各一份,约定原告以协议价款5.5亿元购买被告赫洋置业在上海市闵行区马桥旗忠基地33A-06A地块上开发建设的动迁安置房(目标房产,即《融资租赁合同》项下租赁物),并将该房产作为租赁物出租给赫洋置业。租赁期间为12个月,自起租日起算。起租日为租赁物实际交付日。如截至2012年12月31日,租赁物仍未交付原告,则原告有权以2012年12月31日作为起租日,要求被告赫洋置业按照约定的租金日、租金金额、租金期数等支付租金、留购价款等,或者有权解除《融资租赁合同》和《购房协议》,并要求被告赫洋置业立即支付包括但不限于全部租前息、留购价款、第二笔咨询服务费、原告已支付的协议价款等。租赁利率为本合同签署日中国人民银行3-5年期贷款基准利率上浮30%。自本合同签署日起至租赁期依约结束日止,若基准利率调整,本合同项下的租赁利率进行同方向、同比例调整。租金总额为648,670,000元,第1至3期租金金额为12,333,750元,第4期租金金额为562,333,750元。起租日前,被告赫洋置业按季度分期将租前息支付给原告。保证金为3,300万元,在原告向被告赫洋置业支付的协议价款中抵扣。被告赫洋置业未按时、足额支付任一期租前息、租金和/或本合同项下其他应付款项,原告有权加速到期,要求被告赫洋置业或连带保证人立即付清全部到期和未到期应付未付租前息、租金及其他应付款项,并偿付相应的违约金。违约金按每超过一天为延迟付款金额的万分之五计算。留购价款10,000元。因诉讼发生的一切费用(包括法院费用、律师费、执行费用及其他有关的费用)由败诉方承担。

同日,原告与被告相某某签订编号为×××年农银租赁直租赁保字第[14]号《保证合同》一份,约定由被告相某某为赫洋置业的债务承担连带保证责任。保证担保的范围为:被告赫洋置业在租赁合同项下应向原告支付的租金、利息、违约金、损害赔偿金、租赁物件留购价款及其他应付款项和原告为实现权利的费用(包括但不限于诉讼费用、仲裁费用、律师费用、公证费用、执行费用等)。保证期间为保证合同签署之日始至租赁合同项下主债务履行期届满之日起满两年的期间。

原告依约履行义务,向被告赫洋置业的监管账户支付协议价款5.5亿元,扣除保证金3,300万元,实际支付5.17亿元。

2012年12月18日,原告与被告赫洋置业、安居置业签订编号为×××《代偿协议》,约定被告安居置业于2012年12月28日之前代被告赫洋置业向原告返还521,122,000元,且在被告赫洋置业自行支付完毕最后一期租前息和留购价款后,原告确认将向被告赫洋置业发出解除通知书,终止原告与被告赫洋置业之间的《融资租赁合同》和《购房协议》。若被告安居置业不履行债务或者履行债务不符合约定,则原告与被告赫洋置业之间的《融资租赁合同》继续履行,被告赫洋置业应按照《融资租赁合同》的约定继续向原告清偿全部债务,并按合同约定承担违约责任。

2012年12月24日,被告金丽华公司向原告出具《关于代偿赫洋置业融资租赁及还款计划的函》,愿意在原告与被告赫洋置业达成债务重组方案后,代被告赫洋置业向原告偿还8,644万元债务。2012年12月25日,被告悦合置业向原告出具《承诺函》,承诺代被告金丽华公司偿还2,644万元。

2012年12月28日,原告和被告赫洋置业、金丽华公司和相某某签订编号为×××《补充协议》一份,就租赁合同变更及金丽华公司承担代为偿还责任、相某某继续承担保证责任等事宜达成协议。被告赫洋置业承诺在2015年9月28日之前向原告交付租赁物。租赁合同期限变更为自2011年12月28日起至2015年12月28日止。被告金丽华公司承诺对租赁合同和本补充协议项下被告赫洋置业的全部债务承担代偿责任。相某某同意就变更后的租赁合同继续承担担保责任。

2014年7月2日,被告赫洋置业、金丽华公司、悦合置业、相某某共同向原告出具《还款计划书》和《承诺书》,就还款计划作了调整并明确了还款来源安排。

《融资租赁合同》履行期间,被告赫洋置业支付了部分款项。2013年12月28日,被告赫洋置业因资金周转需要,向被告安居置业借款220万元。安居置业于2014年1月3日将220万元汇入原告账户。

2017年1月16日,被告赛虹公司向原告出具《担保承诺书》,自愿为被告赫洋置业的债务承担连带保证责任。

另查明,因被告赫洋置业未能按约支付土地出让金,上海市闵行区规划和土地管理局于2012年10月15日向被告赫洋置业送达了《解除合同通知书》,收回了上海市闵行区马桥旗忠基地33A-06A地块。

又查明,为本案诉讼事宜,原告与北京盈科(上海)律师事务所签订律师委托代理合同,并支付律师费80,000元。

案件审理中,原告和被告赫洋置业、金丽华公司、悦合置业、相某某、赛虹公司确认:截至2018年2月28日,被告赫洋置业欠付原告本金442,894,768.29元,利息65,700,191.48元。原告同时明确:违约金按照每日万分之五分段计算,具体为:1,500万元自2014年3月28日起至实际清偿日止的违约金;1,500万元自2014年6月28日起至实际清偿日止的违约金;1,500万元自2014年9月28日起至实际清偿日止的违约金;1,500万元自2014年12月28日起至实际清偿日止的违约金;1,500万元自2015年3月28日起至实际清偿日止的违约金;1,500万元自2015年6月28日起至实际清偿日止的违约金;1,500万元自2015年9月28日起至实际清偿日止的违约金;403,713,988.71元自2015年12月28日起至实际清偿日止的违约金。被告赫洋置业、金丽华公司、悦合置业、相某某、赛虹公司对违约金的计算方式无异议,但认为日万分之五的违约金过高,请求法院予以调整。

本案各方当事人争议焦点在于:一、系争《融资租赁合同》的性质及效力问题。二、被告安居置业是否应当承担代偿责任的问题。

关于争议焦点一,本院认为,根据《中华人民共和国合同法》第二百三十七条的规定,融资租赁合同与其他类似合同相比具有以下特征:一是通常涉及三方合同主体(即出租人、承租人、出卖人)并由两个合同构成(即出租人与承租人之间的融资租赁合同以及出租人与出卖人就租赁物签订的买卖合同);二是出租人根据承租人对出卖人和租赁物的选择购买租赁物;三是租赁物的所有权在租赁期间归出租人享有,租赁物起物权担保作用;四是租金的构成不仅包括租赁物的购买价格,还包括出租人的资金成本、必要费用和合理利润;五是租赁期满后租赁物的所有权从当事人约定。从以上特征可以看出,融资租赁交易具有融资和融物的双重属性,缺一不可。如无实际租赁物或者租赁物所有权未从出卖人处转移至出租人或者租赁物的价值明显偏低无法起到对租赁债权的担保,应认定该类融资租赁合同没有融物属性,仅有资金空转,系以融资租赁之名行借贷之实,应属借款合同。

本案系争《融资租赁合同》系房地产售后回租业务,出卖人和承租人均为被告赫洋置业,租赁物系被告赫洋置业在建的位于上海市闵行区马桥旗忠基地 33A-06A 地块上的动迁安置房。在《融资租赁合同》签订时,系争动迁安置房尚未建成,在合同履行期间,案涉上海市闵行区马桥旗忠基地 33A-06A 地块又被上海市闵行区规划和土地管理局收回,原告作为名义上的商品房买受人和出租人,并不实际享有也不可能享有租赁物的所有权,作为专业的融资租赁公司,其对案涉租赁物不存在应明知,故其真实意思表示并非融资租赁,而是出借款项;被告赫洋置业作为租赁物的所有权人,其仅是以出卖人之名从原告处获得款项,并按合同约定支付利息,其真实意思表示也并非售后回租,而是借款。由此可以看出,案涉融资租赁交易,只有融资,没有融物,双方之间的真实意思表示名为融资租赁,实为借款法律关系。依照《最高人民法院关于审理融资租赁合同纠纷案件适用法律问题的解释》第一条之规定,案涉合同应认定为借款合同。

因案涉主合同性质为企业间借款合同,故应按企业间借款合同判断合同效力,进而确定各方当事人的权利义务。原告虽未取得发放贷款资质,但并没有证据表明其以发放贷款为主要业务或主要利润来源。原告与被告赫洋置业的案涉企业间借款系双方的真实意思表示,且不违反法律、行政法规的禁止性规定,应为有效。被告安居置业关于主合同无效的辩称,依据不足,本院不予采信。被告金丽华公司、悦合置业、相某某、赛虹公司亦应按约承担相应的民事责任。

案件审理中,经当事人核账,原告和被告赫洋置业、金丽华公司、悦合置业、相某某、赛虹公司确认:截至 2018 年 2 月 28 日,被告赫洋置业欠原告本金 442,894,768.29 元,利息 65,700,191.48 元,本院予以确认。被告赫洋置业、金丽华公司、悦合置业、相某某、赛虹公司对违约金的计算方式无异议,但认为日万分之五的违约金过高,请求法院予以调整。对此,本院认为,违约损失赔偿应遵循以损失填补为主惩罚为辅的原则,本案名为融资租赁实为借贷,原告的损失主要为资金占用损失,原告已经按照中国人民银行同期贷款利率上浮 30% 计收了相应利息,又要求对迟延付款金额按照日万分之五计算违约金,显然过高。综合本案当事人的实际履行情况,本院酌定违约金按照日万分之三计收。

原告在本案中并未取得案涉租赁物的所有权,故其要求赫洋置业支付留购费10,000元的理由不能成立,本院不予支持。

根据《融资租赁合同》的约定,因诉讼发生的一切费用包括律师费均由被告赫洋置业承担,现原告为本案诉讼支出律师费80,000元,该费用属合理支出,被告赫洋置业对此亦无异议,本院予以支持。

关于争议焦点二,本院认为,根据《中华人民共和国合同法》第六十五条的规定:当事人约定由第三人向债权人履行债务的,第三人不履行债务或者履行债务不符合约定,债务人应当向债权人承担违约责任。由第三人履行的合同,其法律特征为:由第三人履行的合同,该第三人并没有成为合同的当事人,合同的当事人仍然是原债权人和债务人。如果第三人没有履行,债务人应向债权人承担责任。第三人只是履行主体而不是合同的债务人。根据《代偿协议》第四条第二款的约定:若被告安居置业不履行债务或者履行债务不符合协议约定,则原告与被告赫洋置业之间的《融资租赁合同》继续履行,被告赫洋置业应当按照融资租赁合同的约定继续向原告清偿全部债务,并按合同约定承担违约责任。且《代偿协议》签订后,在被告安居置业没有代偿的前提下,原告并没有追究被告安居置业的责任,而是同其余被告签订《补充协议》,并对《融资租赁合同》的租期、租赁成本、保证金等均作了改变。被告安居置业称其代偿行为为第三人代为履行,有相应的合同和事实依据,本院予以支持。原告要求被告安居置业承担共同还款责任,依据不足,本院不予支持。

综上,依照《中华人民共和国合同法》第六十条第一款、第一百零七条、第一百一十四条、第二百零五条、第二百零七条,《中华人民共和国担保法》第十八条、第二十一条、第三十一条,《最高人民法院关于审理融资租赁合同纠纷案件适用法律问题的解释》第一条的规定,判决如下:

一、被告上海赫洋置业有限公司应于本判决生效之日起十日内向原告农银金融租赁有限公司支付本金人民币442,894,768.29元。

二、被告上海赫洋置业有限公司应于本判决生效之日起十日内向原告农银金融租赁有限公司支付利息人民币65,700,191.48元。

三、被告上海赫洋置业有限公司应于本判决生效之日起十日内向原告农银金融租赁有限公司支付违约金:以人民币1,500万元为基数,按日万分之三计算,自2014年3月28日起至实际清偿日止的违约金;以人民币1,500万元为基数,按日万分之三计算,自2014年6月28日起至实际清偿日止的违约金;以人民币1,500万元为基数,按日万分之三计算,自2014年9月28日起至实际清偿日止的违约金;以人民币1,500万元为基数,按日万分之三计算,自2014年12月28日起至实际清偿日止的违约金;以人民币1,500万元为基数,按日万分之三计算,自2015年3月28日起至实际清偿日止的违约金;以人民币1,500万元为基数,按日万分之三计算,自2015年6月28日起至实际清偿日止的违约金;以人民币1,500万元为基数,按日万分之三计算,自2015年9月28日起至实际清偿日止的违约金;以人民币403,713,988.71元为基数,按日万分之三计算,自2015年12月28日起至实际清偿日止的违约金。

四、被告上海赫洋置业有限公司应于本判决生效之日起十日内向原告农银金融租赁有限公司支付律师费人民币80,000元。

五、被告上海金丽华房地产发展有限公司对被告上海赫洋置业有限公司的上述第一至第四项还款义务承担共同还款责任。

六、被告上海悦合置业有限公司对被告上海赫洋置业有限公司的上述第一至第四项还款义务承担共同还款责任。

七、被告相某某对被告上海赫洋置业有限公司的上述第一至第四项还款义务承担连带保证责任。被告相某某承担担保责任后,有权向被告上海赫洋置业有限公司追偿。

八、被告上海赛虹房地产开发有限公司对被告上海赫洋置业有限公司的上述第一至第四项还款义务承担连带保证责任。被告上海赛虹房地产开发有限公司承担担保责任后,有权向被告上海赫洋置业有限公司追偿。

九、驳回原告农银金融租赁有限公司的其余诉讼请求。

如果未按本判决指定的期间履行给付金钱义务,应当依照《中华人民共和国民事诉讼法》第二百五十三条之规定,加倍支付迟延履行期间的债务利息。

案件受理费人民币2,585,819.94元,财产保全费人民币5,000元,合计人民币2,590,819.94元,由原告农银金融租赁有限公司承担人民币645.14元,被告上海赫洋置业有限公司、上海金丽华房地产发展有限公司、上海悦合置业有限公司、相某某、上海赛虹房地产开发有限公司共同承担人民币2,590,174.80元。

如不服本判决,可以在判决书送达之日起十五日内,向本院递交上诉状,并按对方当事人或者代表人的人数提出副本,上诉于最高人民法院。

资本市场

第七讲　证券发行人股权隐名代持的效力和收益归属

沈竹莺

2021 年 4 月 25 日

主讲人简介：

沈竹莺,法学硕士,曾任上海金融法院审判监督与申诉审查庭副庭长、研究室负责人、三级高级法官,现任光明食品(集团)有限公司合规风控部副总经理。2011 年被任命为法官,曾在上海市第一中级人民法院商事庭、金融庭等部门任职。主审多起金融案件入选《最高人民法院公报案例》、"新时代推动法治进程 2022 年度十大案件""中国证监会投资者保护十大典型案例""全国消费维权十大典型司法案例""人民法院年度案例""中国法院年度案例"以及上海法院参考性案例等。先后在《人民司法》《最高人民法院商事审判指导》等重点刊物发表论文三十余篇。曾获全国法院学术讨论会二等奖,中国法学会专题学术研讨会一等奖。2020 年获评上海法院十佳青年。2022 年获评上海法院审判业务专家,入选上海法学会青年法学法律人才库。

本讲包括四个部分:第一部分介绍案情,引出问题;第二部分介绍一下什么是股权代持;第三部分分析部门规章与合同效力之间的关系;第四部分回到案件得出结论。

一、案情介绍:上海高级人民法院参考性案例第 78 号

杉浦某某是日本人,与中国人龚某是朋友关系。2005 年 3 月初,龚某向杉浦某某推荐投资机会,称可由杉浦某某出资并以龚某名义代为购买 G 软件股份公司股份。经

协商,双方签订《股份认购与托管协议》,约定:龚某持有G软件公司的股份88万股,杉浦某某欲认购全部,并认购后委托龚某管理;认购数量为88万股,占股本总额2.52%,认购总金额为3,836,800元(每股4.36元);转账方式为现金转账,于2005年9月3日前支付;龚某对外以自己名义参加股东大会,行使股东权利,在国家有关法律法规许可的范围内,根据杉浦某某的指示处分股份,并将处分该股份的收益及时全部交付给杉浦某某;关于股东权益的情况,龚某应当在合理的期限内通知杉浦某某,征询其意见并据此处理有关事宜。该合同第6条第8款约定:"甲方承诺:因甲方的原因或无法对抗第三人的原因或本协议无效的原因致使乙方无法拥有上述认购的股份时,甲方应当按照该股份当时的市值退还乙方认购款。本条款为甲乙双方共同认可的附条件的协议而独立于本协议存在。"协议签订后,杉浦某某于2005年7月24日前向龚因支付股份转让款1,530,000元,龚某出具了收据,剩余股份转让款2,306,800元双方亦确认已支付完毕。2005年,龚某与张某某签订《股权转让协议》,约定张某某将持有的G软件股份转让给龚某,转让价格为每股1.6元。2005年9月8日,龚某向张某某转账1,408,000元。2005年9月9日,G软件公司88万股股份过户至龚某名下。

G软件股份公司的前身是G软件有限公司,2000年整体改制而设立,经营范围为软件开发、软件生产,信息网络安全产品的研制、开发、销售及系统集成。G软件公司于2017年在上海证券交易所首次公开发行股票并上市。在上市前,根据保密局的相关规定,G软件公司将持有的"涉及国家秘密的计算机信息系统集成甲级资质"剥离给了全资子公司G安全科技有限公司。在G软件公司申请首次公开发行股票并上市的过程中,龚某作为股东曾多次出具系争股份清晰未有代持的承诺书。2018年5月28日,G软件公司股东大会通过了《2017年度利润分配暨资本公积金转增股本的预案》,向全体股东按每10股派发现金红利4元(含税),用资本公积按每10股转增4股的比例转增股本。龚某名下的G软件公司股份数量增加至123.2万股。2018年6月,G软件公司将2017年现金分红10,777,762.8元委托中证登公司予以支付,中证登公司出具的投资者证券持有信息显示龚某账户内权益类别一栏中存在"2017第一次红利",目前状态为司法冻结。

G软件股份公司上市后,杉浦某某与龚因对股票所有权发生争议,杉浦某某提起本案诉讼。截至起诉时,龚某是G软件公司前十大流通股东之一,所持股份占公司发行总股本的2.41%,G软件公司股票价格约为30元/股。

杉浦某某诉请为:(1)确认龚某名下证券账户内的G软件公司的股票及其红利归杉浦某某所有;(2)龚某出售上述股份后将出售款支付给杉浦某某;(3)龚某返还股份认购差额2,956,800元。后原告自认其不具备中国证券市场开户资格,因此无法过户取得标的股票,故明确其并非主张获得G软件公司股东身份,而是主张获得系争股份投资收益权,故变更诉请为:(1)请求确认龚某名下证券账户内G软件公司股份的收益权归杉浦某某所有,计算方式为以截至判决生效之日末个交易日的G软件公司股票收盘价乘以股票数量;(2)龚某向杉浦某某支付G软件公司股份的分红暂计至2017年为352,000元;(3)龚某返还股份认购差额2,956,800元。因龚某主张《股份认购与托管协议》无效,杉浦某某提出备位诉请,即若其与龚某之间签订的《股份认购与托管协议》被认定无效,则其诉请相应变更为:(1)龚某按照判决生效之日G软件公司股票的市值向杉浦某某返还投资款,包括截至判决生效之日因配股、送股所取得的所有股票(截至2018年6月7日为123.2万股)的市值,具体计算方式为截至判决生效之日末个交易日的G软件公司股票收盘价乘以股票数量;(2)龚某赔偿杉浦某某股票红利损失,截至2017年底为352,000元。

被告龚某不同意杉浦某某的诉请,认为《股份认购与托管协议》无效,股票应归龚某所有,愿意向杉浦某某返还已支付的认购款3,836,800元。理由为:(1)杉浦某某作为外国人不得投资A股上市公司的股份,且G软件公司属于涉密单位,依照保密局的明文规定不得有外商投资行为,因此系争《股份认购与托管协议》无效;(2)A股上市要求拟上市公司的股权不得存在代持,因此系争《股份认购与托管协议》违反证监会关于上市公司股权不得代持的规定,应为无效。

这个案件中我们需要解决这几个问题:第一个问题是合同的性质,他们二人签订的股份转让与托管协议,到底是一个纯粹的股权转让协议还是一个股权代持协议,或是委托购买股权并代持的协议。第二个问题是合同效力,合同效力又分两个小问题,第一个小问题为协议是否因违反了国家保密局的部门规章而无效;第二个小问题为协议是否因违反了证监会管理规定而无效,也就是因上市公司股权不能代持而无效。第三个问题,这个股票和权益的归属在协议有效情况下应该怎么处理,无效情况下又应该怎么处理;其中有一个股权认购差价,这个差价应当怎么处理。

二、股权代持

股权代持是指实际出资人或者股权认购人与他人约定,以他人名义代实际出资人履行股东权利义务的一种持股方式。在股权代持关系当中有两方当事人:一方是隐名股东,另一方是显名股东。隐名股东是实际出资人,是委托他人代自己持有股权的投资人,在本案当中就是杉浦某某。另一方是显名股东,又叫名义股东,是指对外通过显名的方式成为股东。显名方式有两种,其中一种是公司内部,通过登记在公司章程、股东名册当中进行显名,对外是通过工商登记进行显名,名义上是股东,但没有实际出资,根据幕后人的意思行使权利,显名股东可以是自然人也可以是法人。股权代持法律关系的性质其实就是一个委托关系,只是这个委托关系是双方之间的私下约定。

股权代持是非常常见的一种商业安排或交易安排,有很多原因促成,比较常见的有三种原因:一是规避监管,例如对股东人数的限制。大家知道《公司法》对有限责任公司的股东会有人数限制,如果要突破这个人数限制,可能要采用代持的方式以在名义上符合监管要求。二是规避对于股东身份的限制。例如关于国家公职人员禁止投资或入股的规定、外商投资准入的规定、特定行业准入的规定等、国家部委管理性规定等。隐名代持还可以规避公司关于竞业禁止的要求,例如A公司和B公司之间是有竞争关系的,A公司对其技术人员和高管提出了竞业禁止的要求,这些人员为了规避这一限制,通过隐名代持的方式投资、参与B公司。三是出于资产隔离、关联交易等方面的考虑。例如上市公司需要对重大的关联交易进行披露,隐名代持就把关联交易的这层关系掩盖掉了。

下面我们看股权代持双方的权利和义务。内部是一个委托关系,所以内部是按照协议,隐名股东有实际出资人的权利,实际上享有股东的决策权以及财产权和身份权。当然他们在内部也有可能会有一些费用的约定,可以约定也可以不约定劳务费、管理费,但这并不影响法律关系的实质。外部依照外观理论,因为公司章程、股东名册在我国要进行工商登记,公司股权情况有对外效力,如果你在工商登记中登记为股东了,这就是外观,其他人对这个外观就会产生信赖。2018年《公司法》第32条第3款规定,公司应当将股东的姓名或者名称及其出资额向公司登记机关登记;登记事项发生变更的,应当办理变更登记。未经登记或者变更登记的,不得对抗第三人。① 依据该条规定,依法进行登记的股东具有对外公示效力,隐名股东在公司对外关系上不具有公示股东的法律地位,其不能以其与显名股东之间的约定对抗外部债权人对显名股东主张的正当权利。如果股权代持关系也没有向公司披露,则也不得对抗公司。例如,名义股东将登记于其名下的股权转让、质押或者以其他方式处分,实际出资人以其对于股权享有实际权利为由,请求认定处分股权行为无效的,不能对抗善意第三人,实际出资人只能通过股权代持协议对名义股东进行追责。同样,如果名义股东的债权人申请对名义股东持有的股份进行保全或执行,隐名股东也不能以代持关系为由要求解封或排除执行。又如,公司债权人以登记于公司登记机关的股东未履行出资义务为由,请求其对公司债务不能清偿的部分在未出资本息范围内承担补充赔偿责任,该股东以其仅为名义股东而非实际出资人为由进行抗辩的,人民法院不予支持。同样,如果隐名股东未按期出资,则名义股东须向其他股东承担违约责任。

下面讲一下股权代持协议效力的原则性规定。股权代持协议有那么多规避监管的动机,大家觉得有效吗?我们国家还是鼓励交易的,基本上在判断合同效力上还是

---

① 现行《公司法》第32条、第34条和第40条表达了相同内容。

比较谦抑的,《关于适用〈中华人民共和国公司法〉若干问题的规定(三)》(2014修正)第24条第1款规定,有限责任公司的实际出资人与名义出资人订立合同,约定由实际出资人出资并享有投资权益,以名义出资人为名义股东,实际出资人与名义股东对该合同效力发生争议的,如无《合同法》第52条规定的情形,人民法院应当认定该合同有效。现在要以《民法典》规定为准,当时是依据《合同法》作出的解释。法律原则上不否认代持协议的效力,但如果协议违反了《合同法》有关合同效力的规定,还是可以认定为无效的。也就是说判断代持协议有没有效力,其实跟判断一般合同效力是一样的,视具体情况作区分处理。

回到本案,系争《股份认购与托管协议》虽然从形式上看包括股份认购和股份托管两部分内容,但两者紧密相关、不可分割,双方约定杉浦某某向龚某认购股份,又同时约定认购的股份不实际过户,仍登记在龚某名下,龚某以自己名义代杉浦某某持有并行使股东权利,故上述交易安排实质构成了系争股份隐名代持,杉浦某某是实际出资人,龚某是名义持有人。

三、部门规章与合同效力之间的关系

首先,我先讲一下这个问题的背景。民商事司法长期形成的共识是部门规章不影响合同效力。第一个方面是,影响合同效力的强制性规定范围不断限缩。1987年《民法通则》第58条第1款首次在法律层面规范了民事行为的无效情形,其中包括违反法律以及经济合同违反国家指令性计划等。1999年《合同法》第52条第5项将违反法律、行政法规的强制性规定作为合同无效的情形。1999年《合同法司法解释(一)》第4条明确,合同法实施以后,人民法院确认合同无效,应当以全国人大及其常委会制定的法律和国务院制定的行政法规为依据,不得以地方性法规、行政规章为依据。2009《合同法司法解释(二)》第14条进一步明确,《合同法》第52条第5项规定的"强制性规定",是指效力性强制性规定。从上述条文可以看出,影响合同效力的强制性规定的范围在不断限缩。无论是理论界还是实务界都秉持鼓励交易、尊重意思自治的原则,一致认为只有合同所违反的法律规范满足效力层级和规范性质两方面的条件,才能作为否定合同效力的依据。前者要求规范层级达到法律或行政法规以上,后者要求该规范属于效力性强制规范。因此,长期以来,司法机关对合同无效的认定一直保持谨慎态度,违反行政规章等公法规定的合同一般不会导致私法上效力的否定评价。

第二个方面是行政监管(公法治理)与司法监督(私法救济)各司其职。《合同法司法解释(二)》通过准立法的形式将"违反法律、行政法规的强制性规定"划分为效力性强制性规定与管理性强制性规定。自此,裁判机关严守该区分原则,谨慎地控制着"效力性强制性规定"的解释路径和概念外延。除了法律法规的层面,国家部委出台的行政规章和行业规范,其效力无法达到法律、行政法规的层级;并且,监管规则本身也通常不直接对交易的效力作出评价。因此,这使得监管的评价与司法裁判的评价成为两个独立的系统,形成了监管和司法各司其职的状态:前者掌管风险防控,后者掌管合同效力。

同学:有一个问题,如果彻底分开,那所有违反规章的行为,即使进行了行政处罚,但其实在私法上都是具有效力的。

沈竹莺:违反行政法,可以对行为人进行行政处罚;违反刑法,可以对行为人施加刑事处罚。但是,行政处罚或者刑事处罚不一定影响对特定行为的民事效力的判断。比如,A是甲公司的公章保管员,他持公司公章与第三人签订合同,第三人按合同交货但是没有收到货款。第三人向法院起诉,甲公司辩称,A作为财务人员利用工作便利窃取公章并私下对外签署合同,公司对此不知情,A所签合同对公司没有约束力。对于甲公司而言,A的行为侵害了公司的权益可能构成犯罪,但是A对外签署的合同对公司是否有效?绝大部分同学认为合同对公司有效。这个例子就体现了不同的法律评价体系。行政监管领域也是一样的,如果行为人的特定合同行为违反了行政法规,可能面临行政处罚,但是不影响其在合同项下的权利。

同学:如果这条法条背后有一个类似金融市场公共秩序这样大的利益需要保护,是不是就要嵌套到《合同法》第52条其他项下,以此来认定合同效力?

沈竹莺:你提了一个很好的问题,看到了损害法益层面的问题,刑法、行政法和民法之所以有不同的评价,关键在于其注重保护的法益不同。但有没有共通的法益而且是非常根本性的法益,以至于损害了该法益,不仅会引发刑事或行政层面的后果,还要影响私法对它的评价呢?这就是我们后面要考虑的问题。

我要讲的第二个背景,与金融法官审理中遇到的适法难题有关。大家知道,目前我国的金融法律监管框架可以分为五级规则体系,也就是我国现有金融规则按效力级别分五类。第一级是全国人大及其常委会制定的法律,例如《商业银行法》《信托法》《保险法》《证券法》。这一层级的金融法律比较少,期货立法有十几年的过程,前两天草案才出来①。很多国家有《中小投资者保护法》,但我们国家没有。第二级是国务院制定的行政法规,例如《储蓄管理条例》《企业债券管理条例》,总体数量也不多。第三级是央行、原银保监会、证监会及其他相关金融监管部门制定的部门规章,例如《贷款通则》《人民币利率管理规定》。证监会发布的若干信息披露管理办法也属于这一类。目前,我们国家对于资本市场实行"放管服+零容忍"的监管政策,对公司上市采用

---

① 《期货和衍生品法》已于2022年4月颁布。

注册制,无论公司业绩如何,都可以在市场上直接融资,但前提是必须如实披露信息,违反信息披露义务就要受到处罚。国家对证券违法违规行为予以严厉打击。信息披露规定非常重要,但有关信息披露义务的主体规定属于部门规章。第四级是金融行政监管部门单独或联合发布的规范性文件,例如2018年出台的非常有名的《资管新规》是几个部门(央行、证监会、原银保监会、外汇管理局)一起发布的,层级上可能连部门规章都够不上,但它通过了中央深改委审议,对金融市场影响很大,是一个重量级的规定。第五级是金融自律组织发布的管理性规定。比如上交所、深交所对自己的会员、对上市公司都有相关规定,这类规则体量很大,也很重要,市场对这些规则的认可度也是很高的。

从上面的介绍大家可以看出,在我国目前的金融法律体系中,法律和行政法规层面的金融上位法缺位明显。(1)上位法规定较少。主要依赖金融监管部门出台的行政规章或规范性文件,基础性法律较少,至今没有出台"金融消费者保护法"等基础性法律。(2)上位法覆盖面较窄。主要受金融分业监管的影响,大部分金融立法都是"行政主导型",即由行政机关推动起草,具有明显的部门化色彩。例如《信托法》由原银监会主导起草,赋权原银监会对信托业务进行管理,结果是券商、基金、保险机构开展的资管业务虽然符合信托法律特征,但因不受原银监会监管而无法被认定属于信托业务,各监管机构不得不制定各自的管理办法,也导致监管尺度不一。这个问题直到《资管新规》和《九民纪要》发布才稍有解决。(3)上位法中公法性条款远多于私法性条款。"行政主导型"立法导致的后果便是,立法的目的与功能不可避免地偏向于行政管理,包括行业准入、展业合规、违规处罚等方面,而调整金融交易中平等主体权利义务的规范则相对较少。以《证券法》为例,法院审判引用条款中,约有3/4的证券案件未引用《证券法》,剩余1/4的证券案件虽然引用了《证券法》,却只引用了其中7个条文,仅占《证券法》总条款的3%。有学者指出,此种立法属于混合立法,即将交易法和行业法糅合在一部法律之内,且偏重于行业立法,对于交易活动的立法相对薄弱。在金融发达国家,大多对金融交易和金融机构分别立法,例如美国既有《证券法》,也有《证券交易法》。(4)上位法更新较慢,与高速发展、创新不断的金融市场相比,我国金融法律法规的修订周期偏长,一般七八年甚至更长时间修改一次,比如1995年制定的《商业银行法》至今修订两次,分别间隔8年和12年。又如,从2007年发布《期货交易管理条例》到2018年将制定期货法纳入立法规划,相距11年。这导致了一些新兴金融业务,如小贷公司、汽车金融公司、非标证券资产、高频交易等在上位法中缺乏明确地位。总的来说,虽然我国金融立法在逐步完善,但目前仍以部门规章、部门规范性文件为主,基础法律缺乏,而立法规范的内容以行政监管为核心,行政责任居多,民事责任较少。

在金融创新和金融强监管背景下,金融法官不可避免地要对合同效力进行判断。

金融创新催生的新型交易有待法律正名。创新是金融的显著特征,整个金融业的发展史就是一部不断创新的历史,金融业的每项重大发展都离不开金融创新。关于金融人为什么这么热衷又擅长创新,学者们进行了深入研究,并提出不同的理论。有的从寻求利润最大化角度出发,提出金融创新是微观金融组织为了寻求最大的利润而积极尝试新的资源配置、业务模式;有的从外部约束出发,提出当政府的控制管理对金融业的发展造成限制时,为了回避监管而进行创新。在我看来,资本逐利性给金融创新提供了物质刺激,而金融行业的高利润吸引的大批高智商人士为金融创新提供了人才支持。金融创新的目的之一就是规避既有的管理法规,因此很多金融创新难以从现有法律制度中找到定位。

金融创新需要控制在合理范围内。金融是资金融通的简称,金融是社会资金运动的总枢纽,是国民经济的重要调节器。无论是企业需要扩大再生产,人们买房需要抵押贷款,还是日常消费用的各种支付工具、平台,都离不开金融,可以说大到国家产业发展布局、小到百姓衣食住行,都与金融息息相关。因此,金融行业对一国经济发展至关重要,是国家重要的核心竞争力之一。《"强监管"是金融创新重要保障》[1]一文讲道,金融资本自诞生之日起,便具有双重属性。一方面提供货币信用、促进资金融通,提升了资源配置的效率,被称为"现代经济的核心"。另一方面虚拟资本相比实业资本有着极大的投机性和逐利性,一旦挣脱监管的束缚就会变成脱缰的野马,贪婪地玩起"钱生钱""脱实向虚"的游戏,容易在垄断与杠杆的助推下累积、放大系统性风险。西方资本主义发展至今,泛滥的"泡沫"不断激化其经济矛盾、酿成周期性危机,对过度虚拟化的监管不力是重要诱因。

我们可以看一下西方资本主义发展史,非常值得讲的就是美国在20世纪二三十年代的大萧条。"一战"之后由于传统的制造业疲软,社会刚刚从战争的阵痛中缓慢恢复,市场对资金需求不大,所以大量民间资本就投向了股票市场,导致股市泡沫,股市繁荣反向激励了更多资金投向了股市。美国大多数银行不是国有的,把钱投到股票,也没有建立相应的风险管理机制,导致美国股市道琼斯指数从1927年的70点到1929年涨到363点,每年都上涨30%多,一直到1929年10月22日,市场上已经有一些悲观的情绪、恐慌的情绪,但《纽约时报》还在说我们的股市没问题,还能再涨。结果10月24日黑色星期四开始,整个股票股指大跌,在两周内跌掉300亿美元,相当于美国在"一战"时所有支出的总额。群众涌向银行挤兑,恐慌情绪的蔓延导致一大批银行倒闭。4个美国人当中就有1人失业。一直到1933年罗斯福上台提出新政,美国才慢慢走出大萧条的阴影。美国大萧条时,纽约有一首童谣,唱的是"Mellon pulled the whistle, Hoover rang the bell, Wall Street gave the signal and the country went to hell."中文译为:梅隆拉响汽笛,胡佛敲起钟,华尔街

---

[1] 参见《人民日报》2017年7月24日05版。

发出信号,美国朝地狱里冲。梅隆是当时美国的财政部部长,胡佛是当时的美国总统,他们在任期间,对市场是不予管控的。所以事后人们反思这段历史,分析为什么会出现泡沫破裂时,认为是因为国家对市场,尤其对资本市场没有进行重视和干预。我们把市场经济种子埋进社会主义土壤,必须要对金融资本扬其利、除其弊,让防范化解风险成为金融工作永恒的主题。

因此,我们一方面要鼓励金融创新发展,另一方面又要对其严格管理,防止其野蛮生长。可以说强化金融监管是各国共识。西方金融发展的百年史也是各国金融监管不断完善发展的历史。罗斯福在大萧条之后成立了美国证监会,1933年颁布《证券法》、1934年颁布《证券交易法》、1940年颁布《投资顾问法》,就是要规范资本市场的发展。在金融强监管背景下,一些原本处于模糊地带的交易行为很可能被认定为违规行为,甚至一些原本合法的金融产品也可能在新的监管政策下被认定为违规产品。对此类业务,法院在效力认定上面临两难选择:贸然认定交易无效可能会否定体量庞大的交易,带来难以估量的不良后果;认定交易有效,又不符合防范化解重大金融风险的目的。无论作何种选择,对交易效力表态可能都是司法难以回避的问题。

前面讲了这么多背景知识,归结到一处,就是司法机关面对违规金融交易效力说"不"有时是必选项。有观点认为,司法机关在认定合同无效时应当保持谦益和谨慎的态度,必须严格遵守对规范效力层级的限制,也即只有交易违反法律和行政法规的效力性强制规定,方能否定其效力。对违反规章的交易进行制裁有多种方式,而否定交易的效力是最为严重的方式。一个金融交易违反公法上的监管和在私法上仍有效并不矛盾,可以通过公法施加行政责任达到规制目的,但现实并非完美且理想。

首先,供给不足的法律和行政法规不能充分体现效力判断中的国家意志。对民事法律行为效力的认定本身是个公法问题,正如德国法学家梅迪库斯提出的,任何法律制度唯有在其政治体制的框架内方能提供通过法律行为实现的私法自治。也就是说,私法上的法律行为不得逾越政治体制框架,违反这个规则就可能产生无效的后果。因此,民事法律行为的效力判断实质上是国家强制力与私法自治之间的界限问题。就一项具体的金融交易而言,是否有效体现的是国家意志。如果法律和行政法规能够完全涵盖并体现国家对金融交易合法性的态度,那么仅仅依据法律和行政法规来认定效力自无问题。但现实是,面对不断推陈出新的金融交易,我国金融的立法供给明显不足。这里既有立法水平和资源的问题,也有金融行业自身特点的关系。立法总是有滞后性的,尤其在市场高速发展时,必然有一些法律关系难以纳入现有的法律制度和框架,未来也必然有很多交易会突破和挑战现有的法律制度和框架。立法者对此并非不知,例如在我国的法律中经常可以见到"但书"条款,即"法律另有规定的除外",然而将这些另行规定落实到法律层面需要立法资源、立法能力的天时地利人和,"慢一步"是常态。因此,法律和行政法规往往授权监管部门根据实际情况适时出台具体的监管规定,这些监管规定中既有管理性的,也不排除有效力性但还来不及通过立法确定下来的监管规定,如果完全排除行政规章对合同效力的影响,就会使国家管制的目的落空。如果国家不允许从事的一项交易,仅仅是因为没有上升为法律或行政法规层面,就可以成为合同约定的内容,将会导致法律制度自相矛盾。正因如此,在判断金融商事合同效力时,并不能完全绕开部门规章的考量。2000年10月全国民事审判工作会议明确规定了"对于国务院有关主管部门颁布的行政规章中的强制性规定,在未上升为法律或行政法规之前,还要依据有关司法解释予以适用",这对能否将部门规章作为违法性审查的依据,留下了通过司法解释予以裁量的空间。

其次,仅仅依靠行政处罚难以实现对违规金融活动的否定,实现实质正义。司法对合同效力的趋宽处理将对交易产生间接激励作用。此时虽有行政处罚,但如果合同有效所带来的预期经济效益远高于因受行政处罚需要付出的代价时,商事主体出于逐利本性,将会甘愿踩红线从事违法违规行为。尤其是我国总体上金融行政处罚的力度还不够强,难以对违法者形成有效震慑。例如,原来的《证券法》规定对证券虚假陈述的行政处罚包括责令改正,给予警告,并处以30万元以上60万元以下的罚款。2019年《证券法》修订后将罚款上限提高到200万元,但于虚假陈述带来的巨大利益而言,仍然是杯水车薪。此时还需要依靠刑事责任、民事赔偿责任形成合力,方能对违法者形成有力震慑。

那么怎么解决这个问题呢?有两个路径:第一个路径是扩张法律。有学者指出可以将违反部门规章的金融商事合同视同违反法律和行政法规,进而否定它的效力。认为上位法授权地方或者某个部门对于特定问题作出解释,而部门规章确据此作出解释,就可以认为法规和规章体现了上位法的精神,可以把它理解为上位法,就可以作为确认合同效力的依据。这有点像司法解释,因为司法解释不创设法律但解释法律,所以司法解释不属于我们讲的法律层级的法源,但在判决中可以直接用,因为是对法条的解读。这种观点把部门规章视为对上位法的解释。也有学者认为强制性规范的形式应当是广义的,不仅仅是法律、行政法规,也可以表现在下位阶的规范中。这种观点试图从效力性规范切入,不仅是上位阶,在下位阶中也有效力性规范。还有学者认为,如果规范性文件的内容是上位法的具体化,那么违反该文件也可以定义为是对上位法的违反。反对意见主要是从逻辑上进行反对,理由是这样做会损害法律概念本身的严谨性。法律是人大常委会出台的,行政法规是以国务院名义出台的,如果说你把下位法都视为上位法,本身的范围限定就失去意义了,尤其是在相关司法解释中已经对于这些概念作出清晰界定的情况下,再进行突破会制造混乱,而且会导致强制性规范的射程范围过于宽泛,实际上所有部门规章都是经过法律和行政法规授权的,而且也都是对上位法的细化。所以如果仅仅以是不是强制性规范这些标准来筛选和过滤下位法,会导致进入到效力射程的下位法过多,引起适法的混乱。

第二个路径就是刚才同学讲到的公序良俗,也就是借道公序。金融商事合同因为违了部门规章而可能违反公序良俗的可以被认定为无效。在《民法典》出台之前,并没有公序良俗的法律概念,最接近的概念是1999年《合同法》第52条第4款规定的社会公共利益。《民法典》用公序良俗替代了社会公共利益的概念,第153条第2款涉及违背公序良俗民事法律行为无效。公序良俗包括公共秩序和善良风俗,公共秩序是指一般的社会利益,包括国家利益、社会秩序秩序和社会的公共利益;良俗主要是指道德层面的,是普遍认可、遵循的道德准则,包括社会公德、商业道德和社会良好的风气。

对于这个观点,我可以讲两个例子。第一个例子是2018年10月时任最高人民法院民二庭副庭长关丽法官作的一个主旨演讲,题目是《强监管背景下的金融商事审判》。演讲中她强调要准确划分行为自由与金融监管的边界,正确地认定合同效力。如果认为违反规章的行为违背了公序良俗,要负有特别的说理义务;为避免公序良俗原则的滥用可以考虑以适当方式对它进行类型化。她肯定了违反规章可能会构成违反公序良俗,但要对这个要进行充分说理,最好类型化。第二个例子是全国法院民商事审判工作会议形成的《九民纪要》,《九民纪要》重申了法院对于违反金融监管规章合同效力的态度,其第31条规定,违反规章一般情况下不影响合同效力;如果该规章的内容涉及金融安全、市场秩序、国家宏观政策等公序良俗就应当认定为合同无效。人民法院在认定规章是否涉及公序良俗时要在考察规范对象的基础上兼顾监管的强度、交易安全保护以及社会影响等方面进行审慎考量,并且要进行充分说理。

在《九民纪要》颁布之前,2018年3月最高人民法院作出的两份判决在市场上引起广泛的讨论。我下面就讲讲这两个案子。

第一个案件是天策公司诉伟杰公司保险公司股权代持案。案情是这样的。2011年,隐名股东天策公司与显名股东伟杰公司签订了《信托持股协议》,协议约定天策公司委托伟杰公司代持2亿股君康人寿股份,协议签订后伟杰公司从福州开发区泰孚实业有限公司受让取得了2亿股君康人寿股份。2012年,君康人寿股东同比例增资,伟杰公司增资2亿股。之后天策公司要求伟杰公司将受托持有的4亿股股份过户到天策公司名下,伟杰公司不同意,双方遂产生争议。2015年,天策公司起诉至福建省高级人民法院要求确认《信托持股协议》终止,伟杰公司将受托持有的4亿股君康人寿股份过户给天策公司。福建省高级人民法院一审认为,天策公司、伟杰公司之间签订的《信托持股协议》未违反法律、行政法规的禁止性规定,应为合法有效,天策公司为讼争股权的实际持有人,伟杰公司应当按照协议内容履行,故判决伟杰公司将其受托持有的4

亿股君康人寿公司股份于判决生效之日起 10 日内过户给天策公司，并配合办理相关的股份过户手续。伟杰公司不服一审判决，向最高人民法院提起上诉。最高人民法院二审认为，天策公司、伟杰公司之间签订的《信托持股协议》明显违反了原中国保险监督管理委员会《保险公司股权管理办法》（2014 年修订）第 8 条关于"任何单位或者个人不得委托他人或者接受他人委托持有保险公司的股权"的规定，损害了社会公共利益，依法应认定为无效。

第二个案件是杨某某诉林某某上市公司股权代持案。基本案情是，林某某是亚玛顿公司的发起人，持有亚玛顿 10% 的股权。2010 年 10 月 19 日，杨某某与林某某签订《协议书》，约定杨某某拟有条件受让林某某在亚玛顿股份有限公司的部分股权，成为附属于林某某名下的目标公司隐名股东。2010 年 10 月 25 日，杨某某与林某某签订《委托投资协议书》，约定：杨某某现金出资人民币 1200 万元，委托林某某以其自己的名义代其投资并持有"亚玛顿股份总股本 1%（即 1200 万股）的股权"；杨某某实际持有林某某代持的"亚玛顿股份 1% 股权"所产生的利润和其他收益。出售该等部分或全部股票的权益部分的 20% 给林某某作为服务管理费。2011 年 10 月，亚玛顿公司正式在 A 股市场公开发行股票。之后，双方对股票归属发生争议，杨某某起诉请求判令林某某名下 1200 万股亚玛顿公司股份及相应的红利为其所有并将股票过户至杨某某名下。二审江苏省高级人民法院认为，双方间代持股份协议有效。林某某向最高人民法院提出申诉。最高人民法院认为，杨某某与林某某之间签订的委托投资协议书违反了中国证券监督管理委员会《首次公开发行股票并上市管理办法》第 13 条关于上市公司股权不得隐名代持的规定，违反上市公司监管基本要求，将导致上市公司监管举措落空，损害广大非特定投资者的合法权益，损害社会公共利益，应认定为无效。

这两个裁判作出后，引发了实务界和学界的广泛讨论。主要的反对意见是：第一，公序良俗比较难以界定，什么是公序良俗本身就是一个不容易判断的问题，有价值判断在里面。第二，大部分规章都遵守公序良俗，如果把公序良俗与部门规章挂钩，那么违反部门规章的都将损害公序良俗。第三，担心司法自由裁量权被滥用，我国幅员辽阔，各地司法水平不一，担心法官自由裁量水平参差不齐，会滥用公序良俗原则，使得公序良俗杀伤力过大，过分戕害意思自治。

这些质疑和顾虑有一定的道理和背景，我也觉得公序良俗非常难以把握，那这种路径究竟可不可取呢？下面我讲讲我在具体办案过程中的一些思考。

第一，公序良俗和违反法律、行政法规、强制性规定之间的关系。我们认为公序良俗实际上是法律、行政法规、强制性规定的一个上位概念，这是违反公序良俗导致合同无效的原因。原《合同法》第 52 条除了涉及欺诈、共同损害第三人利益的内容，其他条款都是公序良俗的具体体现，所以违反公序良俗是合同无效的原因，公序良俗是规范合同无效的上位概念和帝王条款。崔建远教授认为《合同法》第 52 条第 5 项具有指引公法上具体强制性的引致功能,第 4 项违反社会公共利益具备法律适用上的价值补充与漏洞填补的功能,所以第 5 项其实是第 4 项的特别法。

第二,公序良俗与部门规章之间的关系。违反部门规章是可能构成违反公序良俗的,但不是充分条件。在一般情况下,部门规章是不构成公序良俗的,但不排除在一些特定条件下会构成。所以我们要做的事情不是直接作出判断,用部门规章来解释公序良俗。而是要掌握认定公序良俗的方法论,对认定公序良俗的路径进行论证和分析,用这个标准再来跟部门规章进行连接,看部门规章在什么情况下可能会构成公序良俗。

第三,严格审慎的认定。我们非常赞同最高人民法院法官讲的内容,公序良俗是要认定的,但认定部门规章是否涉及公序良俗的时候要非常谨慎、充分说明,最好类型化,给大家一个方法论,就是所有法官都按照统一标准认定,这是最理想状态。怎么认定?我们在这个案子当中进行了探索,认为不同领域存在不同的公共秩序,首先,应当根据这个领域的具体法律和行政法规判断所涉公共秩序的内容,如果这个领域的法律和行政法规已经有明确规定,公序良俗和这一领域法律法规是契合的,可以直接援引法律和行政法规;其次,在没有明确规定的情况下,我们要通过实体正义和程序正当两个方面进行判断。其中,实体正义是指该规则应当体现该领域法律和行政法规所规定的国家和社会整体利益,要符合上位法,要体现一个国家和社会整体利益,而不是个案当中的利益;程序正当是指该规则的制定主体应当具有法定权威,且规则的制定与发布应当符合法定程序,具体可以从法律授权、制定程序、公众知晓度和认同度等方面综合考量。规则的制定主体应当具有法律权威,制定的规则与发布应当符合法定的程序,比如是不是有法律授权,制定过程当中是不是公开征求过意见,是不是公开渠道发布,发布之后公众对这个规则的知晓度、认同度高不高等。

四、对本案的分析

回到本案对《股份认购与托管协议》效力的认定。首先看看保密局的涉密规定作为部门规章对协议的效力有没有影响。保密局当时有一个《涉密信息系统集成资质管理办法》(以下简称《管理办法》),这个《管理办法》当中对于申请甲级资质有一个申请人应当具备条件的资格规定,其中有一项是无境外投资。后来《管理办法》不断进行修订,变更为无外商直接投资,但可以允许一定比例的外方间接投资。在 2017 年 G 公司上市的时候,根据当时的管理规定就把自己的资质剥离给一个全资子公司,它就变成涉密资质公司的上级母公司。那么根据管理规定,母公司股权能不能有外商投资?没有规定,只是规定了资质公司本身有一定比例的外商投资。根据《外商投资产业指导目录》的规定,G公司经营范围是软件开发、生产行业,不属于限制或者禁止外商投资的产业领域,不属于负面清单范围。现在就要问大家,《管理办法》这个部门规章能不能影响合同效力?

合议庭、法院是这样考虑的。保密局管理办法是效力性规定还是管理性规定?其实这个层面还是在讲到底是不是法律、行政法规或者有原《合同法》第52条第5项关于效力的规定。如果从这点来看《管理办法》不是效力性规定,因为没有禁止性表述,只是在申请资质人、申请人条件当中有无境外投资的描述。如果违反了无境外投资的规定,后果到底是什么?是不能够获得这个资质,还是要受到处罚?对此没有相应规定。所以保密局的管理办法更多是管理性的,但这不是认定合同无效的关键原因,关键原因是有没有影响到国家公共利益。可能会有同学觉得,都涉及国家秘密了还不影响国家公共秩序和公序良俗?但我们看看这个规定,发现监管的力度一直在放松,一开始说不能有外商投资(间接投资、直接投资都不可以),后来说不能直接投资,但可以有一定的间接投资,后面对母公司根本没有限制,国家涉外产业目录里也没有把它放到限制或者禁止的目录当中来。所以如果有一定的境外隐名代持的投资,会不会影响到国家的利益或公共利益呢?我们认为是不会的。合同在2005年签订的时候可能不符合当时的政策和监管规定,但在合同履行过程中,监管政策已经发生了变化,不能以当时的规定和当时的法律认定合同无效,而是应当按照现行的法律尽量肯定合同的效力。即便是无效的情形,如果情势已经发生了变化,我们也应该倾向于肯定。因此,保密局的规定不涉及公序良俗,也不构成效力性的强制性规定,合同并不因此无效。

关于上市公司的股份不得代持的规定是否影响合同效力,我们主要从实体层面和程序层面两方面来分析。

实体层面,《证券法》是我国证券市场的基本法,立法目的是规范证券发行和交易行为,保护投资者的合法权益,维护社会经济秩序和社会公共利益,促进社会主义市场经济的发展。《证券法》是证券市场的基本交易规范,关涉证券市场根本性、整体性利益和广大投资者合法权益,一旦违反将损害证券市场基本交易安全的基础性秩序。一方面,股票发行上市是证券市场的基本环节,经此环节,公司的股权结构发生重大变化,股东范围扩至公开市场上潜在的广大投资者。证券市场严格的监管标准对公司治理能力提出更高要求,因此发行人的股权结构清晰就显得十分重要。发行人的股权结构不清晰,不仅会影响公司治理的持续稳定,影响公司落实信息披露、内幕交易和关联交易审查、高管人员任职回避等证券市场基本监管要求,还容易引发权属纠纷。为此,证监会于2006年5月17日颁布的《首次公开发行股票并上市管理办法》第13条规定:"发行人的股权清晰,控股股东和受控股股东、实际控制人支配的股东持有的发行人股份不存在重大权属纠纷。"另一方面,上市公司披露的信息是影响股票价格的基本因素,上市公司在股票发行上市的过程中要保证信息真实、准确、完整,这是维护证券市场有效运行的基本准则,也是广大投资者合法利益的基本保障。发行人的股权结构是影响公司经营状况的重要因素,属于发行人应当披露的重要信息。对此,《证券法》规定了发行人、上市公司依法披露的信息,必须真实、准确、完整,不得有虚假记载、误导性陈述或者重大遗漏,上市公司董事、监事、高级管理人员应当保证上市公司所披露的信息真实、准确、完整。综合上述两方面的分析可以看出,发行人必须股权清晰,股份不存在重大权属纠纷,且上市须遵守如实披露的义务,披露的信息必须真实、准确、完整。申言之,发行人应当如实披露股份权属情况,禁止发行人的股份存在隐名代持情形。上述规则属于证券市场基本交易规范,关系到以信息披露为基础的证券市场整体法治秩序和广大投资者合法权益,在实体层面符合证券市场公共秩序的构成要件。

程序层面,设立股份有限公司公开发行股票,应当符合《公司法》规定的条件和经国务院批准的国务院证券监督管理机构规定的其他条件。《证券法》本身并未对股份公司公开发行股票的具体条件作出规定,而是明确授权证监会对此加以规范。证券市场具有创新发展快、专业性强等特点,欲实现《证券法》的规范目的,离不开专业监管机构的依法监管。因此,国务院证券监督管理机构依法对全国证券市场实行集中统一监督管理。证监会作为由《证券法》规定、经国务院批准,对证券行业进行监督管理的专门机构,在制定股票发行上市规则方面具有专业性和权威性。《证券法》授权证监会对股票发行上市的条件作出具体规定,实质是将立法所确立之原则内容交由证监会予以具体明确,以此形成能够及时回应证券市场规范需求的证券法规则体系。证监会在制定管理办法的过程中向社会发布了征求意见稿,公开征求意见,制定后也向社会公众予以公布,符合规则制定的正当程序要求,而且上述办法中关于发行人股权清晰不得有重大权属纠纷的规定契合《证券法》的基本原则,不与其他法律、行政法规相冲突,已经成为证券监管的基本规范和业内共识。发行人信息披露义务由《证券法》明文规定,经严格的立法程序制定。因此,发行人应当如实披露股份权属情况,禁止发行人的股份存在隐名代持情形,从程序层面亦符合证券市场公共秩序的构成要件。

最后简单讲一下法律后果,原《合同法》第58条规定:"合同无效或者被撤销后,因该合同取得的财产,应当予以返还;不能返还或者没有必要返还的,应当折价补偿。有过错的一方应当赔偿对方因此所受到的损失,双方都有过错的,应当各自承担相应的责任。"《民法典》157条规定:"民事法律行为无效、被撤销或者确定不发生效力后,行为人因该行为取得的财产,应当予以返还;不能返还或者没有必要返还的,应当折价补偿。有过错的一方应当赔偿对方由此所受到的损失;各方都有过错的,应当各自承担相应的责任。法律另有规定的,依照其规定。"因此合同无效后对财产利益的处理旨在恢复原状和平衡利益，亦即优先恢复到合同订立前的财产状态，不能恢复原状的则应当按照公平原则在当事人之间进行合理分担。但上述法律条文没有讲到合同履行有收益的情况下如何处分。

无效合同中存在三种利益变动模式。(1)一方利益的损失即对方所得利益，此为利益的转移导致，因此可称"一失一得，所失即所得"。比如一手交钱一手交货，互相返还就可以了。(2)一方利益受损，但对方并未因此获得利益，此为利益受损方将利益转移给第三方等原因所致，因此可称为"有失无得，所失非所得"。例如，信托公司、资管公司的管理人被起诉，委托人说他们没有尽到管理责任，导致投资亏损。(3)一方获得了利益，但并非建立在对方的损失之上，此为市场供求关系变化或得益一方以给付财产为资本投资所得等原因导致，因此可称为"有得无失，所得非所失"。例如钱款投到股市，或者在资管产品当中投出去的资金获益，但是整个资管产品结构被认定为无效。

本案股票所有权属于第一种，投资收益属于第三种。《合同法》第58条前一句话确立的返还规则可以适用于第一种利益变动模式，后一句话确立的赔偿规则可以适用于第二种利益变动模式。第三种利益变动模式目前在法律层面尚无明确规定，合同履行之后新增的利益并非合同订立前的原有利益，显然不属于恢复原状之适用情形，亦无适用赔偿规则之必要。

那么对于无效合同的收益应当如何处分呢？最高人民法院于2010年制定的《关于审理外商投资企业纠纷案件若干问题的规定(一)》(2020年修正)对于外商投资企业股权代持无效后的财产归属确立了分配规则，具体体现在其第18条第1款中规定："实际投资者与外商投资企业名义股东之间的合同被认定无效，名义股东持有的股权价值高于实际投资额，实际投资者请求名义股东向其返还投资款并根据其实际投资情况以及名义股东参与外商投资企业经营管理的情况对股权收益在双方之间进行合理分配的，人民法院应予支持。"司法解释确立的分配规则是对"有得无失"这一利益变动模式立法缺位的填补，实质与"有失无得"时的赔偿规则在法理上一脉相承，均是公平原则的具体适用。对无效合同财产利益的处理旨在恢复原状和平衡利益，亦即优先恢复到合同订立前的财产状态，不能恢复原状的则应当按照公平原则在当事人之间进行合理的损失分担或收益分配。虽然G软件公司并非外商投资企业，不能直接援引上述司法解释的规定，但该司法解释体现的公平原则应当作为无效股权代持相关收益分配的指导原则，"根据实际投资情况以及名义股东参与外商投资企业经营管理的情况对股权收益在双方之间进行合理分配"相关的规定亦可类推适用于其他股权代持的情形。因此，合同被认定无效后，收益也应当按照公平原则，在当事人之间进行合理分配。有人提出收益是否属于不当所得，应当予以收缴？这涉及民事收缴制度的演变。因合同履行而产生的收益如何处理？收缴违法所得依据的是原《民法通则》第61条第

2款:"双方恶意串通,实施民事行为损害国家的、集体的或者第三人的利益的,应当追缴双方取得的财产,收归国家、集体所有或者返还第三人。"原《民法通则》第134条第3款:"人民法院审理民事案件,除适用上述规定外,还可以予以训诫、责令具结悔过,收缴进行非法活动的财物和非法所得,并可以依照法律规定处以罚款、拘留。"原《合同法》第59条:"当事人恶意串通,损害国家、集体或者第三人利益的,因此取得的财产收归国家所有或者返还集体、第三人。"但《民法典》删除了原《民法通则》第134条第3款、原《合同法》第59条规定的民事制裁措施。由此可以认为,《民法典》于2021年1月1日起实施后,在民事案件中,法院对违法、无效合同中的收益进行收缴不再有法律依据。当事人从事违法行为所获得的利益,应当通过行政责任、刑事责任等予以收缴;对第三人造成的损害,则应该由第三人自行通过法律渠道主张权益。

民事制裁权的存废之争,我个人认为,民事制裁的本质是行政权,与审判权的被动性、中立性不符。《民法通则》颁行时,法制不太健全,《行政处罚法》亦未出台,授予人民法院民事制裁权是可以理解的,也是必要的。但随着我国法律制度的完备,审判权与行政权有了适当的分工,民事制裁应当让位于行政处罚。事实上,民事制裁的内容与行政处罚的种类相当,其中"训诫、责令具结悔过"与行政处罚中的"警告"类似,"收缴进行非法活动的财物和非法所得"与行政处罚中"没收违法所得、没收非法财物"相当,"罚款、拘留"直接与行政处罚中"罚款、行政拘留"相对应,应当给予民事制裁的行为在相关的法律中均有行政处罚的规定,没有由人民法院继续行使民事制裁权的必要。

最后一个问题,本案无效合同的收益应当如何分配呢?也即怎么公平分配?股份投资是以获得股份收益为目的并伴随投资风险的行为,在适用公平原则时应当着重考虑以下两方面的因素:一是对投资收益的贡献程度,即考虑谁实际承担了投资期间的机会成本和资金成本,按照"谁投资、谁收益"原则,将收益主要分配给承担了投资成本的一方;二是对投资风险的交易安排,即考虑谁将实际承担投资亏损的不利后果,按照"收益与风险相一致"原则,将收益主要分配给承担了投资风险的一方。除此之外,还要考虑名义股东在获取交易机会、公司日常经营中所起的作用。简单说,就是按照"谁投资、谁收益"原则和"收益与风险相一致"原则,同时考虑名义股东在获取交易机会、公司日常经营中所起的作用。

本案中,首先,谁投资谁受益,从双方支付资金、订立协议和股份过户的时间顺序来看,龚某从案外人张某某处购买系争股份的目的在于向杉浦某某转让,以赚取差价,龚某并无出资以最终获得股份所有权的投资意图。反之,杉浦某某的投资意图则显著体现于系争《股份认购与托管协议》中,即通过支付投资款以换取系争股份的长期回报。龚某向案外人张某某转账1,408,000元之前,已先从杉浦某某处收到款项3,836,800元,从中获得差价2,728,800元的利益至今。因此,投资系争股份的资金最初来自杉浦某某,亦是杉浦某某实际承担了长期以来股份投资的机会成本与资金成本。

其次,收益与风险一致,虽然系争《股份认购与托管协议》无效,但无效之原因系违反公序良俗而非意思表示瑕疵,因此该协议中关于收益与风险承担的内容仍体现了双方的真实意思。根据约定,龚某须根据杉浦某某的指示处分系争股份,并向其及时全部交付收益。庭审过程中,双方亦确认龚某在代持期间未收取报酬。可见在双方的交易安排中,龚某仅为名义持有人,实际作出投资决策和承担投资后果的系杉浦某某,若发生 G 软件公司上市失败或经营亏损情形,最终可能遭受投资损失的亦是杉浦某某。

根据上述两方面的考虑,法院认为应由杉浦某某获得系争股份投资收益的大部分。同时,龚某在整个投资过程中起到了提供投资信息、交付往期分红,配合公司上市等作用,为投资增值作出了一定贡献,可以适当分得投资收益的小部分。综合上述情况,杉浦某某应当获得投资收益的 70%,龚某应当获得投资收益的 30%。

最后,本案的判决结果是:第一,判托管协议无效。第二,股票和股东的身份归属于龚某,龚某作为 G 软件公司股东围绕公司上市及其运营所实施的一系列行为有效;龚某应向杉浦某某返还投资款 3,836,800 元。第三,系争投资的收益,70% 归属于杉浦某某,30% 归属于龚某。

五、相关案件裁判原文

杉浦某某诉龚某股权转让纠纷案

中华人民共和国上海金融法院
民事判决书

(2018)沪 74 民初 585 号

原告:杉浦某某(SUGIURATATSUMI)。
委托诉讼代理人:顾某某,上海市浩信律师事务所律师。
委托诉讼代理人:聂某某,上海嘉之会律师事务所律师。
被告:龚某。
委托诉讼代理人:沈某,北京盈科(上海)律师事务所律师。
委托诉讼代理人:孙某,上海君伦律师事务所律师。

原告杉浦某某诉被告龚某股权转让纠纷一案,原由中华人民共和国上海市第一中级人民法院受理,后经中华人民共和国上海市高级人民法院指定由本院审理,本院于 2018 年 9 月 18 日立案后,依法适用普通程序,于 2018 年 10 月 31 日开庭进行了审理。

原告杉浦某某的委托诉讼代理人顾某某、聂某某,被告龚某的委托诉讼代理人沈某、孙某到庭参加诉讼,本案现已审理终结。

杉浦某某向本院提出诉讼请求:1.确认龚某名下证券账户内的A上市公司股份(截至2018年6月7日为123.2万股)及其红利归杉浦某某所有;2.龚某出售上述股份后将出售款支付给杉浦某某;3.龚某返还股份认购差额人民币(以下币种同)2,956,800元;4.龚某赔偿杉浦某某因维权而发生的律师费150,000元,保全担保服务费50,000元。后杉浦某某在庭审中明确其并非主张获得A公司股东身份,而是主张获得系争股份投资收益权,故变更诉请为:1.请求确认龚某名下证券账户内A公司股份的收益权归杉浦某某所有,包括截至判决生效之日因配股、送股所取得的所有股票(截至2018年6月7日为123.2万股)的收益,计算方式为截至判决生效之日末个交易日的A公司股票收盘价乘以股票数量;2.龚某向杉浦某某支付A公司股份的分红暂计至2017年为352,000元;3.龚某返还股份认购差额2,956,800元;4.龚某赔偿杉浦某某因维权而发生的律师费150,000元,保全担保服务费40,000元。杉浦某某同时明确,若其与龚某之间签订的《股份认购与托管协议》被认定无效,则其诉请相应变更为:1.龚某按照判决生效之日A公司股票的市值向杉浦某某返还投资款,包括截至判决生效之日因配股、送股所取得的所有股票(截至2018年6月7日为123.2万股)的市值,具体计算方式为截至判决生效之日末个交易日的A公司股票收盘价乘以股票数量;2.龚某赔偿杉浦某某股票红利损失,截至2017年底为352,000元;3.龚某赔偿杉浦某某因维权而发生的律师费150,000元,保全担保服务费40,000元。

事实与理由:杉浦某某系日本籍人士,与龚某系朋友关系。2005年3月初,龚某向杉浦某某推荐投资机会,称可由杉浦某某出资并以龚某名义代为购买A公司股份。经协商,杉浦某某委托龚某购买A公司股份88万股,认购价为每股4.36元。2005年3月至2005年9月期间,杉浦某某分四笔交付了股份认购款3,836,800元,龚某出具了收据、收款证明等凭证,确认收到全部款项。2005年8月23日,双方签订《股份认购与托管协议》,对以往事实予以书面确认并进一步明确了权利义务。2005年8月24日,龚某与案外人张某某签订《股权转让协议》,约定张某某将其持有的88万股A公司股份转让给龚某。2005年9月9日,张某某持有的88万股A公司股份过户至龚某名下。2017年4月21日,A公司在上海证券交易所首次公开发行股票并上市。杉浦某某经查询该公司《首次公开发行股票招股说明书》方得知,龚某于2005年8月代为购买系争股份所支付的实际对价款仅为88万元(即每股作价1元),远低于杉浦某某交付给龚某的股份认购款,差额部分为2,956,800元。2018年5月28日,A公司股东大会通过了《2017年度利润分配暨资本公积金转增股本的预案》,向全体股东按每10股派发现金红利4元(含税),用资本公积按每10股转增

4股的比例转增股本,因此龚某代持的股份数量增加至123.2万股,并获得2017年现金分红352,000元。杉浦某某认为,双方签订的《股份认购与托管协议》合法有效且已实际履行,其作为实际投资人有权要求龚某支付股份收益,且龚某作为受托人向杉浦某某收取的股份认购款远超其实际购买金额,严重侵犯委托人利益,超出部分应予返还,但龚某一直不予配合,故涉诉。

龚某答辩称,首先,其与杉浦某某之间并不存在委托代理买卖A公司股份的关系,而是其将自身持有的A公司股份依照每股4.36元的价格转让给杉浦某某,其从何人处以何种价格受让股份与杉浦某某无关。其次,杉浦某某作为外国人不得投资A股上市公司的股份,且A公司属于涉密单位,依照中华人民共和国国家保密局(以下简称保密局)的明文规定不得有外商投资行为。因此系争《股份认购与托管协议》自始无效,应当恢复原状,龚某应当向杉浦某某返还已支付的认购款3,836,800元,系争A公司股份应归龚某所有。

当事人围绕诉讼请求依法提交了证据,本院组织当事人进行了证据交换和质证。双方当事人对以下证据的真实性无异议,本院认为与本案具有关联性,可以作为认定本案事实的依据,包括杉浦某某提供的如下证据:1.《股份认购与托管协议》;2.收条、收款证明、收据(3份)、取款回单、股权过户凭单;3.A公司招股说明书(节选)、律所法律意见书;4.A公司十大流通股股东信息;5.A公司2017年年度报告、A公司2017年年度股东大会决议公告;6.诉讼保全担保服务合同、担保费发票、账户交易明细回单;7.A公司工商信息、招股说明书(主营业务部分)、2017年年报(主营业务部分)、律所补充法律意见书(主营业务部分);8.原告持法院调查令赴中国证券登记结算有限责任公司上海分公司(以下简称中证登公司)调取的龚某证券账户持有、变更及冻结信息,A公司2017年年度权益分配实施公告,与A公司董事会秘书的谈话笔录,委托发放现金红利确认表。以及龚某提供的如下证据:1.《股权转让协议》;2.A公司招股说明书;3.A公司涉密资质证书;补充证据1.银行个人业务凭证;补充证据2.光大证券股份有限公司厦门展鸿路营业部对账单。

关于杉浦某某提交的第6项证据,即诉讼保全担保服务合同、担保费发票、账户交易明细回单,龚某对其真实性、关联性不予认可,本院认为杉浦某某提交了该组证据的原件予以核对,真实性可予认可,亦与本案诉讼具有关联性,可予采信。龚某提交证据1,即龚某与张某某签订的《股权转让协议》,以及证据3,即A公司涉密资质证书,杉浦某某对其真实性不予认可。本院认为,结合杉浦某某提供的第2项证据,即股权过户凭单中载明的股份数量,以及龚某提供且经杉浦某某确认真实性的第1项补充证据,即银行个人业务凭证中载明的支付金额,可以得出张某某向龚某转让的股份数量为88万股,龚某向张某某支付的价款为1,408,000元,据此可算得每股单价为1.6元,与龚某提交的第1项证据,即《股权转让协议》中约定的转让价格一致,因此该证据与本案其他证据相印证,可予采信。龚某提交第3项证据的目的在于证明A公司持有涉及国家秘密的计算机信息系统集成资质,而杉浦某某提供的第7项证据的目的是证明A公司在上市前,根据《涉密信息系统集成资质管理补充规定》的要求,将涉密资质剥离至全资子公司A科技公司,因此双方就A公司在上市前持有相关涉密资质并无分歧,龚某提交的第3项证据可予采信。

在案件审理过程中,双方当事人以书面方式对以下事实予以确认:

一、关于杉浦某某与龚某签订及履行《股份认购与托管协议》的事实

2005年3月26日,龚某出具收条,称收到杉浦某某购买A公司股份款定金10万元,购买数量约为50万股,具体股数到时再商定,股票价格4.36元/股。

2005年8月23日,龚某作为甲方与杉浦某某作为乙方签订《股份认购与托管协议》,合同载明:龚某持有A公司的股份88万股,杉浦某某欲认购全部,并认购后委托龚某管理;认购数量为88万股,占股本总额2.52%,认购总金额为3,836,800元;方式为现金转账,于2005年9月3日前支付;龚某对外以自己名义参加股东大会,行使股东权利,在国家有关法律法规许可的范围内,根据杉浦某某的指示处分股份,并将处分该股份的收益及时全部交付给杉浦某某;关于股东权益的情况,龚某应当在合理的期限内通知杉浦某某,征询其意见并据此处理有关事宜。该合同第六条第八款约定:"甲方承诺:因甲方的原因或无法对抗第三人的原因或本协议无效的原因致使乙方无法拥有上述认购的股份时,甲方应当按照该股份当时的市值退还乙方认购款。本条款为甲乙双方共同认可的附条件的协议而独立于本协议存在。"

2005年7月24日,案外人上海世和产权经纪有限公司(以下简称世和公司)出具收款证明,载明本公司受杉浦某某委托购买A公司股票(未上市),现股价4.36元/股,共计88万股,3,836,800元。现已付清1,530,000元,尚欠2,306,800元,一个月内付清。该证明上有世和公司的印章、杉浦某某和龚某的签字。世和公司分别于2005年3月26日、同年4月12日、7月24日向杉浦某某开具收据,合计金额1,530,000元,每张收据上均有龚某的签字。此外,余款2,306,800元亦已支付完毕。

2005年8月23日,杉浦某某与世和公司签订《委托办理股权过户协议书》,杉浦某某委托世和公司受让A公司股份88万股,受让价格每股4.36元,总价3,836,800元,杉浦某某按受让款总额2%支付服务费。第四条约定,世和公司要为杉浦某某办妥由股权托管中心或A公司出具的股权持有凭证,交予杉浦某某。

二、关于龚某与张某某签订及履行《股权转让协议》的事实

2005年,龚某与张某某签订《股权转让协议》,约定张某某将持有的A公司股份转让给龚某。2005年9月8日,龚某向张某某转账1,408,000元。2005年9月9日,上海股权托管中心出具《股权过户凭单》,显示A公司88万股股份过户至龚某名下。

三、关于 A 公司的涉密资质和上市的事实

A 公司的前身是 A 有限公司,2000 年根据上海市人民政府批准,整体改制而设立,经营范围为软件开发、软件生产、信息网络安全产品的研制、开发、销售、系统集成、专业四技服务。A 公司于 2017 年在上海证券交易所首次公开发行股票并上市。在上市前,根据保密局的相关规定,A 公司将持有的"涉及国家秘密的计算机信息系统集成甲级资质"剥离给了全资子公司 A 科技公司。

对于上述双方当事人无争议的事实,本院予以确认。根据双方的诉辩称意见、举质证意见和本院的认证情况,本院另查明如下事实:

2005 年 5 月 18 日,张某某作为甲方,龚某作为乙方签订《股权转让协议》,约定甲方将持有的 A 公司股份 201 万股以每股 1.6 元的价格转让给乙方或乙方指定持股人,转让价款合计为 3,216,000 元,转让的起始期限为 2005 年 5 月 18 日至 2005 年 9 月 30 日。甲方应将股份托管至上海股权托管中心,有关转/受让股份的相关变更手续由双方协商安排至上海股权托管中心办理。

A 公司在申请首次公开发行股票并上市的过程中,龚某作为股东曾多次出具系争股份清晰未有代持的承诺。2018 年 5 月 28 日,A 公司股东大会通过了《2017 年度利润分配暨资本公积金转增股本的预案》,向全体股东按每 10 股派发现金红利 4 元(含税),用资本公积按每 10 股转增 4 股的比例转增股本。龚某名下的 A 公司股份数量增加至 123.2 万股。2018 年 6 月,A 公司将 2017 年现金分红 10,777,762.8 元委托中证登公司予以支付,中证登公司出具的投资者证券持有信息显示龚某账户内权益类别一栏中存在"2017 第一次红利",目前状态为司法冻结。

杉浦某某为本案聘请律师支付律师费 150,000 元,申请财产保全支付保全担保服务费 40,000 元。

审理中,杉浦某某和龚某双方对系争《股份认购与托管协议》第六条第八款的理解发生分歧,经协商一致同意放弃上述约定,若系争《股份认购与托管协议》被认定无效,就系争股份投资收益(包括股价上涨和分红)在双方当事人之间进行分配。杉浦某某认为其所得比例应不低于 94%,理由如下:1. 投资决策以及实际出资行为是投资得以实施并最终获利的决定性因素,其投入了全部资金,理应获得绝大部分投资收益,而龚某并无投资意愿,也无资本实际投入;2. 龚某未实施具有实际意义的经营管理行为,虽代持时间较长,但并未主动、额外投入更多的精力和资源,对投资增值的贡献十分有限;3. 双方之间系委托购买股份法律关系,龚某向杉浦某某隐瞒了系争股份转让的真实价格,不当谋得差价 2,956,800 元,并导致杉浦某某未能以更低价格认购更多 A 公司股份,失去更多获利机会。龚某主张其所得比例不应低于 70%,理由如下:1. 投资系争股份的机会是其向杉浦某某提供的;2. 其受杉浦某某之托管理系争股份近 14

年之久,尽到了名义股东的职责;3.在A公司上市的过程中,龚某以股东身份予以了配合,才使A公司的股份得以上市,获得了可观的增值;4.杉浦某某明知其不具备直接投资A公司的资格而采用代持方式进行投资,规避我国监管政策,具有明显过错;5.如果本案判决系争《股份认购与托管协议》无效,却允许杉浦某某获得大部分收益,无异于鼓励此类违法代持行为;6.股份收益分配时,还应当考虑分红以及股票抛售过程中必然会发生的税收成本。

龚某另表示,其不愿继续持有系争股份,申请法院依法拍卖、变卖系争股份,就所得款项减除成本后在双方当事人之间进行分配。杉浦某某对此表示同意。

杉浦某某表示A公司于2019年4月20日发布《2018年年度报告》,载明将对全体股东按每10股派发现金红利2.8元(含税),用资本公积(股本溢价)拟按每10股转增4.2股的比例转增股本,由于该部分收益尚未实际发生,其将另行起诉。龚某则表示不同意就上述拟分红和增股产生的收益在本案中予以处理,亦认为杉浦某某应当另案起诉。

审理中,杉浦某某和龚某共同表示由于杉浦某某为日本籍人士,因此系争《股份认购与托管协议》为涉外合同,同意适用中华人民共和国法律。

本院认为,本案原告为日本籍人士,系争《股份认购与托管协议》系涉外民事合同,《中华人民共和国涉外民事关系法律适用法》第四十一条的规定:"当事人可以协议选择合同适用的法律。当事人没有选择的,适用履行义务最能体现该合同特征的一方当事人经常居所地法律或者其他与该合同有最密切联系的法律。"因系争合同的签订、履行均在我国境内,且在本院审理过程中双方当事人均确认本案适用中华人民共和国法律,故本院确认本案适用中华人民共和国法律。本案的争议焦点为:一、杉浦某某与龚某之间是否存在委托购买股份关系?杉浦某某主张的投资款差额2,956,800元有否事实和法律依据?二、系争《股份认购与托管协议》是否有效?三、系争股份以及相应投资收益应由谁获得?四、杉浦某某主张的律师费、保全担保服务费应否获得支持?

一、杉浦某某与龚某之间是否存在委托购买股份关系

本院认为杉浦某某与龚某之间不存在委托购买股份关系,杉浦某某主张龚某返还投资款差额2,956,800元缺乏事实和法律依据。首先,系争《股份认购与托管协议》明确载明协议签订的背景是龚某为A公司之合法股东,拥有88万股A公司股份,杉浦某某欲全部认购,认购总金额为3,836,800元,并在认购后委托龚某管理。上述表述显然不同于委托购买股份的意思表示,杉浦某某亦未有证据证明其曾授意龚某向案外人购买系争股份。其次,在系争《股份认购与托管协议》签订的同日,杉浦某某与世和公司签订了《委托办理股权过户协议书》,委托世和公司代理受让A公司股份88万股,受让价格为每股4.36元,总价为3,836,800元。该协议书中所约定的标的股份名称、数量和

价格均与系争《股份认购与托管协议》一致。可见杉浦某某已明确委托世和公司办理系争股份的购买事宜,与其主张和龚某之间亦存在委托购买系争股份关系相矛盾。上述《委托办理股权过户协议书》第一条约定,在世和公司完成受让股份后,由杉浦某某将受让款直接支付给出让方或出让方代理人,结合《委托办理股权过户协议书》和《股份认购与托管协议》同时签订,世和公司向杉浦某某出具的收款证明和收据上均有龚某签字等事实来看,本院认为《委托办理股权过户协议书》应是配合《股份认购与托管协议》而签订,杉浦某某委托世和公司从龚某处受让A公司股份,杉浦某某与龚某之间不存在委托购买股份的关系。尽管龚某在签订《股份认购与托管协议》时尚未实际获得A公司股份所有权,其收到杉浦某某的股份转让款在先,向张某某支付股份转让款在后,但此两点并不足以认定其与杉浦某某之间存在委托购买股份法律关系。况且,龚某在签订《股份认购与托管协议》之前已与张某某签订了《股权转让协议》,具有了将来获得系争股份的合理预期,之后亦实际从张某某处受让了系争股份。

二、系争《股份认购与托管协议》的效力

系争《股份认购与托管协议》虽然从形式上看包括股份认购和股份托管两部分内容,但两者紧密相关、不可分割,双方约定杉浦某某向龚某认购股份,又同时约定认购的股份不实际过户,仍登记在龚某名下,龚某以自己名义代杉浦某某持有并行使股东权利,故上述交易安排实质构成了系争股份隐名代持,杉浦某某是实际出资人,龚某是名义持有人。结合A公司首次公开发行股票并上市时,龚某以股东身份作出系争股份未有代持的承诺,杉浦某某在发行上市前后未向公司或监管部门披露代持情况,发行上市后系争股份登记在龚某名下等情形,本院认为系争股份隐名代持涉及公司发行上市过程中的股份权属,其效力如何应当根据现行民事法律关于民事法律行为效力的规定,以及证券市场、上市公司相关法律规定综合判断。《中华人民共和国民法总则》(以下简称《民法总则》)第八条规定:"民事主体从事民事活动,不得违反法律,不得违反公序良俗。"第一百四十三条规定:"具备下列条件的民事法律行为有效:(一)行为人具有相应的民事行为能力;(二)意思表示真实;(三)不违反法律、行政法规的强制性规定,不违背公序良俗。"第一百五十三条第二款进一步规定:"违背公序良俗的民事法律行为无效。"《中华人民共和国民法通则》(以下简称《民法通则》)第七条规定:"民事活动应当尊重社会公德,不得损害社会公共利益,破坏国家经济计划,扰乱社会经济秩序。"第五十五条规定:"民事法律行为应当具备下列条件:(一)行为人具有相应的民事行为能力;(二)意思表示真实;(三)不违反法律或者社会公共利益。"第五十八条规定:"下列民事行为无效……(五)违反法律或者社会公共利益的……"《中华人民共和国合同法》(以下简称《合同法》)第五十二条第四项规定:"有下列情形之一的,合同无效……(四)损害社会公共利益……"需要注意的是,《民法总则》系我国第一次在民事立法中采用"公序良俗"这一概念,并用以取代之前《民法通则》和《合同法》等一直采用的"社会公共利益"的概念。民事法律行为因违背公序良俗而无效,体现了法律对民事领域意思自治的限制,但由于公序良俗的概念本身具有较大弹性,故在具体案件裁判中应当审慎适用,避免其被滥用而过度克减民事主体的意思自治。公序良俗包括公共秩序和善良风俗,其中公共秩序是指政治、经济、文化等领域的基本秩序和根本理念,是与国家和社会整体利益相关的基础性原则、价值和秩序。本院认为,不同领域存在不同的公共秩序,首先应当根据该领域的法律和行政法规具体判断所涉公共秩序的内容。在该领域的法律和行政法规没有明确规定的情况下,判断某一下位规则是否构成公共秩序时,应当从实体正义和程序正当两个方面考察。其中,实体正义是指该规则应当体现该领域法律和行政法规所规定的国家和社会整体利益;程序正当是指该规则的制定主体应当具有法定权威,且规则的制定与发布应当符合法定程序,具体可以从法律授权、制定程序、公众知晓度和认同度等方面综合考量。

第一,就实体层面而言,《中华人民共和国证券法》(以下简称《证券法》)是我国证券市场的基本法,其第一条规定的立法目的是规范证券发行和交易行为,保护投资者的合法权益,维护社会经济秩序和社会公共利益,促进社会主义市场经济的发展。因此,证券市场的公共秩序应是体现《证券法》立法宗旨,属于证券市场基本交易规范,关涉证券市场根本性、整体性利益和广大投资者合法权益,一旦违反将损害证券市场基本交易安全的基础性秩序。一方面,股票发行上市是证券市场的基本环节,经此环节,公司的股权结构发生重大变化,股东范围扩至公开市场上潜在的广大投资者,证券市场严格的监管标准也对公司治理能力提出更高要求,因此发行人的股权结构清晰就显得十分重要。如果发行人的股权不清晰,不仅会影响公司治理的持续稳定,影响公司落实信息披露、内幕交易和关联交易审查、高管人员任职回避等证券市场基本监管要求,还容易引发权属纠纷,例如本案。为此,中国证券监督管理委员会(以下简称证监会)于2006年5月17日颁布的《首次公开发行股票并上市管理办法》第十三条规定:"发行人的股权清晰,控股股东和受控股股东、实际控制人支配的股东持有的发行人股份不存在重大权属纠纷。"另一方面,上市公司披露的信息是影响股票价格的基本因素,要求上市公司在股票发行上市的过程中保证信息的真实、准确、完整,是维护证券市场有效运行的基本准则,也是广大投资者合法利益的基本保障。发行人的股权结构是影响公司经营状况的重要因素,属于发行人应当披露的重要信息。对此,《证券法》第六十三条规定:"发行人、上市公司依法披露的信息,必须真实、准确、完整,不得有虚假记载、误导性陈述或者重大遗漏。"第六十八条第三款规定:"上市公司董事、监事、高级管理人员应当保证上市公司所披露的信息真实、准确、完整。"综合上述两方面的分析可以看出,发行人必须股权清晰,股份不存在重大权属纠纷,且上市须遵守如实披露的义务,披露的信息必须真实、准确、完整。申言之,即发行人应当如实披露股份权属情况,禁止发行人的股份存在隐名代持情形。本院认为,上述规则属于证券市场基本交易规范,关系到以信息披露为基础的证券市场整体法治秩序和广大投资者合法权益,在实体层面符合证券市场公共秩序的构成要件。

第二,就程序层面而言,《证券法》第十二条规定:"设立股份有限公司公开发行股票,应当符合《中华人民共和国公司法》规定的条件和经国务院批准的国务院证券监督管理机构规定的其他条件"。《证券法》本身并未对股份公司公开发行股票的具体条件作出规定,而是明确授权证监会对此加以规范。证券市场具有创新发展快、专业性强等特点,欲实现《证券法》规范目的,离不开专业监管机构的依法监管。因此,《证券法》第七条也规定:"国务院证券监督管理机构依法对全国证券市场实行集中统一监督管理。"证监会作为由《证券法》规定,经国务院批准,对证券行业进行监督管理的专门机构,在制定股票发行上市规则方面具有专业性和权威性。本院认为,《证券法》授权证监会对股票发行上市的条件作出具体规定,实质是将立法所确立之原则内容交由证监会予以具体明确,以此形成能够及时回应证券市场规范需求的《证券法》规则体系。证监会在制定《首次公开发行股票并上市管理办法》的过程中向社会发布了征求意见稿,公开征求意见,制定后也向社会公众予以公布,符合规则制定的正当程序要求,而且上述办法中关于发行人股权清晰不得有重大权属纠纷的规定契合《证券法》的基本原则,不与其他法律、行政法规相冲突,已经成为证券监管的基本规范和业内共识。发行人信息披露义务由《证券法》明文规定,经严格的立法程序制定。因此,发行人应当如实披露股份权属情况,禁止发行人的股份存在隐名代持情形,从程序层面亦符合证券市场公共秩序的构成要件。

结合上述两点分析,本院认为,发行人应当如实披露股份权属情况,禁止发行人的股份存在隐名代持情形,属于证券市场中应当遵守、不得违反的公共秩序。本案中,A公司上市前,龚某代杉浦某某持有股份,以自身名义参与公司上市发行,隐瞒了实际投资人的真实身份,杉浦某某和龚某双方的行为构成了发行人股份隐名代持,违反了证券市场的公共秩序,损害了证券市场的公共利益,故依据《民法总则》第八条、第一百四十三条、第一百五十三条第二款和《合同法》第五十二条第四项的规定,应认定为无效。

至于杉浦某某的外国人身份以及A公司的涉密资质是否影响系争《股份认购与托管协议》的效力。本院认为,首先,系争《股份认购与托管协议》实质为股份代持,该行为并不必然导致实际出资人与名义持有人两者之外的其他法律关系的变更,因此不属于需要经外商投资审批机关批准才能生效的合同。其次,根据2004年及之后多次修订的《外商投资产业指导目录》,A公司所处的软件产品开发、生产行业均不属于限制或禁止外商投资的产业领域。再次,本院注意到,保密局先后制定了《涉密信息系统集成资质管理办法》和其补充规定,其中关于资质单位境外投资的规定从无境外投资转变为无境外直接投资但允许一定比例的外方间接投资,且仅在资质申请条件中对股权结构作出要求,规定本身并未对资质单位的股权结构作出禁止性规定,另外针对涉密资质剥离后上市母公司的股权结构,亦不禁止外方投资。故本院认为,保密局关于涉密资质单位股权结构的相关规定主要出于行政管理需要,对可否存在外方投资亦未持完全否定态度。因此杉浦某某的外国人身份以及 A 公司的涉密资质并不影响系争《股份认购与托管协议》的效力认定。

三、系争股份及相关投资收益归属

系争《股份认购与托管协议》因涉及发行人股份隐名代持而无效,根据《合同法》第五十八条的规定,"合同无效或者被撤销后,因该合同取得的财产,应当予以返还;不能返还或者没有必要返还的,应当折价补偿。有过错的一方应当赔偿对方因此所受到的损失,双方都有过错的,应当各自承担相应的责任。"无效合同财产利益的处理旨在恢复原状和平衡利益,亦即优先恢复到合同订立前的财产状态,不能恢复原状的则应当按照公平原则在当事人之间进行合理分配。按照上述原则,本案中,首先,系争 A 公司股份应归龚某所有,龚某作为 A 公司股东围绕公司上市及其运营所实施的一系列行为有效;其次,本案中不存在投资亏损使得股份价值相当的投资款贬损而应适用过错赔偿的情形,故杉浦某某向龚某支付的投资款 3,836,800 元应予返还;再次,系争 A 公司股份的收益,包括因分红以及上市而发生的大幅增值,并非合同订立前的原有利益,而是合同履行之后新增的利益,显然不属于恢复原状之适用情形,如何分配应由双方当事人协商确定,协商不成的应当适用公平原则合理分配。本院注意到,系争《股权认购与托管协议》第六条第八款约定:"甲方(指龚某)承诺:因甲方的原因或无法对抗第三人的原因或本协议无效的原因致使乙方(指杉浦某某)无法拥有上述认购的股份时,甲方应当按照该股份当时的市值退还乙方认购款。"现双方当事人一致同意放弃适用上述约定,愿意就系争股份投资收益在双方当事人之间进行分配。本院认为此属当事人对自身权利的合法处分,于法不悖,予以确认。鉴于双方无法就具体分配方案达成一致,本院将依照公平原则酌情处理。

系争股份收益应当包括分红以及因 A 公司股价上涨而发生的增值。关于 A 公司 2018 年 6 月 8 日后的分红和增股所对应的收益,杉浦某某和龚某均表示将另案诉讼,本院认为系当事人自行选择权利救济方式,于法不悖,应予准许,本案中对该部分收益不作处理。本案中处理的系争股份收益具体包括:1. 系争 123.2 万股 A 公司股票因股价上涨而发生的增值收益,即上述股票市值扣除变现成本后的现金价值减去投资成本 3,836,800 元;2. A 公司 2017 年度的分红,按照每 10 股派发现金红利 4 元(含税)乘以股数 88 万股为 352,000 元(含税)。

股份投资是以获得股份收益为目的并伴随投资风险的行为,在适用公平原则时应当着重考虑以下两方面的因素:一是对投资收益的贡献程度,即考虑谁实际承担了投资期间的机会成本和资金成本,按照"谁投资、谁收益"原则,将收益主要分配给承担了投资成本的一方;二是对投资风险的交易安排,即考虑谁将实际承担投资亏损的不利后果,按照"收益与风险相一致"原则,将收益主要分配给承担了投资风险的一方。

本案中,首先,从双方之间支付资金、订立协议和股份过户的时间顺序来看,本院有理由相信龚某从案外人张某某处购买系争股份的目的在于向杉浦某某转让,以赚取差价,龚某并无出资以最终获得股份所有权的投资意图。反之,杉浦某某的投资意图则显著体现于系争《股份认购与托管协议》中,即通过支付投资款以换取系争股份的长期回报。龚某向案外人张某某转账 1,408,000 元之前,已先从杉浦某某处收到款项 3,836,800 元,从中获得差价 2,728,800 元的利益至今。因此,投资系争股份的资金最初来自杉浦某某,亦是杉浦某某实际承担了长期以来股份投资的机会成本与资金成本。其次,虽然系争《股份认购与托管协议》无效,但无效之原因系违反公序良俗而非意思表示瑕疵,因此该协议中关于收益与风险承担的内容仍体现了双方的真实意思。根据约定,龚某须根据杉浦某某的指示处分系争股份,并向其及时全部交付收益。庭审过程中,双方亦确认龚某在代持期间未收取报酬。可见在双方的交易安排中,龚某仅为名义持有人,实际作出投资决策和承担投资后果的系杉浦某某,若发生 A 公司上市失败或经营亏损情形,最终可能遭受投资损失的亦是杉浦某某。根据上述两方面的考虑,本院认为应由杉浦某某获得系争股份投资收益的大部分。同时,本院注意到龚某在整个投资过程中起到了提供投资信息、交付往期分红,配合公司上市等作用,为投资增值做出了一定贡献,可以适当分得投资收益的小部分。综合上述情况,杉浦某某应当获得投资收益的 70%,龚某应当获得投资收益的 30%。案件审理中,龚某表示无力筹措资金,申请将系争 A 公司股份进行拍卖、变卖,就所得款项减除成本后在双方当事人之间进行分配。杉浦某某对此予以同意。本院认为,此为双方当事人就系争股份处置方式并由此确定可分配之股份收益范围达成一致,属于依法处分自身权利的行为,不违反法律法规的禁止性规定,可予支持。

四、杉浦某某主张的律师费、保全担保服务费应否获得支持

杉浦某某系在与龚某协商不成的情况下以诉讼方式实现投资收益,作为外国人聘请中国律师代为诉讼具有合理性。由于系争股份登记在龚某名下,杉浦某某为确保执行目的而申请财产保全并聘请中国境内担保机构提供担保亦具有合理性。因此本院酌定由龚某承担杉浦某某为本案诉讼而支付的律师费 100,000 元、保全担保服务费 30,000 元。

综上所述,杉浦某某与龚某签订的《股份认购与托管协议》无效,系争 123.2 万股 A 公司股份归龚某所有,由于系争股份价值高于实际投资额,杉浦某某有权要求龚某返

还投资款 3,836,800 元,并分得系争股份收益的 70%。双方关于以系争 A 公司股份拍卖、变卖后所得向杉浦某某返还投资款和支付股份增值收益的主张,于法不悖,本院予以支持。据此,根据《中华人民共和国民法总则》第八条、第一百四十三条、第一百五十三条第二款,《中华人民共和国合同法》第五十二条第四项、第五十八条,《中华人民共和国涉外民事关系法律适用法》第四十一条规定,判决如下:

一、被告龚某应于本判决生效之日起十日内向原告杉浦某某(SUGIURATATSUMI)支付 2017 年现金红利人民币 352,000 元(扣除应缴纳税费)的 70%;

二、原告杉浦某某可在本判决生效后十日内与被告龚某协商,对被告龚某名下 123.2 万股 A 公司股票进行出售,若协商不成,原告杉浦某某可申请对上述股票进行拍卖、变卖,上述股票出售、拍卖、变卖所得款项中优先支付原告杉浦某某)投资款人民币 3,836,800 元,若所得款项金额超过投资款金额,超过部分的 70% 归原告杉浦某某所有,剩余部分归被告龚某所有;

三、被告龚某应于本判决生效之日起十日内向原告杉浦某某支付律师费人民币 100,000 元、保全担保服务费人民币 30,000 元;

四、驳回原告杉浦某某的其余诉讼请求。

如果未按本判决指定的期间履行给付金钱义务,应当依照《中华人民共和国民事诉讼法》第二百五十三条规定,加倍支付延迟履行期间的债务利息。

案件受理费人民币 249,336 元,保全费人民币 5,000 元,由原告杉浦某某负担人民币 76,300 元,由被告龚某负担人民币 178,036 元。

如不服本判决,被告龚某可以在判决书送达之日起十五日内,原告杉浦某某可以在判决书送达之日起三十日内,向本院递交上诉状,并按照对方当事人或者代表人的人数提出副本,上诉于中华人民共和国上海市高级人民法院。

第八讲 资本市场内幕交易行为的认定与司法实践

符 望

2021年3月28日

> **主讲人简介：**
>
> 符望，法学硕士，法律与金融理科硕士。现任上海金融法院法官，审判委员会专职委员。2017年12月被评为上海法院审判业务专家，2019年1月被评为全国优秀法官。2004年从事法官职业以来，曾在上海市第二中级人民法院民四庭、民六庭、上海金融法院立案庭等部门任职。长期从事商事及金融审判，审理了千余件商事与金融案件，审理的具有典型意义的案件包括北方证券、亚洲证券、中富证券破产清算案，华源股份、华源发展两家上市公司破产重整案，安信信托与昆山纯高等营业信托纠纷案，乍嘉苏高速公路公司与工商银行金融衍生品种交易纠纷案，光大证券乌龙指引起的系列内幕交易民事索赔案。担任审判长审理的两起案件被最高人民法院公报录用。参与了最高人民法院《破产法司法解释》以及最高人民法院《关于上海金融法院案件管辖的规定》的起草。在《人民司法》《法律适用》《证券法苑》等刊物上发表学术论文五十余篇。

大家上午好，本讲的主题是"资本市场内幕交易行为的认定与司法实践"，里面有许多内容，如果我直接讲"光大乌龙指"案件的民事部分而不讲行政、刑事，可能大家对内幕交易直接快进到特别复杂的民事领域理解起来有困难。因为光大案件涉及股指期货，如果不介绍股指期货，大家也很难了解跨市场ETF怎么去套利，因为这里面涉及金融知识。

内幕交易里面涉及不同的法律规制，因此立法可以通过很多手段去制裁，比如通过行政去罚款,也可以用刑法去制裁。但目前民事手段、行政手段还不够严厉,包括证据规则、处罚方面,似乎抑制不了市场上的内幕交易行为。通过刑事手段很多问题可能就得以解决,这是没有办法的办法。下面,我会从行政、刑事、民事三个方面讲解。

一、理论基础:内幕交易的理论发展

证券交易市场在美国非常发达,整个理论体系演变从一开始就有各种学者根据市场的发展给出不同的意见和声音。比如说有的观点赞成可以搞内幕交易,甚至提出理论说内部人员就是因为有信息上的便利才能赚钱,这样可以给内部人员更好的激励,这是"内部人报酬说",还有其他各种学说,大家可以去检索一下,这里不具体展开了。但有观点认为,如果允许这么干,这个市场就没法玩了,因为内部人有好处,外部人没有,太不公平了。我们不要现在看到法律有规定制裁内幕交易,就觉得这是理所当然的。证券市场发展从无到有肯定有不同的声音,后来赞成制裁内幕交易的声音占了上风。最主要的理由是如果游戏规则容许某人在牌上作记号,那么还有谁愿意玩这个游戏?因为大家觉得玩这个游戏不公平,对手知道底牌,我不知道,我只能入市当"韭菜"。随着这些学说演变,美国1934年《证券交易法》第10节(b)规定:任何人直接或间接利用州际商业工具或方法或邮政,或利用任何全国性证券交易所的任何设施,从事下列行为皆为非法:在购买或销售已在证券交易所注册或未注册的任何证券时,违反证券交易委员会(SEC)制定的为公共利益或保护投资者所必要或适当的规则和条例,利用或使用任何操纵性、欺骗性手段或计谋。另外,SEC制定的10b-5规则适用于"与任何证券购买或销售有关的"欺诈行为:任何人员直接或间接利用任何方式,或者州际商业工具,或者邮政,或者全国性证券交易所的任何设施从事下列行为,均为非法:(1)使用任何手段、计划或诡计进行欺诈;(2)重要事实错误陈述,或遗漏陈述根据行为时的情况应当避免产生误导的重要事实;(3)从事与证券买卖有关的、导致或将要导致欺诈或欺骗任何人的任何行为、做法或商业活动。

这些规则非常原则化、抽象化。比如利用操纵性、欺骗性手段或者计谋,就不仅仅是内幕交易;其他的民事侵权、欺诈包括操纵市场等行为都可以用这一条来制裁,包括10b-5中的从事与证券买卖有关的,导致或者将要导致欺诈或者欺骗人们的任何网络商业活动行为。就像中国的证券法规定了操纵市场或者内幕交易对投资者造成损失要赔,但怎么赔不说,包括最高人民法院也没有出台明确的司法解释。这样一来,只能由下级法院的法官在个案中探索。美国也一样,立法如此抽象化,指向性不明,接下来就交给美国法院,让司法实践发展出具体规则。

美国的司法实践中,不同的法官根据不同的理论来判案,进而形成不同的司法态度。比如一开始是"戒绝交易",否则公开。这是一种早期理论,要求市场对投资人保证公平。后来美国司法实践中又根据信义义务发展出限制内幕交易的理论,比如我是公司的高管,对公司股东负有义务,因此不能利用公司的内幕信息为自己谋利。但这一理论面对新的挑战。如果知道内幕信息的人不是公司高管怎么办?这时候会产生逻辑推理上的难题。比如 1980 年的 Chiarella 案,印刷工人利用所掌握的目标公司拟被收购信息,购买了目标公司的股票。印刷工人跟公司是合同关系没有信义义务,就没有办法套用原来的理论,美国联邦最高法院认定偷偷知晓者并不构成内幕交易主体。由此引发的争议非常大。如果只有内部负有信义义务的人才构成内幕交易限制的对象,就很难认定印刷工人有责任。后来又发展出"信息盗用理论"。大家现在知道,如果中介机构工作人员或者律师经常接触到并购重组业务,本人是不能做内幕交易的,否则证监会会对其进行严厉的处罚。在美国 1997 年的 O'Hagan 案中,从事业务的律师自己并不是有意透露并购重组项目消息,但他因为吹牛也好、吐槽也好,吃饭的时候跟同律所的另外一个律师朋友聊天时泄露出去了,说者无意听者有心,听到消息的律师就赶紧利用这个消息做内幕交易赚钱去了。这时候就要推定是否存在信义义务,因为并购重组的主体跟聘用的律师之间有一个约定,但该律师跟律师事务所的其他律师可能就没有办法产生信义义务。所以美国联邦最高法院在认定的时候进行了扩展,认定被告无需对原始消息来源有信义义务,只需对直接消息来源负有信义义务。这样一来,等于律师事务所同事之间也有了信义义务。

再接下来看美国判例法的发展,1983 年有一个 Dirks v. SEC 案,一个 EFA 公司的雇员向 Dirks 提供信息,该雇员的目的只是揭露公司的欺诈行为,只是爆个料,没有想用这个信息做什么。但是听者有心,Dirks 就以此做交易赚到钱了。那么 Dirks 的行为是否构成内幕交易?美国法院认为,在这种情况下,这个雇员并没有违反对公司股东的义务,也没有获得任何金钱或个人好处。在内部人没有违反对股东的诚信义务的前提下,也不存在 Dirks 的派生违反义务。这个案件就涉及一个要件,即泄露者是否从内幕交易人那里得到个人利益?直接用钱去买消息认定比较容易,但是其他情况下,人情社会中很多情况下并不是直接的金钱交易,认定就比较复杂。

2014 年 United States v. Newman 案件,DELL 的投资者关系部门的 Rob 把一个非公开信息告诉了 Neuberger Berman 的分析员 Sandy,Sandy 转身告诉了对冲基金 Diamondback 的分析员 Jesse,Jesse 则告诉了他的老板 Newman。也就是说,交易员之间互相透露消息,涉及五六个人,根据证据也很难认定这个信息是用钱买卖而得来的。有时候交易员、分析师跟朋友吹牛,说有一个大项目,有什么回报,也是常见现象,但不知不觉中,信息就传出去了。在这种情况下,泄露者与交易获利者有时处于链条的两端,往往并不知道对方是谁。有时完全没有经济利益输送,仅因炫耀吹牛而导致内幕消息泄露。这是否构成内幕交易？美国联邦第二巡回法院终审认定:"个人利益"必须是非常具体的东西,不能是"友情""朋友关系"这些比较虚幻的东西。因此,Newman 无罪释放。当然,这也引发了较大争议。

2016 年 Salman v. United States 案的情形类似,最终打到了联邦最高法院。这个案件中,米海尔·卡拉是花旗银行负责医疗行业的投资银行家。他和他的哥哥迈克尔·卡拉关系密切,因为他哥哥学化学专业,所以他也常和他哥哥讨论各种新药,在讨论过程中就不免涉及银行相关并购业务。迈克尔瞒着弟弟买卖相关股票,他不但自己交易,还把内幕信息告知米海尔的妻弟塞尔曼,这三个人的关系非常亲密。米海尔从头到尾都没有收到一分钱。但联邦政府抓获塞尔曼的时候,他已经盈利超过一百五十万美元了。大家可以看到,这个案件中消息也是在大家庭成员之间一层一层被透露的,金钱交易确实是没有的。家庭成员之间互相帮助有没有个人利益？告诉家庭成员一个消息,还向他收钱,一般情况下可能性不大。有没有个人利益？联邦最高法院的大法官们产生了分歧。布雷耶大法官说,帮助家庭成员就是帮助自己。阿利托大法官说,如果我在大街上看到一个人,他看上去很沮丧,为了让他开心起来,我告诉了他一个内幕消息,这是违法的吗？

由此可见,根据案例划出内幕交易的界限也非常困难。由于美国法院在案例中的解释有争议有分歧,有的观点就认为,与其等各法院各行其道,还不如想办法通过立法一刀切,即不管什么信义义务,直接规定知道内幕消息并用于交易的,就要承担法律责任,不需要考虑信义义务和推理,等等。这种做法也是欧盟立法的思路。不通过案例中的信义义务直接解释,而是立法强行规定。欧盟的立法思路从着眼于公司个体关系转变为着眼于市场总体影响。欧盟的一个指令就直接规定欧盟各成员国中任何内幕消息知情人进行一切内幕交易行为都要受到规范。也就是说,不限于第一手内幕消息知情人,后续任何知情人都不得从事内幕交易。这样一来就难有漏网之鱼了,这是欧盟的一贯立场。至于美国最终会不会也采取这种思路,还有待观察。

相对于美国和欧盟,中国的立法也在不断变化。原来法律会列哪些是知情人,现在扩展到越来越多,比如获取内幕信息证券机构的管理人员甚至登记结算机构工作人员、实控人,等等。大家可以去看法条变化,这表明内幕知情人的范围不断地扩大。

什么是内幕信息？我国 2019 年《证券法》第 52 条第 1 款规定:"证券交易活动中,涉及发行人的经营、财务或者对该发行人证券的市场价格有重大影响的尚未公开的信息,为内幕信息。"同时《证券法》关于内幕交易的变化是罚款的数额提高了,罚几十万相当于鼓励内幕交易行为,所以罚款额度不断提高。

2014 年《证券法》规定内幕信息包括国务院证券监督管理机构认定的对证券交易

价格有显著影响的其他重要信息。现在立法对什么是重要信息列得更细,比如公司经营方针、经营范围的重大变化、违约,等等,还有出售重大资产,要搞并购重组,还有无法履行职责,还有涉及重大诉讼甚至公司的高管被抓,这里不一一介绍了。一些重大事件及很多事情会对证券市场产生影响,比如实控人变化,换一个人,思路不一样,有可能是利好也可能是利空。

光大案件涉及股指期货交易,还关系到《期货交易管理条例》。根据《期货交易管理条例》的规定,内幕信息,是指可能对期货交易价格产生重大影响的尚未公开的信息,包括:国务院期货监督管理机构以及其他相关部门制定的对期货交易价格可能发生重大影响的政策,期货交易所作出的可能对期货交易价格发生重大影响的决定,期货交易所会员、客户的资金和交易动向以及国务院期货监督管理机构认定的对期货交易价格有显著影响的其他重要信息。内幕信息的知情人员,是指由于其管理地位、监督地位或者职业地位,或者作为雇员、专业顾问履行职务,能够接触或者获得内幕信息的人员,包括:期货交易所的管理人员以及其他由于任职可获取内幕信息的从业人员,国务院期货监督管理机构和其他有关部门的工作人员以及国务院期货监督管理机构规定的其他人员。可见,这些规定相对原则,不像《证券法》那么细。可能是因为期货这一块相对来说比较小众,比较专业,开户门槛比较高。

什么是内幕信息?欧盟 2003/124/EC 号指令第 1 条第 1 款对内幕信息的定义是:"内幕信息是非公开的、直接或者间接与金融产品的发行人或者金融产品本身有关的信息,这类信息的公开能够对该金融产品的市场价格或者对该金融产品的衍生产品的市场价格产生重大性的影响。"从这个定义中可以看出,这里面有几个关键点,比如重大性、对市场价格有影响。值得注意的是,价格影响会扩大至衍生产品,比如股票本身和个股期权价格变动有重要的相关关系。

还有一些情况,对于是不是重大信息,会产生争议。比如特朗普个人发了一个推特,说明天要狠狠制裁中国了。这个消息,有没有对市场产生重大影响?能不能对个股有重大影响?这时候就会产生争议与思考。又比如,某个重要领导去视察某个企业,很可能这个企业的股票第二天就涨停了,那么领导的行程安排,是不是内幕信息?中国台湾地区提到了一个公共政策的问题,比如证券稽查部门负责人知道明天要启动对哪个大公司的调查,这个消息可能对市场有影响,因为台湾地区地域比较小,一有这种调查动静可能对当地整个证券市场有较大影响,那这个负责人赶紧卖掉手中的其他股票行不行?甚至放空单行不行?或者他告诉他朋友赶紧卖掉股票,算不算透露内幕信息?这时候就会有争议。在一个真实的案件中,某一个证券稽查部门负责人确实利用这种消息放空单了,台湾地区"最高法院"最后认定内幕信息应包括公共政策,需要对此规制。

二、内幕交易行政处罚

前面是理论介绍,接下来我们讲怎么查内幕交易,怎么认定责任以及实务中是怎么查案件的。

先看行政处罚,行政处罚不像刑事责任要求那么严格。先看下图中的数据。

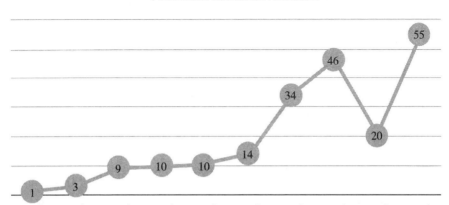

图 8-1　2007—2016 年中国证监会内幕交易案件处罚数量

可以看出来,2007 年至 2016 年案件数量大致逐年上升。以前内幕交易管理没那么严,后来管得非常严,这就是趋势,体现出法律随着市场发展慢慢跟上。随着经济发展,对法律公平正义的需求还会更加强烈,这是每个国家发展的必然阶段。

内幕交易多涉重大资产重组,2013 年前 10 月证监会执法数据显示,受理了违法违规线索 486 件,同比增长 44%,启动调查 286 起,同比增长 25%。这些数据可以让大家对当时的市场情况有一个了解。

接下来我们介绍行政处罚中对内幕信息的界定。对于内幕信息,虽然《证券法》有规定,但实务中有细微的区别,比如提到未公开性、对市场价格有重大影响。什么叫"对市场价格有重大影响"？上市公司本身做并购重组、重大担保会产生影响,下级公司比如子公司、孙公司的信息会不会对市场价格有影响？我们的法律很多时候没有明确,因此实务中要作自由裁量。比如有一起黄某某案①,对于间接持股约 10% 的"重孙子公司"的利润分配事项,该信息亦对上市公司的股价造成重大影响,因此,重要性判断应以"内部人与外界投资人的主观认知"为标准。关于子公司或者孙公司的问题,最高人民法院《关于适用〈中华人民共和国民法典〉有关担保制度的解释》规定,上市公司担保要提交相关的决议,不仅要有决议,还要有公告,然后法院才能认定上市公司的担保是有效的担保。这一条也就算了,上市公司很多时候能盯得住,能看公告。然后规定,上市公司的子公司也要适用这一条,子公司的公告在母公司那里公告出来,那么,子公司的子公司要不要也用这一条?争议就来了。如果无限扩大化,甚至合并报表的关联企业都要这样做,即不仅要有决议还要公告。担保交易相对人看不到,就可能不敢做交易,因为上市公司的子公司、孙公司那么复杂的结构都要去查一遍,要花更多的交易成本,交易就无法进行。这就是法律在实务中的解读对市场的影响。

图 8-2 是 2011—2013 年证监会处罚内幕交易主体情况。

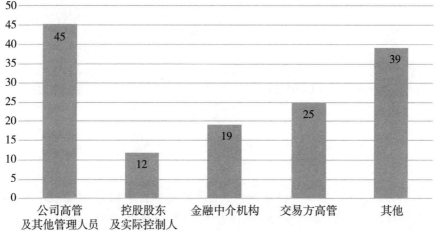

图 8-2　2011—2013 年证监会处罚内幕交易主体统计

可以看到,主要是处罚高管,当然市场中介机构、律所、会计师事务所也都有涉及。图 8-3 是 2007—2016 年行政处罚的平均反应时间。有时候时间比较长,要几十个月,说明案情的复杂性。当然随着证监会人力加强,处罚会加快。

---

① 参见证监会(2010)29 号行政处罚决定书。

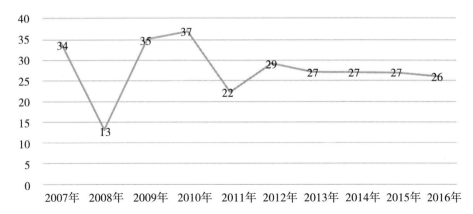

图 8-3　2007—2016 年内幕交易行政处罚平均反应时间(月)

图 8-4 是 2007—2016 年行政处罚金额,数据逐年上升。

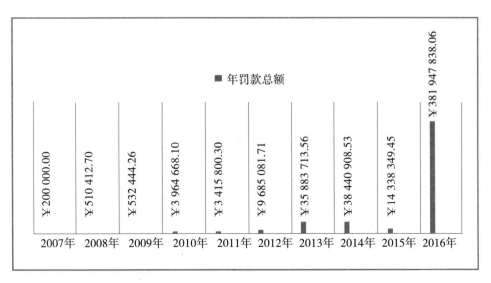

图 8-4　2007—2016 年内幕交易行政处罚罚款总额
(资料来源:《中国证监会内幕交易行政处罚案例综述》)

我还根据资料做过一个执法情况的对比(中国证监会和美国 SEC),美国 SEC 执法人员是 1236 人,占员工总数 32%。罚没金额,美国从 2008 到 2013 年共计 28.8 亿美元。中国证监会执法人员约 600 人,占员工总数 20%,罚款金额 2013 年是 7.3 亿元。处罚的时候,美国 SEC 怎么去认定一些证据呢?这里我推荐一部美剧《亿万》(Billions),大家可以感受一下 SEC 现场突击检查的情形。这部美剧主要是讲资本市场内幕交易、操纵市场,把这些细节看明白了,至少对美国内幕交易的证据法会有一定程度的了解。这个剧的主人公有原型,是华尔街对冲基金经理 Steve Cohen,美国检察官盯上他,一直查一直查,后面让他承担了相应的法律责任。

中国怎么查?我们看新闻报道,可以发现查得越来越严。比如证监会要求负责发行、并购的部门以及专、兼职发审委员注销所有的个人账户,同时,申报父母、配偶及子女等直系亲属的身份证号和股票账户,建立专门档案。公安部证券犯罪侦查局以及证监会下设的稽查一局和稽查二局等部门,对于上述人员往来电话,抽样进行监听。各地证监局要求辖区的各家券商投行、具有发行并购业务资质的律师事务所、会计师事务所、券商研究员等,申报自己父母、配偶及子女等直系亲属的身份证号和股票账户,并建立专门档案。对于上市公司方面如涉及重组并购等事项,交易所要求申报涉及重组并购可能接触到内幕信息的人员名单及身份证号。在内幕交易监控上,将上市公司披露的重大信息、内幕信息知情人数据等资料与各类账户的交易记录进行关联比较,一旦信息发布前股票交易异常,触及了监察系统内幕交易分析模块报警指标阈值,监察系统将自动进行报警,为监控人员及时提供涉嫌内幕交易行为的线索。

美国证监会还有一个吹哨人制度。欧盟、英国对吹哨人制度不是很喜欢,觉得通过举报赚钱在道德上会引发非议,因此制度设计上并不鼓励。但美国的文化经常是以恶制恶。比如,根据 2013 年的一则新闻通报,有一起案件中,美国 SEC 对吹哨人的奖励是 1400 万美元,是截止到 2013 年最大的奖励金额。这种针对举报的高额奖励制度值不值得?1400 万美元给举报人,但 SEC 可能罚责任人十几个亿,还是值得的,国库马上充盈了。在实务中,做内幕交易可能并不止知情人一个人,有可能还要相关人员借入资金,因为十万八万做了没有意义,可能最后会有几千万几个亿投进去。人一多,没有不透风的墙,难免会有其他知情人,知情人就可以举报。

我们证监会有一个认定内幕交易的指引,这个 2007 年指引比较陈旧,我就不一一列举了,我想表达的是作为证监会这种行政部门,内部也制定了相关指引,比如什么是内幕人、什么是内幕信息,包括什么是对价格有显著影响都会作一些规定,比如对价格有显著影响是指通常情况下,有关信息一旦公开,公司证券的交易价格在一段时期内与市场指数或相关分类指数发生显著偏离,或者致使大盘指数发生显著波动。这里所称显著偏离、显著波动,可以结合专家委员会或证券交易所的意见认定。因为是内部指引,我相信会不断更新。指引里面提出了几个除外情形,比如买卖行为与内幕信息无关,或者依法进行的收购公司股份的正当交易行为,等等,这是指引规定的一些除外情形。还有指引里面专门提到证明标准问题,提到内幕交易行为的认定,应当适用明显优势证明标准。大家学了民诉法、刑诉法,行政处罚用什么样的证明标准?从事实务工作的人一定要去考虑证明标准问题。美国法在民事诉讼上采取高度盖然性,量化相当于50%,超过50%就符合证明标准了,所以很多事实是可以推定、推测的。而刑事诉讼就非常严,因为涉及人身自由,因此要求"排除任何合理怀疑"。这就导致证明某些事实很难,因为这个要求非常非常高。行政诉讼则提出了一个"明显优势证据",要量化的话大概是在75%左右,会比民事高一点,但会比刑事弱一点。

在美国,如果检察官没有确切的证据,在刑事诉讼中,陪审团有可能认定检方败诉,因为证据没有达到"排除任何合理怀疑"标准。因此,检察官对于美国SEC提供的线索就比较慎重。在中国,也存在这一问题。证监会行政处罚相对于刑事程序容易得多。中国证监会去调查某个内幕交易行为人,他不认罚,就有可能移交公安机关,有坐牢的风险。这时候行为人就要想清楚。在资本市场,很多人愿意接受行政处罚,罚多少,那是钱的问题。一旦进刑事程序,就可能面对牢狱之灾,失去人身自由。资本市场的投资者,经常面对许多市场风险,但失去人身自由的风险完全不同。因此,很多人受不了这个风险,会赶紧接受行政处罚而避免事态扩大化。

在行政处罚与诉讼的标准上,2011年7月发布的《关于审理证券行政处罚案件证据若干问题的座谈会纪要》规定:"监管机构提供的证据能够证明以下情形之一,且被处罚人不能作出合理说明或者提供证据排除其存在利用内幕信息从事相关证券交易活动的,人民法院可以确认被诉处罚决定认定的内幕交易行为成立:(一)证券法第七十四条规定的证券交易内幕信息知情人,进行了与该内幕信息有关的证券交易活动;(二)证券法第七十四条规定的内幕信息知情人的配偶、父母、子女以及其他有密切关系的人,其证券交易活动与该内幕信息基本吻合;(三)因履行工作职责知悉上述内幕信息并进行了与该信息有关的证券交易活动;(四)非法获取内幕信息,并进行了与该内幕信息有关的证券交易活动;(五)内幕信息公开前与内幕信息知情人或知晓该内幕信息的人联络、接触,其证券交易活动与内幕信息高度吻合。"

由此可以看出,对不同人提出的证据要求是不一样的,比如是知情人的配偶、子女,关系很密切,"基本吻合"就行了。还有一个内幕信息公开前与内幕信息知情人或知晓该内幕信息的人联络、接触,其证券交易活动与内幕信息"高度吻合"。因为这时候有可能一些人跟内幕信息知情人不是很亲密的配偶、父母、子女关系,而是师生关系、朋友关系,双方接触,这时候要求交易跟信息是高度吻合的,标准就更高,否则容易扩大打击面。比如有人听说有一个公司要重组,大家知道在中国资本市场上,再烂的公司也想要重组。有人就买,赌公司将来肯定会重组,三个月之内会重组。这是很模糊的信息。但是如果别人跟他说重组协议明天就签了,他今天赶紧买入了,重组公告出来连续两个涨停他再卖掉,这就完全不一样。如果仅仅是模糊猜测要重组,提前了三个月买,三个月有各种各样的风险:市场下跌、公司发生变化,就不会高度吻合,这会在实务中有不一样的应对。

通过徐某某内幕交易案,可以清楚看出如何认定内幕交易。涉及的上市公司远望谷拟出资至少 95,500,000 欧元分笔购买 Bibliotheca Group GmbH 公司 100% 股权,该信息属于内幕信息,他自己是实控人,是决策者,他肯定是知道的。那他肯定不会用自己的账户去交易,于是交易的时候有一个"廖某松"的账户获利了 500 多万元。最后证监会认定这是内幕交易,罚款 2000 多万元。怎么认定?一个是徐某某,另外一个是"廖某松"的账户,这两个人不是一个人,账户是不一样的,怎么去认定?我们就看证据。大家知道现在都是网上交易,用手机也好,用电脑也好,会有一个 MAC 地址。一般人不懂技术的,可能不知道怎么去改 IP 地址,不知道怎么去改 MAC 地址,每个网卡里面都有一个 MAC 地址,理论上不能更改,一般人可能做不到。你用别人的账户,但是在你自己的电脑上,比如我在这个电脑上登录了彭冰老师的账户、登录了我的账户,这两个账户交易时显示的 IP 地址是同一个,而且因为是同一个电脑的网卡,MAC 地址也一样。这样都留下了记录,同一个 IP、同一个 MAC 登录了我的账户、彭冰老师的账户,表明极有可能我在控制他的账户,特别是时间很短的情况下。但不排除我今天登录就回上海了,过两天彭冰老师登录,如果用的是同一台电脑,IP 地址和 MAC 地址还是一样的。因此这时候还要结合其他的证据,比如手机委托下单。这个案件中的内幕交易行为人徐某某,并没有那么高的技术手段,用"廖某松"账户交易的时候都是用徐某某自己的手机,这很清楚表明他能控制"廖某松"的账户。另外,"廖某松"账户下单时的 IP 地址在新加坡,而此时出入境记录也可以表明徐某某也在新加坡,这些都能印证账户控制情况。

还有一个是账户资金的情况。举个例子,比如"廖某松"账户的钱不多,平时账户里可能有 100 万,当知道这么重要的消息,100 万冒这么高的风险,赚几万、甚至几十万都没意义,因为机会难得要好好利用。这时候可能内幕交易行为人会去调 1 个亿的资金进入到"廖某松"账户,这时资金从谁的账户里打过去,一笔一笔流水在银行网络系统里就可以查出来了。比如今天通过徐某某或者徐某某父母的账户打了 1 个亿到"廖某松"的账户。当然这是直接转款的情况,还有可能绕几个圈子转账,查起来会麻烦一些。在这个案件中,最终认定"廖某松"账户的资金全部直接来源于徐某洋,最终来源于徐某某,资金去向为徐某某、陈某珠、徐某洋及李某文(陈某珠堂哥的儿媳妇)。廖某松与徐某某存在亲戚关系,"廖某松"证券账户开户时所留的电话号码为陈某珠的手机号码,所留地址为远望谷地址。

还有一个案例涉及大学教授进行内幕交易被处罚的情形。大学教授宋某,利用从他学生陈某处得到的内幕信息,对国发股份这只股票进行交易,不仅亏本,最终还被处罚了。这个案件里面的证据,就是他们在交易敏感期内曾经有过通话记录,证监会能调查出来。有的时候,个别案件中即便没有通话记录,如果两个人坐同一次航班,都有可能推定有过接触,也会被用于认定内幕交易。

证监会处罚这么多,有没有法院认为处罚得不对的?这样的案例很少,法院基本都尊重证监会的执法权,但有一起例外,即苏某某诉证监会案,也涉及内幕交易。该案中,威华股份注入IT资产及收购铜矿方案,属于公司的重大投资行为。苏某某交易威华股份的时点与资产注入及收购铜矿事项的进展情况高度吻合。苏某某在内幕信息公开前与内幕信息知情人员殷某某联络、接触,相关交易行为明显异常,且其没有提供充分、有说服力的理由排除其涉案交易行为系利用内幕信息。故证监会对苏某某作出行政处罚。苏某某不服,诉至法院。证监会内幕交易认定中有一个瑕疵是没有对内幕信息知情人殷某某进行调查。证监会说已经穷尽手段,没有找到人,但结合其他人的调查笔录就最后推定了存在内幕交易。但是法院认为,行政机关调查收集证据必须全面,在内容上既包括对相对人有利的证据,也包括对相对人不利的证据,在范围上既要向涉嫌违法的相对人进行调查,也要向了解案件事实的直接当事人和利害关系人进行调查,特别是案件涉及的直接当事方,是案件事实的直接经历者,也是权利攸关方,理当成为行政调查不可或缺的对象。该案中,法院认为,中国证监会认定殷某某为内幕信息知情人,除了相关会议记录以及其他相关人员的证人证言,还必须向殷某某本人进行调查询问,除非穷尽调查手段而客观上无法向殷某某本人进行调查了解。但中国证监会寻找殷某某的相关场所,只是殷某某可能从业的单位,并不是确定的实际可以通知到殷某某的地址,而且看不出中国证监会曾到殷某某住所地、经常居住地或户籍所在地等地方进行必要的调查了解。中国证监会联系殷某某的方式也并不全面,电话联络中遗漏掉了"1392091×××9"号码,且遗漏掉的该号码恰恰是苏某某接受询问时强调的殷某某联系方式,也是中国证监会调查人员重点询问的殷某某联系方式,更是中国证监会认定苏某某与殷某某存在数十次电话和短信联络的手机号码。因此,证监会执法中存在疏漏,认定殷某某为内幕信息知情人事实不清、证据不足。北京市高级人民法院终审判决撤销一审判决,撤销被诉处罚决定和被诉复议决定。这个案件还有违法所得计算的争议。苏某某提出,证监会计算违法所得的时候有一个内部指引,但在这个案件中证监会处罚苏某某的时候并不按自己的指引标准。也就是说,苏某某以证监会的矛攻证监会的盾。证监会回应称这个指引是内部文件,比较陈旧,无需参考。法院认为,证监会这个内部指引,可在互联网公开查询到,没有证据表明该指引已被明确废止。对被处罚人而言,在一定程度上也是评价行政处罚违法所得计算是否合法公正的重要标准,苏某某主张适用指引具有一定的合理性。法院还提出,指引的许多内容需要与时俱进行更新,证监会也有责任且有能力修改完善该指引。如此可推进执法规范化,也可以给市场主体提供行为指引和法律预期。这个案件也是法院推翻证监会行政处罚案件为数不多的一个。我想,随着北京金融法院的成立,会更加强调金融行政处罚的规范性,不排除法院将来会更多关注证监会作为被告的案件,加大对行政执法的规范性要求。

前面部分都是行政处罚,大家要了解证监会是怎么去调查的,这个很重要,如果不知道怎么调查,面对民事案件中的证据可能就不太能理解。

三、内幕交易刑事制裁

刑法中有关内幕交易的规定有两条,一个是内幕交易、泄露内幕信息罪,还有一个是利用未公开信息交易罪。

第一百八十条 【内幕交易、泄露内幕信息罪】证券、期货交易内幕信息的知情人员或者非法获取证券、期货交易内幕信息的人员,在涉及证券的发行,证券、期货交易或者其他对证券、期货交易价格有重大影响的信息尚未公开前,买入或者卖出该证券,或者从事与该内幕信息有关的期货交易,或者泄露该信息,或者明示、暗示他人从事上述交易活动,情节严重的,处五年以下有期徒刑或者拘役,并处或者单处违法所得一倍以上五倍以下罚金;情节特别严重的,处五年以上十年以下有期徒刑,并处违法所得一倍以上五倍以下罚金。单位犯前款罪的,对单位判处罚金,并对其直接负责的主管人员和其他直接责任人员,处五年以下有期徒刑或者拘役。内幕信息、知情人员的范围,依照法律、行政法规的规定确定。

【利用未公开信息交易罪】证券交易所、期货交易所、证券公司、期货经纪公司、基金管理公司、商业银行、保险公司等金融机构的从业人员以及有关监管部门或者行业协会的工作人员,利用因职务便利获取的内幕信息以外的其他未公开的信息,违反规定,从事与该信息相关的证券、期货交易活动,或者明示、暗示他人从事相关交易活动,情节严重的,依照第一款的规定处罚。

许多内幕信息最后需要公开,比如上市公司的一些重组、并购、实控人的变动,等等。有一些基金公司内部管理的规则,做投资决定不需要向外界公开,如果你是基金工作人员知道这个基金公司可能要买入股票,提前埋伏进去,做老鼠仓,是要承担刑事责任的,但跟上市公司并购重组这种情形不一样。搞老鼠仓获利要被刑事制裁,那就需要用到"利用未公开信息交易罪"这一条款。

2012年最高人民法院、最高人民检察院《关于办理内幕交易、泄露内幕信息刑事案件具体应用法律若干问题的解释》第2条在明确人员范围、区分情节、界定免刑情形、细化证据等方面进行了规定,具体规定如下:(一)利用窃取、骗取、套取、窃听、利诱、刺探或者私下交易等手段获取内幕信息的;(二)内幕信息知情人员的近亲属或者其他与内幕信息知情人员关系密切的人员,在内幕信息敏感期内,从事或者明示、暗示他人从事,或者泄露内幕信息导致他人从事与该内幕信息有关的证券、期货交易,相关交易行为明显异常,且无正当理由或者正当信息来源的;(三)在内幕信息敏感期内,与内幕信息知情人员联络、接触,从事或者明示、暗示他人从事,或者泄露内幕信息导致他人从事与该内幕信息有关的证券、期货交易,相关交易行为明显异常,且无正当理由或者正当信息来源的。

这一条对获取内幕信息的手段有很多界定,包括骗取、套取、窃听、利诱,等等。还有近亲属或者其他与内幕信息知情人员关系密切的人员,还有相关交易行为明显异常的。比如一个投资者账户里平时有几十万,每一次交易只有几万元,突然有一天有上千万资金进来,然后一下子买了价值上千万的股票,这明显是异常,这时候需要投资者自己解释为什么出现异常。如果你说是研究所得,那么有没有研究报告呢?否则刑事诉讼中就很难表明自己是清白的。至于最终能否认定构成犯罪,很多时候是看证据充不充分。我印象最深的是美国的一个内幕交易刑事案件,执法部门抄了犯罪嫌疑人的家,查了他的电脑,看到他谷歌上有一个搜索记录:"如何做内幕交易并且能够逃避SEC的处罚"。这就是很明显的证据。因为很多人不是技术高手,在网络世界多多少少都会留下痕迹,这就是证据之一。实务中,还有一些情况,比如资金变化与内幕信息形成、变化、公开时间基本一致,或者买入时间一致的、交易习惯基本相同的,都可以用来证明是否存在内幕交易。

刑事认定当中也提出了一些除外的情形:(一)持有或者通过协议、其他安排与他人共同持有上市公司百分之五以上股份的自然人、法人或者其他组织收购该上市公司股份的;(二)按照事先订立的书面合同、指令、计划从事相关证券、期货交易的;(三)依据已被他人披露的信息而交易的;(四)交易具有其他正当理由或者正当信息来源的。就以最后一条来说,如何证明具有正当理由或者正当信息来源?对冲基金、私募基金大举买入,要建仓这个股票,为什么建仓?举证的时候,行为人要证明不是因为内幕交易,而是因为某个研究报告。比如说新能源车包括相关的电池行业有很大的发展空间,基金经理收到这样一个研究报告,就制定策略,分批买入、大额买入。这时候就可以洗清嫌疑,表明不是收到这个公司有并购重组消息去买,而是有一个对行业的分析与预期。另外,大家还可以关注一下这个司法解释中在量刑情节方面,对情节严重、情节特别严重有不同的要求。

那么实务中究竟判了多少这样的案件,判了几年?这需要观察司法实务。比如早期比较出名的杭萧钢构案。2007年1月下旬,杭萧钢构前职员陈某某从杭萧钢构职员处得知杭萧钢构正与中基公司洽谈安哥拉项目,金额高达300亿元。随后,陈某某将该消息电话告知王某某,让王某某在 2 月 12 日买入"杭萧钢构"股票。12 日,王某某按陈某某的指令操作"徐某"(王某某之妻)的资金账户,买入"杭萧钢构"270 多万股。2 月 12 日,时任杭萧钢构证券事务代表的罗某某在工作中也获悉公司与中基公司洽谈"安哥拉"项目,涉及金额 300 亿元,并把信息透露给陈某某。当晚,陈某某把从罗某某处得知的消息转告王某某,再次让王某某在 2 月 13 日买入"杭萧钢构"。3 月 15 日,陈某某从罗某某处得知证券监管机构、上海证券交易所的有关监管信息后,将情况告诉王某某,并作出次日卖出"杭萧钢构"的指令。16 日,王某某按指令将"徐某"资金账户中的 690 多万股全部卖出,共非法获利 4037 万元。浙江省丽水市中级人民法院 2008 年 2 月 4 日对杭萧钢构内幕交易案作出一审判决。罗某某、陈某某和王某某分别被判处有期徒刑 1 年 6 个月、2 年 6 个月和 1 年 6 个月,缓刑 2 年。

杭萧钢构案中的刑期相对来说是比较轻的,因为内幕交易毕竟不是谋财害命,不是杀人放火,处罚就轻很多。后来到了黄某裕这个案件,数额不一样,刑期就变重了。黄某裕作为北京中关村科技发展(控股)股份有限公司(以下简称"中关村科技公司")的实际控制人、董事,于 2007 年 4 月至 2007 年 6 月 28 日间,利用职务便利,在拟将中关村科技公司与黄某裕经营管理的北京鹏泰投资有限公司进行资产置换事项中,决定并指令他人于 2007 年 4 月 27 日至 6 月 27 日间,使用其实际控制交易的龙某、王某等 6 人的股票账户,累计购入"中关村"股票 976 万余股,成交额共计人民币 9310 万余元,至 6 月 28 日公告时,6 个股票账户的账面收益额为人民币 348 万余元。黄某裕于 2007 年 7 月至 2008 年 5 月 7 日间,在拟以中关村科技公司收购北京鹏润地产控股有限公司全部股权进行重组事项中,决定并指令他人于 2007 年 8 月 13 日至 9 月 28 日间,使用其实际控制交易的曹某、林某等 79 人的股票账户,累计购入"中关村"股票 1.04 亿余股,成交额共计人民币 13.22 亿余元。至 2008 年 5 月 7 日公告日时,79 个股票账户的账面收益额为人民币 3.06 亿余元。黄某裕三罪并罚被判处有期徒刑 14 年以及罚没 8 亿元,其中,内幕交易罪判处有期徒刑 9 年,并处罚金 6 亿元。

美国刑事程序中,检方可能会跟嫌疑人进行诉辩交易,看能不能达成一个认罪协议,尤其是证据稍微有一点欠缺的时候。比如,从事内幕交易的犯罪嫌疑人接受了诉辩交易,认罪以换取较轻的处罚,接受巨额罚款以及永久不得对外募资。若不认罪,就有可能接受陪审团审判。陪审团最后认定有罪还是无罪,会考虑许多因素。比如在 2011 年,美国民众对于华尔街有不满情绪,还发起了占领华尔街运动。万一陪审团判你有罪,你就要蹲监狱去了,而且刑期也不短。现在联邦检察官给你一个和解的机会,不要的话,最后谁赢谁输不确定,你愿不愿意冒这样的风险?很多人不愿意冒这个风险,就认罪和解了。

再讲回中国。内幕信息除了中介机构、上市公司知道,有时候是领导干部知道,因为有些企业的并购重组,特别是涉及国有企业,需要领导审批。有的领导干部经不起考验,会利用这个机会赚钱,结果东窗事发。比如广东省中山市原市长李启红,通过内幕交易非法获利 1983 万元,犯内幕交易罪和受贿罪,一审被判处有期徒刑 11 年。江苏省南京市经委原主任刘宝春,通过内幕交易非法获利 750 万元,被判处有期徒刑 5 年。法律面前人人平等,不因为你是领导干部就网开一面。

另外,现在做内幕交易,想跑到境外也不容易。比如"内幕交易保代第一人谢某华"案,谢某华为我国首批保荐代表人,曾担任厦门证券投行部经理助理、国信证券投行部副总裁等职,事发前担任中信证券企业发展融资业务线执行总经理。2010 年 3 月份前后,谢某华利用 ST 兴业重大资产重组进行内幕交易被举报,很快遭到相关监管部门的调查,监管部门提取了谢的通话记录和办公电脑硬盘信息。2010 年 3 月底,谢某华利用新西兰护照借道香港潜逃至新西兰。此后,谢某华被国际刑警组织下发红色通缉令。由此,谢某华被称为"内幕交易保代第一人",也是中国内地证券界高管被国际刑警组织通缉的第一人。2011 年 6 月,谢风华从潜逃地新西兰归国,正式向中国警方投案自首。

还有一起案件比较有意思,就是大学教授林某某内幕交易案。林某某在 2013 年 2 月 18 日至 3 月 25 日期间,大量买入银润投资股票 989.8 万元。此后该股票因重组停牌,复牌后连续 10 个交易日涨停,林某某账面获利 1470 万元。林某某是学院公认的"股神",曾在证券业从业,又在集美大学教授相关课程,深知证券市场的法律法规。但这个交易量这么大,交易监测系统监测到异常,引发证监会调查。

他因为研究证券法很多、很深,怎么都找不到他的关联关系,刚开始证监会查不出来。稽查人员先是调取了所有重组双方高级管理人员的通话记录、账户信息等进行一一对比,结果发现这些账户并不属于重组双方的内部人员。也就是说,知晓重组计划并进行内幕交易的另有其人。后来,稽查人员开始对所有资料重新仔细地筛选分析,最终在一个中介方的邮箱里发现了一个机构——高能投资咨询。顺藤摸瓜之后,内幕知情人陈某某浮出水面,接着就找到了陈某某的老师林某某。但林某某辩称,大量买入银润投资的决策是自己研究所得,自己曾从业多年,对有重组概念的公司很感兴趣,提前买入纯属个人投资能力强。后来证监会把案件移交到公安部门,由检察院提起了公诉。公安的调查手段更强,发现了很多证据。最后发现,林某某在具体操作时非常小心。为了不引起监管部门的注意,林某某一共动用了他控制的 13 个自然人证券账户,他动员了身边的亲友,为他开户或者把账户借给他。同时,他还把家里所有电脑的数据全部修改,下单的 IP 都改过。林某某还在证监会行政稽查期间,利用师生关系多次与陈某某以及其他相关人员串通,订立"攻守同盟",并将其操作买卖"银润投资"的两台电脑主机替换处理,企图掩盖其犯罪行为。陈某某分别于 2013 年 2

15日、3月4日和3月16日,三次向老师林某某泄露上述内幕信息所涉事项的进展情况。根据证监会稽查人员的表述,极有可能是在爬山的过程中泄露的消息。

从这些情况来看,这位大学老师能力比较强,知道如何规避调查。比如技术能力强,一般人不知道怎么修改IP,最多知道用电脑下单和用手机下单的IP不一样。如果精心策划内幕交易,肯定会想到调查部门会采用什么调查手段、查找哪些证据。不过这些伎俩并没有太大作用,最后还是查到爬山过程两人有接触。现在技术手段更强,人脸识别、摄像头到处都是,你们俩只要有接触或者你们两个手机信号在同一个时间有交集,就可以推定你们接触过。最后发现,师生两人之间并无金钱交易,事后学生也并未向老师收取回报,但依然泄露了这一内幕信息。而老师林某某也确实利用了这一内幕信息交易股票获利。经厦门市中级人民法院一审宣判,林某某被判处有期徒刑6年,并处罚金人民币250万元;陈某某被判处有期徒刑5年,并处罚金人民币135万元。

所以这里顺便提醒在座各位学金融法、证券法的同学,不要有侥幸心理,或者觉得自己法律功底强或者技术很过硬,便觉得从事内幕交易能逃脱法网,很多事情还是有蛛丝马迹的。你如果有侥幸心理,心存贪念走捷径,要记住天网恢恢疏而不漏。如果你第一笔刹不住,会觉得这个钱来得太容易,就会有第二笔、第三笔,最终被抓到。

四、内幕交易民事侵权

最后一部分重点讲内幕交易的民事侵权,我会结合"光大乌龙指"案来展开。前面说了很多行政、刑事案件,民事案件比较少,在"光大乌龙指"案之前有过一两例,是其他法院受理的。由于我们法律没有特别明确的规定,缺乏一个可操作性的具体规则,当法官面对这样的案件的时候,就比较困惑。法官很难认定里面的因果关系、损失计算,等等,因此大部分法官不愿意去审理这样的案件,因为没有成熟的规则,案件判起来有风险,无论怎么判总会受到攻击与挑战。在中国,如果法官自己创造一套规则,会被批评说法官造法,创造规则如果创造得不好,会被批评说连学都没学好,还胡乱创造规则。在审理"光大乌龙指"案的时候,最高人民法院曾有过一个关于内幕交易司法解释的征求意见稿,由于争议一直比较大,就没有发布,所以法官判案时就不能援引适用。因此,只依据《证券法》的一个条文,很难解决实务中的案件,没法证明因果关系、没法认定损失,等等,甚至连能不能起诉立案、管辖都会有争议。直到"光大乌龙指"案发生,因为影响比较大,最高人民法院指定光大证券所在地法院去审理,也就是上海市第二中级人民法院。这个案件之后有没有很多涉及内幕交易的民事诉讼案件?也不多。

光大证券从事的是套利交易，比较复杂，一般投资者不会做这样的交易。比如50ETF，在交易所交易的基金，券商可以分别申购买50个成分股，按照比例买过来，然后合并转成ETF，转换之后再卖掉。这就是一个申赎套利交易。在这个过程中，软件程序没有设计好，产生了巨额申购。光大证券当时申购的是180ETF的成分股，具体原理是一样的。因为巨额申购，当天结算，不管有没有相关资金，软件没有控制好，就超过自有资金的限额去申购了。这样一来，市场暴涨，直线拉上去，所有股民觉得肯定有什么超级大利好来了，纷纷跟进。怎么办？你成交了72个亿，系统如果好的话会进行风控，再怎么买只能买不能超过本次允许操作的自有资金限额，比如我们假定允许本次操作10个亿，因为公司所有资金只有50个亿，那么应该最多买10个亿。但风控没做好，一下子变成72个亿。72个亿交易，却只有50亿资金，不够的那部分还得去市场上拆借资金。怎么办？买也买进来了，要么宣布这些交易全部作废，这些指令全都不算，但中国证券市场上还没有这样的先例。不能取消交易，买了这么多，公司损失可能太大了！于是几个高管开会，达成通过做空股指期货做对冲，同时转成ETF卖出对冲风险的意见。也就是说，当天买当天卖。但如果马上公布这个消息，大家都会知道是光大证券做错了，程序没搞好，而不是以为市场上有利好消息，就不会继续跟进，那么光大做空也好、卖出也好，没有对手盘，肯定走不掉，无法减少损失。所以不能公布是程序出现问题，让大家继续误以为市场有重大利好，明天肯定还会暴涨。大家看走势图，这么拉升一根直线在中国证券市场上是罕见的，市场肯定非常关注。于是很多记者就打电话问情况，问是否光大证券搞的乌龙指（因为市场上总归有内部人士有小道消息），光大证券董秘梅某回答说没有这么回事，我们的风控系统很完善。否则大家一看，你们证券交易系统风控都没有做好，信任度肯定下降，不敢在你这儿开户了。梅某告诉记者光大证券没有搞错，这是子虚乌有，所以网上就马上有一篇文章《光大证券就自营盘70亿乌龙传闻回应：子虚乌有》，当时许多网站都转载了。光大证券自己赶紧停牌，为什么？因为买那么多，自有资金没那么多，怎么能够完成交易结算都是个很大问题，这时候自己先停牌，因为光大证券自己也是上市公司。直到当日14时22分，光大证券才告诉市场，是套利系统出现问题，而不是有什么重大利好。在这之前，光大证券已经对冲完毕。

上面整个过程，行政处罚决定书的表述更加精确，具体如下：2013年8月16日11时05分，光大证券在进行交易型开放式指数基金（以下简称ETF）申赎套利交易时，因程序错误，其所使用的策略交易系统以234亿元的巨量资金申购180ETF成分股，实际成交72.7亿元。同日不晚于11时40分，光大证券徐某某召集杨某忠、沈某某和杨某某开会，达成通过做空股指期货、卖出ETF对冲风险的意见，并让杨某某负责实施。11时59分左右，光大证券董事会秘书梅某在与大智慧记者高某通话时否认了市场上"光大证券自营盘70亿元乌龙指"的传闻,而此时梅某对相关情况并不知悉。随后,高某发布《光大证券就自营盘70亿乌龙传闻回应:子虚乌有》一文。12时13分,梅某向高某表示需进一步核查情况,要求删除文章。但此时该文已无法撤回,于12时47分发布并被其他各大互联网门户网站转载。当日13时,光大证券称因重大事项停牌。当日13时开市后,光大证券即通过卖空股指期货、卖出ETF对冲风险,至14时22分,卖出股指期货空头合约IF1309、IF1312共计6,240张,合约价值43.8亿元,获利74,143,471.45元;卖出180ETF共计2.63亿份,价值1.35亿元,卖出50ETF共计6.89亿份,价值12.8亿元,合计规避损失13,070,806.63元。当日14时22分,光大证券发布公告,称公司策略投资部自营业务在使用其独立套利系统时出现问题。

我们来看当时交易的状况,一定要看这张图才明白他们做了什么。

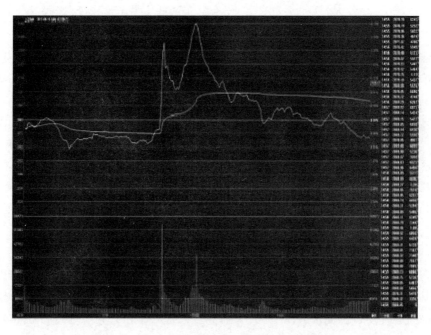

图8-5　2013年8月16日上证指数分时走势图

可见,早上11时05分直线拉上去,成交了72亿之后发现没人跟,有些下滑。但有的投资者发现这么猛的拉升,以为有重大利好就跟进,一堆人跟进,第二波又拉上去了。下午光大证券大量卖出ETF、做空股指期货,整个股票市场慢慢跌下来,到下午14时22分才公告做错了。所以如果看K线图,有一个长长的上影线。据新闻报道,有45万户个人投资者、1600户机构投资者跟风买入,跟进时觉得这么拉升,肯定是中央出了重大新政或者调节印花税、资本市场开放、养老金入市等。结果跟进去,指数下午跌下来,由于没办法当日 T+0,第二天全部套住。股民很愤怒,你做错了就算了,还害得我跟进,下午还做了对冲风险动作,你的损失规避了,我的损失自己承担,因此很生气。证监会就调查并处罚,相关四个高管罚款 60 万元,证券市场终生禁入,董秘罚了 20 万元。没收光大证券的非法所得 8721 万元,再处以 5 倍罚款,共计 5 亿多元,非常高的数额。

因为这个事情市场影响太大了,最高人民法院发了一个通知,以单独或者共同诉讼形式予以受理,不宜以集团诉讼的形式受理。案件立案后,这是一个证券侵权行为,总归要考虑认定侵权的几个要件。合议庭觉得有四个要件:(1)是否存在内幕交易行为,这个争议很大,杨某某为此提起了一个行政诉讼,法院在审理民事案件的时候还得停下来等这个案件的结果;(2)内幕交易行为人是否具有主观过错;(3)因果关系问题;(4)经济损失怎么算。投资人买入卖出,一天几十笔、几百笔都有,怎么算赔偿额,法院要解决。对这些,当时法律、司法解释都没有明确的规定,靠法官自己摸索去解释法律。

第一点,是否存在内幕交易行为?"光大乌龙指"案跟其他的内幕交易相比,比如行为人知道一个公司有并购重组的内幕信息去买入股票是完全不同的。"光大乌龙指"案是对整个市场有影响的,案件中的交易信息算不算内幕信息?证监会虽然处罚了,但是光大证券的高管并不一定服气,杨某某在北京法院提起行政诉讼,认为证监会不能处罚他,因为交易错误出现乌龙不是《证券法》上规定的内幕信息,因此他没有从事内幕交易。所以他在北京法院提起行政诉讼,导致民事诉讼只能等着,不然民事诉讼判了,如果北京法院最终认定他们的行为不构成内幕交易,民事诉讼所做的一切就失去基础了,所以只能等着,毕竟是一个争议特别大的处罚,史无前例。

还有一个问题是行为人是否有正当理由相信已经公开。在行政诉讼争议的问题中,也有类似争议。光大证券说这个已经不是内幕信息了,因为已经公开了,依据是 21 世纪网的一则新闻报道。新闻报道是怎么写的?两方面都进行了表述,报道了光大证券董秘说这个乌龙指纯属子虚乌有,并且说你们不了解我们风控是多么严格。但 21 世纪网同时还提到"21 世纪网已从多个渠道获悉,上午巨额买盘的资金的确是有光大证券自营行为的通道"。报道还提到"21 世纪网独家获悉今天上午 A 股暴涨为光大证券自营盘 70 亿的乌龙指"。可见,报道里面有相反的表述,一方面是光大证券的董秘梅某说没这回事;另一方面,21 世纪网自己说这是独家消息。庭审中展示这份证据后,21 世纪网记者也很高兴,赶紧发稿,说法院以他们的报道作为证据,宣传他们的消息多么重要。

行政诉讼案件中,最终杨某某败诉,北京两级法院都认定证监会处罚是对的。这里面还是有一些争议的,当时学者分成好几派,有的认为不是内幕交易,因为这种信息不是对某个公司股价有影响，而是对整个市场有影响。但法院最终认定属于内幕交易，行政处罚没有错。

内幕交易认定之后，在民事诉讼中基本上很难把前面的行政判决推翻掉。接下来我们就跟着这个逻辑去解读21世纪网的这个报道，光大证券还是主张这已经不是内幕信息了，但判决最终认定：第一，这不是光大证券主动披露的；第二，两种不同观点的报道，一种是梅某说这不是风控系统出现的问题，公司风控系统很安全。但又报道了另外一种观点"独家获悉"，你信不信独家获悉？所以是非公开渠道，不具有权威性，也不是官方指定的媒体比如《上海证券报》或者相关的网站，一般人能信赖吗？只能对这种报道产生怀疑，将信将疑，没办法产生足够的信赖。因此很难认定已经把这个内幕信息公开了。这个报道只能为受众提供参考，但不是法律意义上的披露。

第二点是内幕交易行为人是不是有主观过错？双方对此各执一词。监管部门是处罚了，光大证券却说"其实我没有主观过错"，因为是第一次碰到这种情况，只能开会去仓促应对，内部制度要求他们做对冲以避免损失，因此并没有什么错。光大证券提供了一个内部的《策略投资部业务管理制度》，表明制度要求去做对冲，通过相反的交易规避损失。但投资者不这样认为，你要没错，监管部门会处罚你吗？另外内部制度所要求的对冲不能违反法律。比如内部制度规定作案现场要杀人灭口，是否要遵守这样的规则？是否以制度规定为由免除法律责任？投资者还提出内部文件的真实性、制定日期无法判断。

有没有内部制度？光大证券当时提交了《策略投资部业务管理制度》，里面有很多条文，涉及对冲的条文有这样一条：如果因市场出现流动性急剧下降、市场压力、系统故障以及其他原因而导致交易异常，应考虑采用合适的对冲工具（包括但不限于股指期货、ETF等）及时控制风险，进行对冲交易，以保证部门整体风险敞口处于可控范围，保持市场中性。什么意思？就是说万一搞错了，要赶紧去做一个对冲交易，减少损失。一般人能做这样的对冲吗？普通投资者做不了，股票只能当天买入或者卖出，不可能当天买的1000股股票当天又卖出，因为我们不是T+0制度，买进了没法对冲。那券商怎么对冲？买入了一堆股票可以合成一些ETF当天卖掉，还有ETF这些成分股会与股指期货的指数密切相关，这边买入了，那边赶紧卖空股指期货。一般人会去做股指期货吗？我估计大部分人都不会做股指期货的开户和交易，因为这个门槛比较高，只有非常专业的投资者才会去做。股指期货杠杆不一样，买股票需要全部真金白银投进去，没有杠杆。交易股指期货要12%的保证金，也就是12万能进行100万的交易，当然下跌个10%左右就有风险了，后面再就有可能被平仓了。平常一般人、风险偏好不是那么高的人不会做这样的交易，但是券商不一样，它就是以此为业的，可以控制风险。但无论如何，光大证券提供的内部《策略投资部业务管理制度》没办法免除其过错,因为本案中认定了内幕交易的存在,内部制度不能违反法律。

投资者的经济损失与行为人的因果关系。你买入了,我也跟着买很多股票或者卖很多股票,这就涉及对不同的因果关系的认定。这里面要不要一一对应?你买入的刚好是我卖出的,或者你卖出的刚好是我买入的?这非常难对应,计算机撮合交易没办法知道是不是一对一,因为同时有很多人买进卖出。另外一个问题是不同品种之间的因果关系。你买入的是什么、我卖出的是什么,这个案件涉及各种各样的交易。光大证券对冲涉及的是上证 50/180ETF、股指期货 IF1309/1312。这些品种有点极端化,ETF是非常稳健的投资,而股指期货则是高风险的投资,一般只有专业投资者进行交易。而我们普通人,往往在这两个极端之间选择品种,比如选择一般的个股而不是 ETF。那么,一般人买的股票,可能属于 ETF 的成分股票,比如中石油、中石化,属于上证 50/180ETF 成分股,买这些成分股的时候跟光大证券的交易品种有没有因果关系?还有,股指期货的标的是沪深 300 指数,沪深 300 成分股把中国的证券市场反映得更好,因为不仅有大盘股,还有优质的小盘股。那么买这种成分股的投资者与光大证券的股指期货对冲有没有因果关系?还有一些是上述之外的其他交易品种,比如光大证券交易的是 1309、1312 合约,投资者交易的可能是 1308、1310、1311 合约,等等,仅仅是合约的月份不同,这时候就要考虑怎么样认定因果关系,我买入跟卖出的品种与你的品种不一样,怎么认定有因果关系呢?

还有一个因素是交易时间,光大证券是 11 时 05 分拉升的,很多人在上午 11 时 30 分之前跟进了。还有很多人是下午才跟进,刚好是在光大证券卖出的时候,14 时 22 分公告系统交易错误,上午的投资者能不能获赔,还是只有下午的投资者才能获赔?这是交易时间段对因果关系的影响的争议。

交易行为上的因果关系的争议也很大,光大证券是买入的,我刚好是卖出的,是不是反向交易?如果我的交易跟光大证券是同向的,上午光大证券买入我也买入,下午光大证券卖出我也卖出,那就是同向交易,那要不要考虑交易的方向性问题?有的投资者喜欢短线交易,频繁买卖股票,当天买的股票当天卖不掉,但可能他也在卖,卖的是以前的底仓,即留存的股票。因为股票没有办法当天买卖。但股指期货不一样,做期货的人经常连厕所都不敢上,因为市场变化特别快,他们可能前一分钟买了,下一分钟又卖了,做这种短差,一天买卖几十到几百笔。光大证券全部是卖出的,而有的投资者当天买入 5 笔又卖出 5 笔,买入 5 笔又卖出 3 笔,类似这样的好多笔交易。这时候要不要考虑投资者的行为跟光大证券对冲交易有没有因果关系?因为从交易记录上看好像投资者的决策是独立的,不管光大证券买卖方向如何,投资者都是反复买卖,光大证券的行为似乎并不影响你的行为,这种情况下有没有因果关系?这也是法官要思考的问题。最后一种是高频交易,一般人不会参与这种交易,因为它是程序化交易,一秒钟内交易数笔。一看交易记录就知道,因为下单用手机,手再快一秒钟不可能交易3笔、5笔,但是程序就做到了。这时争议就出来了：是程序在执行交易,程序预设了模型,出现了符合条件的情形时,程序下单执行交易,下一秒有可能再立即执行反向交易赚取极小的利润,积少成多。这种交易中的因果关系应该是模型确定的。我们知道为了能够更快地交易,必须有许多技术及硬件手段。有一部电影叫《蜂鸟计划》,为了提高交易速度到毫秒,大家使出了各种技术手段,甚至很多时候在交易所附近埋线,就像现在上海抢拍车牌一样,与拍卖的服务器离得越近,拍到牌照的概率就越大。按照既定程序设计好去交易,有没有因果关系？跟光大证券有什么关系？

此外,因果关系的问题中,还涉及要不要考虑交易量？有的时候某个内幕交易,市场交易量很小,对市场波动影响不大,这时候能不能认定我的交易对你的交易有影响？光大证券提出的主要观点是只有内幕交易期间的同品种反向交易具有因果关系。投资者则说媒体报道不能视为公开披露,交易模式与因果关系无关,受影响的投资者均可索赔。投资者出于很朴素的道理,并不考虑那么多逻辑与细节,亏了都得赔。

下面我们考虑里面的逻辑分析。首先是因果关系问题。1934年美国《证券交易法》第10b条,要求原告须证明存在信赖和因果关系。1988年Basic Inc. v. Levinson案提出"市场欺诈理论",即信息披露不当影响了市场价格的真实性,构成对市场所有其他投资者的间接欺诈,法院推定投资者信赖的存在,并继而推定因果关系成立。1998年美国《证券交易法》修改,确定了推定因果关系,内幕行为的同时交易者无须证明因果关系,用了contemporaneous traders这个词语,大大弱化了要求,只要时间段相同即可。这些规则的理论基础在于,在内幕交易行为发生的时段内恰好遭受损失的投资者未必都是真正的受害者,但也不能轻易地否定在这一群体中存在内幕交易行为的实际受害者。如果因为证券交易的特殊性,以及理论学说上的局限,让潜在的受害者克服几乎不可能实现的技术难题去证明事实因果关系的存在,无疑有失法律的公平性。于是,必须转换内幕交易民事责任因果关系认定的传统模式。但什么是"同时交易",美国法院有不同判例,有的认为是2天,有的认为是10天,不同巡回法院有不同的判决。这是总的因果关系认定。

至于涉及买卖品种的因果关系,比如Backman v. Polaroid Corp案,法院认定买入股票与买入个股期权的投资者均可提出索赔。Moskowitz v. Lopp案也一样,买入个股期权的投资者可以索赔。在Worlds of Wonder案中,法院认定公司债券的投资者与股票投资者一样可索赔。需要提醒的是,债券类型中,有一种是普通的债券,有一种是可交换债、可转换债,有的时候与股票价格密切相关。

最高人民法院关于内幕交易司法解释的征求意见稿也采用了推定因果关系论。在交易品种因果关系方面,原告从事了与被告方向相反的证券交易行为,所交易的品种是以相关标的证券的价值为基础的,比如个股期权以正股价格为基础,应当认定存在直接关联关系。基本上跟美国做法一致。那什么情况下不存在因果关系？如果反向交易行为的实施与其摊低成本、规避风险等交易策略有关,其主要交易方向与被告的内幕交易行为方向相同,就认定不应当存在因果关系。比如说在光大证券卖空股指期货的时候,投资者有买进的也有卖出的,算手数,要进行加加减减,加减完之后,如果有5笔是卖空,另外3笔是买多,进行"轧差"之后,投资者还是卖空的居多,那可以认定投资者跟光大证券的交易方向是一致的,这时候就推定不具有因果关系。也就是说要看主要方向,把所有交易加起来一起来算。有的投资者当天股指期货加起来有100笔交易,买入50笔对卖出50笔是一种情形,买入70笔对卖出30笔又是另外一种情形,这个在计算损失的时候统统要考虑,当然先要解决因果关系,主要交易方向是相同的就不能主张损失,如果大方向跟光大证券是相反的,属于反向交易,投资者就有权主张存在因果关系,接下来再计算损失。

还要考虑成交量的问题,即光大证券成交量与市场总成交量的比例关系。这会涉及不同品种之间、跨市场交易之间的影响。但合议庭当时没有办法细算,因为没有交易所的数据,只能通过成交量去估算。当天光大证券卖出的 ETF 非常多,数量上证监会已经作了认定。接下来我们就来计算交易量占比。首先是把交易所整天的 ETF 交易量除以交易时间几个小时,这样算出每小时大概有多少 ETF 交易量。然后再把光大证券当天下午 13:00—14:22 之间 ETF 交易量与上述每小时交易所的交易量进行比对。当然我们自己估算得不是非常精确,估算光大证券的交易量跟同时间段内的市场交易量相比,已经占比 114%。实际上当然不可能占 114%,这是一个估算的数量,说明这个时间段光大证券的 ETF 交易量非常大,成为当时市场的主要交易者,很可能已经反过来影响了成分股的价格。如果不算时间段,当天光大证券 ETF 的成交量与市场总交易量相比,算出来是 46.68%,也是非常大的份额了。至于 IF1309 和 IF1312 合约光大证券的交易量占比较小,因为当时整个市场交易量非常高。在下午 13:00—14:22,光大证券举出的证据表明,其 IF1309 交易量占比是 1.39%,IF1312 占比是 1.8%,可见占比非常小。光大证券的举证是配合其提出的一个观点,即交易量非常小,不会对市场产生很大波动,所以不应当认定为有因果关系。

最后我们作出认定:第一,采取了推定因果关系的做法。现代的交易模式下完全是集合竞价、交易所主机撮合交易,没办法一一对应,这时候不苛求一一对应,只能推定。特别是多种原因相互交织影响证券价格,如果由投资者通过证据去证明内幕交易的因果关系几乎不可能,否则没办法认定内幕交易行为对其他投资者损失的因果关系。合议庭觉得,在同品种情况下面,交易总量、交易模式对因果关系是没有影响的,这也是各国立法与司法实践中的主流观点。虽然光大证券主张交易量很小,但是在同品种因果关系下就不考虑交易量，因为本来就是推定。只有在不同品种因果关系下，我们可能会考虑其交易量对相关品种的影响。比如 ETF 对其成分股的影响、股指期货合约对沪深 300 指数成分股的影响，我们在裁判时就考虑了交易量大小、跨市场影响等因素，这个更加复杂，这里就不细说了。

还有主要交易方向的认定，股票交易相对简单，当天是买入或者卖出，有可能当天既有买入或者卖出，卖出肯定不是今天买入这部分，而是以前的，这时候要进行一个加减。还有在股指期货交易频繁的情况下，反向总手数多于同向总手数，就会认定存在因果关系。还有一种股指期货买了 50 笔卖了 50 笔的，如果赚钱了，没有损失，不认定存在因果关系，如果是亏钱，就放宽了认定门槛，认定存在因果关系。只有认定因果关系成立的情况下才会考虑后面的损失计算问题，因此需要先解决因果关系的问题。

关于跟风买入的主张侵权的投资者，能不能获得赔偿？证监会认定光大证券内幕交易行为发生在下午 13:00—14:22 之间，只有这个时间段的内幕交易行为要赔偿投资者损失。上午暴力拉升，很多投资者跟风，如果都来主张赔偿，我们觉得这个侵权要件并不具备。这个市场，经常会有计算机故障、软件出错等情形，包括国外市场上有时突然闪崩，形成了一个固定的名词叫"fat finger"，手指太粗了，多按一个零，导致错误出现了，非常生动形象，所以我们叫乌龙指。计算机技术故障风险或者其他投资者操作错误亦是每个投资者所必要面对的广义上的市场风险。这种情况与市场上各种各样的事件一样，投资者应当依赖自己的判断，而不是依赖其他人的交易行为来交易。所以合议庭认为上午跟风买入的，投资者主张一般侵权的，因为没有办法证明对别人的交易行为产生信赖，所以不能认定有因果关系。否则随时都要起诉别人，市场天天产生官司。比如特朗普发了一个推特，美股跌了，可能导致我们的股市也跌，投资者就去起诉，那么因果关系就无穷无尽，证券市场就会整天忙着诉讼而不是交易了。所以，只有是内幕交易行为法律才会考虑赔偿。因此这一部分关于侵权的主张，法院全部驳回。

内幕交易行为给投资者造成了经济损失。有各种各样的计算方法，在不停地完善当中，比如有实际价值计算法、实际诱因计算法、差价计算法。我们当时就直接计算差价，买入多少、卖出多少，一加一减就得一个结果。现在法院的损失计算更加精细化，比如虚假陈述案件，包括方正科技的案件及其他案件，都有专门委托损失核算机构去进行计算和认定。现在上海金融法院实务中会与中小投服公司、上海交大高级金融学院合作，委托它们计算损失，其计算会更复杂。比如上海交大高级金融学院推出了多因子模型，计算一个股票的价格变动会引入很多因子。比如行业是军工行业、金融行业，行业有一个因子，市场上热炒新能源概念股也有一个相关因子，包括公司内部有并购重组信息也有因子。这样计算下来，希望过滤掉其他因素对股价的影响，只计算虚假陈述对股价的影响。当然这个就非常复杂,非常精细,对出具的损失核定报告,大家只能了解后面的大概逻辑,很难质疑。当时在光大证券案件中,合议庭并没有采用那么复杂的多因子模型,相对简单许多。主要是我们自己设计了 EXCEL 表格,输入好公式,把交易记录复制进去,结果就出来了。损失计算太过细节化了,我们就不展开讲。

但是这里面想提及的一个问题是赔偿额限定的问题。一个人做内幕交易,会有一个获利或者减少的损失。做内幕交易可能获利十几万或者上百万,但在计算同一时间段反向交易时,由于没有办法一一对应,反向可能有成千上万的交易,有可能合计亏了几千万,如果都找内幕交易行为人赔,有可能损失远高于其获利所得。那这个赔偿措施就太狠了。所以有的国家或地区的法律会给一个限额。比如我国台湾地区"证券交易法"第 157-1 条规定,"……违反前项规定者,应就消息未公开前其买入或卖出该股票之价格,与消息公开后十个营业日收盘平均价格之差额限度内,对善意从事相反买卖之人负损害赔偿责任。其情节重大者,法院得依善意从事相反买卖之人之请求,将责任限额提高至三倍"。在"光大乌龙指"案中,起诉者并不多,约 500 个案件,赔偿数额加起来是 5000 多万元,而光大证券获利不少,5000 多万即便全部都赔,也不会超出其获利 3 倍,就不存在赔偿过当的问题。现在看起来,"光大乌龙指"实际上使光大证券因祸得福,证监会处罚后,许多持有的股票不能卖出,只能继续持有。后来时间一长,持有的股票全部涨上去了,特别是持有的大盘股涨得猛获利更多。因此,扣除了所有的行政罚没、民事赔偿,赚得还不少。

"光大乌龙指案"不需要考虑 3 倍赔偿的问题,但是在其他案件中,就可能会出现这一问题。比如公司实控人被抓了,但公司迟迟不披露,但知情人知道这个消息后,赶紧把自己手里持有的相关公司股票全卖光。卖光之后,实控人被抓的消息披露了,股价肯定暴跌。因为抓了实控人,公司暂时就没人管了,市场影响不小。卖出股票的内幕信息知情人减少的损失是 65 万元,被证监会处罚了。对这样的案件,有可能投资者会提起民事诉讼要求赔偿。这就涉及数额限定问题。因为计算赔偿的时候,同时反向交易者涉及时间的认定,这其实是非常难的一个问题。因为内幕行为人知道一个内幕信息,如果资金量或者持有股票不多,下一单就搞定了。如果资金量很大,持有股票很多,那不能做得太明显,可能今天 10 点下一单,下午 2 点下一单,明天再去买卖一点,可能会持续好几天,否则容易引起价格较大波动引发市场关注,特别是那些小盘股。光大证券这个案件同时反向交易的认定相对简单。如果获取内幕信息后持续几天陆续下单,怎么认定内幕交易的时间段?比如美国法院就有不一样的认定。认定具体下单的几分钟或者下单后一段时间,与认定第一单与最后一单之间的几天,在时间上自然是天壤之别。对应的同时反向交易大不一样。如果认定一天,就算一天,许多投资者是反向的,如果损失的都来找行为人赔偿,你避免损失65万元,反向交易相对方可能合计损失6500万元,让避免损失65万元的人赔偿,公平吗？肯定不公平。所以不制定一个责任限额会出现大麻烦。

当然,制定限制之后,还要考虑执行问题。比如损失超过3倍,即投资者索赔超过65万元的3倍即195万元,怎么判决与执行？因为投资者不是同时起诉的,大家有3年诉讼时效,是不是要等所有投资者诉讼都判决完,再计算每个人的判决金额与总赔偿金额的比例,然后这个比例再乘以195万元进行分配？还是谁先告,判完了直接先执行掉？先执行的拿到了钱,执行完了195万元之后,后面起诉晚的就没法执行了？这个制度需要明确,否则法院很难处理,因为受理这个案件的时候没有办法预估后面有多少人会跟进诉讼。因此,如何设计这个程序,肯定是有争议的。当然有争议是好事,让我们思考许多东西。

计算损失还要考虑基准价格的问题。比如虚假陈述披露之日后30个交易日的每天收盘价的平均值为平均价格。还有一种方法,看换手率,换手到100%,比如我今天换手率是5%,明天是7%,加到100%。如果20天之内换手率加到了100%,那么就以20天的平均价格作为基准价格。内幕交易司法解释征求意见稿也提到基准价格,是对相关信息反应后的基准价格。如果没有办法确定,确定一个30个交易日的平均收盘价格或平均结算价格。我个人认为,不同品种投资者不一样,所以统一以30天来确定是不合适的。特别是投资股指期货的,随时面临爆仓风险,一直盯盘交易。那么股指期货这个品种的基准价格不应该等30天,因为这种交易的信息反应周期非常快,就不宜用股票交易的逻辑去套。

还有一个问题是确定损失的时候,反向交易的要不要把损失、获利都合并考虑。因为有的交易者自己搞对冲,有个别投资者既买股票又买股指期货,要把两个账户一起综合起来考量,有可能股票是损失的,但是股指期货做对冲是赚的,要把这两个账户加减然后算损失。现在机构投资者也可能损失不少,许多案件里面包括虚假陈述及其他证券侵权,机构投资者一来索赔就是上千万。机构投资者做对冲往往是他们交易策略里面要求的,因为单边押注风险更高,因此可能它们有不同账户投资不同品种。还有许多投资者,会开四五个账户,如果只凭他举证,单独提交一个账户的数据,你觉得他构成同时反向交易,有亏损;但如果把他的五个账户都拿来看,他还赚钱了,根本没什么损失,所以不能单独依据投资者举证。这就需要去调取中国证券登记结算公司的所有账户结算数据进行判断。

损失计算里面还会涉及许多具体的问题。一是库存股问题。征求意见稿里有一个"先进先出法"。库存股有100股,内幕交易又买了100股、卖了50股,怎么算价格损失？卖50股是把今天买入的50股卖掉了,还是将之前100股当中50股卖掉了？不同的方法,会导致损失计算结果的不一致。二是系统风险的扣除问题。损失是由市场因素造成的,比如股灾,天天大跌,所有股票跌停,都算在内幕交易行为人的账上,肯定不合适。股票是100元买入的,现在只剩70元,差额是30元,这30元里面有多少是虚假陈述或者内幕交易行为造成的? 如果不完全是,就可能存在系统风险问题。2015、2016年有股灾,还推出了熔断制度,结果当时券商一上班就回家了,因为熔断了没法交易了只好下班。那么,这种风险是不是系统风险,要不要扣除? 当时有过好几次熔断,扣除了系统风险之后,赔偿额就减少很多了。三是交易税费损失问题。比如过户费、手续费、印花税等,内幕交易司法解释征求意见稿里面不把交易成本算入赔偿范围,我们觉得有道理。虚假陈述在认定损失时会考虑两种因果关系:一个是交易的因果关系,为什么要去交易;还有一个是损失的因果关系。上市公司发了一个虚假公告,投资者觉得有利好所以买入,不发这个公告,不做虚假陈述行为,投资者连买入都不会买入,所以不会产生交易税费,因此上市公司的虚假陈述行为与投资者税费损失之间是有因果关系的,因此上市公司要赔偿。内幕交易则不一样,内幕交易行为人做内幕交易的时候,影响的是股票价格,不影响其他投资者买入卖出,因为投资者根本不知道对方是在做内幕交易。投资者买入卖出是他自己的判断,不存在对方的交易行为引发投资者的交易行为,导致投资者的税费损失。这种情况下交易的因果关系其实是没有的,因此交易产生的这些税费损失不应当计算在赔偿额当中。

对损失的计算,本来《证券法》修改的时候,征求意见稿里面有提到限定3倍,借鉴我国台湾地区的法律。但是正式修改的时候把这一条拿掉了,出台的立法还是一句话:内幕交易行为给投资者造成损失的,应当依法承担赔偿责任。

具体到本案中,关于计算原则,判决意见根据不同的品种进行认定和计算。一个是股指期货,考虑到投资者是专业投资者,光大证券在当天14时22分一披露,这些期货投资者就应该很快知道,就把当天算在内,3个交易日内的收盘价取平均值,以此作为基准价格。但是ETF成分股不同,我们取10个交易日计算基础价格。因为很多普通投资者不一定看新闻,不知道光大的事件,所以时间长一点。信息公布之后,市场走势该反应的、投资者该卖的,就会慢慢反映到市场价格上去。第一天不能卖,第二天可以卖,很多人很失望,就卖掉了。但也不能拉太长,为什么? 因为光大证券这个案件有特殊性,虽然当天跌了,但后来整个市场还是继续向上的,过了1个月股指就拉出新高,许多投资者如果不卖,1个月后全部解套,一解套卖出就没有损失,就没有必要起诉了。所以我们把这个因素考虑进去了。

对股指期货是怎么计算的? 机构投资者不停地交易,开仓买入,又平仓卖出,又买又卖,反正是做差价,因此交易笔数不少。我们可以看下面一张交易记录表格如下:

序号	开仓平仓	买卖方向	手数	成交价	成交时间
A	开仓	买入	1	2399.8	13:00:11
B	开仓	买入	1	2374.8	13:00:30
C	平仓	卖出	1	2368.6	13:02:53
D	平仓	卖出	1	2334.6	13:19:57
E	开仓	买入	1	2335.8	13:25:33
F	平仓	卖出	1	2330.4	13:39:40
G	开仓	买入	1	2306	13:47:32
H	平仓	卖出	1	2309	14:01:15
I	开仓	买入	1	2311.6	14:10:17
J	平仓	卖出	1	2285.6	15:14:49

从交易记录中可以看到,一共交易十笔,但最后一笔因为是14时22分之后,是不算的。整个算下来一共有5手是买入的,4手卖出,主要方向是买入,光大证券的主要方向是卖出,因此该投资者被认定为同时的反向交易者,怎么计算?具体交易的这个成交价就是沪深300的指数即点位,一个点的股指期货结算价格是300元,按点位把买入卖出相加相减,先冲抵结算后,再与基准价格比较计算。该投资者交易的是IF1309,基准价格为2313.6,该投资者具体计算方式为[(A+B+E+G+I)-(C+D+F+H)]-2313.6=71.8点,71.8×300元=21,540元。

接下来,我把股指期货、ETF跨市场套利给大家作一个简要介绍。

股指期货是一个期货合约,一般的期货合约比如棉花、石油都是标准化合约。股指期货对应的是股票指数,我们这里用的是沪深300指数,比如IF1405。但有的合约,不是IF打头的,对应的就不是沪深300。

举个例子来说明,比如开仓买入沪深300指数的合约,现在交易价格是3300点,合约规定是1点=300元。合约到期要交割,现在是3300点,到时候我就有权以3300点进行交易,最后合约到期的时候指数上涨为3400点,我以3300点买入,是不是获利100点?因为现货价到3400点。简单计算,100点差额乘以300元是3万元,对手则亏损3万元。就是说我可以预计到合约到期日的时候,市场是涨还是跌,基于这个判断,做现在的交易。如果我觉得那时候变成3200点,我就不应当做这样的买入3300点的合约。我可能就要卖出,那时候市场3200点了,我可以以3300点去卖出,那我才是赚的,所以要对市场有一个比较好的判断。因为是随时交易的,不需要等到合约到期就可以马上在市场上把这个合约结算掉。比如2月28日股指期货交易价格为3280点,如果我持有的合约是亏损的,我不能让自己的亏损扩大,就可以及时平仓,则每张合约亏损20×300=

6000元。因为股指期货用保证金交易,杠杆不低,如果不注意价格变动,真的等到合约交割日,有可能要爆仓的。股指期货合约的保证金规则是12%,因为使用了杠杆,如果看准方向,能获利不少。特别是股灾期间,熔断制度明显不合理,一直下跌,那时候如果是卖空的合约,又放大杠杆,就能获得暴利。最后交易所赶紧修改交易规则,限制卖空。

还有一个知识点是涉及ETF。现在ETF涵盖各个行业,比如军工行业ETF、金融地产行业ETF、新能源行业ETF,就是交易所交易的基金,一揽子的股票组合。比如上证50ETF里面有50只上海证券交易所交易的股票,当然每个股票占比并非1/50,而是有一个特定比例的。比如中国联通市值大,可能设定占比8%,其他的特别小,只给1%,这样就出来一个相关的组合。ETF特殊之处在于套利,可以在二级市场买卖ETF份额,又可以向基金管理公司申购或者赎回ETF份额。由于有一个申赎机制以及二级市场的交易机制,会形成净值与价格。ETF有其净值,但如果投资者就想多买某个ETF,需求上升了,价格会上涨,超过其净值。也就是说,这时候它的市场价格和净值就会有偏离,这时候会出现套利的空间。考虑到投资者这种需求,机构投资者比如券商干脆去买成分股转成ETF,再卖给投资者,这当中可以赚一个差价,这属于一个无风险套利行为。如果同学们不能明白ETF怎么申购套利及其价格原理,就很难理解光大证券案件里面的跨市场交易相互影响的时候,为什么要考虑交易量,交易量对成分股有什么影响。如果大家想深入研究,需要进一步看裁判文书,里面有详细分析。希望大家保持热情,从事金融法律研究只学法律是不够的,一定要把金融产品的逻辑和原理搞清楚才能更好地理解。

五、相关案件裁判原文

上海市第二中级人民法院
民 事 判 决 书

(2014)沪二中民六(商)初字第76号

原告秦某某。
委托代理人严某某,上海严义明律师事务所律师。
委托代理人朱某某,上海严义明律师事务所律师。
被告光大证券股份有限公司,住所地上海市新闸路1508号。
法定代表人薛某,该公司总裁。
委托代理人刘某某,北京市金杜律师事务所上海分所律师。

委托代理人李某某,北京市金杜律师事务所上海分所律师。

原告秦某某与被告光大证券股份有限公司(以下简称"光大证券公司")期货内幕交易责任纠纷一案,本院于2014年5月4日受理后,依法组成合议庭进行审理。本院于2014年6月9日组织了证据交换,并于2014年8月4日、2015年9月30日公开开庭,并与同类案件合并审理。双方当事人的委托代理人到庭参加了诉讼。本案现已审理终结。

原告秦某某诉称:2013年8月16日11时05分,光大证券公司在进行交易型开放式指数基金(以下简称"ETF")申赎套利交易时,因程序错误,其所使用的策略交易系统以人民币234亿元(以下币种均为人民币)的巨量资金申购180ETF成分股,实际成交72.7亿元。上述行为发生后,中国证券监督管理委员会(以下简称"中国证监会")对光大证券公司立案调查。2013年11月,中国证监会正式作出[2013]59号行政处罚决定书,认定光大证券公司在异常交易行为发生后,掌握了内幕信息。光大证券公司为挽回损失,在2013年8月16日(以下简称"当日")13时开市后至14时22分之间(以下简称"内幕交易时间段"),将所持股票转换为ETF卖出和卖空股指期货合约对冲风险,该行为构成《中华人民共和国证券法》(以下简称"《证券法》")第二百零二条和《期货交易管理条例》第七十条所述内幕交易行为。据此,中国证监会对光大证券公司及相关责任人员作出了行政处罚。

除此之外,当日光大证券公司异常交易行为发生之后,光大证券公司董事会秘书梅某向媒体否认当日发生了乌龙指,该信息披露与光大证券公司实际掌握的信息不符,构成《证券法》所禁止的虚假陈述行为。在未披露乌龙指发生的情况下,光大证券公司集中资金优势,大幅度操纵了股价,获得了巨额利益,构成《证券法》所禁止的操纵市场行为。

光大证券公司错单交易过程中,原告认为市场可能有重大利好消息,且光大证券公司董秘通过媒体否认乌龙传闻,原告参与了IF1309股指期货合约的交易,总共造成损失59,395.2元。

原告认为,光大证券公司在异常交易发生后,不及时披露相关情况造成信息误导,而且进行上述违法行为,与原告的损失存在因果关系,依照相关法律规定,应当依法承担赔偿责任。故原告起诉至法院,请求判令:1、光大证券公司赔偿原告损失59,395.2元;2、本案诉讼费用由光大证券公司承担。

被告光大证券公司辩称:1、本案原告投资所受损失属于纯粹经济利益损失,只有在法律或司法解释有明确规定的情况下才受法律保护。2、光大证券公司的行为不构成内幕交易:(1)我国法律法规规定的内幕信息是指针对某个证券的价格有重大影响的信息,并不包括影响整个证券市场的信息。光大证券公司错单交易影响的是整个证券市场,不应属于内幕信息。(2)错单交易信息在当日 11 时 32 分即在各媒体披露,并且光大证券公司当日 13 时申请临时停牌并发布提示性公告,对投资者和整个市场已经产生了提示性作用。3、光大证券公司没有主观过错。(1)光大证券公司根本无法判断错单交易信息属于内幕信息,并非故意隐瞒,并且已经于 14 时 22 分进行了公告,应属及时。(2)光大证券公司的对冲交易是根据既定的、公开的交易策略和《策略投资部业务管理制度》进行的,具有合规性和正当性。4、光大证券公司内幕交易行为与原告所受损失之间没有因果关系。(1)当日 13 时,相应证券和期货合约价格开始快速下跌,14 时 22 分光大证券公司发布公告前后,价格走势呈平稳下跌趋势,故是否存在公告行为,并不影响价格走势,因此投资者交易受损并非光大证券公司内幕交易行为所致。(2)内幕交易期间,光大证券公司交易的 IF1309 和 IF1312 的数量远低于市场成交总量,而且每分钟交易量较为平均,并不会导致大盘价格下降,也未造成原告受损。5、原告交易记录显示,原告反复多次买入和卖出股指期货合约,属于纯粹投机/超短线交易/双向交易,原告从事交易系自主判断和自主决策,不受光大证券公司内幕交易行为影响。6、原告主张的损失计算方法缺乏法律依据。原告以其交易品种买入与卖出价格之间的差额计算损失,没有法律依据,并不合理。原告交易证券或期货产生的手续费、经手费、管理费、过户费和印花税等费用,属于其交易所必然产生的成本,不应计入赔偿范围。

除此之外,光大证券公司的错单交易不构成对其他投资者的侵权。1、投资者(包括光大证券公司在内)错误下单导致某证券和市场的异常波动是证券市场的固有风险。投资者盲目跟风炒作应当自担风险。2、光大证券公司不构成虚假陈述侵权。光大证券公司当日于 11:40 开始召集内部会议,会议持续了 1 小时,梅某对外发布时会议结果尚未形成,且中国证监会对梅某的行政处罚中也认定其在向记者发布信息时对会议内容尚不知情,且其也没有参加公司内部会议,对会议通报内容也不知情。故不存在虚假陈述的故意。3、光大证券公司不构成操纵市场侵权。错单交易事件的起因是系统技术缺陷,中国证监会调查没有发现光大证券公司及相关人员组织、策划、促使这一事件的证据。因突发事故导致相关证券、期货价格和交易异常波动的,不构成操纵市场。

原告为证明自己的主张,提供了下列证据材料:1、身份证明材料诸如身份证件、账户卡、交易开户合同。2、原告当日交易记录以及损失具体计算方式。3、中国证监会处罚决定书及相关媒体报道。上述证据材料用于证明原告在当日参与交易并受光大证券公司内幕交易影响导致损失,应获得赔偿。

被告光大证券公司为证明自己的主张,提供了下列证据材料(其中证据材料 2-8 经过公证):

1、光大证券公司《策略投资部业务管理制度》,该制度规定了在各种原因导致交易异常时,策略投资部应考虑采用合适的对冲工具进行对冲交易,以保持市场中性。该证据用于证明光大证券公司涉案交易符合《策略投资部业务管理制度》的规定。2、21世纪网报道《A 股暴涨：光大证券自营盘 70 亿乌龙指》以及各网站转载情况。该证据用于证明光大证券公司异常交易相关信息于当日 11 时 32 分被 21 世纪网披露，并迅速被各大网络媒体广泛转载，该信息实质上已于当日 13 时之前公开。3、上海证券交易所官方网站当日发布的光大证券公司临时停牌提示性信息。4、大智慧网站报道《重磅：光大证券正核实市场传闻，下午临时停牌》。5、各网站关于光大证券公司当日下午临时停牌的报道。上述 3 份证据用于证明光大证券公司当时因重要事项未公告临时停牌。6、当日上证综合指数和沪深 300 指数走势图。该证据用于证明上证综合指数和沪深 300 指数均在当日 13 时开市后立即快速下跌，光大证券公司当日 14 时 22 分发布公告前后，上证综合指数和沪深 300 指数呈现平稳下跌趋势，无明显变化。7、当日 180ETF、50ETF、IF1309 和 IF1312 市场行情走势图。该证据用于证明光大证券公司当日 14 时 22 分发布公告前后，180ETF、50ETF、IF1309 和 IF1312 的价格走势呈现平稳下跌趋势，无明显变化。8、当日内幕交易时间段 IF1309 和 IF1312 市场成交总量图表。9、当日内幕交易时间段光大证券公司卖空 IF1309 和 IF1312 交易量图表。该证据用于证明该时段内光大证券公司交易 IF1309 和 IF1312 的数量远远低于市场成交总量，每分钟交易 IF1309 和 IF1312 的数量较为平均。

  对于原告提供的证据材料，光大证券公司经质证认为：1、光大证券公司不构成内幕交易，亦不应赔偿原告损失。2、原告所提交的交易记录可能进行了"选择性打印"。3、原告应提交当日前后各十天的交易记录，才能证明完整的交易过程以判断损失。对于光大证券公司提供的证据材料，原告经质证认为：1、光大证券公司内部制定的《策略投资部业务管理制度》与本案无关，且无法判断文件或者制定时间的真实性。2、新闻报道可能存在错单并不等于光大证券公司履行了依法披露的义务。3、指数表现与光大证券公司股指期货交易量无法证明光大证券公司观点，与本案无关联性。针对各方意见，本院认为，关于交易记录的真实性，光大证券公司仅仅是推测可能存在问题，未提供反驳证据，而且光大证券公司已经对该批案件中的部分投资者的交易记录进行了抽样验证，并未发现有异常之处。故本院不予采信光大证券公司这一观点。交易记录的具体天数要求，除有必要外，亦不应加重原告的负担。关于光大证券公司《策略投资部业务管理制度》的真实性，与中国证监会调查结果相互印证，应予认可。至于证据关联性、证明力问题，应结合整个案情认定。

  结合双方当事人质证意见，本院经审理查明以下事实：

  1、中国证监会对光大证券公司内幕交易行为的行政处罚决定

  中国证监会在[2013]59 号行政处罚决定书中认定：2013 年 8 月 16 日 11 时 05 分，光大证券公司在进行交易型开放式指数基金申赎套利交易时，因程序错误，其所使

用的策略交易系统以 234 亿元的巨量资金申购 180ETF 成分股,实际成交 72.7 亿元。经测算,180ETF 与沪深 300 指数在 2013 年 1 月 4 日至 8 月 21 日期间的相关系数达 99.82%,即巨量申购和成交 180ETF 成分股对沪深 300 指数,180ETF、50ETF 和股指期货合约价格均产生重大影响。同时,巨量申购和成交可能对投资者判断产生重大影响,从而对沪深 300 指数、180ETF、50ETF 和股指期货合约价格产生重大影响。根据《证券法》第七十五条第二款第(八)项和《期货交易管理条例》第八十二条第(十一)项的规定,"光大证券公司在进行 ETF 套利交易时,因程序错误,其所使用的策略交易系统以 234 亿元的巨量资金申购 180ETF 成分股,实际成交 72.7 亿元"为内幕信息。光大证券公司是《证券法》第二百零二条和《期货交易管理条例》第七十条所规定的内幕信息知情人。上述内幕信息自当日 11 时 05 分交易时产生,至当日 14 时 22 分光大证券公司发布公告时公开。

同日不晚于 11 时 40 分,徐某某召集杨某忠、沈某某和杨某某开会,达成通过做空股指期货、卖出 ETF 对冲风险的意见,并让杨某某负责实施。因此,光大证券公司知悉内幕信息的时间不晚于当日 11 时 40 分。

当日 13 时,光大证券公司称因重大事项停牌。当日 14 时 22 分,光大证券公司发布公告,称"公司策略投资部自营业务在使用其独立套利系统时出现问题。"但在当日 13 时开市后,光大证券公司即通过卖空股指期货、卖出 ETF 对冲风险,至 14 时 22 分,卖出股指期货空头合约 IF1309、IF1312 共计 6,240 张,合约价值 43.8 亿元,获利 74,143,471.45 元;卖出 180ETF 共计 2.63 亿份,价值 1.35 亿元,卖出 50ETF 共计 6.89 亿份,价值 12.8 亿元,合计规避损失 13,070,806.63 元。

光大证券公司在内幕信息公开前将所持股票转换为 ETF 卖出和卖出股指期货空头合约的交易,构成《证券法》第二百零二条和《期货交易管理条例》第七十条所述内幕交易行为。徐某某为直接负责的主管人员,杨某忠、沈某某、杨某某为其他直接责任人员。

对于上述事实,中国证监会认为:光大证券公司因程序错误以 234 亿元的巨量资金申购 180ETF 成分股,实际成交 72.7 亿元,可能影响投资者判断,对沪深 300 指数、180ETF、50ETF 和股指期货合约价格均可能产生重大影响,同时这一信息在一段时间内处于未公布状态,符合内幕信息特征。中国证监会据此依法认定其为内幕信息。光大证券公司自身就是信息产生的主体,对内幕信息知情。按照光大证券公司《策略投资部业务管理制度》的规定和策略投资的原理,光大证券公司可以进行正常的对冲交易,但是光大证券公司决策层了解相关事件的重大性之后,在没有向社会公开之前进行的交易,并非针对可能遇到的风险进行一般对冲交易的既定安排,而是利用内幕信息进行的交易。此时公司具有进行内幕交易的主观故意,符合《证券法》中"利用"要件,应当认定为内幕交易。光大证券公司内幕交易行为性质恶劣,影响重大,对市场造成了严重影响,应当依法予以处罚。据此,中国证监会决定没收光大证券公司 ETF 内幕交易违法所得 13,070,806.63 元,并处以违法所得 5 倍的罚款;没收光大证券公司股指期货内幕交易违法所得 74,143,471.45 元,并处以违法所得 5 倍的罚款。上述两项罚没款共计 523,285,668.48 元。此外,中国证监会对于徐某某、杨某某等相关责任人员还给予警告并处以罚款。

2、杨某某与中国证监会行政诉讼情况

作为被行政处罚对象,杨某某不服上述行政处罚决定,向北京市第一中级人民法院起诉中国证监会,请求该院撤销上述处罚决定中对其作出的处罚。主要理由为错单交易信息不构成内幕信息,光大证券公司并未利用错单交易信息从事证券或期货交易活动,杨某某并非直接责任人员,处罚决定对光大证券公司违法所得数额认定错误等。经过审理,北京市第一中级人民法院于 2014 年 12 月作出(2014)一中行初字第 2438 号行政判决,驳回杨某某的诉讼请求。杨某某不服上诉至北京市高级人民法院,北京市高级人民法院于 2015 年 5 月判决驳回上诉,维持原判。

3、中国证监会对光大证券公司董事会秘书梅某信息误导的行政处罚决定

中国证监会在[2013]59 号行政处罚决定书中认定:2013 年 8 月 16 日 11 时 05 分,光大证券公司在进行交易型开放式指数基金申赎套利交易时,因程序错误,其所使用的策略交易系统以 234 亿元的巨量资金申购 180ETF 成分股,实际成交 72.7 亿元。11 时 59 分左右光大证券公司董事会秘书梅某在与大智慧记者高某通话时否认了市场上"光大证券自营盘 70 亿元乌龙指"的传闻,而此时梅某对相关情况并不知悉。随后,高某发布《光大证券就自营盘 70 亿乌龙传闻回应:子虚乌有》一文。12 时 13 分,梅某向高某表示需进一步核查情况,要求删除文章。但此时该文已无法撤回,于 12 时 47 分发布并被其他各大互联网门户网站转载。梅某的相关行为违反了《证券法》第七十八条第二款关于禁止信息误导的规定。中国证监会认为,梅某作为光大证券公司董事会秘书,在对具体事实不知情的情况下,明知对方为新闻记者,轻率地对未经核实的信息予以否认,构成信息误导。大智慧当日 13 时 04 分发布的报道与光大证券公司 13 时公告的"重要事项未公开,8 月 16 日下午停牌"内容基本一致,未披露当天上午交易的真实原因,不能视为对大智慧于当日 12 时 47 分发布信息的更正。据此,中国证监会决定责令梅某改正,并处以 20 万元罚款。

4、光大证券公司 2013 年 7 月修订的《策略投资部业务管理制度》第 3 章第 3.1 条第 15 项关于市场中性策略型交易管理制度指引规定:"如果因市场出现流动性急剧下降、市场压力、系统故障以及其他原因而导致交易异常,应考虑采用合适的对冲工具(包括但不限于股指期货、ETF 等)及时控制风险,进行对冲交易,以保证部门整体风险敞口处于可控范围,保持市场中性"。

5、当日 11 时 32 分,21 世纪网刊发了标题为《A 股暴涨:光大证券自营盘 70 亿乌龙指》的报道称:"据 21 世纪网独家获悉,今天上午的 A 股暴涨,源于光大证券公司自营盘 70 亿的乌龙指。对上述消息,光大证券公司董秘梅某对大智慧通讯社表示自营盘 70 亿乌龙纯属子虚乌有。光大证券公司权威人士对大智慧通讯社表示,有上述相关传闻说明他们不了解光大证券公司严格的风控,不可能存在 70 亿元乌龙情况,称传闻纯属子虚乌有。21 世纪网已从多个渠道获悉,上午巨额买盘的资金的确是走的光大证券公司自营席位的通道"。该报道随后由多家网站转载。

6、当日 13 时,光大证券公司因重要事项未公告,向上海证券交易所申请临时停牌,该消息随后由多家网站转载。

7、当日内幕交易时间段内,光大证券公司交易的 IF1309 合约 6,077 张,与该时间段市场总成交量 437,499 张相比所占比例为 1.39%,交易的 IF1312 合约 163 张,与该时间段市场总成交量 9,065 张相比所占比例为 1.80%。

8、经本院向中国金融期货交易所调查,IF1309 合约当日的结算价为 2302,8 月 19 日结算价为 2331.4,8 月 20 日结算价为 2307.6,三个交易日的平均结算价为 2313.6;IF1312 合约当日的结算价为 2310.6,8 月 19 日结算价为 2341.2,8 月 20 日结算价为 2318.8,三个交易日的平均结算价为 2323.5。(8 月 17 日、18 日为非交易日)。

9、原告在中原期货有限公司及金鹏期货经纪有限公司开立账户进行股指期货交易。本案中,原告诉请所涉及的具体交易情况及损失计算方式如下:(省略号表示列明记录的前后仍存在交易)

(1)中原期货账户

序号	开仓平仓	买卖方向	手数	成交价	成交时间	交易品种
……	……	……	……	……	……	……
A	开仓	卖出	1	2322.8	9:15:17	IF1309
B	开仓	卖出	1	2323.4	9:15:52	IF1309
C	平仓	买入	1	2373.2	13:01:16	IF1309
D	平仓	买入	1	2369.4	13:03:16	IF1309
E	开仓	买入	1	2354	13:08:03	IF1309
F	平仓	卖出	1	2293.4	15:02:39	IF1309
……	……	……	……	……	……	……

原告对该账户的损失计算方式为:[(C-A)+(D-B)+(E-F)]点数×1 手×300 元=47,100 元

(2) 金鹏期货账户

序号	开仓平仓	买卖方向	手数	成交价	成交时间	交易品种
……	……	……	……	……	……	……
A	开仓	买入	1	2339.6	13：20：52	IF1309
B	平仓	卖出	1	2299	14：50：00	IF1309
……	……	……	……	……	……	……

原告对该账户的损失计算方式为：(A-B)点数×1手×300元＝12,180元。

另对于上述交易，原告还主张手续费损失115.2元。

本院认为，根据查明的事实以及双方辩诉意见，本案争议焦点可归纳为以下几点：

一、光大证券公司是否存在内幕交易行为

对此，原告认为中国证监会已经作出行政处罚决定，确认光大证券公司的行为构成内幕交易，该行政处罚决定未被推翻。被告光大证券公司认为，其行为不构成内幕交易。光大证券公司错单交易影响的是整个证券市场，不应属于证券市场的内幕信息。由于光大证券公司异常交易发生在证券市场，因此也不构成期货市场的内幕信息。错单交易信息在当日11时32分即在各媒体披露，不具有"未公开性"。光大证券公司于当日13时申请临时停牌并发布提示性公告，对投资者和整个市场已经产生了提示性作用。另外，被处罚对象之一杨某某已经提出行政诉讼，诉讼结果有可能影响本案定性。

本院认为，首先，中国证监会在[2013]59号行政处罚决定书中已经认定，光大证券公司在内幕信息公开前将所持股票转换为ETF卖出和卖出股指期货空头合约的交易，构成《证券法》第二百零二条和《期货交易管理条例》第七十条所述内幕交易行为。而且光大证券公司作为被行政处罚的对象，并未针对该处罚决定提起相应的行政诉讼，应视为认同该处罚决定。其次，杨某某提出的行政诉讼，相关法院审理之后，认为被诉行政处罚认定事实清楚，作出处罚决定的程序合法，一、二审判决驳回了杨某某的诉请。上述行政及司法认定，具有约束力，本院据此确认光大证券公司存在内幕交易行为。

本案中，光大证券公司还提出，媒体已经披露了错单交易信息，信息已经公开，主要依据是当日11时32分21世纪网刊所发表的《A股暴涨：光大证券公司自营盘70亿乌龙指》报道以及相关网站转载。本院认为这一问题既涉及内幕交易是否构成的认定，也涉及投资者损失因果关系的认定，应当加以审查。鉴于中国证监会行政处罚中并未涉及该情节，本院认定如下：首先，从报道的主体来看，该报道并非由光大证券公司主动披露，而是由财经媒体自主报道，不能视为光大证券公司履行了法律法规以及证券监管部门、证券交易所要求的公开披露义务。其次,从报道的消息来源来看,该报道提及"独家获悉",该用语往往体现了财经媒体报道的消息来源为私下、非公开渠道,未经官方确认,不具有权威性,受众未必对此产生信赖。再次,从报道的内容来看,该报道既提到了A股暴涨原因为"乌龙指",同时也提到了光大证券公司董秘梅某称"乌龙纯属子虚乌有",对同一件事件的两种截然不同观点均予以报道,只能为受众提供参考,受众无法从中得到准确答案。基于以上原因,不能视为内幕信息已经具有公开性。

二、光大证券公司作为内幕交易行为人是否具有主观过错

原告认为,光大证券公司在错单交易发生后,不及时披露相关情况造成信息误导,还违法进行内幕交易行为,具有主观过错。光大证券公司认为,首先,错单交易发生时,光大证券公司根本无法判断错单信息属于整个证券和期货市场的内幕信息,并非故意隐瞒。光大证券公司于14时22分对错单交易事件进行了公告。从事件发生到公告间隔只有三个多小时,完全符合我国《上市公司信息披露管理办法》第七十一条对信息披露及时性的标准。其次,错单交易发生后,光大证券公司进行对冲交易,该交易行为是根据既定的、公开的交易策略和《策略投资部业务管理制度》进行的,具有合规性和正当性。

本院认为,首先,光大证券公司的错单交易行为引起市场暴涨,可能影响投资者判断,对市场上众多的交易品种价格可能产生影响。暂且抛开对市场的影响,光大证券公司应认识到该信息至少对于光大证券公司本身股票价格的重要影响,因为错单成交量巨大,作为自营业务,足以对光大证券公司的经营业绩产生重大影响,并且因当天的交割结算会引发巨额债务。此类事件已经成为《证券法》第六十七条所规定的可能对上市公司股票交易价格产生较大影响的重大事件,在这种情况下,无论是否能够判断该信息为内幕信息,无论是否进行对冲交易,均应"立即"披露。本院认为,"立即",根据《现代汉语词典》的解释,为立刻、马上,紧接着某个时候,应当是一个较短的时间段。本案中,应考虑两方面的因素。第一,从技术层面而言,考虑到目前传播沟通技术的便捷性,光大证券公司有足够的时间在下午13时开市前在监管部门指定媒体以及其他媒体平台广而告之,比如光大证券公司因重要事项未公开向上海证券交易所申请临时停牌,上海证券交易所也在当日13:00发布了盘中停牌提示性信息。这说明"立即披露"在技术上无任何障碍。第二,从主观层面而言,根据本院查明的事实,当日11时40分,光大证券公司已经开会准备进行对冲,这说明光大证券公司此时完全知晓其上午的交易属于错单交易,因此才有对冲交易的需要。在此时真相已经明了的情况下,光大证券公司完全可以立即披露,但光大证券公司并未遵守监管部门的信息披露要求,而是实施对冲交易以规避自己的损失,主

观上具有过错。

至于光大证券公司提出,光大证券公司进行的对冲交易是根据既定的、公开的交易策略和《策略投资部业务管理制度》进行的,具有合规性和正当性。本院认为,任何公司的内部规定均不能违反国家的法律规定,如果违反,应承担相应的法律责任。对冲交易策略本身并不违法,即便因系统故障引起的微量错单交易,可以通过对冲交易规避损失,但在特定情况下,尤其是本案中因巨量错单交易进而产生内幕信息的情况下,因为国家法律法规、监管部门的要求,此时公司就具有更高的义务来确保自己的行为合法,而不仅仅是考虑公司内部的规定。因此,光大证券公司以存在公司内部规定为由主张其无过错,本院不予支持。

三、原告经济损失与光大证券公司内幕交易是否存在因果关系

原告认为,其所交易的品种因光大证券公司的对冲行为造成价格下跌,因此其经济损失与光大证券公司内幕交易自然存在因果关系。光大证券公司认为,从光大证券公司对冲的总成交量、交易手法、市场价格变化来看,均不会影响市场价格,不会造成原告损失,故不存在因果关系。原告的交易品种、交易模式也表明原告所受损失与内幕交易之间没有因果关系。

本院认为,证券市场中因果关系不同于传统的民事因果关系。首先,证券市场主体人数众多、交易迅速、成交量大。作为一个以计算机网络技术为基础的市场,大多数证券交易是通过集合竞价和连续竞价,采取交易所主机撮合方式而完成的,内幕交易行为人与受害人并不直接对应或接触。因此,投资者交易的股票无法与内幕交易行为人交易的股票完全一一对应。其次,在证券市场中,投资者的损害主要表现为证券价格的下降或上升,但是影响证券价格的因素非常多,往往是多种原因相互交织引起证券价格波动。在这种情况下,由投资者通过证据去证明内幕交易的因果关系几乎不可能,相当于架空了内幕交易惩罚制度,不符合立法的本意。

本院注意到,我国目前法律法规或者司法解释并未对内幕交易与投资者损失的因果关系方面作出具体明确规定,但与此最相类似、同样涉及证券市场投资者民事赔偿的《最高人民法院关于审理证券市场因虚假陈述引发的民事赔偿案件的若干规定》第十八条对因果关系作出如下规定:"投资人具有以下情形的,人民法院应当认定虚假陈述与损害结果之间存在因果关系:(一)投资人所投资的是与虚假陈述直接关联的证券;(二)投资人在虚假陈述实施日及以后,至揭露日或者更正日之前买入该证券;(三)投资人在虚假陈述揭露日或者更正日及以后,因卖出该证券发生亏损,或者因持续持有该证券而产生亏损"。根据该规定,具备一定条件的情况下,推定因果关系的成立。

考虑到上述因素,本院认为,在认定内幕交易与投资者损失的因果关系方面,亦应

采用推定因果关系的做法。基于有效市场理论，假定证券及期货市场的价格受所有投资公众可获知的公开信息的影响，交易时不披露内幕信息，会在极大程度上影响市场价格的真实性。因此，存在内幕交易行为应当推定为会影响到投资者所投资的交易品种价格，进而造成投资者的损失。具体而言，本院认为，在内幕信息具有价格敏感性的情况下，在内幕交易行为人实施内幕交易行为的期间，如果投资者从事了与内幕交易行为主要交易方向相反的证券交易行为，而且投资者买卖的是与内幕信息直接关联的证券、证券衍生产品或期货合约，最终遭受损失，则应认定内幕交易与投资者损失具有因果关系。

光大证券公司还提出，当日内幕交易时间段，光大证券公司交易 IF1309 和 IF1312 的数量远远低于市场成交总量，每分钟交易 IF1309 和 IF1312 的数量又较为平均，因此并不会导致大盘价格下降，与原告损失之间没有因果关系。另外，光大证券公司于 14 时 22 分发布公告前后，相关市场价格走势呈平稳下跌趋势，没有明显的突变，说明无论光大证券公司是否公开内幕信息，对市场价格走势不会产生较大影响，故投资者交易受损并非光大证券公司内幕交易行为所致。本院认为，内幕交易中，交易总量的大小、交易数量是否平均，对因果关系的认定并无影响，因为立法禁止从事内幕交易行为，并未区分上述具体实施因素，而是考虑到内幕交易破坏证券市场交易制度的公平性，影响到一般投资人对证券市场公开、公正、公平的信赖。在采用推定因果关系的情况下，上述具体交易数量与具体交易模式，对于与内幕信息直接关联的交易品种，并不影响因果关系的认定，最多在赔偿责任限额方面对内幕交易行为人有影响。另外，在本案较短的内幕交易期间内，光大证券公司也没有举证证明存在其他市场风险因素的明显介入，故其以自身交易模式为由否认因果关系存在的观点本院不予支持。

至于光大证券公司提出，原告交易记录表明原告反复多次买入和卖出股指期货合约，属于纯粹投机的双向交易，进而表明原告从事交易系自主判断和自主决策，不受光大证券公司内幕交易行为影响。本院认为，基于摊低成本、规避风险等交易策略，投资者的交易模式确实可以表明其目的是通过捕捉相关交易品种短时间内的价格波动而通过频繁交易来获利，由于股指期货市场的交易特征，这种做法不违反投资规则，无可厚非。无论是否存在光大证券公司的内幕交易行为，投资者根据其投资策略完全可能在当日进行多次交易甚至频繁交易，但由于光大证券公司内幕交易行为影响了市场价格，根据推定因果关系的理论，只要造成了投资者的损失，亦应认定构成因果关系。至于交易方向，则是应考虑的问题，需要结合投资者的交易记录来判断，如果投资者主要交易方向与内幕交易行为人的交易方向相同的，则应当认定投资者的损失与内幕交易行为之间不存在因果关系。

根据本案的具体案情,光大证券公司在当日内幕交易时间段的交易行为是卖出股指期货合约IF1309、IF1312以及卖出50ETF以及180ETF。从本案原告的交易记录来看,原告在当日内幕交易时间段内的交易记录表明其均为买入IF1309。可见,原告的交易品种属于光大证券公司内幕交易品种,且交易方向与光大证券公司交易方向完全相反,最终遭受损失,应认定为原告的损失与光大证券公司的内幕交易行为存在因果关系。

四、原告具体经济损失的认定

本院认为,在内幕交易引起投资者具体经济损失的计算方面,由于目前我国法律法规尚无详细规定,应由人民法院根据内幕交易所涉及交易品种的特点、市场的状况,参照类似的国内外规定予以酌情认定。根据本案的特定情况,本院认为应以投资者在内幕交易时间段内的交易价格与基准价格的差额,乘以交易的具体数量,计算损失金额。对于基准价格如何确定,应当以内幕信息公开后的一段合理时间,相关交易品种价格对相关信息的反应结束后的价格为基准价格。

光大证券公司内幕交易涉及不同交易品种,在认定基准价格方面,本院认为应考虑以下因素:一是光大证券公司内幕交易事件属于市场首例,经由新闻媒体的大规模报道,消息应能较快在市场上传递;二是不同品种的交易规则区别较大(比如保证金交易、T+1还是T+0等等),对适格投资者的标准亦不相同,投资者的交易频率也有所差别,故确定基准价格的办法应根据交易品种的不同而有所区别。对于股指期货品种,由于投资者所面对的风险更高,专业性更强,而且日内交易次数较为频繁,应能更为密切关注市场。本院酌情认定内幕信息公开后的合理时间为三个交易日(含当日,因股指期货结算价与股票收盘价确定机制存在较大差别),上述期间足以使交易品种价格对相关信息的反应结束,故本院以三个交易日平均结算价作为基准价格。根据上文中本院查明的事实,其中IF1309基准价格为2313.6,IF1312基准价格为2323.5。

本案中,原告对于损失金额采用了由其自行决定的开仓、平仓一一对应的计算方式。股指期货不同于股票交易,由于交易次数较为频繁,而且股指期货交易中有时存在前一交易日的历史仓位,故如何一一对应存在争议,同时也需要历史交易记录来认定,故本院认为这种计算并不完全合理,而且较为繁琐,为此本院采用以下简便计算原则来认定原告的损失额:1、原告内幕交易时间段内的所有反向交易(无论开仓或者平仓)价格减去基准价格形成的差额,乘以交易的具体数量,以此作为损失额。2、如果原告在内幕交易时间段内还存在同向交易的,则应将反向交易与同向交易在同等交易量(手)基础上先行结算冲抵计算交易盈亏额,剩余的反向交易按第1项原则计算交易盈亏额,然后两项交易盈亏额相加,以此作为损失额。至于交易的税费损失等各项成本费用,本院认为,内幕交易与虚假陈述行为有所不同,虚假陈述行为会直接影响投资者是否进行投资的判断,故应赔偿投资者的交易成本费用,而内幕交易则具有秘密性,投资者无法对他人的内幕交易行为产生信赖,因此内幕交易行为对交易品种的价格存在影响,但并不完全和必然影响投资者做出是否交易的决定,故对原告的交易的税费损失不予支持。

具体而言,本案原告两个账户中内幕交易时间段内买入 IF1309 的成交价格分别为 2373.2、2369.4、2354、2339.6,IF1309 的基准价格为 2313.6,具体计算方式为 [(2373.2−2313.6)+(2369.4−2313.6)+(2354−2313.6)+(2339.6−2313.6)]×1 手×300 元 = 54,540 元。

综上所述,光大证券公司的行为构成内幕交易,具有主观过错,与原告的投资损失具有因果关系,故应依法赔偿因此所造成的原告损失 54,540 元。依照《中华人民共和国证券法》第五条、第六十七条、第七十条、第七十五条、第七十六条,《期货交易管理条例》第三条、第八十二条之规定,判决如下:

一、被告光大证券股份有限公司于本判决生效之日起十日内赔偿原告秦某某损失人民币 54,540 元;

二、对原告秦某某的其余诉讼请求不予支持。

如果未按本判决指定的期间履行给付金钱义务,应当按照《中华人民共和国民事诉讼法》第二百五十三条之规定,加倍支付迟延履行期间的债务利息。

本案案件受理费人民币 1,284.88 元,原告秦某某负担人民币 105.03 元,被告光大证券股份有限公司负担人民币 1,179.85 元。

如不服本判决,可在判决书送达之日起十五日内向本院递交上诉状,并按对方当事人的人数提出副本,上诉于上海市高级人民法院。

审 判 长　　符　望
代理审判员　　朱颖琦
人民陪审员　　王承奇

二〇一五年九月三十日

法 官 助 理　　王　珊
书 记 员　　张　煜
书 记 员　　浦玮汶

附:相关法律条文

一、《中华人民共和国证券法》

第五条 证券的发行、交易活动,必须遵守法律、行政法规;禁止欺诈、内幕交易和操纵证券市场的行为。

第六十七条 发生可能对上市公司股票交易价格产生较大影响的重大事件,投资者尚未得知时,上市公司应当立即将有关该重大事件的情况向国务院证券监督管理机构和证券交易所报送临时报告,并予公告,说明事件的起因、目前的状态和可能产生的法律后果。

下列情况为前款所称重大事件:………(四)公司发生重大债务和未能清偿到期重大债务的违约情况;(五)公司发生重大亏损或者重大损失;………(十二)国务院证券监督管理机构规定的其他事项。

第七十条 依法必须披露的信息,应当在国务院证券监督管理机构指定的媒体发布,同时将其置备于公司住所、证券交易所,供社会公众查阅。

第七十五条 证券交易活动中,涉及公司的经营、财务或者对该公司证券的市场价格有重大影响的尚未公开的信息,为内幕信息。下列信息皆属内幕信息:(一)本法第六十七条第二款所列重大事件;(二)公司分配股利或者增资的计划;(三)公司股权结构的重大变化;(四)公司债务担保的重大变更;(五)公司营业用主要资产的抵押、出售或者报废一次超过该资产的百分之三十;(六)公司的董事、监事、高级管理人员的行为可能依法承担重大损害赔偿责任;(七)上市公司收购的有关方案;(八)国务院证券监督管理机构认定的对证券交易价格有显著影响的其他重要信息。

第七十六条 证券交易内幕信息的知情人和非法获取内幕信息的人,在内幕信息公开前,不得买卖该公司的证券,或者泄露该信息,或者建议他人买卖该证券。持有或者通过协议、其他安排与他人共同持有公司百分之五以上股份的自然人、法人、其他组织收购上市公司的股份,本法另有规定的,适用其规定。内幕交易行为给投资者造成损失的,行为人应当依法承担赔偿责任。

二、《期货交易管理条例》

第三条 从事期货交易活动,应当遵循公开、公平、公正和诚实信用的原则。禁止欺诈、内幕交易和操纵期货交易价格等违法行为。

第八十二条 本条例下列用语的含义:……(十一)内幕信息,是指可能对期货交易价格产生重大影响的尚未公开的信息,包括:国务院期货监督管理机构以及其他相关部门制定的对期货交易价格可能发生重大影响的政策,期货交易所作出的可能对期货交易价格发生重大影响的决定,期货交易所会员、客户的资金和交易动向以及国务院期货监督管理机构认定的对期货交易价格有显著影响的其他重要信息。

第九讲　证券虚假陈述民事责任纠纷的裁判规则与审理模式创新

许晓骁

2021年4月11日

> **主讲人简介：**
>
> 许晓骁，上海金融法院申诉审查及审判监督庭副庭长，清华大学法学学士、民商法学硕士。曾主审光大证券公司"乌龙指"内幕交易案件、方正科技公司证券虚假陈述案等重大金融案件，承办的案件先后入选人民法院年度十大民事行政案件、中国十大影响性诉讼等。执笔"期货交易所的法律地位与行为效力""中央对手方清算相关法律问题研究""设立科创板并试点注册制司法保障机制研究"等十余项课题。公开发表《试论证券行政和解中的权力制约机制》等多篇论文。曾获上海市青年五四奖章、上海法院十佳青年等荣誉。

彭冰：《证券法》以强制信息披露作为其主要的监管手段，严厉打击虚假陈述行为。目前我国关于证券欺诈的法律责任中，虚假陈述的法律责任最为全面，尤其是民事责任方面。2003年最高人民法院发布了《关于审理证券市场因虚假陈述引发的民事赔偿案件的若干规定》，在那之后，关于证券虚假陈述民事赔偿的诉讼层出不穷。从数据来看：第一，这两年虚假陈述引发的民事诉讼案件越来越多；第二，标的金额越来越大。虚假陈述责任已经成为大家都很关注的问题，许法官在这方面很有经验，我们请许法官为我们介绍。

今天非常荣幸有机会来到北大法学院跟大家交流金融审判当中非常重要的一块内容——证券虚假陈述责任纠纷。这些年来，随着我国资本市场的发展，特别是监管越来越严格,对于资本市场证券欺诈行为(包括虚假陈述、内幕交易、操纵市场等)的行政处罚力度越来越大,刑事打击力度也非常大,由此衍生的民事责任纠纷也是越来越多。据这几年统计,金融审判当中案件的结构类型已经发生了比较大的变化,原来都是银行借款、消费借款、信用卡、保险(主要是机动车保险)纠纷,但这两年涉资本市场的案件占据的份额越来越大,包括股票市场、债券市场以及质押、回购证券纠纷等,从案件数量上来讲虚假陈述纠纷仅次于银行、保险、融资租赁等领域的纠纷(融资租赁纠纷这两年增加非常快,已经是第四大案件类型,占比越来越大)。

今天想跟大家交流的主题主要是以下四点:

一是介绍有关证券虚假陈述的法律规定及其特点,主要围绕法条跟大家一起回顾一下关于证券虚假陈述的法律规定主要是哪些,有什么样的诉讼特点。

二是基于上海法院的数据以及我们的一些感受,介绍证券虚假陈述民事责任案件的概况,包括案件现在呈现出什么样的特点,有什么样的发展趋势。

三是谈一谈案件审理当中主要的争议问题,以及当事人对于这些问题的看法,裁判过程当中法院有什么样的考量。应该说虚假陈述还是比较单纯的案件,诉讼请求也比较简单,争议焦点也比较集中,但当事人抗辩情况以及法院思路有一些变化。

四是诉讼模式的创新与探索。虚假陈述纠纷中程序性问题和实体问题交织在一起,制度真正要发挥作用,程序性安排更加重要。我们这些年有大量的诉讼方面的改革,以及对民事诉讼法的突破,包括上海金融法院成立以后金融审判体制机制的改革。改革主要体现在证券特别是证券虚假陈述方面的做法,包括怎么样提高审判效率,怎样真正实现裁判结果的专业性,怎样运用多元化解机制来妥善处理这类纠纷,降低投资者的维权成本,真正发挥制度的作用。

一、关于虚假陈述的法律规范

什么是虚假陈述?虚假陈述的法律依据是什么?为什么虚假陈述相对来说是比较单纯的纠纷?因为法律依据很简单,就这么几条,没有很复杂的法律依据。

(一)新旧《证券法》

为什么要提旧《证券法》,因为新《证券法》2020 年 3 月 1 日实施,我们所受理的案件还是适用 2014 年修订的《证券法》。虽然大家对新《证券法》讨论得热火朝天,理论界非常关注,但它对司法实务暂时没有太大影响,实践中应用的还是旧规则。旧《证券法》第 63 条规定发行人、上市公司依法披露的信息,必须真实、准确、完整,不得有虚假记载、误导性陈述或者重大遗漏。新的《证券法》第 78 条第 1 款规定,发行人及法律、行政法规和国务院证券监督管理机构规定的其他信息披露义务人,应当及时依法履行信息披露义务。可以关注一下这里的一些变化,新的《证券法》规定的信息披露义务人更加概括,涵盖的范围更广,旧《证券法》仅包括发行人、上市公司。其他的信息披露义务人,比如证券的中介服务机构,分散地放到其他条文规定,新《证券法》把这些主体统合为信息披露义务人。这一点对司法审判是有影响的,举个例子。

前一段时间有个案件涉及重大资产重组,被告是资产重组交易里面的收购对象,收购对象提供的一些资料存在虚假。收购对象是始作俑者,是引起整个虚假陈述的一个源头。但根据旧《证券法》该主体并不是信息披露义务人,因为该主体不是上市公司,只是收购对象,也不是证券中介机构,但提供的资料是造成整个虚假陈述的关键,投资者就把他起诉了。该主体到底要不要承担相应的责任?投资者提出来的依据是,根据证监会《上市公司重大资产重组管理办法》,收购对象要依法披露相关的信息,提供真实、准确、客观的材料。按这个规定来说,他是信息披露义务人,尽管不是由他直接来披露,但过程中要提供相应的资料,如果遵守上述管理办法的要求,就应承担相应的责任。但是,旧《证券法》规定的信息披露人只有发行人、上市公司、中介结构,没有"其他信息披露人"这样一个比较宽泛的界定。证监会发布的规范性文件可以在实务中遵循,但是通知、一般工作性文件、工作指引或者要求中规定的主体能作为信息披露义务人吗?对此实务界争议比较大。比如,重大资产重组中会有多类主体参与,难道这些主体都要承担披露义务,并在未如实披露的情况下承担责任?这么做肯定不现实。有些主体只对自己的行为负责,或者对其合同对方当事人负责,而不是要对整个市场负责。在这个案件中,我们把资产重组的收购对象也视为信息披露义务人,这相对于当时的法律规定是有所突破的。当然,新证券法颁布后,这种突破也与证券法的精神一致。因此,法律的修改对审判实务是有很大影响的。

旧法说"真实、准确、完整",新的《证券法》规定要"真实、准确、完整、简单清晰、通俗易懂"——这是信息披露要求上的变化。最早看到是设立科创板注册制,上面文件当中有老三性、新三性,三性变成了六性的信息披露要求,后来觉得六性要求太高了,又往后退了一点。这个变化在前置程序还没有完全取消的时候,对司法审判意义不大。但是等到前置程序取消之后(前置程序取消是大势所趋),怎么判断很困难。但是,"真实、准确、完整,简单清晰,通俗易懂"说起来容易要做到很难,既要真实、准确、完整又要简明易懂。

发行人、上市公司相关资料的虚假陈述致使投资者遭受损失的,发行人、上市公司应当承担责任,相关的直接责任人员、保荐人、证券公司等应当承担连带责任,但是能够证明自己没有过错的除外;控股股东、实际控制人有过错的,应当与发行人、上市公司承担连带赔偿责任。这是实务当中最基础的有关虚假陈述民事责任的法律依据,分了几个层次:发行人、上市公司承担无过错责任,只要有虚假陈述就要承担责任;董事、监事、高级管理人员、保荐人、承销商、上市公司承担推定过错责任;控股股东、实际控制人承担过错责任。新旧《证券法》都规定了连带责任。连带责任在法律上是非常重的责任,上市公司无力承担的情况下会破产。旧《证券法》规定了两条,第173条对证券服务机构的义务进行了规定,这些证券服务机构为证券的发行、上市、交易等证券业务活动制作、出具审计报告、资产评估报告、财务顾问报告、资信评级报告或者法律意见书等文件,应当勤勉尽责,对所依据的文件资料内容的真实性、准确性、完整性进行核查和验证,如果制作、出具的文件有虚假记载、误导性陈述或者重大遗漏,给他人造成损失的,应当与发行人、上市公司承担连带赔偿责任。

新《证券法》用了"信息披露义务人"的概念把多类责任主体涵盖进来,并且把控股股东和实际控制人的责任形式从过错责任一并归到过错推定责任。这个立法变化在实务当中有它的依据——大量的上市公司作假行为始作俑者都是控股股东、实际控制人,但证明其过错比较困难,所以通过举证责任倒置对这部分主体进行更严格的控制。现在很多涉及上市公司担保的案件,上市公司为实际控制人做担保,结果就掏空上市公司,这样的案件非常非常多。所以对于实际控制人、控股股东确实要进行进一步严格的限制。不知道大家注意到没有,最高人民法院《关于适用〈中华人民共和国民法典〉有关担保制度的解释》对关联担保作了进一步扩展,因为根据《公司法》的规定,只有为公司、控股股东、实际控制人作担保才是关联担保,股东会作决议的时候需要排除。但是这项规定被人钻了空子。用什么样的操作手法?上市公司不是为控制人、股东作担保,而是为股东另外的公司作担保,或者是上市公司的子公司为上市公司的控制人、其他人公司作担保。如果严格按照《公司法》关于关联交易的规定,这种担保就跳出了《公司法》规定的范围,有机可乘,进而掏空上市公司,后果非常严重。在最高人民法院上述司法解释出来之前我们就作出了这样的判决,把关联担保范围扩大——其实我们在很短的时间作了两个不同的判决,前一个判决认定不构成关联担保,过了两个月就认定构成关联担保。司法实践要与时俱进,该处理的要处理,有的时候不得不突破,否则立法精神、立法原则无法得到贯彻。

(二)《虚假陈述若干规定》

在有关虚假陈述案件的审判实践中,最高人民法院《关于审理证券市场因虚假陈述引发的民事赔偿案件的若干规定》(以下简称《虚假陈述若干规定》)[①]是重要的裁判依据,对《证券法》的适用反而较少,因为后者多是原则性内容。下面将引用最重要的几条司法解释,以反映有关虚假陈述民事诉讼的特点。

---

① 该司法解释已经于2022年失效,取而代之的是最高人民法院《关于审理证券市场虚假陈述侵权民事赔偿案件的若干规定》。

第1条 本规定所称证券市场因虚假陈述引发的民事赔偿案件(以下简称虚假陈述证券民事赔偿案件),是指证券市场投资人以信息披露义务人违反法律规定,进行虚假陈述并致使其遭受损失为由,而向人民法院提起诉讼的民事赔偿案件。

1. 虚假陈述的定义

依据《虚假陈述若干规定》第17条的规定,虚假陈述是指在证券发行或者交易过程当中对重大事件作出违背事实真相的虚假记载、误导性陈述或者在披露信息时发生重大遗漏、不正当披露信息的行为。

2. 虚假陈述的特点

第一个是特定市场问题。虚假陈述应当发生在特定市场中,即发生在证券市场中。但到底什么样的证券市场才适用虚假陈述的法律规定?法律内涵核心很明确,边缘往往比较模糊。比如说新三板,虚假陈述规定了三个市场,一个是国家规定的证券交易市场还有代办股份转让系统,代办股份转让系统是现在新三板的前身,按照规定新三板应该没有太大疑问。但是我们对新三板是不是真的能够完全涵盖在内存在疑问。大家研究一下新三板会看到有分层,有精选层、创新层、基础层,新三板有八千多家企业,精选层的企业很少。精选层(企业)适用《证券法》问题不是很大,但其他企业跟普通股份(有限)公司更像一点。《证券法》跟《公司法》很大区别在于对中小投资者的特殊保护,会设计很多特别规则保护投资者,但是如果对一个普通公司来说,不需要适用《证券法》,适用《公司法》就可以了,适用《证券法》反而很别扭。

此外,银行间债券市场是否属于特定市场?众所周知债券市场割裂成几个不同的市场:交易所市场、银行间市场、国债市场。交易所交易债券没有问题,但实践当中占比很小,绝大部分是银行间市场。银行间市场是否适用《证券法》的规定疑问很大,人民银行认为银行间市场适用的是《商业银行法》等法律规定,因为相对封闭的机构与机构之间的市场跟《证券法》所预设的条件不太符合。所以银行间市场债券发生虚假陈述或者其他证券欺诈行为能不能用这些规定,其实还是有一些疑问的。我觉得不是不能够适用,但也不是所有规定都能用,看案件的特点和具体情况。

特定的市场是什么意思?在现在多层次资本市场发展的情况之下,《证券法》应用范围有一些问题。旧《证券法》强调上市公司的概念,但新《证券法》直接用发行人这一称呼,发行和上市也是不同的概念,新三板市场主体是非上市公司,从这个角度来讲新《证券法》用语准确一些,因为发行和上市是两个不同的范畴。

第二个是重大事件。重大事件是由行政机关来认定还是由法院来认定?如果法院可以认定,它怎么认定?什么叫重大事件?是不是能影响投资者决策和理性投资者的判断的就是重大事件?如果以这样的方式界定,重大事件与因果关系之间怎么处理?

3. 虚假陈述的前置程序

2003年《虚假陈述若干规定》第6条规定了前置程序，即必须依据有关的行政处罚决定或者人民法院的刑事裁判文书，构成虚假陈述行政处罚或者虚假陈述的刑事犯罪，然后才能提起民事诉讼。这是非常重要的规定，应当有这条规定，虚假陈述里面很多东西民事诉讼就不用管，很多理论上探讨虚假陈述的认定等问题在司法实践当中审理得就很少。

4. 虚假陈述的因果关系判断

2003年《虚假陈述若干规定》第18条涉及因果关系，这也是司法实践当中用得非常多的一条。

(1)证券类型要件

第一个要件是投资人所投资的是与虚假陈述直接关联的证券。非常典型的情况是某一个上市公司虚假陈述，投资者购买、交易这个上市公司的证券，然后投资者遭受损失去请求赔偿，这是毫无疑问的。

但是随着资本市场、证券市场特别是金融衍生品的发展，与虚假陈述直接关联的证券的概念变得不好把握。什么叫"直接关联的证券"？以某个股票为基础的ETF、以它为成分股的指数、股指期货等能不能视为直接关联？这时候我们要判断它的价格影响性，即这个证券到底有没有影响那个证券的价格；或者它们之间有没有内在关联，是否存在基础资产和衍生资产之间的关系等。这是比较专业的问题，不同证券之间的关联性有多大，法院很难清晰地界定。现在一些证券衍生产品的基础证券比较多，比如ETF有几百只、几十只股票作为基础资产来开发指数、开发基金，这样跟单个证券关联性会弱一些。但股票与针对该股票的权证关联性就非常强，窄基的金融衍生品容易被认定为"直接关联的证券"，这是随着市场发展需要处理的问题。

(2)时间要件

第二个要件界定了时间，即必须在虚假陈述实施之日以后，揭露日或者更正日之前买入该证券，然后在揭露日或者更正日及以后卖出该证券。已购买，必须在虚假陈述实施以后，发布一个虚假的好消息，股票上涨，投资者看到这个好消息就买入了股票。揭露日发现这个消息是虚假的就卖出，这时候股价就会下跌，遭受损失，这部分损失要赔。这里只规定了诱多型模式，跟当时的证券市场有关系，做空的机制还是比较少，股指期货、融资融券很少，所以这方面东西考虑比较少。但当前的实践中诱空型、诱多型也都有出现，根据现在的司法解释诱空型很难处理。①

---

① 2022年最高人民法院《关于审理证券市场虚假陈述侵权民事赔偿案件的若干规定》修订后，就诱空型虚假陈述的因果关系、损失计算等作出规定，健全完善了虚假陈述民事赔偿体系。

彭冰：实践当中遇到过诱空型虚假陈述吗？

许晓骁：曾经有案件被驳回，因为不符合司法解释的框架。证券市场欺诈是一个逐渐开口子的过程，主要是基于法院审判的能力以及群体性诉讼的特点，以及司法跟监管之间的关系等角度来考虑。但是现在肯定要放开。

（3）虚假陈述的因果关系抗辩

2003年《虚假陈述若干规定》第19条中最重要的是第4项：损失或者部分损失是由证券市场系统风险等其他因素所导致。按照这项规定，就要在你的损失当中扣除无关因素，这一条涉及非常复杂的问题。

5. 虚假陈述揭露日、更正日和实施日

2003年《虚假陈述若干规定》第20条明确了揭露日、更正日和实施日的概念。实践中对于实施日争议不大。但是，如果针对同一个群体在不同实施日实施的不同虚假陈述行为提起诉讼，应该怎么处理？在审判实践中的确遇到过这样的问题。比如，有两个虚假陈述行为，发生时间有先后之分，有投资者对其中一个虚假陈述行为提起诉讼，上市公司提出抗辩，相关部门对两个行为都作出处罚。影响你的只是其中一个行为，应该扣减我的赔偿金额。对于这样的抗辩我们不予以扣除，有一个就行了。

彭冰：扣一半吗？

许晓骁：两个因素也不好说，一个是主要的违法行为，一个是次要的违法行为，可能处罚的有很多项，六项、七项的都有，有时候很难解决。我觉得从原则上讲问题不大，确实有这样的理念。揭露日的问题又非常复杂，有各种各样的日期，而且揭露日不见得一下子就出现了，有一个真相浮出水面的过程，中间有媒体报道、监管部门的审查、上市公司自己的自我更正，等等。而且市场没有不透风的墙，在某一个正式揭露日之前可能有很多小道消息已经流传出来，那么以后面的日期为准好像有一点自欺欺人，所以揭露日是一个非常复杂的问题。

6. 虚假陈述基本赔偿范围

2003年《虚假陈述若干规定》第30条规定了基本赔偿范围，所谓投资差额损失，这个怎么算，什么叫作投资差额损失？平均买入价、卖出价怎么计算。计算方式和计算方法下面会展开说。总的概念是以买入证券平均价格与实际卖出证券平均价格之差，乘以投资人所持证券数量计算。听起来非常简单，但其实非常复杂。

二、证券虚假陈述民事责任纠纷案件概述

(一)涉及上市公司及其板块

1. 涉及上市公司

上海法院审理的虚假陈述案件在全国占有相当的比例,能够反映大体的趋势。2015年虚假陈述案非常少,只有几百件,之后逐年增多越多。主要原因之一是对虚假陈述的处罚力度加大。证监会作出处罚的数量,比案件增加的幅度大得多。近几年案件数量大体稳定,涉及的被告这几年有二十多家,不到三十家。前两天上海金融法院全国首例普通代表人诉讼庭审,就是飞乐音响这个案子。如果大家熟悉证券市场历史,这个股票非常有意义,飞乐音响是中国最早上市的股份制公司。当年美国纽约证交所主席来中国,小平同志就把飞乐音响股票赠送给他作为礼物。

2. 涉及板块

涵盖上交所主板、深交所主板及新三板市场。去年有与新三板相关的案子,也是一个新的领域。上海金融法院根据科创板的相关规定,集中管辖科创板的案件,但上海证券交易所把关很严,至今都没有相关案件,试点期都要过了,注册制已经要全面推开了。注册制下,中介机构信息披露等一系列的司法裁判理念、规则上会有变化,很有意思。

(二)标的总额呈增长态势

案件标的总额从原来几乎可以忽略不计到现在十几亿元。金融案件标的额占的份额很小,上海法院一年审的金融案件标的额大概两三千亿元,所以虚假陈述本身标的额不是很大,主要是涉及数量、人数对于资本市场影响比较大。案件平均标的额是1.08亿元,投资者呈现小额、分散的特点。现在由于ST的、破产的上市公司越来越多,有一些公司承担不了赔偿责任。从趋势来看相关诉讼发展非常快。

(三)诉讼争点

争点相对集中,投资者要求赔偿投资差额损失、佣金及印花税等。虚假陈述行为以虚增利润居多,还涉及关联交易、未披露一致行动人以及会计上的一些问题。上市公司抗辩理由主要包括:认为不具有重大性,虚假陈述行为不会影响投资者的决策,交易因果关系不成立,部分损失是由系统风险造成的。中介机构主要抗辩理由是没有因果关系、不存在主观故意、不应承担责任等。

(四)审理时间较长

虚假陈述纠纷的审理时间相对来说都比较长。是涉及法律、金融、会计等多学科

的综合应用,内容相对来说比较复杂。在有些主体没有直接受到行政处罚的情况下,法院要判断它是不是有过错,是不是要承担责任,这时候就会出现很多疑难的问题。

最近我们受理的案件中,上市公司或者保荐人都受到了处罚,但其他的中介机构没有受到处罚。这时候我们怎么看待前置程序的问题? 前置程序意味着相关责任主体受到了行政或者刑事处理投资人才可以提起民事诉讼,但是不是每个责任主体都要受到行政或者刑事处理,还是说只要上市公司受到行政或者刑事处罚就可以把关联的主体,比如实际控制人、保荐人、证券中介服务机构,都作为民事诉讼的被告要求他们承担责任? 对于这个问题争议比较大。原来,没有受到行政处罚或者刑事处理的主体不会被列为被告,但是最近开始有所突破,杭州、上海的法院开始判决没有受到行政或者刑事处理的中介机构承担民事责任。此时,法院就需要判断中介机构在上市公司的虚假陈述中有没有尽到勤勉尽责义务,是否有过错。这时候问题会非常复杂。例如,要确认中介机构作出会计报告的依据有哪些。一个案件中,相关证据可能有几百册,而且全部是表格和数字,这需要当事人梳理说明。如果以后法律层面取消前置程序,需要考虑这些现实困难。民事诉讼中,原告要证明被告有哪些虚假陈述,但证据怎么把握,证明标准是怎样的,法院怎么核实证据,都需要建立相应的机制。另外还涉及司法和行政监管的关系问题,如果法院认为某上市公司有虚假陈述但是监管部门没有对公司进行处罚,是否意味着监管部门不作为? 如果法院和监管部门意见不一致怎么办?

彭冰:投资者诉证监会不作为,法院再审一次。

许晓骁:有可能。《民事诉讼法司法解释》里面也说,如果有行政诉讼正在进行我们要中止。但这个诉讼也要由当事人提起。原告数量众多,需要逐一确定赔偿责任。这个也很复杂,成千上万的投资者,每个人的投资情况不一样。投资者等待的时间很长,律师非常累,一个律师代理几百个投资者,每十个投资者开一次庭,一个律师要开几十个庭,一直奔波,确实不太合理。

中介机构、上市公司控股股东等涉诉比例不断提高。这是一个趋势,虽然处罚对象主要是上市公司,现在中介机构作为被告承担赔偿责任的案件越来越多,投资者选择谁是被告主要看谁有赔付能力,不看谁是第一责任人、谁是连带或者补充责任人。

(五)前置程序

去年我对全国近几年的虚假陈述案件进行过统计,有的案件中确实没有要求前置程序,但是90%的案件还是要求前置程序。从前置程序作为必备条件到某些案件中不要求前置程序,这经历了一个过程。《虚假陈述若干规定》里设置了前置程序,但是最高人民法院关于立案登记制度的改革与上述规定有冲突,各地法院采取不同的做法,有的继续坚持要求司法解释里的前置程序,有的稍微放开一点。

全国人大、学界都在推动废除前置程序,我们对此很期待。在《证券法》修订的时候就在讨论这个事情,这样法院的地位在以后就会更加重要,但是也要对此作好相应的准备。但是就取消前置程序的这几个案子来看,法院受理后判决承担责任的情况还没有出现。有突破的就是我刚才说的上市公司受处罚,中介机构没有受处罚但判决其承担责任的案子。

(六)诉讼形式

支持诉讼是证券纠纷当中非常有特色的一点,因为觉得投资者需要保护,所以会有一些相关的投资者保护机构参与。其中北京有投资者保护基金,上海有投服中心,深圳也有。支持诉讼也是很重要的一块内容,下面将会讲述支持诉讼各种各样的不同形式。

法律层面对虚假陈述的规定由来已久,但是据统计,这么多年,符合条件的原告真正提起诉讼的只有5%~10%。投资人出于各种原因没有提起诉讼:有的没有维权意识,有的囿于等待时间太长,有的是因为避免虚假陈述公之于众导致股价下跌。如果采用默示加入、明示退出机制,利害关系人直接去中登公司调数据,并针对全国符合条件的投资者发布公告,将这些投资者直接纳入诉讼;如果某投资者不参与诉讼,要明示退出。很多投资者出于搭便车的心理,会参与诉讼。这会极度加大上市公司的赔偿责任。有些虚假陈述行为经历的时间很长,那么上市公司就要承担巨额赔偿责任。此时,是否需要对公司虚假陈述的行为设置责任上限?内幕交易行为中公司的责任有上限,因为内幕交易有金额,可以依据交易金额设定限额,但是虚假陈述行为没有类似依据。我个人认为还是需要有一定的限制,否则上市公司面临的将是其难以承受的责任。

三、主要争议问题及裁判过程中的考量

(一)证券虚假陈述民事责任审理步骤

下面介绍一下虚假陈述案件的审理过程中,我们考虑的问题是哪些,以及具体步骤:

第一步,虚假陈述行为的认定,对前置程序的问题、违法性问题、重大性问题的认定。认定主要是因为有前置程序在,一般来说问题不大。

第二步,交易因果关系,主要涉及实施日的认定。然后是揭露日、更正日的问题,这个问题比较多。再是从自己的交易时间段看整个交易记录是否符合《虚假陈述若干规定》的要求,是不是存在其他否定交易因果关系的情况。

这个(否定交易因果关系)好像也比较特殊,既然用了推定因果关系怎么去否定?至少在我个人审判过程当中没有去否定过,但是我看到也有否定因果关系的案例,比如,有投资者一直从事高频交易,在虚假陈述实施日以后、揭露日以前或者揭露日以后都在从事程序化、模式化的交易,法院就认为这个交易跟虚假陈述没有关系,二者不具备因果关系。这个案子让我来审未必会否定因果关系,为什么要否定?从事高频交易、因果交易,就跟虚假陈述割裂开来?也许在一般概念当中是割裂的,但这时候看理念怎么样、原则怎么样,如果这种投资行为也是要保护的,或者根据有效市场的理论认为信息涵盖于股价当中,购买的股票就受到了信息影响,根据这样的理论,那还是应该放在交易因果关系之内,我个人是这么理解的。

第三步损失计算,投资差额到底有哪些损失,这个主要看平均买入价和卖出价,如果只有一笔买入或者一直买入但没有卖出,总成本、总股数容易计算。问题是绝大部分投资者是不停地买进卖出,不停地做交易,这时候怎么计算持股成本和买入成本?实际成本法、算术平均法、加权算术平均法、移动加权平均法等都是为了解决这样的问题。

第四步是关于损失因果关系,也就是其他因素的扣除。我认定虚假陈述行为成立,认定交易与虚假陈述之间具有因果关系,也认定损失,但是还是要在损失里挖走一块——如果是因为市场系统因素或者其他因素造成的要剔除。这个问题又非常复杂。什么叫市场因素,怎么剔除损失,剔除损失时要考虑哪些因素?这是虚假陈述民事诉讼发展的生长点之一,现在越来越精细化。

(二)具体案例分析

为了便于大家理解,我结合具体案例探讨一下刚才所说的问题。

1. 大智慧案[①]

(1)案情简介

①对公司进行的处罚

大智慧公司在2015年收到上海证监局的监管措施决定书,提示它存在一些问题。什么问题?

第一个是收入确认的问题。通俗讲,就是一个公司究竟在什么时候确认它的收入,在会计上有很多文章可以做。有的软件有一个试用期,试用了以后你觉得不好还可以退,试用的时候能不能确认收入?按照会计准则应该是不行的。但大智慧公司在试用开通权限时就确认收入了,没有等到退回产品期限过了再做。这是主要的问题。

[①] 参见(2019)沪民终48号二审民事判决书。

第二个是主要会计政策、会计估计的变更中披露的相应影响金额前后不一致,且差异较大,客户1、客户2系同一客户。上海证监局要求大智慧公司整改,大智慧公司按照要求整改后发布整改报告,但是后来还是受到证监会的调查。大智慧公司于2015年1月21日收到上海证监局下发的《关于对上海大智慧股份有限公司采取责令改正措施的决定》(沪证监决〔2015〕4号)当天接受调查,2015年1月23日,大智慧公司发布整改报告。整改报告中称,大智慧公司于2015年1月21日收到上海证监局下发的《关于对上海大智慧股份有限公司采取责令改正措施的决定》(沪证监决〔2015〕4号),针对该函中所涉及的具体问题,形成本整改报告。经过调查以后,证监会发布相关的调查结果,2015年5月1日,大智慧公司发布关于收到中国证券监督管理委员会调查通知书的公告,公告中称,因公司信息披露涉嫌违反证券法律规定,根据《证券法》的有关规定,中国证监会决定对公司进行立案调查。之后有一个预处罚通知书,2015年11月7日,大智慧公司发布关于收到中国证券监督管理委员会《行政处罚及市场禁入事先告知书》的公告,公告中称,2015年11月5日,公司收到中国证监会下发的《行政处罚及市场禁入事先告知书》(处罚字〔2015〕147号),然后有一个发布会,然后再发布正式的处罚通知书(即2016年7月20日,中国证监会作出〔2016〕88号行政处罚决定书)。一般预通知书跟正式处罚通知书没有什么差别,但时间上预通知在前,所以可以通过预通知书提前确认收入。

第三,以"打新股"等为名营销,涉嫌虚增利润。

第四,涉嫌利用与广告公司的框架协议虚拟2013年销售收入。这是一个框架,没有达到确认收入的标准,但也写进去了,虚增了收入。

第五,延后确认2013年年终奖,涉嫌虚增利润。年终奖是企业成本,年后确认,那么当年的成本就降低了,利润增加。

第六,涉嫌虚构业务合同。

第七,子公司涉嫌提前合并天津民泰公司,影响合并报表利润总额。看起来好像是一些时间上的问题,前前后后利用会计手法,总而言之把利润给做高。但问题是很多利润后来又还回去了,为了符合当年要求就把利润做高一点,但利润有多少是客观的,虚的利润下一年撤掉了,两年合起来看没有那么大。这是大智慧公司抗辩的理由。

②对会计师事务所进行的处罚决定

第一,会计师事务所没有对销售与收款业务中已关注到的异常事项执行必要的审计程序。什么叫"已关注到的异常事项"?是会计人员在底稿中发现问题,但不了了之,不过底稿里面有;第二,没有对非标准价格销售情况执行有效的审计程序;第三,没有根据重要性按照权责发生制的原则予以调整;第四,未对大智慧全资子公司股权收购日的确定执行充分适当的审计程序。这是对会计师事务所的处罚,大致上跟前面对应,但相对比较少,范围更广一点。

(2)案件争议焦点

①虚假陈述披露日

公司抗辩说没有参加所有虚假陈述或者有的陈述是没有过错的,不能百分之百让我承担责任。

实施日到揭露日之间发生了股灾,从2015年中到2016年年中,前面是猛涨,2015年年中以后就剧烈下跌。另外,在2016年年初发生了多次熔断,当时证监会为了平抑股票市场,让它稳定运行,推出了熔断制度,没有想到适得其反,制度颁行就熔断。大智慧公司说投资受到损失全都是因为市场因素。公司跌了那么多,跟市场因素比起来,虚假陈述其实不是最重要的因素,风险应该扣除。这是大智慧公司的抗辩。

揭露日怎么认定?我们这个案件中涉及《整改报告》发布的日期,还有《调查通知书》发布的日期,还有处罚《事先告知书》公告日期,究竟哪一天作为案件的揭露日,哪一天信息被公开了,这之后投资者再去买股票就得不到赔偿了。那么哪一个是大智慧公司主张的?能不能推断出来?为什么是《整改报告》发布日?大家要看市场,当时股价比较低,还没有到2015年剧烈上涨的时候,所以投资者买入的价格相对来说比较低。买入价格低,最后赔的就少,因为投资差额损失就少了。2016年以后股价大幅度上涨,之后股灾、熔断,股价就剧烈下降,那么大智慧公司损失就很大,这部分投资者索赔损失金额就非常高。这个案件当中,大智慧公司坚持《整改报告》发布日是揭露日。

但经过我们分析,《整改报告》发布日不符合揭露日的条件:第一,《整改报告》与行政处罚不一致。从整改报告揭露的内容来看,整改报告针对四类行为,行政处罚决定书针对六类行为,前后确实不一致,行政处罚决定书的内容更多,内容上不完全一致。第二,《整改报告》揭露的力度不足。从揭露的力度来看,整改报告与其说是揭露,不如说是逃避,说整改完成了,整改完成了怎么后来受到处罚了?对投资者的警示度不够,很多情况未更正。第三,《整改报告》揭露的内容不够具体明确。从《调整通知书》公告日而言,调查的行为被告,当时我们认为这个不够具体明确,甚至没有涉及作为虚假陈述载体的2013年年度报告,不太符合揭露的含义。揭露终归有对象,连整改报告提都没提,怎么叫揭露?所以我们也没有认定《调查通知书》作为揭露日。

如果这个案子放到今天,可能会认定《调查通知书》是揭露日,那时候要求揭露是真相大白、真实准确完整,是一种比较理想化的考虑,但市场根本不是这样,市场是一旦立案调查股价就会跌,对股价下跌后再去买的投资者赔偿不是太合理,《调查通知书》即使什么都没讲,但就是有这么大的作用,所以理论和现实是有差距的。当时在这样的一些重大案件中,揭露日引起非常大的争议,理论上揭露跟市场的反应不一致,不一致怎么办？一系列的案件很多都是按照处罚公告日或者预公告日来确定。后来显然转向了，大家可以去看《九民纪要》，是按照立案调查公告日来确定揭露日，这是各地法院实践中比较合适的做法。

当时分析，相对于《调查通知书》，《事先告知书》已经充分披露了虚假陈述内容，而且非常全面。但是二审判决认为，除了《虚假陈述若干规定》第20条对揭露日作出原则性界定外，没有法律法规、司法解释对虚假陈述揭露日的确定标准或者条件作出进一步的规定。在没有法律明确规定情况下，个案中是以一般标准或者条件，并结合具体个案的实际情况，统筹考虑作出相应的认定。这是一个法院裁量范围，一审这么裁也可以，至少不符合发回重审的条件。

揭露日之所以重要是决定了哪些人能赔，哪些人不能赔。我们考虑了揭露内容、媒体权威程度、揭露的警示力度，等等。立案调查日以后怎么考虑揭露的内容？后来有一个观点说，如果立案调查书里说公司涉嫌证券违法接受调查，就不作为揭露日，如果公司涉嫌信息披露违法而接受调查，这个就可以。当时有这样一个尺度。这是不是真的合理，有没有这么大的区别，大家可以探讨。

根据我之前作的统计，有不同的日期被法院认定为揭露日的情况，立案调查公告里面最多。除非前面有非常有力的揭露。

《九民纪要》中，最高人民法院进一步明确虚假陈述的揭露和更正，是指虚假陈述被市场所知悉、了解，其精确程度并不以"镜像规则"为必要，不要求达到全面、完整、准确的程度。原则上只要交易市场对监管部门立案调查、权威媒体刊载的揭露文章等信息存在明显的反应，对一方主张市场已经知悉虚假陈述的抗辩，法院依法予以支持。日期相对来说比较靠前。但这里还是设定了两个条件：一个是立案调查或者揭露，二是市场有明确的反应。但实践当中可能这两个条件只具备一个，立案调查了，但市场就是一点反应都没有，这时候怎么办？有两种可能性，一种是有对冲的消息，二是立案调查之前这个消息早就泄露了，市场早就知道了。我个人觉得，法院操作中还是以调查日为准，除非有其他日期能与明显的市场波动结合起来。这个也不排除，下面所说的案例当中也有这种情况。

总体上看，现在认定揭露日的标准一是遵守保护投资者原则，二是尊重市场原则，怎么有利于保护投资、怎么有利于尊重市场就怎么定，学理上考虑相对少一点。

②因果关系

关于因果关系，上市公司抗辩，2014年虚增，2015年把虚增还回去了，2015年以后的投资者跟虚假陈述无关，甚至2015年报告是一个诱空的报告。把两个时点合起来看，总的收入并没有虚增。但实际上，哪怕两年放在一起是虚增的，虚构合同、广告收入是不确定的，而且承诺销售的都销售出去了吗？这是公司的说法，有很强的迷惑性,我觉得不能成立。

根据推定因果关系,只要时间符合就推定成立因果关系,我们直接写在判决里了,基本上用了有效市场理论去说这个事情。你说他有没有看过报告也好或者没有受到其他因素的影响也好,或者实际出于某种原因去投资股票也好,都在所不论。只要有虚假陈述,虚假陈述也反映在股价当中,也购买了股票,就认为受到了影响,也就是把这个信赖要件给取消掉。当然这个理论有很多争议,但这个理论挺好用,可以把这些抗辩给驳回,这个推定就比较绝对化。

③重大性问题

《九民纪要》指出部分人民法院对重大性要件和信赖要件存在混淆认识,以行政处罚认定的信息披露违法行为对投资者的交易决定没有影响为由否定违法行为的重大性,应当引起注意。重大性是指可能对投资者进行投资决策具有重要影响的信息,虚假陈述已经被监管部门行政处罚的,应当认为是具有重大性的违法行为。在案件审理过程中,对于一方提出的监管部门作出处罚决定的行为不具有重大性的抗辩,人民法院不予支持。同时应当向其释明,该抗辩并非民商事案件的审理范围,应当通过行政复议、行政诉讼加以解决。

不知道大家对这个规定怎么看?重大性是指可能对投资者进行投资决策具有重要影响的信息,那跟因果关系有什么区别?交易因果关系就是受到影响作出错误的投资决策,把这个作为虚假陈述成立的条件去做,把交易因果关系放在因果调整里面,这两者实际区别是什么?现在有的法院就这么认定,有重大性但是没有交易因果关系,这是偷换概念,什么叫有重大性但没有因果关系?这到底有什么区别,我感觉行政认定是一种行政处罚上的法律,只要符合行政监管的违法条件就给予处罚,但是违法行为是不是一定影响投资决策是另外一个问题。

有一些行为不好说,比如没有披露的是一致行动人,有的两个股东是夫妻关系没有披露,还有利润的虚假但只占到总公司利润的0.1%,如果按照以前会按照重大性驳回,因为不影响投资决策,跟投资决策没有关系。但如果现在严格按照规则就不行,有重大性就会影响投资决策,除非是诱空,否则怎么排除,所以民事责任和行政责任要有所区分,行政上所说的重大性要处罚跟民事责任上重大性影响投资者决策要区分,如果不区分会有一些说不清楚的问题。

《虚假陈述若干规定》第17条规定,虚假陈述的对象是重大事件,对重大事件法院要结合《证券法》的规定作出认定。但现在又认为不是民事案件的审理范围,这个规定又落空了。

④交易因果关系与虚假陈述类型

大智慧公司虚假陈述的系统风险有异常波动与熔断。一审的时候没有考虑异常波动,只考虑熔断。上海法院以前从来没有扣过市场性的东西,这在当时是一个突破,对熔断扣了30%的损失。据说上海法院是投资者友好型法院,因为很多法院扣得很厉害,但上海一直对市场性系统风险很谨慎,能不认定就不认定为市场系统性风险。但这个案子后来有很大争议,最后大家认为异常波动也要考虑进去,6000点跌到2000点,国家出台了那么多救市政策,异常波动不作为系统性风险不行。所以异常波动也要作为系统风险。

当时大智慧被扣掉30%,我们对异常波动也考虑,熔断也考虑,各扣15%,这样扣30%也没有问题。但后来发现也有问题,就是有少部分投资者没有经历异常波动,只经历了熔断;也有部分投资者经历了异常波动,没有经历熔断。经历了异常波动扣15%,经历了熔断就一点没扣,所以就改了。这里市场系统性风险就是酌定,分成这两段,只要经历了两段就扣30%,只要经历一段就扣15%。异常波动有的人可能经历了1个月、有的人可能经历了6个月,有的人可能经历了从3000点跌到2000点,有的可能从6000点跌到2000点,都是只扣15%,上市公司强烈反对,说没有根据具体情况去处理。

大家注意《虚假陈述若干规定》规定的是"系统风险等其他因素",系统风险只是其中一个因素,我们当时只考虑系统风险,没有考虑其他因素,其他因素没法考虑。大智慧当时是要求按照指数比例扣,比如大盘下跌60%,股票下跌100%,那么就应该扣掉60%,算下来是扣59%以上,我们没有采纳。

⑤中介服务机构责任承担

这个案子里引起最大争议的是会计师事务所要不要承担责任,怎么承担责任。《证券法》里规定很严格,报告要真实、准确、完整,会计师事务所要勤勉尽责,否则又要承担连带责任,过错推定,除非证明自己没有过错。明显看起来有过错,特别是已经发现的问题没有进一步进行审计,这个就说不过去了。

立信所提出的抗辩,一是没有信赖,会计师事务所只对合理性和使用报告者承担责任,没有看过的就不承担;二是即使承担了,因为没有合谋,所以要区分作用大小,承担损失补充赔偿责任,而不是连带责任;三是《会计师事务所在审计业务活动中民事侵权赔偿案件的若干规定》规定,即使其需要承担赔偿责任,因其主观系过失,所以要承担相应的责任。法官采纳了这几个抗辩理由。这里介绍一下会计师责任的司法解释,因为立信所是根据这个提出抗辩的。立信所主张,依据《注册会计师法》第42条和最高人民法院《关于审理涉及会计师事务所在审计业务活动中民事侵权赔偿案件的若干规定》(以下简称《审计侵权若干规定》)第2条的规定,立信所仅对利害关系人承担民事赔偿责任,而本案投资者并非其利害关系人,且其行为仅属于轻微过失,应根据《审计侵权若干规定》第6条承担与其"过失大小"相适应的责任,而非连带赔偿责任。这里有两点要求:一是要求利害关系人提出诉讼,如果不是利害关系人根本不能索赔。

二是合理信赖或者使用会计报告。

对比一下,《证券法》的规定和刚才会计责任的司法解释是不一致的,《证券法》规定的是连带责任,包括故意和过失,所以即便是过失也要承担责任。但是《审计侵权若干规定》就分成两种类型,一种是故意、恶意串通,明知,后面是按照职业准则、规则应当知道人民法院应认定其明知。对于过失按照过失大小确定赔偿责任,能力不足、有明显疏漏承担过失责任。这两个规定就明显出现了不一样。一审法院就直接推定明知。二审在认定过程当中,认为根据现有证据会计师事务所没有证明没有过错。二是市场中投资者都信赖你的报告,不能说不是利害关系人。对此我们适用《证券法》。

这里面衍生出一个问题,如果没有处罚是不是仍然可以判决承担虚假陈述民事责任?非常困难,这个案子材料汗牛充栋,而且专业性非常强,到底怎么办?如果监管部门不愿意多介入,是不是可以请专家帮忙一起来论证。但整个机制没有,专家怎么来介入呢?依据《民事诉讼法》,作为鉴定人吗?好像不是。作为专家辅助人好像也有问题,对于专家辅助人没有细则,材料怎么给,人怎么请,整个程序怎么安排都不知道。那现在就要处理这个问题。二是连带责任能不能部分连带?当时立信所提出来参与的虚假陈述只是整个虚假陈述的一部分,我们按比例承担一部分。但后来我审下来,我觉得它的责任非常严重,过错也非常严重,至少虚假陈述主要部分都参与了,所以其承担连带责任并不过分。不过也不排除非常明显的情况,比如两段虚假陈述行为只参与了一段,或者只参与了次要的,没有参与主要的,这时候承担连带责任也说不过去。所以连带责任并不是百分之百的连带,而是部分连带,在一定范围内连带是可以的,杭州五洋债案①中就这么判了,没有太大问题。

2. 方正科技案

(1) 案情简介

方正科技是方正集团下属的一个公司。它有什么违法行为?主要是没有披露关联交易。在销售过程当中,因为都是买卖电脑、设备的公司,渠道都在方正集团控制之下,都是关联交易,而且发生了十几年的关联交易,一直没有披露过。

(2) 案件争议焦点

①因果关系

这个案件第一个争议焦点是:这个行为是否足以影响投资者的投资决策或者市场交易价格。方正科技认为,投资者买我的股票是 2015 年股价暴涨跟风买入,跟我没有什么关联,而且从诉讼时效的角度上讲已经过了时效。虽然有关联交易,但从来没有虚增,也没有不公允的价格,只是单纯没有披露。

---

① 参见浙江省杭州市中级人民法院(2020)浙 01 民初 1691 号判决书。

采用推定的原则,这些理由在证券虚假陈述这样的特殊诉讼当中都不算有效的抗辩。

②损失计算方式

这个案子重点说一说损失怎么算的问题。损失有各种不同的算法,主要差异在于怎么确定买入均价,能够获得披露日以后卖出的股票以及继续持有的这些股票所对应的买入价到底是多少。这个有不同的算法,一种算法是原告主张的实际成本法,实际成本法非常简单,我买进来一共是多少成本,在这期间总的投入减去此期间总的卖出,能够获得赔偿的股数就是我的直接成本。被告主张先进先出+普通加权,先买进的股票先卖出冲抵,所以留下的是后买进的股票然后作为加权。加权是考虑每一次买入的。原告为什么这么主张?是因为这样金额大,整个投资算进去。那么被告为什么这么主张?虽然确定了揭露日,但很多股票价格在揭露日之前都会下跌,如果按照先进先出,高价股票在揭露日之前就卖掉了,持有的是低价的股票,那么损失就小。

法院认为实际成本法是老早大家都用的方法,比较简单、好算。但后来我们发现不合理,比如整个期间进行反复操作投资,亏损了1万元,最后到了基准日就只有一手100股,这时候买入均价就是100元。其实这个股价从来没这么高过,因为把你所有损益都已经算进去了,如果出现类似情况不能这样处理。只要留有一手,那整个损失投资都可以赔,但一手都没有了,就一分都不赔,就会造成把我整个投资的损益汇集到我最后持有的股票上这样的结果。我们作了改进,就以最高股价作为限制,有所修正,但还是有这样的问题。

先进先出法,我们当时没有采用,实事求是地讲,理论上说得过去,先买进的股票先卖出,留有的是后买进的股票,之所以没有采用是出于保护投资者的立场,因为按照这个方法赔得少甚至不赔,不太合理。司法解释既然说是整个时间段内买入的股票都纳入这个考量范围,就应该整体考虑,所以没有用先进先出法。

后来我们用加权平均法,一笔一笔算,现在持股多少,买进卖出一笔后持有多少,买进卖出一笔后持有多少,是类似企业计算仓库存货成本的算法,其实比较科学合理,会计上、实务上比较接受这样的做法。之前唯一问题是算不出来,现在有相应的软件系统和投资者保护机构的支持,就能够算、能够用,我们就用这个算法算,所以这是我们技术上的一个进步,让计算能够更加合理。

另外是损失差额计算法,移动加权平均比较少,现在去算多一点,移动加权是5%,这个方法得到大家公认。

另外算出损失差额以后,风险怎么扣除?刚才我们提到大智慧案,就是统一比例法,分两个因素,按15%、30%两个比例扣除。但这里我们采用同步指数对比法。

先算损失,然后是扣除比例。同步指数对比法是首先算指数,排除市场系统风险的时候到底选哪些指数作为参照,有的用行业指数、大盘指数,我们都采用,这样能够更加客观一点,能够反映系统风险的扣除比例。后来有一个补充意见书,为什么有补充?是因为大家觉得有问题,问题在于算指数的时候取了实施日的点和揭露日的点,这个时候股价下跌多少,算出比例。后来觉得不对,每个投资者投资经历不一样,并不是每个投资者都从实施日投资,而且即便从实施日投资到揭露日,可能有的人投资重点在前、有的人投资重点在后面,不能一概而论。后来出了一个补充意见,算法相当复杂,就把这个考虑进去了。具体不多说了,总的意思是考虑每一个投资者的情况,把每一个投资时间和投资变化,对比投资当天股价指数的变化,到卖出日的卖出的量,对应到卖出日的指数变化和指数的量,然后一一匹配进行计算,把风险扣除,算出来。人工基本就没办法算,但理论是这样的。这是我们第一次跟投服中心合作并开发相应软件,这个软件还申请了专利。

《虚假陈述若干规定》里说"市场系统风险等其他因素",个股有其他因素要考虑,因为影响股价的不只是市场还有个股其他因素,如果到时候把个股因素放进来就是2.0版本。还有3.0的预想,把事件放进来,个股发生的重大合同签订、重大重组,把这些影响力扣除掉,这是3.0版本,就比较完善了。

方正科技案提出要扣除其他因素,列举了很多除了市场因素以外的其他因素,比如当时有重大亏损都会造成股价下跌。我们只能从原则上讲,第一很难算,第二也是保护投资者,而且各种影响股价的因素既有利空也有利多,不能只考虑利多不考虑利空。

3. 中毅达案

中毅达案是我们第一个采用量化计算模型处理的案件,这时候开始算损失、建模了。中毅达案中间有一个什么特殊情况?是几乎同一个时间有重组过程,先重组,股价大涨,大家蜂拥而入,后来重组失败,没有进行下去,股价大跌,给投资者造成重大损失。这时候投资者就进行索赔。

揭露日没有采用立案调查日,双方一致认为后面的报告修正了前面的报告,因为后面的报告把虚增利润补回去了,就以后面的报告能够反映前面报告虚假陈述视为揭露,没有以立案调查日作为揭露日。我们也考虑年报有相当的警示作用,而且年报一发以后股价大跌,市场有反应。考虑这个因素,就把年报披露日作为揭露日。

关于市场系统风险,中毅达公司提出的抗辩,第一个是受到市场系统风险因素的影响,二是部分损失由中毅达公司经营者风险导致,虚假陈述不会导致股价在短期内如此明显的上涨。怎么算?我们就找了交大高金学院(上海交大高级金融学院)的专家帮我们算,首先确定到底有哪些考量因素,第一个是市场因素,市场因素包括两块:一个是大盘走势,二是个股风格,具备这种特征的个股在大盘之上应该是怎么走的。

第二个是重大重组怎么去算。第三个是其他因素要不要考量,我们觉得不是什么因素都要考量,如果这个因素对于股价的变化要考虑性质、确定性、信息对于股价影响程度以及对于信息的影响力能否进行精确评估的可能性,所以这里说的其他因素没有每个都去考虑。

其次是个股风格因素。个股因素要基于通行、可靠的金融模型,要有相应印证,至少是国际市场上通行的。

重大事件因素为什么纳入重组? 一是重大重组是法律所列举的、需要披露的事由,并且中毅达公司提交了很多证据,证明重大重组信息的发布导致股份发生了很大波动。

其他因素,很多因素在模型当中和个股风格因素当中有所体现,所以不需要重复计算。然后这些信息并不完全是利空的,也有一些利多的信息,这是我们计算市场系统风险时需要考虑的因素。

算法是采用收益率曲线同步对比法计算原告投资者因虚假陈述导致的投资差额损失。是计算名义损益比例,计算模拟损益比例,再把名义比例和模拟比例进行比较,算出差额。怎么算模拟比例是最重要的,模拟比例里考虑了个股风格因素和重组因素。个股风格因素有九大因素,比如规模、价值、beta、盈利、杠杆、成长、动量、波动、流动性等,还有用行业因素暴露矩阵和风格因素矩阵进行线性回归。

统一比例法是酌定的,简单,但受到质疑,反映不了每个投资者的情况。个性化同比指数对比法,能够考虑每个投资者情况,但考虑因素比较少。多因子模型法更加精确但难以为目前一般人理解和验算。一般人看不懂算法,算错也不知道,数据录入也看不出来,因为无法验算,这是个问题。

精细化是一个趋势,为什么? 或者跟前一段时间上市公司承担的责任过重有担忧有关,上市公司负担已经这么重了,如果都让它去承担,不多扣一点就觉得不是很合适。所以这个前提之下要把各种各样的因素算出来,越来越精细化。但我觉得过于精细化未必好。一是理论上终归不周延,二是这个虚假陈述本来就是推定,这些损失跟这个行为到底有什么关系根本说不清,既然是这样不必要那么精确,计算的精细化也有一定限制和条件。

四、诉讼模式

(一)模式演变

证券欺诈纠纷有一个逐渐放开的过程,一开始不受理——2001 年,受立法和司法条件的局限,尚不具备受理及审理这类案件的条件。2002 年开了一个口子,对虚假陈述民事赔偿案件法院应当采取单独或者共同诉讼的形式予以受理,不宜以集团诉讼的形式受理。2003年《虚假陈述若干规定》里规定法院可以通过各种形式受理,包括单独诉讼、共同诉讼、合并诉讼、代表人诉讼。

(二)诉讼模式弊端

现在单独诉讼仍然是主要模式,不是共同诉讼、合并诉讼、代表人诉讼,只不过进行合并审理而已,合并审理的案件中大部分是同一个律师代理的,就放在一起审,这是普通案件的合并审理,根本就不是共同诉讼——既不是普通的共同诉讼,也不是必要的共同诉讼。这个确实不符合诉讼经济的要求,各地法院卷宗堆积如山,大部分是开一样的庭,再简单的案子也要走一遍,非常麻烦。

彭冰:法院有需求,为什么不合并进行一个共同诉讼呢?共同诉讼为什么要限制在十个人,不进行一百人或者一千个人的共同诉讼?

许晓骁:共同诉讼有一些麻烦,虚假陈述跟环境污染、消费者权益侵害纠纷有区别,虚假陈述纠纷中原告之间的利益不一样,原告之间的主张和诉求也不一样。最典型的是关于揭露日,揭露日一确定,有的原告就被剔除出去,有的原告就被纳进来,所以中间有的人想和解,有的人想诉讼,他们是不同的群体,缺乏共同诉讼的(利益共同)因素。而且自从《民事诉讼法》修订了以后,有几个共同诉讼无论在哪里都没有资格,因为共同诉讼要求明示加入。只要明示加入就很难,上海有位教授专门作了相应研究,不光是在证券领域,在民事诉讼的其他领域共同诉讼不能实现,面临很多动力上的问题、效率的问题、难以一致行动的问题,还有这么多人怎么组织、怎么去表达意见,人越多协调的成本就越高,所以没怎么用。

(三)诉讼模式的创新

1. 示范判决机制与代表人诉讼

一个是诉讼方式上有示范判决,示范案件怎么样选择和审理,然后示范案件审理以后具有什么样的效力,如果不遵守示范判决有什么约束机制。平行案件当中怎么样和调解组织合作,示范判决很好用,可以参照判决委托调解、委托计算、委托执行,效果比较好。

修订以后的《证券法》代表人诉讼,有普通代表人诉讼,有特别代表人诉讼,特别是特别代表人诉讼,我们在实践。首例普通代表人诉讼是上海金融法院受理的飞乐音响案,首例特殊代表人诉讼是广东的康美药业案。到底怎么设计,代表人怎么通过在线平台去选,等等,有很多创新。在集中管辖强化上会作一些规定。

2. 专业支持

第一个方面是支持诉讼，投资者保护机构支持诉讼，法律规定可以支持诉讼但没说怎么支持诉讼，诉讼地位非常尴尬。以什么形式出现，法院尝试将投资者保护机构作为代理人，因为不是代理人根本无法参与庭审。此外，可以让投资者保护机构为投资者推荐专家，投资者不认识专家，只有被告有专家，原告没有专家，后续会产生问题，不能只听一面之词，所以支持诉讼也在扩展。投服中心作为受托代理人也存在一些疑问，因为投服中心同时也是一个调解组织，调解要中立，不能既代理一方当事人又做调解。后来投服中心作了分拆，区分了调解机构和投资者保护机构。

第二个方面是专业鉴定，这个很重要，投资者损失怎么来确定，我们先后跟投服中心、交大高金学院合作。说鉴定也不准确，其实民事诉讼法上很难找到这样的证据类型，而且他们也没有鉴定的资质，也没有鉴定的事项，但这个确实很重要，可能是实际操作上的一种突破。但这里也要解决一些问题，比如专业鉴定的资质问题，从来没有一个国家认可的机构可以对这个问题发表专业的意见，怎么办？法院只能去找相对来说市场公认的权威机构，但很难。

彭冰：为什么不走鉴定而是双方各自去找专家出庭？现在法院请交大高金，原告肯定不满意。

许晓骁：肯定是当事人申请，经过法院同意之后来委托。

彭冰：双方都请支持自己的人，法院居中裁判，比如一边请了投服中心，一边请高金。

许晓骁：这个还是发展初期，目前还是法院参与得比较多。以后还是由当事人来做，这个有一个发展过程。这里面包括资质的问题及相关程序问题，另外还有费用问题，到底谁去支付。鉴定的真实费用比较高，投资者负担比较高。上市公司一般可以负担，现在代表人诉讼里面，各种费用都可以让对方承担。投资者保护机构提出来能不能有报酬，但除了费用以外，报酬很难列进去，一开始是做公益。

专家辅助是当事人自己找专家为一方当事人发表意见，根据诉讼法规则，专家辅助人可以提出意见、发问、接受询问、询问鉴定人，询问对方专家。但还是缺乏具体规则，我们最近在做专家辅助人这件事情，研究开庭的时候位置到底该怎么摆，他的定位真的是完全依附于一方当事人吗？是不是还有一定的专业性和独立性？专门放一个位置？是不是整个都参与庭审？大家都参考的是证人规则，证人不能参与整个庭审，只参与事实调查的环节，事实调查完就结束了，退庭。但是专家辅助人要发问、接受询问，那么怎么相互对质？是不是要参与整个庭审？

3. 全流程信息化

第三个方面是全流程信息化,这是一个方向,以后虚假陈述诉讼就不用那么麻烦费时,全流程信息化挺好,这类案件也适合信息化。首先还是要有一个原告范围的认定,把虚假陈述的实施日、揭露日、计算方法定了,原告就自动从中登公司调证据,通过证券交易系统发通知。代表人推选也用证券交易系统来推选。执行发放也是,直接走公司账户,瞬间就解决了。如果真的可以,那么效率就有很大提高。

4. 多元纠纷化解

第四个方面是多元纠纷化解,在证券期货领域应用比较多,和民事的多元化解相比有什么优势?优势在于有监管部门,监管部门有下属专门的调解机构,跟它们进行一些合作,很多纠纷并不需要到法院,金融纠纷适用诉调对接、多元纠纷化解有很大空间。尤其是在人财物方面需要进一步加强。

五、问答环节

(一)酌定比例问题

同学: 许法官您好,您刚才说中毅达案中,您比较支持虚假陈述赔偿范围酌减,考虑以酌定作为标准。我想问一下,上海法院对于酌定比例有没有参考?

许晓骁: 酌定比例一般来说有两种方法,一种是大体看指数变化,就是从实施日到揭露日指数下降多少,个股价格下降多少。如果指数下降幅度是个股下降的一半,那么差不多酌定50%就可以。第二种是稍微扣一点,差不多扣5%、10%就行了,绝大部分还是要他赔的。还要考虑里面有没有重大事件发生,要确确实实有重大的市场系统风险发生。如果这中间市场大体是平稳的,那就不要扣了。原告要举证证明存在重大事件,如果没有这些重大事件,市场只是正常波动,我们认为没有什么因素要扣除。我个人觉得如果市场平稳确实不需要扣除,只有一些异常波动、异常因素介入才去扣。扣的比例两种都可以,参照指数下跌比例大致上酌定一个范围也可以,但要有底线,不能扣到一点都没有。但是按照现在的算法很可能扣到一点都没有。个股下跌比大盘少,这很正常,这样就一分都不赔,对此我有异议。

(二)虚假陈述的赔偿主体

同学: 我最近看了一些关于赔偿人的数据,发现近几年来公司因为虚假陈述被诉讼或被提起仲裁,实际赔偿的人是上市公司,按理说作出虚假陈述行为的应该是大股东和高管,不应该是上市公司,结果上市公司成为赔偿主体。实务中您观察到被告主体的变化了吗?

许晓骁: 回答这一问题需要进行相应的统计。我在审判实践中很少遇到实际控制人、控股股东承担责任的案件。另外,虚假陈述案件中没有处罚大股东、高管之外的其他人,可能是对这些人没有直接的处罚。处罚上市公司而非实际控制人,我想原因在于实际控制人很难找到。实际控制人一般是个人,他的资金实力如何也不好判定。律师会认为,上市公司有能力承担责任,就没有必要找实际控制人。只有在上市公司没有能力承担赔偿责任的情况下,才会找控股股东或者中介机构承担责任。另外,按旧的《证券法》,实际控制人和股东承担过错责任,实践中很难证明他们的过错。如果上市公司已经被掏空,中介机构也没有承担责任的能力,那么投资者可能会把上市公司的实际控制人作为被告,但是这种情况在现实中比较少见。

同学: 如果把上市公司作为主要的赔偿主体,相当于现在的股东去承担之前虚假陈述行为的责任,行为大部分是都是控股股东和实际控制人来决定的,为什么要现在的股东为过去控股股东、实际控制人承担这一笔罚金?

许晓骁: 这有追偿机制,上市公司先承担责任,实际控制人、"董""监""高"、直接责任人违背信义义务的,可以向他们追偿直接损失。

同学: 实际这些有损失的股民是上市公司的股东,又是受害者,如果处罚了上市公司,赔偿部分本身有原告这些小股民股份在里面,这确实是一个问题。

许晓骁: 据我向一些市场机构了解,现在确实有这样的问题,但说现在的股东承担原来的责任是一个误解,不能把公司和股东完全混合在一起。上市公司在法律里面还是一个法人,对于过去作出的行为肯定要承担相应的责任,而且《证券法》的逻辑跟《公司法》逻辑有一些区分。《证券法》上散户、投资者跟上市公司之间有赔偿的关系,如果放在《公司法》里面根本就没有。对控股股东和实际控制人要去追偿,要让他们承担责任,如果承担不了上市公司也不会去追偿,肯定要借助《公司法》的制度开始诉讼,或者一些代表诉讼去追偿。另外,遏制这些行为仅仅靠民事诉讼是不够的,而且民事诉讼作用有限,终归会发生这样的问题——有很多"董""监""高"会买份保险,让保险公司承担责任,而且保险费是公司出钱买的。刑事打击很重要,《证券法》中很多违法犯罪行为构成犯罪,但都没有被科以刑事处罚,我觉得这方面要加强。

六、相关案件裁判原文

方正科技集团股份有限公司与卢某某等证券虚假陈述责任纠纷

上海市高级人民法院
民事判决书

（2019）沪民终263号

上诉人（一审被告）：方正科技集团股份有限公司。
法定代表人：刘某，董事长。
委托诉讼代理人：张某某，北京市中伦律师事务所律师。
委托诉讼代理人：朱某某，北京市中伦律师事务所律师。
被上诉人（一审原告）：卢某某
被上诉人（一审原告）：杨某某
被上诉人（一审原告）：蔡某某
被上诉人（一审原告）：潘某某
以上四被上诉人委托诉讼代理人：吴某某，上海市东方剑桥律师事务所律师。

上诉人方正科技集团股份有限公司（以下简称"方正科技公司"）因与被上诉人卢某某、杨某某、蔡某某、潘某某证券虚假陈述责任纠纷一案，不服上海金融法院（2018）沪74民初330号民事判决，向本院提出上诉。本院于2019年5月24日立案后，依法组成合议庭，公开开庭进行了审理。上诉人方正科技公司委托诉讼代理人朱某某、四被上诉人委托诉讼代理人吴某某到庭参加诉讼。本案现已审理终结。

方正科技公司上诉请求：撤销上海金融法院（2018）沪74民初330号民事判决，改判驳回四被上诉人的全部诉讼请求。本案一审、二审的全部诉讼费用应由四被上诉人承担。事实和理由：1.四被上诉人买入方正科技股票与方正科技公司的虚假陈述行为之间不存在交易上的因果关系。本案的虚假陈述行为是未披露关联交易，实施日早在2005年3月19日，此后持续了长达十年，关联交易的金额占比呈逐年下降趋势。在这十年的时间里，四被上诉人从未买入过方正科技股票，直至2015年4月到7月才开始买入。方正科技公司在一审中已经提交了大量、充分的证据予以证明。因此，四被上诉人的投资决策已经"有高度可能性"是受2015年上半年A股"大牛市"和方正科技公司发布的利好公告的影响，而与案涉虚假陈述行为之间没有交易因果关系。2.一审判决采用"第一笔有效买入后的移动加权平均法"（以投资者在揭露日前最后一次证券余额为零后的第一笔买入作为第一笔有效买入)作为买入均价的计算方法,不符合《最高人民法院关于审理证券市场因虚假陈述引发的民事赔偿案件的若干规定》(以下简称《虚假陈述司法解释》)的规定。投资者在虚假陈述揭露日前已经卖出的证券,并未受到虚假陈述被揭露的影响,由此造成的投资损失与虚假陈述行为之间不具有损失因果关系。因此,在揭露日前已经卖出的证券,不仅其卖出的损失或盈利不应计入买入均价,其实际买入成本也不应计入买入均价。本案买入均价的计算方法应采用"先进先出加权平均法",即将投资者在实施日至揭露日期间依先后顺序卖出的股票抵消了投资者在该期间依先后顺序买入的股票,确定了可索赔股数的范围后,再以可索赔股数的实际买入价加权平均计算买入均价。3.一审判决已经明确认定本案确实存在证券市场系统风险这一客观事实。在这一前提下,证券市场系统风险必然会对个股产生影响。如果一概采用"同步指数对比法"计算系统风险对投资者损失的影响比例,将导致有些案件出现投资者损失"未受系统风险影响"的情形(例如本案投资者潘某某)。因此,即使采用"同步指数对比法",也应合理确定证券市场系统风险的最低扣除比例,具体可根据揭露日与基准日之间上证指数、申万一级行业指数、申万三级行业指数的平均跌幅与方正科技股价平均跌幅的比例,确定最低扣除比例为41.87%。4.一审判决关于影响股价的非证券市场系统风险的其他因素(以下简称"非系统风险")认定不当。上诉人已经举证证明揭露日到基准日期间方正科技公司存在业绩下滑、销售状况不利、库存大量增加、债务压顶、发债受挫等非系统风险。一审庭审中,中证中小投资者服务中心的损失核定人并未否定本案存在非系统风险,只是表示由于相关期间股市存在异常波动,故无法进行计算。一审法院以无法定量计算为由直接认定本案不存在非系统风险,存在明显错误。

被上诉人卢某某、杨某某、蔡某某、潘某某辩称,一审判决结果有效维护了中小投资者的权益,上诉人的上诉理由不能成立。1.关于交易因果关系的问题,根据《虚假陈述司法解释》,只要投资者在实施日到揭露日期间买入方正科技股票,并持有至揭露日,都推定与虚假陈述行为之间存在交易因果关系。本案投资者的交易行为均符合司法解释的上述规定。2.关于投资者的投资差额损失计算,目前各种损失计算方法各有优劣,且对投资者维权的影响巨大。被上诉人主张采用的"实际成本法"反映了投资者的实际损失且简便易行,而一审法院采用的"移动加权平均法"也有其合理性,但法院对各种计算方法应予以统一。3.关于证券市场系统风险的问题,我国目前没有一个机构可以鉴定系统风险是否存在及其影响比例是多少。被上诉人认为本案中不存在证券市场系统风险,但同时也认可一审法院采用的证券市场系统风险扣除方法还是相对公允的。4.关于非系统风险因素的问题,在证券市场系统风险尚未界定明确的情况下,非系统风险更难以确定。上诉人也未说明非系统风险是什么,更没有相关法律依据和事实依据,本案中对非系统风险不应予以考虑。

二审中,当事人没有提交新证据。双方对一审认定的事实没有异议,本院予以确认。

被上诉人卢某某向一审法院提出诉讼请求:1. 请求判令方正科技公司向其赔偿人民币12,986元(以下币种均为人民币),其中包含印花税、佣金和利息损失。2. 请求判令诉讼费用由方正科技公司承担。

被上诉人杨某某向一审法院提出诉讼请求:1. 请求判令方正科技公司向其赔偿23,990元,其中包含印花税、佣金和利息损失。2. 请求判令诉讼费用由方正科技公司承担。

被上诉人蔡某某向一审法院提出诉讼请求:1. 请求判令方正科技公司向其赔偿83,667元,其中包含印花税、佣金和利息损失。2. 请求判令诉讼费用由方正科技公司承担。

被上诉人潘某某向一审法院提出诉讼请求:1. 请求判令方正科技公司向其赔偿297,072元,其中包含印花税、佣金和利息损失。2. 请求判令诉讼费用由方正科技公司承担。

一审法院认定以下事实:

1. 方正科技公司系在上海证券交易所上市的公司,其公开发行的股票代码为600601。

2. 2017年5月5日,中国证监会[2017]43号《行政处罚决定书》对方正科技公司、方正集团、武汉国兴及其他相关责任人作出行政处罚,认为方正科技公司等具有信息披露违法行为。《行政处罚决定书》认定的违法事实有:(1)方正科技公司未按照规定披露关联交易。方正科技公司共有28家经销商。方正科技公司通过全资子公司深圳方正信息系统有限公司、上海新延中文化传播有限公司持有其中23家方正科技公司经销商股权。方正科技公司于2003年将前述股权全部转让。1998年5月,方正集团为方正科技公司股东。2012年7月经变更,方正集团为方正科技公司实际控制人。2003年起,方正集团在人事任免、员工薪酬、资金审批、日常经营管理方面实际控制方正科技公司的经销商。根据《企业会计准则》,方正科技公司与上述经销商因受方正集团控制而存在关联关系。2004年至2015年6月30日,方正科技公司及并表子公司同各经销商之间发生关联交易金额分别为43亿余元、53亿余元、51亿余元、53亿余元、40亿余元、43亿余元、43亿余元、31亿余元、24亿余元、22亿余元、17亿余元、6亿余元,占上一年度经审计净资产比例分别为295%、325%、288%、294%、150%、153%、150%、76%、58%、51%、41%、17%。方正科技公司在各期年报及2015年半年报中未依法披露与经销商的重大关联交易事项。(2)方正集团、武汉国兴未披露持有方正科技股票事项。武汉国兴受方正集团控制并于2010年5月4日至2014年10月21日购入方正科技股票,成为方正科技公司股东,与方正集团互为一致行动人。方正集团未将其与武汉国兴的一致行动人关系告知方正科技公司,导致方正科技公司2010年至2013年年报披露存在重大遗漏。

3. 2005年3月19日,方正科技公司发布《2004年年度报告》。2015年11月20日,方正科技公司发布《关于收到中国证监会立案调查通知书的公告》,公告称:"方正科技集团股份有限公司于2015年11月19日收到中国证券监督管理委员会《调查通知书》。因公司涉嫌信息披露违法违规,根据《中华人民共和国证券法》的有关规定,中国证监会决定对公司立案调查。"据此,双方当事人确认,如果认定方正科技公司构成证券侵权、需要承担民事责任,本案虚假陈述实施日为2005年3月19日,揭露日为2015年11月20日,进一步根据《虚假陈述司法解释》计算出的基准日为2016年1月5日,基准价格为6.42元。

4. 四被上诉人均在2005年3月19日至2015年11月20日期间买入方正科技股票,部分持有至2016年1月5日以后。相关交易记录以一审法院向中国证券登记结算公司调取的为准。

本案系一审法院在投资者诉方正科技公司证券虚假陈述责任纠纷系列案件中选定的示范案件。一审期间,经双方当事人共同申请,法院委托中证中小投资者服务中心对本案投资者的投资差额损失、是否存在证券市场系统风险及相应的扣除比例进行核定。中证中小投资者服务中心于2019年2月14日出具《损失核定意见书》[20190001号]、于2019年4月19日出具《损失核定补充意见书》,就上述问题出具了专业意见。

在投资差额损失核定中,《损失核定意见书》以两种方法计算投资者买入均价:一是实际成本法,自"第一笔有效买入"开始,买入股票的总成本减去其在此期间卖出该股票收回的资金,除以买入股数与卖出股数之差,计算股票买入均价。实际成本法的具体公式为:买入均价=(买入股票总成本-卖出股票总金额)÷(买入股数-卖出股数)。以实际成本法计算的损失结果是:1.潘某某买入均价为8.53元,投资差额损失为312,364元。2.杨某某买入均价为12.71元,投资差额损失23,902元。3.卢某某买入均价为12.58元,投资差额损失12,936元。4.蔡某某买入均价为8.08元,投资差额损失83,000元。二是"移动加权平均法",自"第一笔有效买入"开始,每次买入股票后,以新买入的股票成本加上前次的持仓成本,除以本次买入的股票数量加上前次的持仓数,以该方法,每次新买入股票的交易影响并形成新的买入成本,每次卖出股票的交易只影响并减少持股数量,对持股的成本单价不产生影响,揭露日的持股成本客观上不受揭露日前卖出股票的影响。具体计算公式为:本次买入平均价=(原有库存证券成本+本次购进价格×本次购进数量)÷(原有库存证券数量+本次购进数量)。以移动加权平均法计算的损失结果是:1.潘某某买入均价为7.69元,投资差额损失184,348元。2.杨某某买入均价为12.71元,投资差额损失23,902元。3.卢某某买入均价为12.58元,投资差额损失12,936元。4.蔡某某买入均价为8.08元,投资差额损失83,000元。《损失核定意见书》推荐在计算投资差额损失时采用移动加权平均法计算买入均价。

在证券市场系统风险比例核定中,《补充损失核定意见书》中采用"同步指数对比法",即从投资者第一笔有效买入日起,假设投资者买卖方正科技股票时,同时买入卖出相同数量的指数,每一笔交易都同步对应指数的买入卖出,指数的价格取交易当日的收盘指数。揭露日后卖出或持有股票的,假设也同步卖出或持有相应的指数。将每个投资者持股期间的个股跌幅与参考指数(上证综合指数、申万一级行业指数和申万三级行业指数)的平均跌幅进行对比,用相对比例法扣除系统风险的影响。具体计算方法为,个股跌幅=(个股买入均价-个股卖出均价或个股基准价)÷个股买入均价;指数跌幅=(买入期间的指数均值-卖出期间的指数均值或揭露日到基准日期间的指数均值)÷买入期间的指数均值;指数平均跌幅=(上证综合指数跌幅+申万一级指数跌幅+申万三级指数跌幅)÷3;证券市场系统风险扣除比例=指数平均跌幅÷个股跌幅。据此,《损失核定补充意见书》认定:1.潘某某的系统风险扣除比例应为零。2.卢某某的系统风险扣除比例应为53.58%。3.杨某某的系统风险扣除比例应为48.35%。4.蔡某某的系统风险扣除比例应为22.93%。

《损失核定补充意见书》最终核定的投资者赔偿金额为:1.潘某某投资差额损失184,348元,投资差额损失与印花税、佣金、利息损失合计应获赔偿金额184,968.2元。2.卢某某投资差额损失6,004.89元,投资差额损失与印花税、佣金、利息损失合计应赔偿金额6,024.45元。3.杨某某投资差额损失12,345.38元,投资差额损失与印花税、佣金、利息损失合计应获赔偿金额12,389.41元。4.蔡某某投资差额损失63,968.1元,投资差额损失与印花税、佣金、利息损失合计应获赔偿金额64,154.44元。

一审法院认为,《行政处罚决定书》中认定的信息披露违规行为有两项,但本案投资者明确仅针对其中方正科技公司未披露关联交易的行为提起民事赔偿。一审中双方当事人的争议焦点为:1.方正科技公司信息披露违规行为是否构成证券虚假陈述侵权行为,是否足以影响投资者的投资决策或市场交易价格。2.若认定方正科技公司构成证券侵权行为,该虚假陈述行为与本案投资者买入方正科技股票是否存在交易上的因果关系。3.若认定方正科技公司构成证券侵权行为,投资者的损失是否系由方正科技公司的虚假陈述行为造成,损失或部分损失是否系由证券市场系统风险等其他因素所导致。4.若方正科技公司应对证券侵权行为承担民事责任,应当如何确定投资者损失的赔偿金额。

关于上述第一个争议焦点，一审法院认为，案涉《行政处罚决定书》认定方正科技公司存在各期年报未披露关联交易的行为，符合《虚假陈述司法解释》对证券虚假陈述行为的界定。从未披露的关联交易的规模上看，方正科技公司与其经销商之间长期存在关联交易，交易金额总额高达四百多亿元。从未披露的内容上看，方正科技公司未依法披露的是与经销商之间购销商品的交易，该类交易是方正科技公司的主营业务。从会计程序上看，上市公司与关联方之间的交易，如果没有确凿证据表明交易价格是公允的，对于显失公允的交易价格部分，一律不得确认为当期利润，应当作为资本公积处理。另外，方正科技公司亦无证据证明其主观上不知晓控股股东与经销商之间的关联关系。据此，一审法院认定方正科技公司的信息披露违规行为具有"重大性"，构成证券虚假陈述侵权行为。

关于上述第二个争议焦点，一审法院认为，由于方正科技公司未披露关联交易的行为从2004年到2015年一直持续，可以推定在此期间本案投资者基于对方正科技公司各期年度报告的信赖，而买入方正科技股票。投资者买入系争股票可能出于多种原因，客观上无法区分本案投资者买入股票的具体动机是基于对虚假陈述的信赖，还是基于对市场行情或公司其他经营情况的综合考量。但无论如何，在此期间方正科技公司年度报告对其经营业绩的披露始终是影响投资者决策的重大因素。因此，本案中仍应适用《虚假陈述司法解释》确立的推定因果关系，认定在实施日到揭露日期间买入并一直持有方正科技股票的投资行为与虚假陈述行为之间存在交易因果关系。

关于上述第三个争议焦点，一审法院认为，本案中方正科技公司举证证明本案实施日到基准日期间A股市场出现整体的剧烈波动的情况，方正科技个股和大盘指数、行业指数、板块指数呈现同步下跌的走势。因此，投资者因受此影响所造成的损失部分，应认定与虚假陈述行为没有因果关系，具体的影响比例应根据专业分析核定扣除。至于方正科技公司所称投资者部分损失系因方正科技公司经营业绩下滑造成股价下跌所致，属于《虚假陈述司法解释》规定应予扣除的"其他因素"所致损失的情形。对此，一审法院认为，方正科技公司经营业绩的下滑对股价是否产生影响、影响程度如何，方正科技公司均未提出合理理由和相关证据予以证明，因此难以将方正科技公司业绩下滑的情况认定为造成投资者损失的"其他因素"。

关于上述第四个争议焦点，一审法院认为，本案投资者主张的"实际成本法"将投资者在实施日到基准日之间买进卖出个股的整体盈亏进行核算，其中扣除或叠加了投资者在揭露日前卖出股票的盈利或亏损，其计算结果与投资者操作水平密切相关，也容易受到股价走势的影响，难以客观反映投资者的实际持股成本，故不予采纳。方正科技公司主张的"先进先出法+普通加权平均法"以先进先出的方法将买进卖出股票做一一对应的假设，而先进先出法是会计上的一种假设，实践中还存在后进先出法等其他不同的假设方法,且该计算方法往往导致持股成本的计算更接近揭露日前的股价,无法客观反映投资者的投资成本。中证中小投资者服务中心出具的《损失核定意见书》中推荐的"第一笔有效买入后的移动加权平均法",符合《虚假陈述司法解释》第十九条的立法原意,对持股单价的计算更全面、客观,更能反映投资者真实的投资成本。据此,一审法院采用《损失核定意见书》中"第一笔有效买入后的移动加权平均法"作为投资者投资差额损失计算中买入均价的计算方法。

关于证券市场系统风险因素的扣除比例,一审法院认为,本案投资者主张的酌情统一扣除一定比例的方法,未考虑不同投资者实际交易时段的市场波动的具体情况,缺乏合理性,故不予采纳。方正科技公司提出分段扣除法,主张揭露日前投资者的损失均与方正科技公司的虚假陈述行为无关,人为地将投资者损失的形成进行分段考察,与《虚假陈述司法解释》的规定不符,亦不予采纳。《损失核定补充意见书》采用个股均价与同期指数均值进行同步对比的方法,针对每一个投资者的不同交易记录分别判断证券市场风险的影响,体现差异性,涵盖了投资者的整个持股区间,并将不同交易时点的股票交易数量纳入考量因素,从而更加客观、精准地反映出每个投资者在不同持股期间的市场风险因素影响程度。经过反复验证,"同步指数对比法"确定的市场风险比例的结果与投资者的真实损失情况更为接近。据此,一审法院采纳《损失核定补充意见书》中的"同步指数对比法"扣除证券市场系统风险比例。

综上,一审法院判决:1.方正科技公司应于本判决生效之日起十日内向卢某某支付赔偿款 6,024.45 元;2. 方正科技公司应于本判决生效之日起十日内向杨某某支付赔偿款 12,389.41 元;3.方正科技公司应于本判决生效之日起十日内向蔡某某支付赔偿款 64,154.44 元;4. 方正科技公司应于本判决生效之日起十日内向潘某某支付赔偿款 184,968.2 元。一审法院按每位投资者对案件受理费承担数额单独计算如下:卢某某涉及受理费 124.65 元,由卢某某负担 66.82 元,由方正科技公司负担 57.83 元;杨某某涉及受理费 399.75 元,由杨某某负担 193.3 元,由方正科技公司负担 206.45 元;蔡某某涉及受理费 1,891.68 元,由蔡某某负担 441.18 元,由方正科技公司负担 1,450.50 元;潘某某涉及受理费 5,756.08 元,由潘某某负担 2,172.13 元,由方正科技公司负担 3,583.95 元。

二审庭审中,本院通知中证中小投资者服务中心指派损失核定人员唐某某、傅某某出庭。损失核定人员就《损失核定意见书》及《损失核定补充意见书》的计算方法、原理和逻辑进行详细说明,并接受上诉人、被上诉人及法庭的询问。

本院认为,本案在二审阶段存在四个争议焦点:1. 四被上诉人买入方正科技股票的行为与方正科技公司的虚假陈述行为之间是否具有交易上的因果关系。2. 四被上诉人的投资差额损失计算中,应以何种方法确定系争股票的买入均价。3. 本案中,证券市场系统风险因素应如何计算。4. 本案损失计算中,是否需要扣除证券市场系统风险以外的其他因素。

一、关于本案投资者买入方正科技股票的行为与方正科技公司的虚假陈述行为之间是否具有交易上的因果关系

本案投资者买入方正科技股票的行为与方正科技公司的虚假陈述行为之间是否存在交易上的因果关系,即投资者是否系受到虚假陈述的影响而买入方正科技股票。对此,方正科技公司认为,被上诉人是在实施日十年后的2015年4月到7月才开始买入股票的,有"高度可能性"是受到2015年年中"大牛市"及方正科技公司一系列利好消息的影响,而非受到十年前虚假陈述行为的影响。一审判决以"客观上无法区分本案投资者买入股票的具体动机"为由未采纳方正科技公司的抗辩理由,超出了民事诉讼"高度盖然性"的证明标准。被上诉人认为,根据《虚假陈述司法解释》,只要投资者在实施日到揭露日期间买入方正科技股票,并持有至揭露日,都推定与虚假陈述行为之间存在交易上的因果关系。

本院认为:1.根据《虚假陈述司法解释》第十八条规定,应推定投资人在虚假陈述实施日及以后,至揭露日或者更正日之前买入与虚假陈述直接关联的证券的行为均受到了虚假陈述的诱导。本案四被上诉人买入方正科技股票的时间均在《虚假陈述司法解释》确定的范围之内,应推定买入行为与虚假陈述之间存在交易上的因果关系。2.就上诉人所称本案虚假陈述实施日与证券买入时间相隔甚远的问题,本院注意到,本案虚假陈述行为是方正科技公司在每年的年报中未披露关联交易,该虚假陈述行为从2004年一直持续到2015年,本案投资者买入方正科技股票的时间多在2015年期间,此时虚假陈述行为仍对方正科技股票交易价格发生影响。3.上诉人称四被上诉人买入系争证券可能受到多种因素影响,对此本院认为,证券市场中影响股票价格和投资者投资决策的因素众多,但只要投资者证券买入时间符合《虚假陈述司法解释》的法定要求,即可推定交易因果关系的成立,无须证实虚假陈述是投资者买入证券的唯一原因。

综上,本案投资者买入方正科技股票的行为与方正科技公司的虚假陈述行为之间具有交易上的因果关系,上诉人的此项上诉理由不能成立,本院不予采纳。

二、投资者的投资差额损失计算中,应以何种方法确定系争股票的买入均价

根据《虚假陈述司法解释》的规定,投资人在基准日及以前卖出证券的,其投资差额损失,以买入证券平均价格与实际卖出证券平均价格之差,乘以投资人所持证券数量计算得出。投资人在基准日之后卖出或者仍持有证券的,其投资差额损失,以买入证券平均价格与虚假陈述揭露日或者更正日起至基准日期间,每个交易日收盘价的平均价格之差,乘以投资人所持证券数量计算得出。本案中,上诉人与被上诉人关于投资差额损失计算的争议主要在于如何确定证券买入均价。

上诉人认为,一审判决采用"第一笔有效买入后的移动加权平均法"计算买入均价,会将揭露日前一部分已经卖出、只是当时并没有清仓的证券的实际交易价格计入买入成本,有违《虚假陈述司法解释》的规定。上诉人主张本案应采用"先进先出法+普通加权平均法"作为买入均价的计算方法,即将投资者在实施日至揭露日期间依先后顺序卖出的股票抵消投资者在该期间依先后顺序买入的股票,确定可索赔股数的范围后,再以可索赔股数的实际买入价加权计算买入均价。

四被上诉人认为,本案应采用实际成本法计算差额损失,具体方法是:投资差额损失=实施日到揭露日之间的买入总成本(每一笔实际买入金额之和)-实施日到基准日期间对应的卖出总金额(每一笔卖出金额之和),持有至基准日的股票,以基准价格卖出。四被上诉人认为该计算方法反映了投资者的实际损失,且计算方式简便易行。

关于证券买入均价的计算方法,本院作如下分析:1. 以本案投资者主张的"实际成本法"计算证券买入均价,计算过程不仅受到证券买入价格的影响,也受到证券卖出价格的影响,事实上将投资者从实施日到揭露日的投资收益或亏损情况纳入考虑范围。从计算结果看,应用"实际成本法"可能导致畸高或畸低的买入均价,即买入均价可能远高于该期间证券的最高价或低于该期间证券的最低价,对于投资者或上市公司而言均有失公平合理。2. 关于方正科技公司主张的"先进先出法+普通加权平均法",由于证券系种类物,无法将买入或卖出的证券进行特定化,故"先进先出"仅是一种会计上的假设。同时,从《虚假陈述司法解释》关于证券买入均价的规定来看,其考虑的应是从实施日到揭露日整个期间投资者的买入成本,而根据上诉人主张的计算方法,当投资者在此期间多次买卖该证券的情形下,将导致买入均价仅由接近揭露日的证券买入价格所决定,并不符合立法本意。特别是在该期间内股价出现大幅下降的情况时,此种计算方法往往导致投资者的投资差额损失很小,无法获得有效救济。3. 相对而言,"移动加权平均法"考虑了从实施日至揭露日整个期间内投资者每次买入证券的价格和数量,同时剔除了因卖出证券导致的盈亏问题,符合《虚假陈述司法解释》的规定精神,能够较为客观、公允地反映投资者持股成本,避免畸高畸低的计算结果,易于为市场各方接受。就计算便利性而言,"移动加权平均法"的计算方式相对复杂,但随着技术进步,通过第三方专业机构运用计算机软件分析交易数据并计算结果,已经能够解决"移动加权平均法"带来的计算量问题,并不会给投资者救济增加困难。

综上,本院认为,采用"移动加权平均法"计算证券买入均价符合相关法律规定,计算逻辑和计算结果均具有合理性,本院予以认可。就一审法院运用该方法计算所得投资差额损失的具体数额,各方均无异议,本院予以确认。

三、本案中证券市场系统风险应如何计算

关于证券市场系统风险,根据《虚假陈述司法解释》规定,虚假陈述行为人举证证明投资者的损失或者部分损失是由证券市场系统风险等其他因素所导致的,应当认定虚假陈述与损害结果之间不存在因果关系。

关于证券市场系统风险计算方法,四被上诉人认为,本案中不存在证券市场系统风险,如果必须要扣除,也应在10%的范围内统一酌情扣除。上诉人认为,本案《损失核定补充意见书》的计算方法导致部分案件出现投资者损失"未受系统风险影响"的不合理情况。例如,被上诉人潘某某持有部分方正科技股票至基准日,而基准日当天A股市场遭遇熔断,明确存在系统风险,但计算结果却显示其投资损失未受系统风险影响。同时,即使采用《损失核定补充意见书》的计算方法,也应当合理确定系统风险的最低比例。在本案揭露日至基准日期间,上证指数下跌9.11%,申万一级行业指数计算机下跌10.89%,申万三级行业指数计算机设备下跌11.65%,方正科技股价下跌25.20%,因此本案揭露日至基准日期间系统风险对投资者投资损失的影响比例应为$(9.11\% + 10.89\% + 11.65\%) \div 3 \div 25.20\% = 41.87\%$。据此,上诉人主张应以揭露日至基准日期间的系统风险影响比例41.87%作为本案系统风险的最低比例。

本院认为,证券市场系统风险扣除比例是合理确定虚假陈述民事赔偿责任范围的重要因素,而鉴于系统风险因素的复杂性和不确定性,难以绝对精确地予以测算,但可以通过比较各种计算方法的优劣,进而作出相对公平合理的选择。对此,本院作如下分析:1. 计算证券市场系统风险扣除比例,其目的在于将系统风险从股价变化的影响因素中加以剔除,而统一扣除比例的方法无法反映整体市场风险与单一股价变化的相对关系,故同时考察指数变化与股价变化的"同步指数对比法"更具合理性。2. 考虑到在同一证券虚假陈述行为引发的案件中,每个投资者的交易时间、交易量等均不相同,股价变动中包含的市场系统风险也不尽相同。如果采用统一的扣除比例,将无法真实反映不同投资者经历的市场系统风险,导致形式公平而实质不公平的结果。《损失核定补充意见书》采用的计算方法考察了从实施日到基准日的整个区间,客观反映了投资者经历的所有市场系统风险,且根据每一个投资者的交易记录进行具体测算,反映了不同投资者在交易时间和交易量上的差异,计算结果更符合公平原则。3. 关于参考指数的选择,《损失核定补充意见书》采用上证综指、申万一级行业指数和申万三级行业指数作为证券市场系统风险的参考指数,从不同维度反映了整体市场与个股价格变化的相对关系,在市场风险影响程度的判定上更为严谨。该指数选择也获得双方当事人的一致认同,本院予以认可。

对于上诉人主张的"同步指数对比法"导致部分投资者系统风险扣除比例为零,故应设置最低风险比例的观点,本院认为:1. 确定本案投资者应获赔偿的损失数额,包括投资差额损失核定与扣除证券市场系统风险比例两个阶段。在核定投资差额损失时,一审判决采用"移动加权平均法"计算投资者的证券买入均价,已经将投资者在实施日和揭露日之间因股价涨跌产生的投资亏损剔除在差额损失之外。例如,就投资者潘某某而言,尽管其市场系统风险扣除比例为零,但其按照"移动加权平均法"计算所得的股票买入均价相对于其他投资者明显偏低,导致每股的投资损失差额也相对较低。与投资者依据"实际成本法"提出的诉讼请求金额相比,一审判决对各投资者可获赔偿的损失数额均作了一定程度的扣除,其中卢某某扣除53.61%、杨某某扣除48.36%、蔡某某扣除23.32%、潘某某扣除37.74%,计算结果相对公平。2. 本案在计算投资差额损失与市场系统风险扣除比例时,均采用"移动加权平均法"测算股价变化及指数变化,其计算方法前后一致,具有逻辑上的统一性。上诉人提出的在"同步指数对比法"与"统一比例法"两者之间"就高扣除"的观点,欠缺逻辑上的一致性,并无事实依据和法律依据,本院不予采纳。3. 关于投资者潘某某的证券市场系统风险扣除比例为零的具体原因,从该投资者的交易过程来看,其持有的方正科技股票多数系在市场有关指数位于相对低点时买入。在买入证券后指数整体平稳或上扬的情形下,证券市场系统风险扣除比例为零系该计算方法所得出的自然结果。

综上,本院认为,《损失核定补充意见书》采用"同步指数对比法"计算证券市场系统风险扣除比例,相对公平合理、客观准确,方正科技公司针对证券市场系统风险扣除比例的上诉理由不能成立,本院不予采纳。

四、本案中是否需要扣除证券市场系统风险以外的其他因素

关于本案中是否需要扣除证券市场系统风险以外的其他因素的问题,上诉人称,投资者部分损失系因方正科技公司经营业绩下滑及债务问题造成股价下跌所致,属于《虚假陈述司法解释》规定应予扣除的"其他因素"所致损失的情形,不应以无法准确计算而不予扣除,应酌情认定本案非系统风险因素对投资者损失的影响比例,并予以剔除。被上诉人认为,目前有关法律对于非系统风险并无明确界定,上诉人所称的非系统风险因素亦缺乏事实依据,本案中不应予以考虑。

对此,本院认为,为因证券市场虚假陈述受到损失的投资者提供民事赔偿救济,其目的在于保护投资者合法权益,规范证券市场行为,维护资本市场的公平、公开、公正。因此,对于《虚假陈述司法解释》第十九条规定的"其他因素"的适用,应严格把握。此种处理原则亦符合我国长期以来的司法实践。同时,市场中影响股票价格的因素众多,既包括利空因素也包括利多因素,如果仅考虑利空因素对股价的影响而扣减投资者获赔比例,对于投资者而言亦不公平。本案中,上诉人所称方正科技公司经营业绩下滑及债务等问题,对方正科技公司股票价格产生何种影响并不明确,故一审法院未将其作为扣除赔偿比例的因素,并无不当,本院予以认可。

综上所述,方正科技公司因重大关联交易未披露的行为,构成证券虚假陈述侵权,应对受侵权的投资者承担相应民事赔偿责任。本案投资者在实施日到揭露日期间

买入股票并持有至揭露日,存在投资差额损失,与方正科技公司的虚假陈述行为之间具有交易上和损失上的因果关系,有权要求虚假陈述行为人方正科技公司予以赔偿。本案一审法院采用"移动加权平均法"计算投资者的证券买入均价并采用"同步指数对比法"计算市场系统风险扣除比例,均符合《虚假陈述司法解释》的规定,计算方法和计算结果相对公平合理,并无不当。上诉人的上诉请求均不能成立,应予驳回。一审判决认定事实清楚,适用法律正确,应予维持。依照《中华人民共和国民事诉讼法》第一百七十条第一款第一项规定,判决如下:

驳回上诉,维持原判。

二审案件受理费人民币8,172.16元,由上诉人方正科技集团股份有限公司负担。

本判决为终审判决。

保险

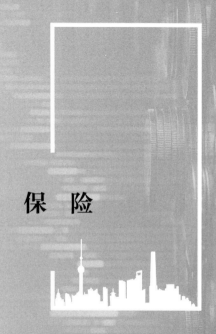

第十讲　保险合同的订立与条款送达相关问题

董　庶

2021 年 5 月 16 日

> **主讲人简介：**
>
> 董庶，硕士学位，上海市高级人民法院金融审判庭审判团队负责人，三级高级法官。长期从事商事审判和金融审判工作，审理了千余件商事、金融案件。审理了股民诉上海证券交易所的南航认沽权证纠纷案、投资者诉大智慧公司证券虚假陈述纠纷案、安信信托与昆山纯高等营业信托纠纷案、乍嘉苏高速公路公司与工商银行金融衍生品种交易纠纷案、光大证券乌龙指引起的系列内幕交易民事索赔案等多起新类型、疑难案件。曾参与撰写最高人民法院主编的《保险法司法解释(二)理解与适用》《保险法司法解释(三)理解与适用》等专业图书。在《保险法评论》《法律适用》等刊物上发表学术论文十余篇。参与起草了《证据百问》《保险代位求偿权法律适用问题解答》等执法意见和规范性文件十余件。

大家好！本讲第一部分先讲一个法院的案例。第二部分是格式合同的概述。为什么讲格式合同概述，因为保险是典型的格式合同，当然并非所有保险合同都是格式合同。是不是格式合同，对法律诉讼很有价值，格式合同与一般的合同相比有许多的特殊规则。第三部分再讲一下格式合同订立规则。

一、"钟点工"案

为什么要讲这个案子？因为格式合同有特殊的订立方式，格式条款有特殊送达方式，有一些特殊规则。

(一) 基本案情

2015 年家政公司把保姆周某某推荐给雇主王某。王某是职业律师,也是周某某涉诉后的委托诉讼代理人。《家政服务合同》约定,周某某每天到王某家做钟点工,固定 2 小时,工作内容是做饭。同时,王某作为投保人为周某某向史带保险公司投保一份"家政无忧保障(2013)普通计划",当天签发保单,期限一年,被保险人是周某某。

保险单载明:保险金额为 10 万元。承保家政人员在从事家政服务期间(包括上下班途中)的意外伤害事故,包括意外身故、残疾及烧伤(保险金额为 100,000 元)。保费 60 元。

2015 年 11 月 6 日 18 时,周某某前往雇主家时驾驶电动自行车行至浦星路鲁建路路口发生交通事故,导致骨折,公安部门出具交通事故认定书,认定周某某负全责。周某某至仁济医院南院进行住院手术治疗。2016 年 3 月 10 日,经闵行交警支队委托,上海申远医学科技有限公司司法鉴定所出具鉴定意见,依照《道路交通事故受伤人员伤残评定》,认定周某某因事故后遗症右下肢功能障碍,构成 10 级伤残。伤残等级有 1 级至 10 级。1 级是最重的,双下肢全截肢是 1 级,两眼全盲是 2 级。10 级伤残程度很轻。

伤残鉴定后,周某某向保险公司主张赔偿金,保险公司称,按照保险合同约定,应按比例赔付,1 级伤残保险赔偿金是 10 万元,赔偿费用随伤残程度减轻而降低,10 级伤残对应的赔付比例是 10%,因此保险公司按照合同约定应支付周某某 1 万元。意外险通常都是约定按伤残等级赔付。如果保险金额 100 万元,1 级伤残按 100% 赔付,即 100 万元;2 级伤残按 90% 赔付,即 90 万元;按比例往下扣;10 级伤残按 10% 赔付,即 1 万元。

案件看起来很简单,但是周某某和雇主王某表示反对。王某称,当时自己把 60 元保费交给了史带保险公司驻家政公司的业务员,但自己没有填写过保险单,也没见过保险条款,是业务员在电脑上进行的投保。发生事故后,王某凭周某某的身份证从网络上下载看到保险条款,才知道保险公司要按伤残等级赔付。王某说,他自己之前没看到过这个保险条款,因此保险条款对他没有约束力。他要求保险公司赔付 10 万元。

生活中,我们应该遇到过很多类似情形,去买长途汽车票或者有些景区的门票时,都会附带让你买份意外保险,可能根本没有给你看保险合同、保险条款。等你出了事,想去理赔,发现有一些限制性条款。这个案子也是这样,当事人说当时我付了 60 元,投保手续也不是我办的,但是没有看到条款。保险公司说按照约定 10 级伤残只能赔 10%,保险金额 10 万元只能赔 1 万元,比例赔付。投保人说当时没有看到这个条款,所以对我没有约束力。大家觉得是不是很有道理?

(二) 一、二审法院观点

本案的保险合同是一份利他合同,合同当事人是投保人雇主王某和保险公司,被保险人和投保人不是同一个人，被保险人周某某就不是保险合同的当事人，而是保险合同的利害关系人。

所以，一审判决首先确认保险合同的效力，判决书原文第一句话即"投保人王某与史带公司之间的保险合同真实有效，双方均应恪守"。判决书继续写道："根据家政服务合同和居住证明……法院确认涉案事故发生于家政服务下班途中，属于保险责任范围。关于意外医疗保险金1万元，史带公司不持异议，一审法院予以确认。"关于保险条款对周某某的效力，保险公司辩称，因为当时都是通过电脑投保，联网操作，自己没有办法证明这个条款送达周某某。法院认为："史带公司未能证明其向投保人交付保险条款，一审法院认定涉案保险条款对周某某不产生约束力。"关于应赔付比例，判决认为："周某某提供的保险单上已经载明了保险项目及保险金额，保险合同关系中，一般保险金额系指最高赔付限额，应当根据被保险人残疾之严重程度按照相应的比例支付意外伤残保险金。"任何一份财产保险都会有一个保险金额，我们称保险金额为法定最高赔偿金额，就是法律规定的最高额。"本案中周某某的残疾之严重程度，按照《道路交通事故受伤人员伤残评定》的标准构成10级伤残，故一审法院酌定史带公司按照10%的比例支付周某某意外伤残保险金10,000元。""酌情决定"是法院行使自由裁量的一个重要工具。法院通过这句话解释为什么只能够赔付1万元，不是10万元。

因不服一审判决，王某代理周某某向二审法院提起上诉。

周某某上诉的理由：没有收到的保险条款，故条款对自己没有约束力，保险公司应该赔付10万元。

二审法院审理后判决："保险金额是指保险人承担赔偿或者给付保险金责任的最高限额。涉讼保险单中约定的'保额'，即保险金额，应当为最高赔付金额，一审法院相关认定正确，本院予以确认。周某某认为应当在最高赔付限额内全额赔付的上诉意见，缺乏法律依据，本院不予采纳。虽然在未能证明保险条款已交付投保人或被保险人的情况下，保险条款对周某某无约束力，即不能直接适用比例赔付条款予以认定本案赔偿金额，但该认定并不导致周某某享有按照保险金额要求全额赔付的权利。根据周某某的残疾程度，一审法院酌定史带公司按照10%的比例支付周某某意外伤残保险金10,000元，并无不当。人身保险与财产保险分属不同性质的保险，不存在赔付时相比较的适用基础，周某某将系争人身保险合同与交强险等财产保险合同关系相比较，认为应当按照最高额赔付，显然认识有误。况且，交强险中存在的残疾赔偿金标准，有明确合同约定为据。周某某基于上述错误认识产生的上诉意见，本院不予采纳。"

二审判决的核心意思是，条款没有交付，所以对周某某没有约束。但也不支持她10万元的赔偿请求，法院认为赔10万元对史带公司不公平。

董庶：我问问大家觉得应该赔 1 万元还是赔 10 万元？

同学：周某某应该是全责，自己的过错导致自己受伤，我觉得保险公司支付她 1 万元是正当的。

董庶：跟大家解释一下，人身保险有一个比较特殊的地方。《保险法》规定，对于故意制造的保险事故，保险公司有权拒赔。如果是意外的话，被保险人不管有多大的过失，保险公司都要赔。人身保险保的是一种意外风险。这种意外风险极有可能是因为过失产生的。比如被保险人走路摔一跤，保险公司不能抗辩说对走路不小心产生的损害不予赔偿拒赔。大部分事故是由过失导致。保险公司不予赔偿的唯一法定事由，就是故意制造保险事故。当然有一些保险公司的合同约定重大过失导致的损失不赔，但是法定不赔的只有一种。所以在这个案件中只要不是故意的，人身意外保险还是要赔。

(三) 申请再审的理由

周某某向上海高院申诉再审，具体理由是：保险条款没有送达，属于无效条款，对其没有约束力。听证时，我问申请人的律师："按你的观点，按照目前这份保单，保姆的手在家里的煤气灶火苗上轻轻拂过，烫了一下，是不是也构成烫伤，烫伤了是不是保险公司也应赔 10 万元？"

同学：1 级伤残赔多少？

董庶：赔 10 万元。

同学：1 级伤残赔 10 万元的话，怎么区分 1 级跟 10 级，中间等级怎么评？

董庶：人身伤残等级，需要由法医、司法鉴定机构进行做伤残等级鉴定。

同学：我的意思是，按律师的观点，如果被保险人被鉴定为 1 级伤残的话，按保险条款应该赔多少？

董庶：10 万元。

同学：1 级伤残怎么可能和 10 级伤残是相同赔付金额？

董庶：申请人说这个条款没有送达给周某某，所以对周某某没有约束力。

同学：从常理上可以推断出，这两个一定有明显区别。

董庶：你的判断和二审法官的判断是一样的。一审法官也认为，即便没有把保险条款送达周某某，也不能赔付 10 万元。为什么？因为不公平。我们办案首先要有一种感觉，我把它称为"法感"。在这个案件中，只要周某某不是故意导致自己遭受人身伤害，史带保险公司就应支付保险赔偿金。双方争议点在于，保险公司在未送达保险条款的情形下应支付赔付金额是 1 万元还是 10 万元。法感告诉我们，在这个案件中按最高限额 10 万元支付保险赔偿金的话"天是要塌下来了"。按照原告和代理人的想法，不小心轻微烫了一下，或者走路崴了一下，是不是保险公司也要赔偿10万元？这样的话，保险公司是要破产的。在这种事件中，保险公司很难证明被保险人故意制造保险事故——保险公司不可能派人天天盯着被保险人。法官和这位同学的法感很准确，赔偿1万元肯定是正确的。但关键是要找到一个理由说服当事人。裁判要注重说理，判决是一个三段论的过程。当事人不服二审判决，提起再审申请，我们先要审查一下是否符合再审条件。如果符合的话，我们出一个民事裁定书。两种处理方法：指定下级人民法院再审，或由本院再审；如果认为它不符合法律规定的再审情形，法院裁定驳回再审申请。本案上海高院是怎么处理的？理由是什么？我现在先不揭晓答案。我们就带着这个问题，继续讲下去。如果在座的各位，你们要写案例，写案例也是一个思考的过程。你作为再审的法官，会怎么写这份裁决书？

同学： 我觉得这起案件中法院认定的赔偿金额是公正的，但是现实中很多投保人在投保的时候真的没有机会看到这类保险条款。我们在购买景区门票或者客运大巴车票时，景区或者客运公司会让游客或者乘客附带购买保险，但是游客或者乘客支付了保险费用却没有看到保险条款，保险公司在这其中可能隐藏了对自己不利的条款。本案中我觉得赔偿金额是公正的，但是是否也要考虑对保险公司的行为进行处罚？

董庶： 你已经考虑到了问题的两个方面，这也是格式合同必然带来的问题。我最后的答案未必正确，可能你内心的答案是正确的。你先保留你的想法，我已经理解你的意思了。我们先来说一下格式合同的概念。

二、格式合同概述

格式合同的概念在《合同法》时代就已经有定义了，《民法典》第496条、《合同法》第39条对格式合同的定义是一致的。格式合同是日常用语，在法律中称其为格式条款。格式条款是当事人为了重复使用而预先拟定，并在订立合同时未与对方协商的条款。判断是不是格式合同，一看是否"重复使用，预先拟定"，二看是否"未与对方磋商"。这两个要件哪一个是实质性的要件？审判实践中，我们会先判断涉案合同是不是属于格式合同。刚才这位同学内心觉得要惩罚保险公司，就是因为觉得保险合同是格式条款，格式条款就会产生缔约不公平。为什么不公平？因为缺少了磋商。但是格式合同是否能很容易识别出来？我们先来看看这个问题。

日常生活中，乘坐出租车、地铁、公交，看电影、话剧，到银行存款，都涉及格式合同。金融领域里办理信用卡、储蓄，日常生活中用水、电通常签订的都是格式合同。我们平时的吃、穿、用基本上都是和格式合同有关。诉讼中很多案件也涉及格式合同的问题。判断案涉合同是不是格式合同异常重要,但也有一定难度。由于格式合同的签订欠缺磋商机会,所以就会出现强势一方把不利于对方的条款塞入合同。这就会产生不公平。法律就要通过一些特殊制度去调整这种不公平。涉及格式合同的两个重要制度:一是订入控制,二是内容控制。

我们先说订入控制。订入控制是在合同的一般订立规则之上,添加了格式条款使用人的提示与说明义务。未尽提示或说明义务,它的法律后果,《合同法》上是"无效",《民法典》上是不成为合同内容。《合同法》《民法典》规定的说明义务,通俗来讲就是"如果对方要求的话,你先履行提示义务;如果提示了,对方没有要求你说明,那就算了,如果对方要求你说明,就说明一下"。《保险法》上的"明确说明"要求更高,要求保险人主动"说明",不论消费者是不是提出要求,保险人都要主动说明。

内容控制是从条款内容规范格式合同。《合同法》第40条规定:"格式条款具有本法第五十二条和第五十三条规定情形的,或者提供格式条款一方免除其责任、加重对方责任、排除对方主要权利的,该条款无效。"

我们结合一些案例来讨论这两个规则。

我们来看一个典型的格式合同。有些景区称游客进入之后生死在天,概不负责;坐过山车,乘坐人会被告知风险自负。上述条款是不是格式合同?属于内容控制还是内容订入规范的对象?上海乘公交车是2元,不论远近,坐1站是2元,10站也是2元。乘客是否可以到上海法院起诉?说运输企业没跟我磋商过,10站路收费2元,坐1站就不该收2元,应该退我1元8角。这个诉求合理不合理?各位同学肯定寄过快递。快递单上印刷"快递遗失概不赔偿"或者"快递遗失赔偿3倍运费"。这些条款格式合同有约束力吗?有的商店墙上贴着"本店商品概不退货",这个也很常见,这个条款有约束力吗?保险合同里面经常有"醉酒驾驶概不赔付"的条款,有效吗?我估计马上很多人法感就出来了,这个条款肯定有效。如果醉酒驾驶都有赔付,那大家都去喝酒,喝醉后开车,出事了反正有保险公司。这肯定不公平。为什么这些条款有的有效,有的无效?哪些说明了有效,哪些说明了也无效?

我们再想想我前面讲的两个规则。我下面只是简单说一下,因为这两个规则和我们今天的题目没有太大的关联,我只是提示一下格式合同的两个重要规则:订入规则和内容控制规则。订入规则是为了弥补双方当事人意思表示瑕疵。格式合同欠缺磋商过程,所以意思表示可能会有瑕疵。意思表示瑕疵就是意思表示的不自由、不清楚,胁迫也是瑕疵,重大误解也是瑕疵。内容控制规则是为了弥补缔约能力悬殊导致的实质不公平。内容控制规则在适用上有一些限制,只有合同出现实质不公平的时候才会介入。

我们来看一个比较典型的,大家都不太会注意的,2015年《关于适用〈中华人民共和国民事诉讼法〉的解释》第 31 条是典型的订入规则,这是《民事诉讼法》修订后出现的很有意思的条款:经营者使用格式条款与消费者订立管辖协议,未采取合理方式提请消费者注意,消费者主张管辖协议无效的,人民法院应予支持。

在淘宝购物发生纠纷,所有合同约定到哪里打官司? 杭州。你玩腾讯的软件、游戏,注册时协议都有协议管辖条款。跟腾讯公司打官司,去哪里起诉? 南山。这些都是约定管辖条款导致的。这些约定管辖条款是否有效? 根据最高人民法院的司法解释,只要这些条款没有向当事人提示、说明,就是无效的。

同学:这不应该是内容控制规则吗,管辖权都是由大公司确定的,比如腾讯公司跟客户提示之后,就得去南山去打官司。

董庶:司法解释规定,提示说明了就有效,所以属于订入规则。公司提示了就有不签的可能,意思表示瑕疵弥补了,条款就有效。不满意可以不签,你一定要签吗?

同学:但是在垄断情形下怎么可以不签?

董庶:的确没办法,独角兽企业的格式合同,可能没有办法不签。如果达到垄断地步,就不是《民法典》能规制的。内容控制必须要达到实质不公平,我们一般认为主管、管辖条款不属于内容上的实质不公平。每一个法院都是公正的,不能说当地法院是会包庇它的,所以并不必然会产生实质不公平。

再来看一个案件。某人用普通快递邮寄价值 10 万元的货物,快递费 10 元,货物未保价;快递单上印有"快递遗失赔付运费 5 倍",即 50 元。现在快递遗失,是赔付 50 元公平还是赔付 10 万元公平? 上述快递遗失赔付条款是否有效,涉及订立规则还是内容控制规则?

同学:订立。

董庶:这种叫限免责任条款。向客户说明了就有效,还是说明了也无效? 关于这个问题在全国法院是有争议的。

我不说答案,因为对此争议很大。碰到这类案件,法院裁判思路如下:第一判断这是不是格式合同。是格式合同的话就需要运用特殊规则。如果不是格式合同,则按一般规则处理。第二步,判断是否履行提示、说明义务,如果未履行,则不成为合同的一部分。第三步,判断是否属于内容控制的范围,即进行实质正义的判断,看其是否违反法律的强制性规定。《保险法》的"醉酒驾驶不赔",符合交通管理的相关规定,所以"醉酒驾驶不赔"是符合社会正义的,这种条款的订立也是合法的。接下来,要判断这个条款是不是合同的核心条款。核心条款是合同主要的内容,是跟合同的定价因素有关的。如果核心条款无效,合同就会出现显著不公平。我们想一想,如果遗失价值 10 万元货物,要赔 10 万元,会收 10 元的运费吗? 任何一个运输公司都不会这么做。为什么?风险不同。在大数法则之下,当数量累积到一定程度,偶然事件的出现就会是必然性的。火灾对每个人都是偶然发生的,不可能是必然的。但在全国范围,必然每天要发生几起。交通事故也是一样。当数量累积到一定程度以后,有一定的必然性。同样的,运输公司遗失货物也有必然性,丢失货物原价赔偿这个风险它可能承担不了。所以跟定价有关联。运输公司会说10元的运费做不了你这单。运费是运输合同的主要条款,就是核心条款。内容控制不调整核心条款。这跟我们今天的案子也有关联,保险公司的案子其实也是这样,1级伤残赔10万元和10级伤残赔1万元,出险概率肯定不一样。一个人受轻伤的概率大,还是死亡的概率大?肯定是受轻伤的概率大。保险费率与不同伤残等级赔付金额有关联,也是核心条款。运价值10万元的钻石和运价值100万元的货物,运输风险不同,成本不同。

我经常举这样一个例子,我要赶飞机,我跟出租车司机说你现在一个小时赶到机场,车费给你2倍100元,但是如果误机的话你要赔我200元。如果司机答应,收了100元钱,但是误机赔你200元,我们觉得这个条款是合理的。如果我跟他说我是上海最会做生意的,你影响我1小时,我损失1个亿,你收100元,误机你赔我1个亿,大家觉得这个合理不合理?合同法上有个违约赔偿的限制性规定———损失可预见原则。在侵权法上损失是不是也可以无限扩大?一般只赔直接损失,偶然赔间接损失,纯粹经济利益损失,原则上不赔。跟司机讲清楚了,给你100元,可能赔1000元、2000元这个是很正常的,赔100万元可能还会犹豫一下,赔1个亿你们觉得这个是滑天下之大稽,收多少钱冒多少风险,中间是有对价关系在的。像这种运输合同的案子也是这样,现在一般运费都很便宜,不保价同城10元,最多20元,按照重量定价。你运一台5000元、6000元的手机,收了10元的运费,如果损失或损坏的话,全额赔偿。成本就会提高,需要覆盖风险,运输公司就要提高运费,就等于把一部分风险分摊到所有人身上。最终把运费都提高了,大家又会觉得不太合理。

我们再来看一些典型的格式合同条款。原来买的月通话量和上网流量未用完,过期清零,每个月都清零。后来有个律师提起公益诉讼,最后胜诉。现在三大运营商把这个条款都改掉了,过期不清零,结存。还有理发店办卡,大部分理发店都推荐办卡,让顾客预存三四千元,如果不消费的话,卡内余额不予退还。这个条款有没有效力?

同学:看情况。办了卡可以打折,如果退的话相当于直接按打折价格买,商家通过预存给顾客打折的功能就失效了。

董庶:有点道理。这个条款是不是有效,很值得研究。因为预存在里面,先期已经给你一些福利了。

超市里面有一些储物柜上会贴有"贵重物品丢失概不赔偿"的提示,这个条款有无效力?你们可以判断一下。到底是保管合同,还是保管箱的借用合同?车辆保险合同会约定,竞赛、测速或者无证驾驶发生的事故保险公司一概不予赔偿。这个条款是需要提示说明就有效的条款,还是不论是否说明都无效的条款?

三、格式合同的订立

格式合同既然这么重要,我们看一下格式合同是怎么订立的?里面有两个子问题。

第一个问题,格式合同是不是都是以书面方式订立的?口头合同会不会构成格式合同?我们想一想,你每天乘坐公交车是不是合同?我们没有签订书面合同,那算不算客运合同?算合同的话,我们有无磋商过程?那是不是格式合同?第二个问题,印刷、打印的合同都是格式合同吗?

合同是不是都必须是书面的?我前面讲了这么多的格式合同,是不是有很多格式合同连一张纸都没有?比如,乘坐出租车、公交车、地铁,承运人与乘客之间没有合同吗?你肯定也不认可。公交车急刹车导致乘客摔倒受伤,诉讼是基于违约还是侵权?

同学:竞合。

董庶:根据《民法典》第186条,这个很清楚,竞合。这个是合同吗?1941年豪普特提出"事实合同"的概念。德国还有一个著名的民法学者拉伦茨,也赞成事实合同的概念,他说:以适法的事实行为成立债权债务关系,而没有经过要约—承诺的过程。现在这个概念听起来有点麻烦。我们合同法中是以行为方式订立合同。是不是跟拉伦茨的观点不完全一致?这种合同没有要约和承诺吗?这个是有争议的。要承认事实合同概念,承认有一些合同没有要约—承诺的过程,合同法的体系就会有一些小问题。所以像我们现在一般认为合同还是有要约—承诺的,是以行为方式缔约。

同学:我认为,乘坐公交汽车上车刷卡就是要约,司机承认就是承诺,下车就是合同终止。

董庶:有各种各样的解释。我觉得法学是用抽象的法律去解释具体的生活事实。怎样解释这个事情更合理?逻辑自洽很重要。事实合同有一些逻辑不自洽的地方,一旦成立,会动摇《合同法》整个体系。

第二个问题,是不是事前打印的合同都是格式合同?我们有一个直观印象,甚至我们很多法官也有这样的印象,即只要是事前打印的合同的就是格式合同。是不是所有的事前打印的合同都是格式合同?

同学:不一定。

董庶： 直觉还是很准的。拿当票来看，用橘黄色字写的就是印刷部分，黑色的字是出单的时候在电脑上输入打印的，上面是当物：黄金项链12.7g，价格27,000元，再上面记载的是黄金项链1条。这些不可能事先制定、打印出来的。当票下面还会有关于利率、手续费的记载。典当合同是不是格式合同？合同上除了身份证信息、当物信息，手续费、利率都没写怎么算的，就是给一个具体金额。这些都是事先商谈好的，再输入电脑打印出来的。并不属于格式合同，但经常有人误解典当合同是格式合同。保单中唯一有价值的是特别约定、重要提示的这部分，是事先打印的。我们买保险都是这样，给你一张纸，保单是单据，不是保险合同，保险合同通常要十几张纸，一般保险公司跟你说到这个网址下载条款，因为条款都是统一的，可能有很多的条款属于格式合同。我们可以得出结论，事先打印的不一定是格式合同。

最重要的结论是形式并不重要，《民法典》和《合同法》对格式合同的定义里面，其实最重要的并不在于它有什么形式，而是后半句话，有没有给对方一个磋商的机会。如果给了磋商机会，不管是印制的也好，还是打印的也好，都无所谓。我们整个格式条款的制度要解决的就是不平等，不管是机会不平等，还是地位不平等。格式合同可以采用法律允许的一切形式缔结，印刷、打印的不必然是格式条款，反之非印刷的也可能是格式条款。我们来回想一下，你安装软件的时候有没有格式条款？软件使用条款，肯定要点击，要打一个勾才能进行下一步，这个条款很长很长，很少有人会看。但这也是一份格式合同。

第三个问题，合同条款何时送达对方。是必须在签订前送达吗？有人很奇怪，不给消费者看合同，怎么签订合同？

我先把结论说了，合同条款可以在合同订立的时候送达，也可能在合同订立以后送达。合同条款送达晚于缔约时间可能是《保险法》上的特殊规则。保险公司对产品的宣传为邀约邀请，投保人填写和递交投保单是邀约，保险公司同意承保是承诺，保险公司以邮寄或者网络方式提供条款叫条款送达。保险合同的缔约过程是"邀约邀请→要约→承诺→条款送达"。按照传统的合同法理论，在没有看到合同条款的情况下就让当事人签字同意，这个条款对当事人有约束力吗？很显然，这对当事人是不公平的。保险产品的销售过程中，宣传产品阶段保险公司只给客户产品概要，只有在客户确认投保或者投保之后才会提供详细产品信息。保险合同的条款很复杂，里面有很多的免责条款。但事实上，保险业就一直采用事后送达条款的方式。保险过去最常用的就是电话销售方式，电话销售保险一般都在电话里达成一致意见，事后送达条款。金融领域电话推销做得比一般商品要厉害。因为一般的东西必须要见到实物，保险、证券金融产品买的是合同，买的是契约，商品是看不见的。合同条款也都是事后送达的。现实中合同条款可以事后送达,但我国法律对此没有明确规定。《德国保险法》第 7 条规定:如果根据投保人要求,保险合同是通过电话或其他通讯方式订立的,而上述缔约方式使得投保人在作出承诺前无法获得上述信息(保险合同相关条款),则在保险合同订立之后保险人必须尽快将上述信息通知投保人。

第四个问题,格式合同条款应当采用什么方式送达,必须是书面提交吗?

格式条款最常见的送达方式,是通过邮寄送达和网络平台送达。除此之外,合同一方当事人当面把合同条款读给对方当事人听,也是有效的送达方式。大部分合同是非要式合同,对于此类合同,书面的、宣读的送达方式都是明示的有效送达。但是,对于日常生活中的某些格式合同而言,无所谓明示的条款送达。比如视障人士乘坐公交车,不能说条款没有送达,否则其上车后可以不受合同约束———不受合同约束是很危险的,会导致风险不可控。再比如,保险公司给投保人一个网址,让投保人自行下载保险合同。这种送达方式和事先送达条款的方式有很大的区别,但是这肯定是合法的。我们乘坐公交车、地铁从来没有想过合同条款,这是我国法律规则中的一个重大缺陷。《德国民法典》第 305 条规定:"以可期待方式,予他方当事人知悉定型化契约内容之可能性,而该方式亦得适当考虑于定型化契约提出者可得而知之他方当事人身体之障碍者。""定型化"就是格式。在我国《民法典》中没有区分合同和契约。其实在古代法律或台湾地区"民法典"里面,合同和契约的概念不同。契约一般是指双方权利义务有对价关系,买卖就是契约。合同则是调整共同行为的,比如合伙。德国法的"可期待方式",意思是合同订立的时候任何形式都可以,只要是可期待的方式,但是这个方式必须要考虑到对方当事人的身体障碍,因为要让他知道内容。它的表述是可期待的,而且要合理化。为什么?像西方国家电话销售很厉害,不管是保险还是证券都有电话销售的方式,接电话的不能是一个聋子,听力有障碍的不行,必须要考虑到对方当事人的身体障碍。给一个盲人纸质条款不行,要用阅读的方式读给他听,要考虑当事人身体障碍。

台湾地区的"消费者保护法"有这样的规定:企业经营者应向消费者明示定型化契约条款之内容;明示其内容显有困难者,应以显著之方式,公告其内容,并经消费者同意者,该条款即为契约之内容。企业经营者应给与消费者定型化契约书。但依其契约之性质给与显有困难者,不在此限。定型化契约书经消费者签名或盖章者,企业经营者应给与消费者该定型化契约书正本。定型化契约条款未经记载于定型化契约中而依正常情形显非消费者所得预见者,该条款不构成契约之内容。

总结起来,格式合同是为了重复类似交易,缔约一方事先拟制;为交易便利,格式合同除了缔约时明示合同外,还可以其他的方式为之。比如客运合同、铁路运输合同,原先《合同法》客运合同这一篇章就有十几条,签一个具体的铁路运输合同应该有多少条？合同内容以公告方式粘贴在营业场所，或者其他可期待方式就可以了。远程交易、人机交易，比如买饮料的自动售货机，就是人机交互的过程，可能条款就张贴在机器边上。景区的售票处，把合同条款、价格公告粘贴在销售窗口、柜台旁，这个也是条款送达。

本案的一审二审的法院认为没有证据证明这个条款送达了，所以条款没有约束力。其实格式合同不一定要事先送达，事后送达也可以，合理期限内送达也可以。没有法条依据？我们有交易惯例、习惯，现在《民法典》已经把习惯都纳入了。

本案为什么不能赔10万？因为这会有重大的道德风险。保险公司当时订立这个合同的时候，收了60元，设立的这个合同的前提是小概率的情况下发生重大事故，大概率的情况下发生一些轻微事故，所以我收60元。如果轻微烫伤也要赔10万元的话，保费就不是这样收的。这种轻微伤不需要保险去保障，日常生活中的重大风险是保险要考虑的，所以几乎不太会有10级伤残和1级伤残赔一样的合同。

我们看一下电话营销的车险，保险公司说承保合同成立之后还会有一份保险条款要送达。会专门请一个快递公司，把条款送到你的单位门口或者家里，送的时候让你签收一下。快递员带着POS机让你刷一下卡，把纸质条款给你。如果是醉驾，保险公司是不赔的。被保险人就说：对不起，我没有收到这个条款，你不能够根据保险条款拒赔，那一天你送过来的时候是我请我的同事代签的，我的同事直接丢进垃圾桶没有给我，所以对我没有约束力。这是我们实践中碰到的真实的案子，保险条款送过去，是代签的。这也是条款送达很常见的问题。这个案子也有争议，有人说没送达，就是醉酒驾驶也要赔，条款不能适用。要是这个观点成立的话，就会出现明显不合理的现象，醉酒驾驶就是明显不合理。如果法官认为需要赔偿，会破坏公平原则，会破坏合同的对价平衡关系。

保单通常都很简单，上面其实字很少，保险金额是多少钱，伤残和死亡赔偿金额。保单上的条款很简单，保险合同上条款有很多，很复杂。保险条款如果不发生效力的话，会不会影响到这个合同整体的对价平衡关系？双方之间还对等不对等？如果不对等，是不是我们应该认为这个合同整体无效？合同法专门有一条规定，一个合同如果核心条款欠缺的话，会导致这个合同根本不成立。保险条款也是一样的，如果里面核心东西破坏掉了，就会导致合同不成立。保险条款最核心的就是保费和承保风险，保费和承保风险是有对应关系的，如果破坏掉，这个保险就不对等了。按伤残比例赔付无效的话，那10万元保险金额条款是不是也不生效？如果是因为条款没有送达，所以这个条款没有约束力，条款里还有很多其他的内容，比如保险金额、保费，你觉得应该生效不生效？当事人能不能够选择格式条款部分无效部分有效？选择这个条款中对我有利的部分我承认，不利的部分不承认，选择性地承认可不可以？几乎所有的法官都说不可以。

我们还可以从另一个路径去解释这个问题。我举一个例子,10岁的小明拿了家里5000元去商场买了一个游戏机,骗家长说这是大号路由器。这个合同是限制民事行为能力的人签订的,按照民法规定,家长追认合同才能生效。小明的家长说我追认小明买这个东西,其他的合同条款包括商品条款、保修条款我都认可,但是这5000元太贵了。家长提出3000元,法院能支持吗?

同学:看商家愿意不愿意,法院决定是否支持。

董庶:市场价4000元,3000元法院能支持吗?这是第一种表达。第二种表达,父母对5000元的价格不予认可,比市场价格再低一点,2000元能认可吗?小明的父母表示5000元的价格不认可,我只愿意1元钱把这个商品买下来。对合同里其他条款都认可,只是对价格条款部分不认可。在什么情况下,法院可以认可追认,什么情况下不认可?你们觉得3000元、2999元、1元,法院可以认可哪一种?

同学:效力待定,保险合同是效力待定合同吗?

董庶:是效力待定。我们先来讨论这个规则,你觉得哪一种情形下能确认父母的追认是有效的?部分追认,可不可以?

同学:现在《民法典》里没有规定部分追认,小明家长的行为发出一个新的要约,追认的话就追认之前的那个,如果想要作出实质性更改,就只能发出新要约。

董庶:逻辑是很清楚的。其实规则应该就是这样的。要追认就是整体追认,不可以分割追认。

同学:这个价格对合同很重要。提出新价格,相当于希望订立新合同。

董庶:同样,如果保险条款没有送达的话,投保人不能认为这个条款中对我有利的我予以追认,对我不利的不予追认,否则会破坏对价的平衡关系。再看一下条款送达的事实认定。这个简单说一下,法院在处理案件中,前面讲的因为条款的送达很重要,所以在任何一个案件中对于条款到底是采用什么形式,用什么方式送达给对方,什么时间送的就很重要,这是一个事实问题。我们前面讲了,这个条款可以事先送,可以事后送,可以明示,也可以用其他的方式,都不重要。但是法院查案件不管什么方式都要查明,我们叫客观事实的查明,至于到底是什么法律后果这是另一件事情。要先查明这个东西怎么送的。很多的格式条款订立的场合,尤其是保险合同,都会写清楚保险条款构成本合同的一部分。保单中提供了网络下载网址,你可以到这个网址打印条款。有的保单是电子保单,电子保单有一个链接,点击链接会跳到条款的页面,这个会影响我们对保险条款送达的认定。

保险合同、格式合同的商家也就是相对方，是不是提供了一个合理的方式获取条款，这个条款下载方便不方便，如果网址很简单，直接点击能跳转过去，法官会认为这是提供了合理的方式送达条款，你点不点看不看是你的事。有的合同网址并不显著，有的合同网址很显著。显著不显著，是不是用黑体字标出来，是不是用别的颜色的字区别于其他文字，是不是用大一点的字、斜体字、下划线，总之，正常人能看到，不是淹没在条文里面。前面也讲了关于明确把合同条款写成构成合同条款的一部分，有一个很重要的规则，我们大陆法系不太注意这个规则，这个叫合同文本附属文件规则。这是英美法上很重要的规则，如果某一个文件，明确说明构成本合同的一部分，就要适用附属文件规则。已经写清楚了，有一部分文件不在这个文本里面，但也是构成这个合同的，同时又具有约束力的，这就是附属文件规则。这会影响判断条款是否送达。

纸质文本的送达，一般看谁签收的。如果代收的话，适用代理规则，被代理人要么全盘接受，要么全盘不接受，不可能存在这个条款对我有利的我接受，对我不利的我不接受。像夫妻代收是家事代理，这个是小事情，用家事代理就可以了。如果是成年家属签收就比较麻烦，因为成年家属签收不一定是代理人，我们一般都比较松，因为签收一个文件不太像一个民事法律行为，它有点类似于事实行为，不是意图要达成一个具有约束力的法律行为。法院还会审查一下，保险公司有没有做事后回访。保险公司事后打电话问，你收到这个合同了吗？这个回访过程通常都有录音录像，构成一个很重要的证据，证明当时的送达情况。

四、上海高院对"钟点工案"的判词

最后看一下判词，先回顾一下一审和二审的观点。一审的观点：虽然无法证明交付条款，保险条款全部不发生效力，但按残疾严重程度参照相应比例赔偿。一审说"酌定"，二审其实观点与一审一致，说到了公平，因为全赔有悖基本的法律规定，缺乏法律依据，所以不能够全赔。但这个观点恰恰是错误的，我和你之间的合同，是我们两个人之间的至高法律，只要不违反强制性法律规定，我和你的合同就是我们两个人之间最高的行为准则。当时二审其实是有点问题的。我们来看一下上海高院的裁定：1.《中华人民共和国民事诉讼法》第二百条第六项规定："原判决、裁定适用法律确有错误的"，人民法院应当再审。《最高人民法院关于适用〈中华人民共和国民事诉讼法〉的解释》第三百九十条进一步规定，只有导致"判决、裁判结果错误的"才应当认定为《民事诉讼法》第二百条第六项规定的再审情形。换言之，即使法律适用错误，但判决结果无错误的，仍不应再审。上述原则合先述明。

这是裁定书第一部分，大前提是法律规定法律适用错误的要再审，但是《民事诉讼

法》司法解释进一步规定法律适用错误,但结果不是错误的话,法院无须再审。"2.(1)系争保险合同系保险公司事先拟定合同条款,用于金融消费者签订的格式合同。在格式合同签订时,企业经营者应当明示格式合同条款内容;但明示内容显有困难的,也可以采用显著的方式公告其内容,也可以采用其他可期待方式,予他方当事人知悉格式合同内容。如保险合同是采用电话或者其他通信方式订立,保险人可事先提供可供查阅格式合同内容的网址,也可以在订立后尽快将纸质条款送交投保人。尤其需要指出,当保险单明确记载保险条款、投保单等附属文件加入该合同时,法院将参考上述附属文件确定保险合同当事人的权利义务。只有当格式条款未记载在格式合同中,而依正常情形显非消费者所能预见者,该条款才会不构成合同的内容。(2)就系争合同的签订过程,再审申请人的陈述为,投保人王某委托保姆中介韩姓工作人员办理,未亲自填写纸质投保申请书或网上输入投保信息。又,根据被申请人提交的证据可知,该保险产品采用网上投保方式完成。在投保须知栏目页面上,仅五点注意事项,共计六行文字;而下部则以较大字体标注了保险条款下载,在页面最下方才有一个较小的立即投保的点击框。本院可以认定,系争合同系采用网络通讯方式进行投保。投保人点击投保链接,发送投保请求是要约,保险人同意承保是承诺。在投保人点击投保的页面,保险人已用极其显著的方式提供了保险条款。投保人或其代理人点击投保按钮,即应当视为其接受保险条款后发出的要约。是故,本院可以认定保险条款构成了系争保险合同内容。(3)再审申请人于再审时称,2015 年保单生效后,再审申请人交给投保人一份保险单,该保险单为打印件,保险人处的印章为黑色。该保险单上记载的保险项目为"家政人员意外身故、残疾及烧伤,保额 10 万元。"(以下币种均为人民币)并记载了详细条款查询的网址,注明了保险条款为保险合同构成部分。按常理,任何一个理智人在委托他人投保并支付保费后,如仅收到了一份无红色印章、内容简单的保险单,该单据上又注明了电话和合同条款查询地址,还说明保险条款属于合同构成部分,应当会通过各种途径查明投保真伪和合同条款内容。系争合同投保人王某的职业是律师。保险法是司法考试的科目之一。可以推定王某应当具较为基本的保险法常识,其在签订保险合同过程中显然应较通常人有更高的法律意识。再审申请人称投保人从未收到合同条款,也未通过网络、电话等方式查阅保险合同签订情况及其条款内容,其上述陈述意见明显有悖常理。在系争保单已经明确将保险条款作为附属文件构成保险合同一部分时,法院应当加以确认。(4)系争意外伤害保险合同条款第五条是有关保险责任的规定,其中第(二)项是对残疾保险责任的约定,其中明确记载,"因该事故造成本保险合同所附《人身保险残疾评定标准》所列残疾之一,保险人按该标准所列给付比例乘以保险金额给付残疾保险金。"该条款是对保险人承保风险及保险给付计算方式的约定,是该保险合同的核心条款、必要条款,也是保险人根据风险依大数法则厘定保险费的基础。按再审申请人的观点,该保险条款不作为保险合同的内容,即使轻微伤残、烫伤也应当按保险金额全额赔偿。而发生1级伤残才赔偿10万元与发生轻微伤残、烫伤也赔偿10万元的风险概率显然不同,对应的保险费差异巨大。如上述保险条款整体不纳入保险合同,将导致合同对一方当事人显失公平,法院即应当认定合同因欠缺必要条款导致整体不发生效力。被保险人依据保险合同请求支付保险金的请求也就应当全部予以驳回。再审申请人一再强调保险条款对其不发生效力的主张,如一旦被法院采纳,相较原审判决结果会更加不利。综上,原审判决未详查缔约过程,无视保险人于投保前即业已提供较为便捷的方式查阅保险条款,投保后亦提供条款查询网址的事实,将保险条款排除合同内容的做法不当。根据前述理由,本院认定系争保险条款在投保人发出要约前即已提供投保人,且保险单明确记载将其作为保险合同内容,该保险条款应当属于系争保险合同的内容。原审判决就合同成立的法律适用错误"。

"3.根据系争保险条款的规定,构成10级伤残的,应当按比例赔付保险金1万元。原审判决金额亦为1万元,故应当认定判决结果无误,也就不属于法定再审的情形。综上,周某某的再审申请不符合《中华人民共和国民事诉讼法》第二百条第六项规定的情形。"

这就是案件整个推理、论证的逻辑过程。

五、问答环节

彭冰:我有一个问题,这个案子你说原告是打送达,如果原告提出另外一个理论,因为限缩了保险赔付的责任,《保险法》规定应该提示和明确说明,判断是否提示就要看条款有没有红色标出来,有没有写明。关键这里没有说明。

董庶:提示和明确说明这些条款了,在合同电子版里面它是加黑加粗了。

彭冰:加黑加粗可以认定为履行了说明提示?

董庶:说明义务履行方式现在有两种,一种是当事人如果签字认可,说认可保险公司已经履行说明的义务,当事人已经知道合同内容,视为履行了明确说明义务。对此,《保险法司法解释(二)》有一条专门的规定。还有一种是在合同条款上加黑加粗,表达的时候就通俗易懂。

彭冰:如果把这条路堵死,能不能用那条路再走一遍?

董庶:很多法院就会认为构成重复起诉,一事不再理。像这种案子,用什么理由来打,原则上不允许再选择一次了,否则真是"案结事不了"。

同学:投保人的律师的确没有抓住问题的关键,如果真的像彭教授说的未对以人身伤残作为赔偿比例标准作出明确说明,律师应该将其作为免责条款。因为投保人是韩姓工作人员,并不是律师本身,应该由他对免责条款做明确提示和说明,公司举证责任是很难的,如果律师抓住这一点的话,法院会要求保险公司承担举证责任,因为是网上投保,保险公司一般都是全赔。现在我检索了关于10级伤残的赔偿标准,虽然属于人社部规范性文件,但是很多法院都列为免责条款,我查了目前有10个高院的案例,只有江苏高院认可。

董庶:上海法院也认可。

同学:上海法院没查到,不是很确定。只有江苏高院认可,人身伤残赔付标准不属于免责条款,属于保险责任范围条款,所以不适用明确说明和提示义务。而且网络投保明确说明义务更难,而且是意外险,一年期以下,保险公司没有回访,无法确认收到保单,网络投保也没有提示。现在条款必须全部显示出来,点确认以后,才认为看到这个条款。现在打小勾法院都不认了。

董庶:现在要求更严格了,看有没有在合同页面停留足够的时长。看完需要点击是否进入下一步。这些具体流程都会影响法院判断条款是否送达。

同学:老师好,我提两个问题。有证券公司提示告知的方式是让对方把字抄一遍还要录像,这个是不是达到明确说明的程度?

董庶:《保险法司法解释(二)》专门有一条认可这种形式。保险也是典型的格式合同。因为有一个效率问题,必须承认格式合同提高了效率。如果一定让每一个投保人都解释清楚就很麻烦。最早的时候,最高人民法院研究说明义务到底是怎么判断的,曾经采用的是"主观说",认为你对一个大学生解释的程度,和对一个农民的解释程度是不一样的。后来这种观点最高人民法院觉得不行,保险公司没法做,改成客观说,认为只要达到通常人理解的程度就算履行了提示说明义务。什么叫通常人理解?最高人民法院认为高中文化程度能理解这个条款就行。后来发现还是不行。保险法司法解释认为,签一个提示履行说明义务已经履行的证明文件就可以了,有证据证明没有履行提示说明,抄的这段话和事实不一致的除外。这就减轻了保险公司的证明责任。同理,证券业务中,签了字就认可了,尤其是证券业投资者是签约的,一般签了字录过像就是认可的。除非消费者有相反证据能证明保险公司、证券公司没有去履行这个义务。

同学:第二个问题,保险有一个精算,他们能算出豁免金跟风险发生的比例是多少,这个原理能不能适用于像快递公司,还有类似会产生道德风险的领域的成本定价上?直接让市场去决定这个价格是否公平,快递公司也可以采取保险公司那一套精算的体系算一下自己的运费成本是多少。

董庶:我基本上赞同,现在我一般不太会轻易否定快递业这个条款效力。不光是快递公司,有很多的货运公司也用。我前两天看到一个货运的案子,案涉的这个货运单上面是"易碎品管运不管赔",还不是手写、打印的,是直接盖一个蓝颜色的章。这个案子运的是茅台酒,一车就是几百万的茅台酒,烧掉了。运费是三千多元,是用挂车运的。你说赔不赔,运单就这么一张小纸,约定"管运不管赔"。我现在有一个观点,有的案子的法官会像你说的考量价格因素,我一直坚持法官都是法律专家,不是业务专家,也不是数学家,这个价格只要在市场上存在就是符合市场规律,如果不符合市场规律就不会在市场上存在。法院不会去论证价格是否合理,因为我不是这方面的专家。这是回答你第二个问题,我不太会愿意动用价格判断的方法。

六、相关案件裁判原文

周某某与史带财产保险股份有限公司人身保险合同纠纷上诉案

上海市第一中级人民法院民事判决

(2017)沪01民终585号

上诉人(原审原告):周某某。
委托诉讼代理人:王某,上海××律师事务所律师。
被上诉人(原审被告):史带财产保险股份有限公司。
法定代表人:张某,董事长。
委托诉讼代理人:朱某,上海××律师事务所律师。
委托诉讼代理人:张某,上海××律师事务所律师。

上诉人周某某为与被上诉人史带财产保险股份有限公司(以下简称史带公司)人身保险合同纠纷一案,不服上海市浦东新区人民法院(2016)沪0115民初61682号民事判决,向本院提起上诉。本院于2017年1月5日立案受理后,依法组成合议庭,于2017年2月7日公开开庭进行了审理。周某某委托诉讼代理人王某及史带公司委托诉讼代理人朱音、张凯到庭参加诉讼。本案现已审理终结。

周某某上诉请求:1.撤销原判,改判支持周某某原审诉讼请求;2.诉讼费由史带公司承担。事实与理由:一审法院关于伤残赔偿金的认定适用法律错误。史带公司所主张的比例赔付条款,周某某不认可该比例赔付,史带公司应当按照100%但不超过最高10万元保险金额的标准理赔。一审判决已认定涉案保险条款对周某某不发生效力,显然周某某并不受10%赔付比例这一条款的约束,但一审法院又酌定史带公司按照10%

比例赔付,属于自相矛盾。并且,周某某认为,一般保险合同关系中,最常见的并非比例赔付,而是最高赔付限额内全额赔付,最典型例子为交强险及三者险。伤残赔偿金与保险限额应当两者相较取低者作为保险人应当赔付的保险金额,现一审判决直接将十级伤残赔偿金标准或保险金额打一折,缺乏事实及法律依据。周某某当庭补充称,十级伤残对应损失赔付按照上海市标准大于10万元,故按照10万元最高保险金赔付未失公平。

史带公司答辩称:1.保险金根据被保险人的伤残程度按比例支付有合同依据,并且保监会对此有明确规定,亦符合行业协会颁布的行业标准。史带公司已提供了相应保险条款;2.周某某认为十级伤残赔付标准大于10万元以及交强险按照最高额赔付的意见属于其错误认识,本案系人身保险,并非责任保险,不应与交强险进行比较。

周某某向一审法院起诉请求:判令史带公司支付意外伤残保险金10万元及意外医疗保险金1万元,承担诉讼费用。

一审法院认定事实:2015年3月10日,周某某经案外人上海A有限公司推荐,与案外人王某(周某某的委托代理人)签订《家政服务合同》,约定周某某在王某处从事家政、保洁工作,合同到期日由双方商定,每日服务时间2小时(3:15—5:15),服务内容为烧饭菜、保洁。2015年9月起周某某住所地为上海市闵行区××镇××路××弄××小区,其服务场所即雇主王某住址为上海市浦东新区××路××号××室。

2015年3月12日,王某作为投保人,为周某某投保史带公司"晶中'家政无忧'保障(2013)———普通计划"。同日,史带公司签发保险单,保险合同生效日为2015年3月13日,到期日为2016年3月12日,被保险人为周某某。保险单载明:保险项目包括,家政人员意外身故、残疾及烧伤(保险金额为100,000元),意外医疗(每次免赔100元,90%赔付,保险金额为10,000元)等。保费60元。备注:……仅承保家政人员在从事家政服务期间(包括上下班途中)的意外伤害事故……

2015年11月6日18时,周某某驾驶电动自行车至浦星路鲁建路路口发生单车事故导致骨折,公安部门出具交通事故认定书,认定周某某负全责。周某某至仁济医院南院进行住院手术治疗。2016年3月10日,经闵行交警支队委托B有限公司司法鉴定所鉴定,依照《道路交通事故受伤人员伤残评定》,周某某因事故后遗右下肢功能障碍构成十级伤残。

审理中,史带公司认为周某某是通过网上投保,并提供网上投保流程及保险条款,欲证明其已将条款告知周某某。周某某对此不予认可,认为周某某将保费交给史带公司驻家政公司的业务员,未填写过投保单,也没有见过条款,保单是周某某从家政公司的网站输入身份证号码查询下载得到。史带公司对于周某某主张意外医疗保险金1万元不持异议。关于意外残疾保险项目,史带公司认为周某某未能证明系争事故发生于家政服务下班途中,且即使属于保险责任范围,也应当按照保险条款约定的比例,十级伤残赔付10%。

一审法院认为:投保人王某与史带公司之间的保险合同真实有效,双方均应恪守。根据家政服务合同和居住证明,周某某每日在位于上海市浦东新区××路××号××室的雇主家中进行家政服务,下午5:15分结束,返回其位于上海市闵行区××镇××路××弄××小区的住所,事发地点位于两者之间,事发地点距离雇主家大约20公里,与事发时间相吻合,周某某对于事故发生于家政服务下班途中已进行举证,史带公司未能就此提出反证,一审法院确认涉案事故发生于家政服务下班途中,属于保险责任范围。关于意外医疗保险金1万元,史带公司不持异议,一审法院予以确认。关于意外伤残保险金,首先,史带公司未能证明其向投保人交付保险条款,一审法院认定涉案保险条款对周某某不产生约束力;其次,周某某提供的保险单上已经载明了保险项目及保险金额,保险合同关系中,一般保险金额系指最高赔付限额,应当根据被保险人残疾之严重程度按照相应的比例支付意外伤残保险金,本案中周某某的残疾之严重程度,按照《道路交通事故受伤人员伤残评定》的标准构成十级伤残,故一审法院酌定史带公司按照10%的比例支付周某某意外伤残保险金10,000元。

据此,一审法院依照《中华人民共和国保险法》第十七条和第二十三条、《最高人民法院关于适用〈中华人民共和国民事诉讼法〉的解释》第九十条之规定,判决:史带公司于判决生效之日起十日内赔付周某某保险金20,000元。一审案件受理费2,500元,减半收取为1,250元,由周某某负担1,020元,由史带公司负担230元。

本院二审期间,周某某及史带公司均未提交新的证据。

一审判决查明事实清楚,本院予以确认。

本院认为,《中华人民共和国保险法》第十八条规定:"保险金额是指保险人承担赔偿或者给付保险金责任的最高限额。"涉讼保险单中约定的"保额",即保险金额,应当为最高赔付金额,一审法院相关认定正确,本院予以确认。周某某认为应当在最高赔付限额内全额赔付的上诉意见,缺乏法律依据,本院不予采纳。

虽然在未能证明保险条款已交付投保人或被保险人的情况下,保险条款对周某某无约束力,即不能直接适用比例赔付条款予以认定本案赔偿金额,但该认定并不导致周某某享有按照保险金额要求全额赔付的权利。根据周某某的残疾程度,一审法院酌定史带公司按照10%的比例支付周某某意外伤残保险金10,000元,并无不当。人身保险与财产保险分属不同性质的保险,不存在赔付时相比较的适用基础,周某某将系争人身保险合同与交强险等财产保险合同关系相比较,认为应当按照最高额赔付,显然认识有误。况且,交强险中存在的残疾赔偿金标准,有明确合同约定为据。周某某基于上述错误认识产生的上诉意见,本院不予采纳。综上所述,一审法院查明事实清楚,适用法律正确,判决结果应予维持。据此,根据《中华人民共和国民事诉讼法》第一百七十条第一款第(一)项之规定,判决如下:

驳回上诉,维持原判。

本案二审案件受理费人民币 2,500 元,由上诉人周某某负担。

本判决为终审判决。

第十一讲 物流企业"险种错配"后的保险法律关系及责任认定

吴峻雪

2021 年 5 月 23 日

> **主讲人简介：**
>
> 吴峻雪，法学硕士，三级高级法官，上海法院审判业务骨干。现任上海金融法院审判委员会委员、申诉审查及审判监督庭庭长，上海法官培训中心兼职教师，上海金融法院保险业法官专业委员会副主任。长期从事金融商事审判工作，审理金融商事案件近千件。审理的多起大案要案入选最高人民法院案例精选及上海法院精品案例，撰写的多篇法律文书获评上海法院优秀裁判文书。在《法律适用》《人民司法》《上海法院审判实践》等刊物发表论文数十篇。参编《借款担保案件裁判要点与观点》《保险典型案例评析》《法院审理金融案件观点集成》等书。主要研究保险、银行、信托、证券等相关领域法律问题。

今天很荣幸来给大家讲保险。彭老师开设这门课，主要让法官给同学们讲讲基于审判实践的法律问题，所以我准备从真实案件出发，通过案例剖析给大家讲法理，同时借助审判思路，特别是从法官视角来分析我们对于案件是怎么思考的。我们面临的是一个个真实的案件，里面的人都是真实的主体，我们也要思考他们需要什么样的司法。所以今天需要大家把自己代入纠纷解决者的角度去思考今天的案例。

首先第一个问题，如果你是物流公司负责人，下面两个险种名称放到你面前，你会选哪一个投保？

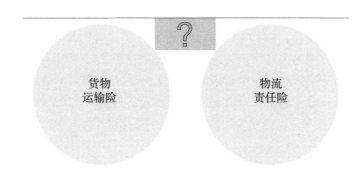

大家心里可能会猜一个答案,这是因为两个产品名称放在一起还可以比较。再想一下,如果只给物流公司提供其中的一个产品,在不知道还有另一个产品的情况下,你觉得这个产品和你的投保需求是否一致?

一、什么是保险?

(一)保险的产生和定义

带着上面的问题,先快速梳理一遍概念。什么叫保险?从投保人的角度,其希望通过缴纳少量保费,转移风险,在特定事故发生时获得补偿。从社会管理的视角,我们为什么要有保险行业,无非是为了把所有的风险进行分摊,进行分散管理。在保险最本质的概念中,风险是否发生是一个射幸性行为,非必然发生,有一定概率。因此,保险合同和其他合同的最大区别是以小博大:风险不发生,损失一小部分保费;风险发生,获得大于保费的保险金。而且,保险公司能够通过大数法则等计算出风险概率,风险概率不同收取保费的标准就不同。保险和其他概念的区别如下:首先,保险是用经济补偿的内容来进行的一个民事法律行为。保险和社会保险(社保)相区别,社保是必须要交的。其次,保险有定价(就是保费),它和一般社会救济有区别。再次,风险是否发生有射幸性,风险概率能算出来,所以它和储蓄有区别。一般的买卖关系也好,借款关系也好,投入就有所得,但保险中投保人支付保费可能什么也得不到。《保险法》规定了保险定义:保险,是指投保人根据合同约定,向保险人支付保险费,保险人对于合同约定的可能发生的事故因其发生所造成的财产损失承担赔偿保险金责任,或者当被保险人死亡、伤残、疾病或者达到合同约定的年龄、期限等条件时承担给付保险金责任的商业保险行为。

但法官在办案中怎么看定义,或者说怎么看合同条款,我给大家介绍一下。法条的每一个词都可能成为案件具体的争议焦点。(1)"合同约定的"。保险合同没有约定的、与约定不符的不能成为合同内容。(2)"可能发生的"。"可能发生的"表明射幸性,必然发生的不是保险事故。(3)"事故"。约定的保险事故发生才是赔偿的真正原因,没有事故就没有赔偿。(4)"因其发生所造成的"。"所造成"三字说明了因果关系,如果事故与损失没有关联性,不能赔偿。(5)"财产损失"。赔偿范围只包括财产损失,精神伤害不是《保险法》的保险合同能解决的。保险赔偿责任不是因事故产生的所有损失都赔,保险人赔偿的是合同约定的保险金,而不是别的补偿。(6)"商业保险行为"。在《保险法》里只规范商业保险,强制保险、社会保险等另有专门行政规章制度予以规制。

在了解保险的总概念、总原则的情况下,每一个案子对应的争议焦点是不同的。因此,我们不需要背法条或者合同条款,但通过对判案经验的积累,基本知道易发生纠纷的争议点。通过听取当事人的诉辩意见,再仔细研读当事人之间的合同约定,结合具体法律规定,了解当事人履行合同的关键细节,在公平正义、诚实信用的原则指引下,通过法律条文、合同条款的解释方法和社会经验法则,得出最终的结论。

(二) 保险利益

第二个问题,生活中什么东西是可保的,也就是可保利益是什么。根据规定,是财产及有关利益。申明一下,今天我给大家讲的是财产险范畴,不涉及人身险。人身险是和财产险有很多共同的规定,但也有很多情况是不同的,原理不同,赔偿范围、保险标的等都不同,所以人身险不在我们今天讨论的范围里。财产险可保的是财产和有关利益,我们把它称为保险的保险标的。

问题又来了,是不是所有的财产和它的有关利益都可以作为保险标的?大家肯定觉得不是。那么请看下面的问题。

什么可以保?
家庭财产
邻居的财产
邻居寄放在我家的财产
我寄放在邻居家的财产
航班延误
航班延误造成的我的损失
月亮不出现
月亮不出现造成的我的损失

家庭财产一般都是家庭财产险。邻居的财产可以保吗?一般是不可以为邻居财产投保的。邻居寄放在我家的财产可以保吗?可以。我寄放在邻居家的财产?也可以。航班延误?航班延误造成我的损失?两个一比较,航班延误本身能不能保?比如我就赌今天飞机延误,可以保吗?这两个放在一起大家就能判断出来,航班延误造成我的损失可以保，只是航班延误不能保。月亮不出现可以保吗？月亮不出现造成我的损失可以保吗？月亮不出现就是今天多云晚上看不到月亮。

大家主要的观点是航班延误不能保，如果跟我没有关系，不能保。月亮不出现可以保吗？单纯月亮不出现不行。造成我的损失大家觉得可以保吗？实际上现实中这三个都不让保，为什么？航班延误跟月亮不出现逻辑是一样的，这跟我的损失是没有关系的，为什么月亮不出现造成我的损失也不能保？月亮不出现造成你的损失，到底这是一个什么损失，有的可能是精神损失，有的可能是月亮不出现造成某件事无法完成，比如约定在月亮出现的情况下，我们要搞一个月光晚会，由于没有月亮造成的损失是不是直接损失？这种天气自然现象跟我的经济利益的损失之间是不是保险法意义上的具有直接因果关系的损失？这里就要考虑由于事故造成的损失，属于间接损失，一般我们认为不在财产保险的保险范围，所以保险法意义上的损失还应该是一种法律上的损失。

同学：如果我买了门票专门去看月亮，但是月亮没出现，这时候我的损失也不能获得赔偿吗？

吴峻雪：你和活动主办方是合同关系，首先要在合同范畴内去解决。如果主办方承诺看不到月亮就予以赔偿，那么这不是保险行为，而是一般合同行为。如果主办方向保险公司投保，希望把赔偿责任转嫁到保险公司，保险公司核保的时候会发现赔偿责任的来源是月亮不出现，天气现象和主办方的经济损失之间没有必然的直接的关系。这种经济损失不属于可保范围。保险在本质上是集合风险、分摊风险的互助工具。如果将天气现象与经济活动损失直接挂钩，那么保险就脱离了补偿直接损失经济的基本功能定位，成为博彩工具。更重要的是，社会上如果只有个别人有这种特殊投保需求，那么保险"集合风险""分摊风险"等基本功能丧失，保险就直接成为某投保人和保险公司之间的对赌行为。

再延伸一下话题。大家是不是觉得《合同法》相对来说好学一点，《公司法》《票据法》《保险法》就比较难，为什么？因为保险、公司、票据等都是人类社会形成后创设的制度，不是自然形成的，要不停地用打补丁的方法把这些制度设计完善。比如公司制度，公司无影无形，几个人和一些财产就成立了一个法律主体，对此需要用抽象的概念进行定义、解释、规制。毕竟是人工创设的东西，不那么自然，还可能发生一些创设规则时没有想到的小概率事件突破规则制约。因此，在制度运行中，必须不断投入精力进行补充、修正。而"杀人者死，伤人及盗抵罪"和"欠债还钱，天经地义"，是人类社会形成之时就基本公认的社会规则，不需要对其底层逻辑合理性加以解释，只需要用具体制度进行细化完善。所以在《保险法》上有很多规则大家不容易理解，这就更需要投入精力辨析研究。

回到保险上来。简单概述一下什么可以保,就是指对于保险来说最基本的保险标的,保险人对保险标的要具有法律上承认的利益。首先大家看这三个主体,保险人、被保险人和投保人。财产险中,与保险标的发生法律上的关系的是被保险人,而不是投保人。就是说投保人是 A,保的东西是被保险人 B 的东西,也是可以的。因此,财产保险利益是看被保险人对保险标的具有法律上承认的利益,而不是投保人对保险标的的利益。同时再强调一下,这里讲的是法律上承认的利益,如果是道德上的利益、身份上的利益,这些不在商业保险的范围之内。

保险有四大原则,不是《保险法》的原则,是保险的原则。基本的四大原则是保险利益原则、近因原则、损失补偿原则和最大诚信原则。其中重点讲一讲保险利益原则。保险利益,又叫做可保利益,具有合理、确定、经济有价、有利害关系等基本性质。在大的财产险范围下,可以分三小类,分别为狭义财产险、责任险、信用险。狭义的财产险也可以叫做财产损失险。财产发生损失了,什么样的人对财产损失有利益,可能是财产所有权人、物主有保险利益,担保物权人、抵押人也可以有。责任险中,经营主体、驾驶员等对物都是有赔偿责任的,有风险的可以保。还有信用险,信用险没有规定在《保险法》里,但是在这么多年的保险实践中,就有很多的进出口企业在出口的时候会投保这种险种。如果国外的买方不付钱,保险公司承保信用险,学理上认为这个险种是独立于狭义财产险和责任险的险种。

下面讲关于保险利益的法律规定。《保险法》第 12 条规定,财产保险的被保险人在保险事故发生时,对保险标的应当具有保险利益。第 48 条规定,保险事故发生时,被保险人对保险标的不具有保险利益的,不得向保险人请求赔偿保险金。这里也介绍一下《保险法》对人身险是怎么规定的。如果在投保人对被保险人不具有保险利益,也就是两者之间不存在特定身份关系的话,这个保险合同是无效的。而财险则宽松许多,投保的时候是否有保险利益在所不论,事故发生时如果被保险人对保险标的不具有保险利益,合同还是有效的,它的结果是不得请求赔偿保险金。这个规定的功能实际上就是防止道德风险,消除赌博行为,限定损失补偿范围。这是财产险基本的原则,获得的补偿不能超过损失,否则就存在道德风险,即用投保去博取高额利润,从而失去了保险的本意。

在司法实践中,我们还发现,保险利益也是很多保险险种的划分标志,不同的保险利益可能对应不同的险种。比如一个财产上面,我有所有权,邻居有使用权,银行有抵押权,不同的主体就可以投不同的保险产品,来对同一个财产进行投保。当然各主体获得的保险金赔偿不可能超过物的价值或者赔偿责任本身。同样,运输中的货物,发货人和收货人都应该是有货主的保险利益,而承运人对承运中的赔偿责任也是有保险利益的。这就引入今天的主题,运输中的货物,货主对货物所有保险利益,对应的是狭义财产险;承运人对承运中的货物也有保险利益,所以肯定也可以投保。两个保险利益并存的情况下,如何投保?

二、案例分析

信蜀物流和永安财险的案子在案情上、在当事人的抗辩意见上比较全面,今天主要围绕这个案件来讲解,在案件分析部分也会涉及同类案件的判决结果、裁判思路。

(一)先看合同约定

案情比较琐碎,先向大家介绍一下金融领域的法官遇到金融纠纷案件的一些做法。大多数金融纠纷案件都是合同纠纷(以侵权为由起诉的也有,但侵权行为往往来源于合同订立和履行),因此法官拿到案件后会先审查原被告之间最主要的协议。信蜀物流案件里最主要的协议的名称叫《货运险预约协议》,是保险合同的重要组成部分。

怎么审查?第一,看保单约定的投保人和被保险人是谁,确定保险合同法律关系的两个主体。第二,确定保险人,即投保人明确向谁投保。第三,确认保险期间,即保险保障的期间。本案中,合同约定的保障期间叫"协议有效期",有的保险合同会明确保险期间从××××年××月××日零时至××××年××月××日24时。第四,确定保险金额,也就是说,如果发生损失,保险人最高赔偿额,但最高赔偿额不意味着是任何事故必赔的金额。保险实行补偿性原则,每次赔偿额不得超过产生的实际损失,也不得超过约定的保险金额。实际发生损失额与约定的保险金额不一致的,以低者为准。本案中,根据每次运输货物的价值计算,年总金额1.2亿元。第五,确定免赔额,这是易被遗漏的重要条款。本案中双方约定的免赔额为每单5000元或者每单金额的10%。第六,确定保险费,就是投保人一年内需要缴纳的费用是投保人要承担的对价,也是保险公司利润的来源。本案中约定的保险费约为万分之五的对货价——对货价就是运输公司承运的货物的价值。1.2亿元货物的对货价是6万元。《货运险预约协议》约定,如果投保人没有全额缴纳保险费,保险公司不承担保险责任。同时,本案中双方还约定了几个特别条款。第一个特别条款是被保险人负有申报义务,在每月5日之前被保险人要申报上个月的运量及价值,被保险人不能瞒报、漏报和不报,保险人有随时核查权。到一年期满以后还要根据被保险人申报总量看看有没有超过合同约定的1.2亿元对货价总值,如果超过,要加收保费,如果不到1.2亿元,保费不退。也就是说6万元保险费是保底价。本案第二个特别约定条款"允许转承运"。社会中有很多物流公司,大公司接单后不会实际进行承运,而是转包给中型物流公司,中型物流公司再转包给小公司,小公司转包给挂靠的个体司机。这种模式下,如果投保人投保时不和保险公司作特别约定,那么保险合同只保大公司,但大公司自己又没有实际承运,那么结果就是所有的业务都保不了。因此,物流公司投保时一般都会特别约定允许转承运条款,这是跟物流行业的现状是有关的。当然保险公司也不会允许承运人任意转运,转运人一定要有运输资质,符合特定要求。第三个特别约定是"投保人代位追偿豁免",《保险法》给财产险一个最大保障就是法定保险人代位求偿权这个法律制度。即保险公司赔给货主,保险公司就享有了这个物上的权利,可以向造成货物损失的人进行追偿,有了这个制度的保障,保险公司承担的保险风险就会少很多。保险公司向被保险人付出的是保险金,承担的是追不回来的风险,以及行使追偿权的成本。这个权利就叫代位追偿权。在物流公司投保的货运险里,大多数投保人都要求保险人对投保人豁免代位追偿权。

本案中,主协议后面附了一个格式条款,即永安保险2012、2009版本的货物运输保险条款——综合险和附加盗窃抢修险条款。保险条款是保险公司事先设定的,为了一个险种反复适用的,向(原)银保监会备案的格式保险合同,保险条款是保险合同关系很重要的依据。

本案保险合同的标的是运输的货物,投保的是综合险。综合险意味着在基本险之外增加一些内容,基本险指的保险公司对是运输工具发生碰撞以及因碰撞造成的货物散落等造成的损失予以赔偿。本案的运输流程是:货主宗钜贸易公司与信蜀物流公司签署运输合同,由信蜀物流公司运送三台机床;信蜀物流转承运给渝锐鑫公司(以下简称"渝锐鑫"),渝锐鑫又委托给挂靠在恒隆物流公司的个体大巴司机李某某。2013年3月12日,运输途中发生交通事故货物全损,李某某受伤。在这种情况下,是不是应该李某某赔偿渝锐鑫,渝锐鑫赔偿给信蜀物流,信蜀物流赔偿给宗钜贸易公司?现实情况是,没有一方主动赔偿。于是,宗钜贸易公司向信蜀物流发出索赔函,信蜀物流于2013年9月赔偿前者90万元。理论上,信蜀物流应该向渝锐鑫发违约函,但是它鉴于自己向永安财险投保了财产险,所以起诉要求永安财险扣除免赔额后向自己赔付81万元以及相应利息。

(二)归纳争议焦点

刚才讲到,拿到案子后先看合同。法官看完合同,不直接研究案子怎么判,而是要把双方当事人召集到一起,先让当事人讲,听原告和被告重视的点分别是什么,给他们充分的机会诉辩称,从而弄清楚争议是什么,这就是开庭的原因。

本案有三个焦点。第一个焦点,原告信蜀物流认为,自己支付了保险合同的对价即保费,事故发生后保险人应该予以赔偿,本案是简单的合同之诉;被告永安财险认为,预约框架协议是一个预约合同(因为有"预约"两个字),合同约定信蜀物流每月要申报运量,但在整年中信蜀物流没有申报过一单,因此它认为保险合同实际上并没有成立。

归纳一下,第一个争议焦点就是申报运量是投保的一个合同要件,还是一份保险合同项下的履约行为？是预约合同还是保险合同？为什么说是合同要件,你每申报一次运量,我肯定会给你核保,会给你出批单,就变成合同。如果是履约,我们签了《货运险预约协议》,保险合同就成立了,不管申报不申报,都属于履约范畴,该赔的还得赔,两方最大的争议就在这里,保险合同到底成立并生效了没有,申报运量是成立合同的要约还是一般的履约行为。为什么把这个争议放在第一个？这涉及法院在办案时主要的思路。案涉合同关系,首先要看合同是否成立和生效。确认合同成立与否、确定效力之前,还不能讨论合同条款和履行问题。如果把合同履行中的一些争议放到第一位并予以解决,到最后审查下来发现合同还没有生效,前面的工作就白做了。所以法院判决书说理部分第一句话都是对合同效力的评判效力,这是后续论证的基础。

第二个争议焦点是,原告称,投保的时候就已经表明自己是物流公司,做的就是代人运货的业务;永安财险与自己签订保险合同,按照诚信原则,在事故发生后永安财险应该赔付;被告永安财险称,原告不是货主,没有货运险项下的保险利益。前面讨论保险利益时,我们讲过,财产险、责任险、信用险的保险利益类型不同。货运险是狭义财产险,物流公司在财产险项下没有保险利益。根据《保险法》第48条,保险事故发生时,被保险人对保险标的不具有保险利益的,不得向保险人请求赔偿保险金。因此,第二个争议焦点的实质是物流公司是不是有货运险下的保险利益,双方建立的是什么性质的合同,保险利益情况到底怎么样。

第三个争议焦点是,信蜀物流向永安财险求偿,实际上放弃了对下家渝锐鑫公司的求偿权。根据保险人代位求偿权的规定,信蜀物流的行为影响了永安财险的法定权利,这意味着永安财险也没有了对渝锐鑫求偿的权利。信蜀物流称,选择向永安财险而不是渝锐鑫求偿,只是行使选择权,而非放弃对渝锐鑫的权利——选择和放弃是两个不同的意思表示。另外,信蜀物流提供了一个情节,即渝锐鑫也向永安财产投保,投保的货物居然获得了赔偿——同样的保险,同样的投保方式,同一辆车上除了本案价值90万元的货物还有渝锐鑫作为第一承运人运载的货物;如果本案90万元的货物不能支付保险金,那么依照类比原则车上其他货物也不能获得赔偿。

归纳一下,本案的主要争议焦点就是这三个:第一个是合同的性质,第二个是保险利益,第三个是保险代位追偿权。

(三) 争议焦点分析

从审判的角度,看了合同,听了诉辩意见,归纳出了争议焦点,接下来法官就要对各争议焦点判断、分析、论证。先看预约合同。什么叫预约合同？保险公司认为的预约合同是什么？预约相对的是本约。预约就是将来要签订合同,预设了一些条款,将来要用多少钱签订正式的房屋买卖协议,这个叫预约合同。《民法典》把它从房地产合同扩充到所有的合同,就是在任何的合同领域里面,双方约定在将来一定期限内订立合同,它的形式可能叫认购书、预订书等。如果一方违约,表示将来不再订立合同,就应承担预约合同下的违约责任。它有两个渊源,最早是2003年最高人民法院《关于审理商品房买卖合同纠纷案件适用法律若干问题的解释》,这是为了保证购房人的利益;2012年最高人民法院《关于审理买卖合同纠纷案件适用法律问题的解释》出现了预约合同,《民法典》推广了其适用范围。本案中,保险公司认为预约框架协议是预约合同:双方先签署预约协议,信蜀物流每次申报运量是要约,保险人承保,从而构成了本约。这是保险人诉讼的思路。

本案的货物运输险到底是什么,英文Open Cover,这个词是从海上运输行业借鉴的。保险公司把Open Cover/Open Policy翻译成了预约保险协议、开口保单、货物运输预约保单。从开口保单的发展历程看,其可能包括三种。第一,任意申报的开口保单。举例而言,如果物流公司某年将有1.2亿元的业务,它可以就这其中的任何一单投保,保险人经过审核后同意承保的话,双方就可以签订保险合同。第二,选申必保。即物流公司可以从1.2亿元的业务中挑出任意一次运量投保,只要物流公司投保,保险人就有承保的义务;保险公司不能在物流公司投保时投保不符合要求而拒绝,因为双方之间已经签署了开口保单。第三,强制性开口保单,也叫标准开口保单,意思是全报全保型保单。物流公司必须把全年的业务向保险公司申报,保险公司不得选择或者拒保,也就是每一单都要承保。本案中双方当事人之间进行了不得瞒报、漏报和不报的特别约定,这个约定就是标准保单的格式,国内的陆路货物运输大部分采用这个条款,其他两种类型的开口保单在实践中很少出现,因为难以操作,对当事人的诚信要求也高。

大家可以看一下本案的特别约定的具体条款,实际上它在这里面讲的就是均应申报,选的就是第三种。1906年《英国海上保险法》规定的就是第三种。这里面还讲了均应申报,而且要如实申报,基于善意的遗漏或错误即便货物已到达或损失已发生,也可以进行更正。那么这是要约吗?

我国的很多保险规则起源于《海商法》,海上保险的很多规定早于《保险法》的规定,《海商法》很多规则比较详尽。在英国《海商法》和我们国家沿用的规定里面,都有开口保单,也就是预约保险合同,预约保险合同是我们国家引入的,没有翻译成开口保单,翻译成了预约保单。所以它可以叫预约保单,也可以叫开口保单。

我还想问一下同学们,为什么在网上找到的这条定义里面,会出现CIF、FOB、CFR价格出口的表述,是用这个价格出口或用这个价格进口的就不保吗?

同学:《海商法》中CIF和FOB,到底谁来追诉,承担投保义务不太一样,所以可能和预约合同的定义有关。

吴峻雪：非常好，这实际上是站在业务的角度去定义的，不是法律上的定义。CIF 术语下是卖方付保险费，FOB 和 CFR 术语下买方付保险费。一般 CIF 就是找卖方看保险合同，而 FOB 和 CFR 就是要找买方看保险合同。我们法律人下定义，一般不会从这个角度写，因为对我们来说就是达成运输合同，至于以什么条件达成，无非是合同条款约定不同。如果采用 CIF 术语买方可不可以投保？也可以。即使这样一来就不能称为 CIF 条款了。

开口保单的约定中，最大的要求就是投保人应当按照约定的最低保险费支付，若不全额交纳保险人有权拒赔，或者按已收保费比例赔付。

在开口保单的强制型保险中，申报义务不是《民法典》第 495 条讲的订立本约的意思表示。本案合同是全报全保型，就是标准化强制性的开口保单。而申报业务就应该是合同履行内容之一，我根据合同每个月负有申报运量的合同义务。为什么我每个月都要申报？是因为签约时一开始只交 6 万元保险费，如果多运不申报保费，保费就会少收，所以最后要按实际运量结算。如果不申报的话，就会出现一个什么问题？也就是说如果运 1.2 亿元货物，要收 6 万元，也就是按万分之五的比例来收取保费，但如果运的不是 1.2 亿元货物，而是一年运 12 亿元货物，12 亿元货物里面 1.2 亿元货物投保了，保险人允许你不申报，那么你每次出险就报一下，不出险就不申报，到最后一年下来一结算发现这 1.2 亿元货值里的风险概率远远超过万分之五，风险都浓缩在了 1.2 亿元货物里申报，涵盖了在 6 万元的保费的对价里面。投保人可以挑选申报，既可以不多交保费，还可以把 12 亿元货物的风险全部算在 6 万元的保费里面让保险公司承担，最后就变成一个巨大的道德风险。

同学：我想问一下，这个合同是指每个月报上个月的，在英国的规定里是逐单申报吗？

吴峻雪：逐单申报，而且强调按顺序申报。英国《海上保险法》的申报义务还有善意更正条款，如果之前申报得不对不准，之后还可以把瑕疵补掉。

同学：如果理解为每个月报上个月的，我们再签订合同，就是对已经发生的事情再投保。

吴峻雪：非常好，这是第二个问题。刚才我们讲的是选择性投保会给保险公司带来巨大的成本，因为投保人把出险量都放在约定的很小比例的范畴里。保险公司采用大数法则，这个万分之五不是拍脑袋算出来的，是根据整个物流行业的赔偿以及每一个公司的资质算出来的。如果允许投保人把 12 亿元货物的运量风险组合出来放在 1.2 亿元货物运量里的话，保费就不是这个风险的对价，这样就会影响到整个行业的保费核算。

刚才同学讲的是我们第二个重要的点，涉及保险的定义，会把保险合同的射幸性给颠覆了，如果允许对上个月的运量进行申报，上个月的货物是否发生损失已经确定了，已经是一个固定的结果，这时候再投保就不叫保险了，等于是我跟你签一个合同，我凡是有损失你就得赔，这就不是保险，没有射幸性。

这是我们第一个结论：通过所谓的预约协议建立起来的保险关系，是履行行为，而不是一个要约行为。

我们再来看第二个争议焦点，保险利益。先看 A 面。有投保需求的主体，包括货主(对货物全程有保险利益)和承运人(在运输中有保险利益)。

再回顾一下具有法律上承认的利益这个定义，以及货主对于财产险和承运人对于责任险的保险利益。《货物运输险》保险里格式条款约定：因为××造成的××损失，从合同定义的保险责任表述看，就是一个标准的财产损失险，也就是狭义财产险，这个没有争议。根据保险利益原则，这个险种就是设计给货主用的。比如我们每次发快递，有保险保障，就是这种性质的保险。货运险的投保人可以是任何人，而被保险人适格情况就是货主，从设计层面没有想过这个险种提供给承运人用。本案实际情况是，被保险人为信蜀物流，而被保险人作为物流公司，在出险的时候对这批货有什么保险利益？从拿到货到交货，自始至终就不可能有货运险项下的保险利益，就是货物的所有权。所以根据《保险法》，保险公司可以拒赔。投保人是物流公司，被保险人是物流公司，所以这个保险合同被保险人没有保险利益。

到了这里再看一下物流责任险和货运险这两个险种，选哪一个险种，答案很明确，应该投物流责任险，因为有"责任"两个字。但是法律关系和法律规定是 A 面，现在再看这个问题的 B 面。B 面是什么？根据法律逻辑推导出当事人的权利义务的情况下，对于双方当事人是否公平？这个纠纷有没有得到解决？或者还有没有别的法律路径，可以把这件事情用真正的道理讲明？我们一般在办案的过程中还需要考虑行业的问题，考虑业务层面公平的问题，不单纯是法律问题的逻辑推导，我必须了解为什么有这个纠纷，为什么会有这种现状，适用法条是不是就能解决他们之间的纠纷，怎么样基于公平正义化解纠纷。我们现在来看 B 面。

陆路货运是买方市场，货主的选择面是很大的，特别是对于大公司的货主，他的可选择性很大。所以货主一般不愿意做投保这件事情，特别是承运人，我找一个好的承运人，有承运人的资质，为了长期合作，就不会今年出了事不赔。那么既然承运人愿意赔，货主为什么还要投保(当然现在很多的货主特别是大公司也会投保)。但是一般来说货主不愿意承担交运后的保险费。除了保险费的问题，还有一个追索成本的问题。出了险，如果我作为被保险人，还要去打官司，还要针对保险公司的辩解理由进行举证，要花很多律师费。这么复杂且耗时的事情，货主不愿意介入。货主只要拿到物流企业的赔付就可以了,而且运费一般是阶段性结算的,赔偿金额甚至都不需要让物流公司付钱,只需要在下期运费中结算抵扣就行了,很简单。货主不愿意花钱出力去投保,所以是物流企业有刚需,它的风险太大了。而在投保的时候,没有哪一家保险公司会同时把两个险种拿出来。而是保险公司想卖哪种就提供哪种出来。物流企业要运输货物就要投保,看到"货物",看到"运输",看到"保险",感觉可以满足基本要求,就选择了货物运输险。

在前几年,向中小物流公司出售货物险成为很普遍的现象。有一个保险经纪公司,因为它跟这个保险公司最后不合作了,就提供了情况说明。经纪公司说我一年帮某保险公司卖200多单货物运输险,都是面向中小物流公司卖的。卖的时候没有考虑过保险利益的问题。物流公司投保时明确为全年的运输业务投保,双方明知是以货价作为计算保费的依据。在审判实务中发现一个特点,大型的货运企业物流企业投保的都是物流责任险。为什么?

根据长尾理论,以前商家努力抓住20%的头部企业,抓住占有市场80%份额的企业就能盈利。现在随着互联网技术的发展,淘宝、拼多多的深入,将剩余80%的巨大市场主体的消费积极性给拉动了,这里面的商机巨大,比如三四线城镇消费需求和农村消费需求。长尾市场的生意成为争抢之地。而在保险上面,中小物流公司就是这个市场的长尾。如果保险公司能抓住这个份额,市场非常可观,前景非常好。但问题在于:第一,很难找到中小物流公司;第二,道德风险要比大公司高,因为中小物流公司承运行为肯定没有大公司规范。但是保险市场要培育,风险保障需求是客观存在的,保费是切切实实的收入。本案的中小物流公司是保险公司不能放弃的市场。

大物流公司投保物流责任险,中小物流公司投保货物运输险,是市场的现实情况。比较一下这两种险。第一,保障的风险不同。第二,货物运输险里面有申报和通知的义务,而物流责任险是不需要的。第三,物流责任险的保险人没有检查业务的权利,平时也不会介入物流公司的业务。第四,货运险是以对货价去计保费的,本案中是万分之五,而物流责任险是以运费计保费的。比如说快递费10元钱,但是发的东西肯定不只10元钱,如果物流责任险以运费作为基数计保险费的话,保费金额大幅下降,也就是说仅从费率上看,物流责任险保费比货物运输险低。第五,追偿权不同。货运险是狭义的财产损失险,保险人有追偿权,导致财产受损的责任方应向保险公司承担责任。车险中的第三者责任险,如果被保险人开了车撞了别人,保险公司赔偿受害人后,保险公司赔付后不可能再向被保险人追偿。这是因为赔的本来就是被保险人对他人的责任,过错本来就在被保险人。责任险中保险人一般没有追偿权,因为犯错误的本来就是被保险人自己。货运险里的道德风险被多手段控制,保险公司有权要求被保险人申报、检查,而物流责任险一半由大物流企业投保,业务相对规范。因为物流责任险出险的道德风险较大,规范的物流公司能将这种风险就降下来。

经过比较,大家可以知晓保险人为什么这样开展业务。向中小物流公司出售货物运输险,第一保费收入高(本案中费率的万分之五),其他案件中,大物流公司投保物流责任险,保费费率是万分之三点九;差别更大的是基数不同,物流责任险是根据运费计算的,比如通过快递公司发送价值200元物品,交给快递公司10元钱运费,物流责任险的保费是根据10元钱算出来的,而货物运输险是根据200元钱算出来的,这里面差别就大了。但是,要注意的是,大物流公司光是运费收入一年可能达到200亿元,所以按照运费和万分之三点九的费率算出来的保费是900多万元,而小物流公司运输的货物总价值一年才1.2亿元,如果不按1.2亿元货值算保费而是按1.2亿元货物的运费算保费的话,保费过低,保险公司不愿意收很少的钱去做道德风险很高的业务。中小物流公司在有风险保障需求的情况下,议价能力弱于保险公司,如果是物流责任险就没有保险人愿意承接,而货物运输险保费高一些,一些保险公司就开始以这个方法承保中小物流公司的货物运输险。

保险人第二个考量是随时核查物流业务的权利,可以介入物流公司业务经营,当然现实中可以不行使该权利,因为投入管理成本太高,但是有权这么做。货物运输险中,物流公司作为投保人所负的合同义务比较多,比如申报、履行通知义务,如果没有履行上述义务,一旦发生合同纠纷保险人可以据以抗辩;另外,保险公司在诉讼中明确表示货运险下物流企业是没有保险利益的,因此在具体业务中保险人处于比较有利的位置,发生保险事故,如果不支付保险金也有法律依据(因为物流企业没有保险利益),当然也可以赔。这样一来,保险公司就站在全盘可控的地位。

为什么物流公司没有保险利益的情况下保险公司也要对发生的损失进行赔付?是因为,这款保险产品要继续销售。如果对物流公司投保且出险的每一单货物运输险都不予理赔,那么占有市场主体百分之八十的中小物流公司就不会参保。所以,保险公司对此还是要赔偿,保险行业整体上不能不诚信。那么,为什么有一些案件中保险公司会主张物流公司没有保险利益?因为大多数诉至法院的此类案件中,保险公司怀疑这单损失是假的,或者怀疑这单损失没有这么高的赔偿金。但是,诉讼需要时间成本、经济成本,同时还有败诉风险。如果保险人怀疑事故是假的,需要先举证,把真相找出来,核实人证、物证需要很大的成本,保险公司也没有精力做这件事情。另外,如果对损失金额有异议,需要通过评估鉴定才能计算出比较有公信力的损失赔偿额。而要做鉴定,就看发生损失的货物是什么——有的是精密仪器,有的是机床(如本案),物品类型多样。要找出一个有公信力、各方当事人都认可的第三方鉴定机构很难,鉴定费用也很高。因此,以损失金额抗辩的话,举证会非常耗时,结果存在较大不确定性。而保险利益这个纯法律观点就在手边,道理不复杂,能用当然用这个,而且逻辑理顺后基本可以获得支持,不用再涉及多如牛毛、胜负难辨的事实争议。这就是向中小物流公司出售货物运输险业务,以及有的赔付、有的不赔付的原因,是我们审判需要了解的B面。最后一个问题,保险人怎么向法院解释已赔偿的那些货运险？保险公司专门留有一部分资金,叫通融赔付。比如保险公司认为不该赔,但你特别可怜,或者保险公司履约有瑕疵,那么就用这笔资金进行补偿,金额一般可以到保险金的一半。用这个通道,支付的钱不算保险金,而是其他补偿。保险人对以前货运险赔付的解释均为通融赔付。有道理吗？一两笔说得过去,但所有公司都这么做就说不过去了。但毕竟通融赔付是一个可以拿出来说的理由。

所以,保险人在这个市场里面,主要考虑的是成本控制和风险控制,而物流企业又有刚需。这是保险公司挖的一个陷阱。物流公司有刚需,保险公司要控制、风险和成本。但是因为中小物流企业太多,构成了有消费潜力的长尾市场,保险公司所以折中签订货物运输险。这样每单收取的保险费比物流责任险多收一点,如果没有巨大的道德风险,或者保险人怀疑不真实的地方,就做赔付;如果对事故有争议,就以没有保险利益为由拒赔。

(四)处理方案讨论

下面有几种处理方案:第一种,驳回原告起诉,因为保险公司没有保险利益。第二种,支持。其中可能有两个方向:一个方向就是合同有效,保险公司就该赔;另一个方向是合同有效但是我觉得双方建立的是物流责任险,虽然签的名字叫做货运险。

承担这两个责任结论结果一样,论述过程不一样,所以放在一起。第三种处理方式:不支持合同保险金,但是可以以缔约过失责任要求被告承担赔偿责任。其中还有不同观点,一个观点是保险人应该承担全部的缔约过失责任,另一个观点是投保人自己也有不对之处——投保投错了,也应和保险人一起按过错比例承担。

大家对于合同有效应该没有争议,这个是法律规定,法律没有说财产险没有保险利益就无效,合同无效的依据必须由法律规定,所以不能认定为无效。

怎么解决？三种观点三个方向:第一种,纯粹按照保险法推理去走。第二种,纯粹按照内心正义的方向走,觉得保险公司的做法太过分——签约时说好要赔的,现在发生了事故居然不赔,那么法院不支持,判决赔付。关于赔付理由方向又不一样。第三种,根据法律的确不该赔,但是原告可以主张被告承担合同目的不能实现的损害赔偿责任。当事人签订合同,是希望实现合同目的,双方要遵守诚信原则,缔约过程中违反诚信原则就会构成缔约过失责任。

我们来对这几种观点进行评判。第一种,判决推理是正确的,但是当事人不会对判决结果心悦诚服,他们会觉得这样的判决比较机械,权利义务不平衡。第二种,支持赔偿金的诉请,即认定合同有效,判决保险公司予以赔偿。"合同有效"是对的,但是依据合同和《保险法》不应该赔偿,因此判决保险公司予以赔偿的话说理非常难,得有法律上的途径解决这个问题。如果没有法律依据而仅依据公平进行判决,这个判决结果可能无法被接受。第三种,合同有效,认定双方实际建立了物流责任险的关系。这就相当于双方之间的法律关系取决于法官的认识:即使双方签订的是货运险合同,但是法官认为双方应该签物流责任险合同,那么双方之间就是物流责任险合同关系。如果第三方(法官)的意志可以任意介入一个合同关系,会颠覆合同关系作为"法锁"的本质。以后签约的风险会很大,因为会有第三方有权说当事人之间建立的不是他们想建立的合同关系,而是第三方认为的另外一种关系。第三种方法看似解决了问题,但实际上动摇了合同的基础,有较大负面影响,推翻了民事自治的原则。

彭冰:这不是常用的吗,名为××实为××?

吴峻雪:"名为实为"实际就是《九民纪要》中讲到的通谋虚伪意思表示。也就是法院一定要查明当事人签订的合同,比如约定的是融资租赁,但是我查明实质是借款,一定要有查明借款的事实和证据。这个案子里面物流公司从头到尾就不知道物流责任险这件事,如果事后由第三方决定,很难说订立合同的双方有通谋。本案中,要说虚伪意思表示可能是保险公司,但是保险公司就想把货运险卖给物流公司,不管有没有保险利益。很难认定为通谋虚伪的意思表示,所以虽然这个解释能够得到看上去比较公平的结论,但我们还是认为这个意见不能采纳。

我们再看最后一个观点,也就是合同有效,不予支持赔保险金的诉请。前半部分跟前一个观点一样,就是不支持赔保险金,但是引入了缔约过失理论。这个观点中第一部分的法律逻辑推理同第一个结论一致,也就是合同有效,没有保险利益不能赔付。但后面考虑保险利益的B面情况,引入了缔约过失理论。

那是不是跟诉请有关?的确是。如果要用缔约过失理论的话,和原告原来诉请的主张会不一样。因此,在案件审理方向发生重大变更的情况下,会向当事人进行释明,询问原告是不是提出备位诉请。在一般情况下,原告会要求变更诉请,至少同意增加备位诉请。可以继续往下审。当然,这里要注意,在保险利益问题上,如果仅是投保人约定为承运人的话不影响赔付责任。但如果被保险人约定为承运人物流公司的话,就需要用缔约过失来解决这个问题。

再讲缔约过失责任,缔约过失责任违反了诚信原则,违反了《合同法》规定的先合同义务,致使另一方的信赖利益受损。《民法典》第500条吸纳了《合同法》的规定,明确了缔约过失的情形中,其中包括假借订立合同恶意磋商,故意隐瞒与订立合同有关的重要事实或者提供虚假情况等。在法理上,我们国家的法律框架体系里没有把缔约过失放到违约或侵权里面,缔约过失在合同不成立或不生效的情况下适用。既然合同不成立不生效,认定为违约的话,逻辑不对。而从侵权法理的角度讲,缔约磋商中双方要承担的不是普通的注意义务,而是通过缔约磋商,双方已经建立起一种高于一般主体之间的信赖关系,但又不是合同关系。在这种状态中,当事人要尽的不仅是一般被动性的注意义务,更要承担主动注意义务。比如我要通知,要在适当的情况发生时积极履行一定的行为,来保证你的信赖利益不受损,或者比如我知道你订立合同的目的,比如你想买这套房子,我根本没有这套房子出售的权利,还要卖给你。这个时候在缔约上就有一个义务,我现在还没有拿到这套房子,现在只是签约主体,只是产权人,你还要不要跟我签,这些都要告知。这种积极的主动注意义务,比普通的注意义务要求还要更高一点。所以在法律框架中把它放在独立部分,既不属于侵权,也不属于违约。

但是我们审理的时候,确定和判断缔约过失责任的角度还是四要素:过错、行为、损失、因果关系。

同学:我想问一下,如果都是用缔约过失,针对实践中没有诉至法院的,保险公司可能赔了,也可能不赔,但是没有提请诉讼,那法院就不干涉,但只要提请到法院我们就用缔约过失解决。

吴峻雪:这是两种情况。

同学:觉得好像哪里不对,法院在这种情况下会认为当事人的合同目的不能实现,对于市场中还没有提起诉讼,或者已经放弃提起诉讼的人来说,其实法院是在否定他们之间的合同,因为法院只要在评价这种合同的时候,都会认为这种合同的目的不能实现,法院没有介入是因为当事人没有提请诉讼。认定构成缔约过失,其实还是基于当事人订立合同的目的不能实现,法院还是承认了订立目的,就是为了得到赔偿。但是当事人订立合同的目的,实际上是为了订立一个物流责任险,否认了您刚刚说到的第三点意见,但您说不能得到支持。

吴峻雪:我知道你的意思。你认为法院隐性的表态,是认为当事人实际上想建立物流责任险关系,但是又不能干预他们的自由意志。

同学:其实还是法院认定了他们的合同是物流责任险。

吴峻雪:这里有一个地方要澄清,我们并没有认为合同目的是订立物流责任险,认定订立合同的目的是,如果在运输途中发生了货损,要从保险公司获得赔偿。物流责任险也好,货物运输险也好,只是实现这个合同的目的形式或方法,用哪种形式订立合同不是目的,订约不是目的,终极目的是通过订约得到风险保障并获赔。

同学:我们可不可以认为,既然保险公司也知道物流公司这样的身份,我在跟它签订合同的时候,我的目的也是为了获得物流过程中的责任赔偿。

吴峻雪:你说的"我"是公司还是保险人?

同学："我"是物流公司。可不可以认为合同有效,他们之间达成的是另外的一个合意,不论名字是什么。

吴峻雪：保险有很多的条款,如果要投保物流责任险,除了主体身份外,保险格式条款还包括免责条款、索赔条款、不能追偿条款、赔偿损失范围的描述,这一整套的合意他们没有达成。实际上他们没有看过保险格式合同的文本,也很难说他们达成了合意。物流公司为全年业务投保,目的就是要为发生的任何损失提供保障,保险公司要承担责任。不能说物流公司的合同目的就是为了跟保险公司签订物流责任险,这是手段不是目的。如果能想通的话,那你的接下去的问题就是有一部分赔,有一部分不赔,不赔的部分诉到了法院,法院引用缔约过失责任和已获得赔偿的部分是否产生矛盾。如果把合同的目的定义为赔偿,那么已经赔偿的是不是合同目的就实现了,也就没有矛盾了,为什么本案这些合同目的不能实现,因为保险公司拒赔,保险公司拒赔的行为导致了投保人订立保险合同目的没办法实现。至于没有获得赔偿也没有起诉的,有可能是一种市场考量,比如我的时间有限,需要开展业务而不是通过诉讼追回金额并不多的损失,或者和货主已谈好,双方分担了损失,不找保险公司的麻烦了,都有可能。也不能说不起诉对各方就一定不公平,这是民事主体的自身选择。可以向物流行业协会反映,让他们规范投保。

彭冰：他们没有协会。

吴峻雪：有可能,或者他们协会根本没有关注这件事,保险只是他们运输的一个方面,不是全部。对保险公司来说,这样做成本核算下来比较划算,进入诉讼的毕竟数量有限。

关于缔约过失责任的四要件争议不大,但是有一些理论上要注意的点,比如什么是信赖利益损失(直接损失肯定属于信赖利益损失,对于是否包含间接损失,存有争议)。本案中,信蜀物流的信赖利益损失在于,投保货运险后,其以为获得了货运险的保障,但实际上自己的风险没有得到保障,而且失去了与其他保险公司签订适格保险合同的机会。

案件里面主要衡量的争议焦点是主观过错的问题。关于本案的第三个观点又包括如下分歧:保险人是承担全部的缔约过失责任还是承担部分缔约过失责任,差别在于主观过错的认定上,一个是认定一方有过错,一个是认定双方都有过错。

本案的缔约过错方是保险公司。对此,保险公司在诉讼中辩称,自己要做的以且仅以《保险法》为限,订约的时候遵循《保险法》就可以。《保险法》规定,格式合同的免责条款是保险人尽了提示和明确说明的义务,只要自己履行了这两项义务,就意味着履行了全部先合同义务。至于谁投保,买什么保险产品,与保险公司签订什么类型合同,完全是投保人的自主选择。保险人没有推荐适格保险产品的义务。

当时是2016年,相关规定以及金融市场的法理规则等对此并没有权威性要求和规定。现在,《九民纪要》和《民法典》对金融法上的金融机构履行适当性义务有了统一的规定。本案的投保人是公司,而非自然人投资者,很难用了解客户、了解产品的适当性义务要求金融机构,但是法律层面上对金融机构的经营行为和格式条款有了比较明确的规定。在当时,除了《合同法》规定的缔约过失,没有其他法律条文可以适用。根据《合同法》,一方当事人对于对方当事人不能实现合同目的有过错的,应该承担相应责任。这是诚信原则指导下的规则,因此,要首先弄清楚《保险法》和《民法典》之间的区别和联系。保险公司抗辩说,只需要遵守《保险法》,但《保险法》是根据基本法制定的。

保险合同相较于一般的合同对当事人有更大的善意要求,当事人被赋予更高的注意义务,所以在民法基础上又专门制定《保险法》。保险公司不能说自己履行了《保险法》上的义务,就不需要履行《民法典》上的义务,和其他的民法通行法律原则和规定割裂开。《民法典》合同通则分编的基本原则,如诚信原则、公平原则,这些都是作为民事主体应该遵循的。如果物流公司在投保的时候明知自己没有保险利益,隐瞒身份和缔约目的,执意投保,那么,保险合同就是有效的。如果物流公司告诉保险人自己的物流公司身份,告知保险人自己要为全年业务投保。保险公司甚至专门委托了一个经纪机构,向物流公司销售这类保险。缔约时,保险公司和物流公司对运输量、特别义务、申报、豁免等各项达成一致后计算保费。这种情况下保险公司已经明确知道投保人是谁,要干什么,你就应该把适当的东西提供给它。告诉投保人一个完全不能获赔的产品,这个就是不诚信。保险公司的合同目的是收取中小物流公司的保费,而对方的权利义务是什么,要为全年的物流业务投保,不能只为了满足收保费的合同目的,而漠视对方主要合同权利,对对方的合同利益要有一个基本的保障,所以适用缔约过失这个制度应该是没有问题的。

有的保险公司声称,自己的业务员和物流公司明确提示过,不能购买这款产品,存在不理赔的风险,但物流公司坚持己见,因为其他公司都购买这款保险产品,一定要投保。如果保险公司有证据证明物流公司投保的时候自己尽过告知义务,也能证明物流公司知道在这款产品项下可能得不到理赔并签字确认购买,那么,保险合同能不能签?能签,因为合同是有效的,只不过存在物流公司不能获得理赔的法律后果。当然,目前没有物流公司这么操作过。如果保险人诚信告知,理性人就会退却转而选择其他产品。本案中,保险公司抗辩说是投保人自己选择的险种,但是保险公司没有尽明确告知的义务,因此就谈不上物流公司的选择权,本次交易不适当。

关于物流公司有没有过错的问题,这个在个案里有不同情况。我们不能说所有的物流公司都不明白,不能下定论,因为既然采用四要件中的主观过错,肯定不存在统一的主观过错,肯定是一件案件,一个主体,一种情况,不能说肯定全赔,或者肯定不全赔。在本案中,证据显示,一是信蜀物流知道要投保,二是它已经去投保了。但是保险公司没有证据证明自己曾经告知有 ABCD 四个险,险种性质有什么不同。保险人合作的经纪公司就提供一种保险,所有的保险格式条款、保单和《货运险预约协议》中都没有写明"本险只能货主投保"或类似意思表达。在这种情况下没有办法推断物流公司对以下是明知的:第一,存在一个险种叫物流责任险,它和货运险不光有名称上的区别,还有性质上的区别。第二,什么叫货运险,物流公司有没有作为货运险被保险人的资格。第三,物流公司在货运险项下从来没有获得过货主让与货物所有权的授权。也就是说货主提前授权,一旦物流车辆发生事故,货物受损,我就把货物的所有权转让给你,没有人会主动签这种条款,一是基本没有人会想到有签订这样合同的需要;另外从利益的角度,货主也不会签,因为承运人的道德风险太难控制了。因为货物全程掌控在物流公司手中,如果签了这个条款,在有利可图的情况下,很可能故意让货物发生一点损失,就能拿到货物所有权,然后自行处置获得不当收益。而货主从物的所有权人变成了债权人,少了对物的处置权。在不可能提前预授权的情况下,物流公司在保险事故发生时是绝对不可能具有货运险保险利益的,也就是说自始至终都不能获得赔偿。知道存在各种不同的险种,知道各种险种适格的保险利益是什么,需要具有丰富的保险知识,一般的投保人若没有经过专门的告知,是没办法明辨的。

在信蜀物流和永安财险这件案件里,合议庭最终认定永安财险有缔约过失的主观过错,判决永安财险承担全部的损失赔偿责任。

这个案子办理以后,我们向监管部门发出司法建议。在司法建议里提出了规范物流企业投保产品释明的要求,同时也给出了保险利益问题的短时期解决方案,把被保险人写成货主。被保险人标明为货主,就解决了保险利益问题。司法建议发出后,取得了良好的效果,既规范了行业,又给保险业一条合规的路径。但在新的规则下,业务开展中,又发生了新的问题,出险以后,货主是不愿意以自己名义向保险公司追索的,刚才已经讲过,他们完全可以通过扣除运费来得到赔偿,自己诉讼还要承担大量的举证义务和诉讼风险,不愿意参与。那么就产生了谁当原告的问题。

彭冰:物流公司可以把被保险人写货主,受益人写自己吗?

吴峻雪:《保险法》只有在人身险上对受益人有规定。

彭冰:不可以写受益人?

吴峻雪:可以写受益人,但是财产险里写了受益人,受益人的身份地位和法律权利是不受《保险法》直接保障的。和人身险不同,财产险里的受益人的权利内容、行权方式没有规范性的做法,包括可不可以受益人身份起诉,都没有法律依据。这样保险公司就会拿《保险法》抗辩,对这个主体的索赔权和起诉权提出质疑。如果没有写受益人,就是物流公司投保人、货主被保险人,这个时候物流公司起诉,保险公司会提出怎样的抗辩?保险人首先问原告你有没有向货主进行赔偿,因为保险公司先提出,原告如果不对外赔偿就没有损失,而没有损失就无权向保险人主张赔偿。这个逻辑对不对?保险是补偿性的。那么物流公司就向货主赔偿,或通过扣运费等一系列方法得到货主的确认赔偿函及授权索赔函,再用这些作为证据证明损失已产生。此时保险人就会讲,货运险的被保险人是货主,货主现在已确认损失已得到赔偿,根据狭义财产险的损失补偿原则,被保险人的损失已得到赔偿,无权向保险人主张保险金,既然货主无权主张,更不可能把没有的权利转让给其他人来主张。保险标的不存在了,保险金依法不能赔付。

同学:按照第二个原则,直接视为责任险。

吴峻雪:你在这个案子里面感觉公平了,但只是基于内心的公平正义,不找到法律途径,就会有权利滥用的可能和倾向。一方对合同条款法律效力不知情,一方明显知情不告诉对方,法官就认定双方之间达成的是其他合意,这风险很大。因为不知情的一方完全不知道还存在不同种类的权利义务关系,知情的一方明显不想和另一方建立另一种权利义务关系,两个人不可能达成另一种合意。

同学:您认为的第二个抗辩理由,就是本案合同是财产险,但是物流公司想购买的是责任险。保险合同名字叫货运险,但保险合同约定的双方权利义务关系内容是否属于财产险,我一直没看到。

吴峻雪:本案有保险格式条款,就是我一开始给大家介绍的永安财险格式条款。

同学:这就是一个名称。

吴峻雪:不光是一个名称,是事先准备的一本合同。大家应该投保过车险,是给你一套反复使用的格式条款,是打印好的。这种格式保险条款需要经(原)银保监会备案的。格式保险条款是确定双方之间保险合同内容的重要依据,规则非常详备和完整。基于此,不能说当事人不承认保险合同,法院就单纯地根据投保人的投保目的,确定双方之间的权利义务关系内容和性质。目的不能代替合同条款来,也不能仅依据目的确定双方之间的合同关系。

同学:没想明白。

吴峻雪:你觉得的这种方法最方便,视为达成了物流责任险,因为一旦突破了公平性问题就好解决了。但是交给银保监会备案的物流责任险和货运险的条款权利义务约定内容完全不同,本案当事人双方之间并没有物流责任险保险条款的交付,没有证据证明投保人看过物流责任险条款,知道物流责任险免责条款是什么,知道什么时候索赔,索赔的条件是什么,要交什么材料,包括保费的计算等。

投保人对物流责任险的所有合同条款都不知情，不可以认定他们之间建立了这样一个法律关系，然后根据这个法律关系约束他们的行为。

保险合同的合同条款是很复杂的，不像我们日常生活中的一般民事活动，很多生活消费型的民事合同不需要条款，比如我去买一个东西，就该给钱，不可能签个合同。但是金融活动里面一定要有要式性。虽然法律不限定一定要有书面合同，但是金融合同的权利义务条款肯定会通过一定载体在双方之间明示，比如投保、买期货、进行投资理财，必须要约定合同条款。当事人之间的权利义务，包括一些约定，是需要一些载体固定的，而非约定俗成。

关于追偿权，保险人的追偿权依据的是《保险法》规定。《保险法》第60条规定，保险人有向被保险人赔偿保险金之日起，在赔偿金范围内代位行使被保险人对第三者请求赔偿的权利。第61条规定，保险事故发生后，保险人未赔偿保险金之前，被保险人放弃对第三者请求赔偿的权利的，保险人不承担权利义务。属于保险人的代位追偿权不能因被保险人的弃权行为而受到影响。这是代位追偿权两个法定基本条款。

所以，最根本最基础的狭义财产险，是有代位追偿权的，这是由合同性质决定的。被保险人是所有权人，物损失了，造成损失的第三方承担终局赔偿责任，保险人介入后还可以向终局责任人追偿。比如说火灾造成的机器损失，可以向保管人，依据保管合同向仓储方索赔。也可以依据买卖合同，来向生产厂房求偿。也可以依侵权，比如有人纵火，就可以向纵火者求偿。所以保险公司代位之后，它的求偿权不是跟保险合同有关，是跟基础法律关系有关，我可以只选一个法律关系主体起诉，也可以同时起诉多个。

责任险一般没有代位追偿权，比如，车险里面被保险人撞了别人，如果他投保了第三者责任险，保险公司代偿后，不会再向被保险人求偿。因为责任险的标的本来就是赔偿责任本身。因此，对于责任险，一般情况下不发生代位求偿，除非存在第三者侵权。比如说责任险中，由于盗窃造成货物灭失，保险人向承运人赔偿，因为承运人基于运输合同的违约责任，负有向货主赔偿的合同义务。承运人拿到保险金之后，保险人如果知道小偷被抓住了，完全可以作为受害人，向公安机关要求民事发赃，或者提起民事诉讼，告实际侵权人——小偷。一般的责任险里面如果没有第三方的侵权责任，只是被保险人自己造成了这个损失的话，保险公司就不能在赔偿之后再向被保险人行使追偿权。

因此，货运险中，保险人在多种情况下都有代位求偿权。这就是我们刚才要讨论的投保人要求保险公司豁免权的起源。像本案信蜀物流投保，如果这个案子约定的被保险人是货主，永安财险向信蜀物流赔偿之后，就取得了代位追偿权，它赔了之后，可以向所有的承运人追偿，因为本案不是责任险。本案李某某财产产生损失，而李某某跟前面这三者都是受托关系,真正的委托方可能是信蜀物流。在货运险项下,如果没有豁免权约定的话,先向信蜀物流赔偿,再向信蜀物流追偿,都有道理。这个时候要约定一个豁免,约定了豁免才能公平,否则投保人交了保费,保险人可以向李某某和渝锐鑫追偿,但向信蜀物流追偿,就失去了公平性。这就是大多数在物流公司投保保单里面有特别约定的条款,一般都会约定投保人豁免,这是在格式保险合同之外的特别约定。还有一些案子中,投保人不光要求豁免自己,还豁免了一连串的其他承运人。比如母公司投保,转委托给子公司运,那么就要豁免母公司和所有关联子公司,如果运输行为并未超出这个链条,到最后保险公司相当于要承担终局责任。这就是一般财产损失险追偿权的情况,本案中只约定了一个主体就是投保人的责任豁免,说明保险人除了信蜀物流,还可以向其他承运主体行使追偿权。

还有一种情况,在这个里面如果没有转委托运输,也只存在承运人处理不当发生货损的情况,不涉及第三方的侵权责任,这个时候投保人、承运人、责任人三位一体。如果不约定豁免条款,保险公司理论上可以向投保人追偿,一般都是要约定追偿豁免的。如果在个别案件中没有约定怎么办?也有判例支持保险人向投保人的追偿权,保险公司向货主赔付后向投保物流公司追偿。物流公司的抗辩要对抗法定追偿权,比较困难。

同学:保险公司就是依据大数据算出一个出险率。

吴峻雪:这不是责任险是货运险,我现在在讲货运险。

同学:假设所有投保人的保费能把每一个出险人给全额赔偿掉。保险公司赔付之后,再找出险人求偿,求偿使保险公司获取了更多的收益,它的收益应该源自自己对出险率的计算,相当于收取了保费后又多赚了一笔。

吴峻雪:你再想想,保险公司在用大数法则测算货运险保费费率的时候,就把行使代位追偿权的成本和收益放在计算公式里了。这是不是就公平一点了?否则货运险的保费还要高。也就是说追偿权也可以作为大数法则的计算因子,比较理想化的状态是考虑到了代位追偿权。当然,保费精算的公式不一定有我们想象得那么完美。但是保险不是一个可以直观等价计量的合同,我们交的保费,对应的是一种风险保障的概率,在个案判决的时候,很难从保费作为对价的权利义务对等的角度来认定保险公司是不是合理建立了合同关系。也就是保费怎么精算出来,什么样的费率是合理的,在个案审理中无法也不可能进行审查。因此,只能从合同条款来看,而不是从保费对应的保险责任是不是合理看,除非保险公司超过规定费率乱收费,这是金融监管部门的监管职责。在这样的情况下,如果是货运险,如果保险人行使代位追偿权,如果没有约定豁免条款,目前还没有办法找到一个适当的路径,认定保险公司无权主张,因为豁免条款是特别约定条款,并没有写在保险格式条款中,需要双方主动约定。

当然,有一个思路,如果保险公司告物流公司追偿权,物流公司可不可以反诉保险公司存在缔约过失,物流公司投保就是为了拿到保险金,保险公司在未告知财产损失险可以追偿的情况下未明示可以向承运人(投保人)追偿这个权利,以至于物流公司投了一个并不能保障自己权利、只能保障货主权利的保险。大家可以思考一下,这样做的可行性高不高。因为目前还没有现实判例,没有办法进行实践判断。但是可以预料到,对这个缔约过失责任的认定比错投险种的认定要难。因为代位追偿权是《保险法》规定的法定权利,默认民事主体是明知的,我们很难认定物流公司不知道保险公司有代位追偿权。如果是明知的,你们签约的时候是否约定豁免就是双方的选择,不选择保障自己的权利的条款并不受法律的禁止。因此即便物流公司真不知道保险公司有代位追偿权,也应由物流公司自行承担法律后果。而刚才我们讲到的错投险种问题,也就是货运险是狭义财产险问题,是保险业务内容,并不属于法律规定,保险人对其明知,社会公众并没有明知的义务。所以就货运险来说,物流公司没有保险利益,法院可以认定保险人存在缔约过失责任。这两个问题还是存在较大的区别。

另外,在物流行业里面有一个四倍运费赔偿上限的惯例。在快递单背面,经常会看到一个格式约定,如果快递丢失或损坏且未保价,承运方赔偿上限是四倍运费。如果委托人又投保了货运险,发生货损后委托人选择保险金赔偿,那么保险人赔偿后依法获得了代位求偿权。这时候委托人和承运人之间四倍运费赔偿上限的抗辩在保险人行使代位求偿权时是否有效?从保险人的角度,保险人是按照货物实际损失赔偿的,如果货主在投保时并没有告诉保险人他和承运人之间有赔偿上限的约定,保险人并不能合理预见到他无法在追偿时全额受偿。从承运人的角度,和委托方签订四倍运费的赔偿限额条款是运输行业的通行规则,货主不投保时双方不会有争议,为什么货主投了一个保险,换了一个主体,反而这个条款就作废了呢?这个问题的争议也比较激烈,大家可以运用刚才讲的思路思考一下,到底哪个权利优先,怎么运用法律技术公平地解决这个问题。

再回到代位追偿权上来讲另一个问题:本案中,假设渝锐鑫是投保人,被保险人是货主,同时约定投保人承运的豁免权,这样投保比较规范,对吗?保险人行使代位追偿权时,除了不能向渝锐鑫追偿,可以向信蜀物流追偿,也可以向李某某追偿。如果他选择向信蜀物流追偿,信蜀物流承担了赔偿责任后,是不是还可以基于运输委托合同关系向渝锐鑫求偿?

也就是说在这个问题里,如果投保人是运输链条第一手承运人问题还不大,但如果投保人是中间的某一手,上面还有承运人就出现了问题。中间手承运人如果只在保险代位求偿权的法律关系中把自己被保险人追偿的义务免除了,但并没有免除自己的上手承运人基于委托合同向自己追偿的权利。因此就会发生投保人在保险金赔付给货主后,以为整件事情结束了,但突然有一天上手承运人依据合同关系起诉他。在这个诉讼中,保险合同的约定是不约束运输合同双方当事人的,那么从终局是否承担责任的角度看,保险人给予投保人的追偿豁免权就没有意义了。因此在现实中,如果要杜绝这种问题的发生,就必须在豁免权约定时明确表述豁免的公司名称及"上游全部承运人",限制保险人追偿权的行使范围。但目前为止并没有一份保险合同有这样的约定。

物流公司为物流业务投保的保险案件,在审判实践中是难度比较高的案件。原因在于:第一,业务涉及主体多;第二,投保险种和各种约定比较乱,没有规范的格式和市场惯例;第三,法律争议涉及合同条款和保险原理之争、合同的稳定性和诚信原则公平原则之间的冲突和矛盾之争。要处理好一个案件,可能要去了解这件案子的前因后果,去了解已经发生的和将要发生的各个主体之间的纠纷和诉讼。根据掌握的所有情况,才能合理公正地判断应该由谁承担最终的义务。这也是和大家分享这个案子的原因,它是社会现象和法律问题的交织,是金融业务原理和法律规范之间的协调。而且并不是只有一件案件,是一批案件,但这一类案件的情况又不完全一样。

焦点三是信蜀物流向保险人主张赔偿,是否构成对下手承运人权利的放弃。通过对焦点一和焦点二的分析,我们能比较容易达成共识,即信蜀物流选择向保险人求偿只是因为它有权利竞合时的选择权,而不构成权利的放弃。权利竞合在社会生活中是非常常见的情况,择一行使是权利人的行权方式,并不能推定就是放弃权利,放弃权利是要积极表达的。保险人这样推定,是因为《保险法》第61条规定了权利人弃权时,保险人可以免责,但本案情形明显不符合该条的适用条件,所以保险人的主张不能成立。

跟大家讲一下判决结果,前面两个案子是全款赔付的,青岛汇鑫贸的案子是按比例赔付的,按比例赔付是因为法院认定双方都有过错,和上面讲的缔约过失的过错原理是一致的。如果我们只分析到第二个争议焦点的A面,实际上这个案件已经可以判决了,认定没有保险利益后保险人不用赔付保险金,符合法律规定,也回应了原告的诉请,在法律上没有任何问题。但是,处理纠纷不是纸上谈兵,法律争议的背后是活生生的人和鲜活的业务,我们不光要在法律上寻找正确,更要在法律上寻找公平,寻找最后一道防线的守卫方法,因此本案审理到最后不是审理合同,而是当事人之间的权利义务的公平,为公平找到一条法律路径。

三、审判思维

在办案的时候,需要全面审查全案事实和法律适用,要有审判经验的积累。很多经验是大家能够通过日常生活推导出来,但是金融业务并不是大家靠日常生活经验就能了解的,比如说票据、信托、保险等,需要在案件审判中,由当事人讲清楚。所以,第一个理念是,我们需要了解整个案件事实纠纷起因、业务原理,要知道为什么是这个合同,而不是相似的别的合同,条款相似的点和区别在哪里。

第二个理念,其实很多案子审到最后并不是法条之争,而是理念之争。这个理念不仅仅是法律的理念,而是对于纠纷背后的社会关系的价值判断。因为法条毕竟是有限的,而为什么适用法条、如何适用、法条的搭配方式是无限的。

有这两个理念,接下去才是法律技术。一是如何适用法律条文。我们刚才讲的案子里面,其实涉及侵权法等很多的部门法,法律条文你要知道或熟悉。二是法律事实怎么查明。法律事实查明不仅通过举证和认证,也要主动引导当事人把法律事实告诉法官,这是司法者在案件审理中一个很重要的职责。如果由于双方当事人的恶意,会隐瞒一些案情故意不讲,如果没有前面的生活经验,法官可能都不知道有什么东西被隐瞒了。如果遗漏了重要事实,法律文书的说理可能得不到双方当事人的认可。还有法律逻辑运用,最后通过什么样的逻辑能推导出来你们要的判决结果。逻辑能力的高低,在使用上还是有较大差异。如果逻辑上有机械适用的问题,就会发生每一步推导好像都是正确的,但是推导到最后结果是荒谬的。实际上每一步推导的过程中,可能存在微量误差,但如果环节太多,推到最后就不对。所以要有一个全局性的视野,到最后才能得到一个合理的审判结果。

审判工作还需要有比较强的文字和语言表达能力。判决书要面对的对象不仅是当事人,还要面对社会公众。案件的裁判结果再正确,但判决书表达不清晰,说理有错误,大家就会认为判决结果的依据不足。文字的准确表达很重要。语言表达也一样,当然,司法者不一定要说很多话,但是还是需要和各方当事人做很多沟通。特别是在开庭时,开庭主要是听当事人讲,但是法官需要驾驭庭审,把庭审纳入规范程序的同时,还要审清楚各种事实和观点。法官的语言表达能力不是用在庭审中和当事人争论上,而是要引导当事人和规范程序。和表达能力同样重要的,就是同理心和共情能力,关注各个诉讼主体的情绪。为什么情绪很重要?第一民事纠纷,不管如何判决,判决结果都会对一方有利,对另一方不利一点,甚至对双方都不利。因此,每一件案件必然涉及处理当事人情绪的问题。首先,要在判决前的案件审理过程中让当事人对法官个人没有道德上和能力上的负面意见,还有就是在审理过程中,有意识地加强对双方当事人对不利结果的接受度,也就是让双方都建立起可能胜诉、可能败诉的意识。当事人很多都没有那么客观,特别是沉浸在自己的利益和理由中,可能他从没有想过自己会败诉。而且,有一些当事人对胜诉败诉的结果认知还比较混沌,不知道有一些理由拆解开是不能得到支持的。因此,无论什么案件,法官在审理过程中有意识地做一些引导,效果会好很多。

彭冰:怎么引导?

吴峻雪:安抚当事人的情绪有的时候不是靠我安慰你,而是我倾听你。比如说原告今天情绪很激动,他觉得特别冤枉,法官让原告多讲五分钟,他会觉得自己所有的诉求法院都注意到了。写文书时通过文字表达把原告的道理概括得准确、全面一点,把不支持的理由用适当的说理说清楚,不轻易作道德评价。这样一来,原告虽然对判决结果不满意,但他的内心是理解判决的。

因此,审判过程中,如果法官在价值观、法律技术、表达能力和共情能力上面都能做好的话,应该能成为一名优秀法官。

四、问答环节

同学:今天您讲的案件,你觉得哪些点值得我们再思考一下?

吴峻雪:我觉得可以把保险利益和保险公司在经营当中对于保险利益告知范围的问题,以及一旦保险利益不匹配以后产生的各种问题,这些无穷无尽的问题分门别类列举出来,逐个解决。一开始可能论证的是保险利益,后面会论证缔约过失,以及各种追偿权的问题。实际上我们还在做人身险的一些研究,人身险里面一些非格式化的免责条款也有一定问题。什么叫格式化的免责条款?保险格式条款中专门有一部分,名字就叫"免责条款",但是实际上保险公司还把很多的实际上起到免责作用的条款放在其他部分中,甚至有一些放在不起眼的位置,比如定义、脚注这些地方。在诉讼当中,保险人一一指出,并援引这些不是"免责条款"的免责条款对原告主张进行重大抗辩。保险合同里的非格式性的免责条款问题也很多。

同学:老师您上课提到的信用险,在进出口贸易中在国内应用得多吗,或者发生的纠纷多吗?

吴峻雪:不多。进出口贸易中,国内卖方向国内保险公司投保,承保国外买方一旦不付货款,就发生保险事故,保险公司向国内卖方给付保险金,再向国外买方追偿。保险业务中还有一种保证保险,最近文献很多,大家可以去搜一下保证保险和信用险的区别,有相似之处和区别。

五、相关案件裁判原文

中国太平洋财产保险股份有限公司航运保险事业营运中心与青岛汇鑫茂物流有限公司等财产保险合同纠纷

上海金融法院

民事判决书

(2019) 沪 74 民终 976 号

上诉人(原审被告):中国太平洋财产保险股份有限公司航运保险事业营运中心,营业场所上海市。

负责人:唐某某,总经理。

委托诉讼代理人:李某,北京京都(上海)律师事务所律师。

委托诉讼代理人:张某,北京京都(上海)律师事务所律师。

被上诉人(原审原告):青岛汇鑫茂物流有限公司,住所地山东省青岛市。

法定代表人:姜某某,总经理。

被上诉人(原审原告):冯某某,男,1990 年 8 月 18 日出生,汉族,住黑龙江省。

上列两被上诉人共同委托诉讼代理人:薛某某,山东海盾律师事务所律师。

上诉人中国太平洋财产保险股份有限公司航运保险事业营运中心(以下简称"太保航运中心")因与被上诉人青岛汇鑫茂物流有限公司(以下简称"汇鑫茂物流公司")、冯某某财产保险合同纠纷一案,不服上海市虹口区人民法院(2019)沪0109 民初 8823 号民事判决,向本院提起上诉。本院于 2019 年 11 月 14 日立案后,依法组成合议庭进行了审理。本案现已审理终结。

太保航运中心上诉请求:1. 撤销原审民事判决,改判驳回被上诉人一审全部诉讼请求;2. 由被上诉人承担一审和二审全部诉讼费用。事实和理由:1. 被上诉人即使投保了物流责任险,在本案中也不应当获得赔偿,即原本的预期利益并不存在,上诉人不应当再承担缔约过失责任。2. 由火灾事故认定书的结论可以得出案涉电动汽车自燃是火灾事故发生的唯一原因,而根据《保险法》第 65 条,责任保险是指以被保险人对第三者依法应付的赔偿责任为保险标的的保险。本案中被上诉人汇鑫茂物流公司运输的电动汽车自燃发生损失,依法不需要对托运人承担赔偿责任。但被上诉人汇鑫茂物流公司基于商业原因对货物损失进行了赔付,即使其投保了物流责任险,上诉人也不应予以赔付。3. 上诉人认为实际承运车辆车主起诉被上诉人汇鑫茂物流公司和另一货主案件的结果将直接影响本案相关责任认定,因该案认定事实与本案认定事实一致,所以申请等待该案诉讼结果,再对本案相关责任进行认定。承运人不应对货主因货物起火导致的运输车辆受损承担赔偿责任,一审法院依据预期利益损失判决由上诉人承担的保险理赔义务实际不存在。

被上诉人汇鑫茂物流公司、冯某某共同辩称,一审事实清楚,适用法律正确,请求驳回上诉人太保航运中心诉讼请求,证据确实充分,适用法律正确,应予以维持。1.上诉人太保航运中心在缔约过程中存在重大过错,未向被上诉人告知并说明险种的性质、区别、保险利益归属及该险种与被上诉人投保身份并不匹配的事实,且上诉人告知、指导被上诉人冯某某如何填写投保单,使被上诉人产生合理的信赖利益。2.上诉人太保航运中心对其提供的格式条款中的免责条款未尽到明确的提示、说明义务,故该免责条款不产生效力。且《火灾事故认定书》中并未得出本次火灾的明确原因,上诉人太保航运中心也未能举证证明火灾事故是因货物自身本质缺陷而引发的,本次事故不适用保险的免责条款。3.实际承运车辆车主谢某某与被上诉人汇鑫茂物流公司、另一货主之间的纠纷与本案理赔事项并无关联。

汇鑫茂物流公司、冯某某向一审法院起诉请求:1.依法判令太保航运中心向汇鑫茂物流公司、冯某某支付预期利益损失人民币(以下币种同)339,880元;2.依法判令本案诉讼费用由太保航运中心承担。

一审法院认定事实:2018年9月30日,太保航运中心签发货物运输电子保险凭证,载明投保人为冯某某,被保险人为河南驻马店中恩商贸有限公司(以下简称"中恩商贸公司")之货主,保险货物为"今日阳光新能源电动汽车"11台(编号为:M109534.09492.09491.09529.09514.09698.09269.09271.09654.07540.09296),保险金额为40万元,运输车辆牌号为吉H0××××,本保单投保时间为2018年9月30日19时38分50秒,保险责任以投保和起运时间的后发生者为准,每次事故绝对免赔额为500元,火灾事故免赔额为损失金额的20%。保险条款第二条"除外责任"部分载明:本保险对下列损失,不负赔偿责任……(四)被保险货物的自然损耗、本质缺陷、特性以及市价跌落、运输延迟所引起的损失或费用。

2017年4月29日,案外人青岛金仕达物流有限公司作为乙方(以下简称"金仕达物流公司")与甲方今日阳光公司签订《货运合同》,约定甲方委托乙方提供商品车运输服务,采用点对点模式,由甲方仓库到收货方仓库;乙方向甲方缴纳25万元作为承运保证金。2018年5月10日,汇鑫茂物流公司与金仕达物流公司签订《物流业务转让协议》,约定汇鑫茂物流公司全权受让金仕达物流公司在今日阳光公司处的电动汽车及其配件的运输事宜;汇鑫茂物流公司有权指派自己的员工具体办理委托事务,金仕达物流公司必须提供办理业务的资料及对接所需要的一切必要条件;汇鑫茂物流公司有权直接处理与电动汽车及其配件运输有关的一切业务。《物流业务转让协议》签订后,汇鑫茂物流公司向金仕达物流公司支付了钱款25万元,用以受让金仕达物流公司交至今日阳光公司处的25万元押金。

2018年10月1日,保险凭证约定的吉H0××××运输车辆装载今日阳光公司销售给其经销商的11辆新能源电动汽车行驶至浙江省长兴县太湖服务区路段起火。长兴县公安消防大队出具的《火灾事故认定书》载明2018年10月1日4时45分,车牌号为吉H0××××货车挂车尾部下层起火;起火点为挂车尾部下层,自车位向车头数第二辆电动汽车;起火原因:可排除外来火源、货车后轮机械故障、雷击等原因,不可排除因电动汽车自燃引发的火灾。长兴县公安消防大队出具的《火灾损失统计表》载明浙江今日阳光新能源车业有限公司财产损失339,880元。

汇鑫茂物流公司法定代表人姜跃波之妻刘某某代表公司分别于2018年10月5日、2018年10月10日向今日阳光公司共购买与烧毁车辆同品牌、同型号的11辆电动汽车,赔偿至中恩商贸公司指定之货主,该11辆汽车的总价款为339,880元。汇鑫茂物流公司于2018年10月11日与今日阳光公司签订《购车协议》,于2018年10月13日与中恩商贸公司签订《赔偿协议》,就上述赔偿事宜予以确定。

另查明,1. 2018年3月14日,冯某某通过微信与聚保池客服就投保事宜进行联系,冯某某向聚保池客服发送"中国太平洋财产保险股份有限公司·轿运投保"保单,问"这样的保单符不符合要求,因为我们是物流公司的,有时候拿不到经销商的信息",客服答"其他都没问题,车牌要写上",冯某某答"车牌有的,在下面";冯某某又问"我填写的时候看要求写货主名称加身份证号,这个身份证号我是不清楚的,不填写没有关系吧",客服答"没问题的,后面就这么写就行";冯某某再问"还有一个问题,我们车一般是23或24台,我写的是今日阳光车架后五位,写不下24台分两单包可以么",客服答"打个比方,你一票是23台的话,就写23台车架号就可以了,因为这个品牌都是一样的都是今日阳光。如果是24台的话,就前面写一个今日阳光,然后写24个车架号码就可以了,这样就能写下"。

2. 冯某某与汇鑫茂物流公司签订《劳动合同》,约定公司根据生产需要,安排冯某某至浙江省台州市黄岩区厚施路×××号今日阳光新能源有限公司从事调度工作。后,冯某某代表汇鑫茂物流公司在今日阳光公司处处理车辆物流运输相关事宜,并从汇鑫茂物流公司法定代表人姜跃波之妻刘某某处领取工资报酬。

3. 太保航运中心(乙方)与聚保池App的运营公司上海立感网络科技有限公司(甲方)签订《货物运输保险代理出单协议》,约定甲方利用电子商务平台在协议权限范围内代理乙方出立货运险保险单,甲方代出单权限为每一危险单位最高保额300万元人民币(或其他等值货币);在代为出单的保险中,保险人同意放弃对实际投保人的代位求偿权。

上述事实,由汇鑫茂物流公司提供的货物运输电子保险凭证及条款、保单详情、保费缴纳记录、《货运合同》、《物流转让协议》、《经销合同》、2018年9月30日的《销售出库单》两份、《火灾事故认定书》、《火灾损失统计表》、2018年10月5日及2018年10月10日的《销售出库单》各一份、《赔偿协议》、《购车协议》、购车转账凭证、购车发票、《劳动合同》、发放工资明细、今日阳光公司的证明、汇鑫茂物流公司的委托书、微信聊天记录、押金收据,由太保航运中心提供的《货物运输保险代理出单协议》,以及当事人陈述为证,一审法院予以确认。

一审法院经审理认为,主要争议焦点为:一、冯某某投保行为的性质认定;二、太保航运中心是否应承担缔约过失责任;三、即便涉案保险得以正常理赔,太保航运中心是否可援引"被保险货物的本质缺陷所引起的损失"而得以免责;四、缔约过失损害赔偿责任范围如何确定。

关于争议焦点一:冯某某投保行为的性质认定。一审法院认为冯某某与汇鑫茂物流公司签订《劳动合同》,并按照公司的安排从事物流运输调度岗位的工作,虽其工资报酬系通过汇鑫茂物流公司法定代表人姜某某之妻刘某某领取,但基于刘某某与汇鑫茂物流公司的特殊身份关系,刘某某的支付行为即为汇鑫茂物流公司的支付行为,由此可判定冯某某系汇鑫茂物流公司的员工,其投保行为系代表公司的职务行为,由此产生的法律后果应由汇鑫茂物流公司负担,且冯某某在庭审中亦表示若法院判决支持保险金,则将保险金支付至汇鑫茂物流公司。

关于争议焦点二:太保航运中心是否应承担缔约过失责任。一审法院认为缔约过失责任是指在合同订立过程中,一方因违背诚实信用原则所产生的义务而致相对方信赖利益损失,从而应承担的损害赔偿责任。缔约过失责任并非传统意义上的违约责任及侵权责任,它是以当事人之间真实存在的交易关系为基础,并以法定的缔约过程中的诚信义务为前提,属于违反先合同义务后的独立赔偿责任。而先合同义务主要指合同订立过程中基于诚实信用原则而设立的义务,在法律条文中的体现为《合同法》第四十二条、四十三条所规定的诚信缔约义务、告知义务、保密义务、保护义务等。就告知义务,规定于《合同法》第四十二条第二项,应告知的事实并非一般事实,而是与订立合同有关的重要事实。《保险法》第十七条第一款规定的说明义务即为告知义务之延伸。本案中,汇鑫茂物流公司对于货物不享有货主的所有人利益,故其投保货物运输险自始不具有保险利益,与其利益匹配的是物流责任险。太保航运中心委托上海立感网络科技有限公司通过聚保池App代售保险产品,则聚保池App客服之行为即代表太保航运中心行为,太保航运中心作为专业保险机构,其选任的代理人理应有能力区分物流责任险与货物运输险在保险利益归属及投保人利益保护上的不同,此事实关切投保人缔约目的,属于订立合同有关的重要事实,聚保池 App 客服在投保人明确表示其系物流公司,并询问货运险的保单是否符合要求时,客服不但未尽正确的告知和说明义务,相反告知物流公司投保的货运险没有问题,且指导物流公司如何填写货运保单以规避不知道货主信息等问题,这使得投保人产生了合理的信赖利益,若该信赖利益因太保航运中心违反先合同义务而致损时,该损失应由太保航运中心承担。结合《货物运输保险代理出单协议》中"六、保险条件的约定"部分第(十一)特别约定(6)"保险人同意放弃对实际投保人的代位求偿权"的条款内容,一审法院有理由确信汇鑫茂物流公司订立合同目的在于通过免于保险人向其代位求偿的约定而转移责任风险,而并非纯为第三人即货主利益投保。虽本案投保保单并非 2018 年 3 月 14 日冯某某向聚保池 App 客服咨询的保单,但涉案保单与咨询保单系同一保险人的同类保险产品,客服人员之前的告知、解答已让投保人产生了高度的信赖,误认为物流公司可以投保涉案货运险。故本单汇鑫茂物流公司的损失未能避免,究其原因在于其投保的货运险未能正确匹配承运人的责任保险利益,倘太保航运中心委托的销售平台在缔约时明确告知并说明保险利益归属,汇鑫茂物流公司从理性人角度,几无可能与太保航运中心缔结货物运输险合同。现太保航运中心未向投保人告知并说明险种性质、区别及之后的理赔风险,相反对投保人投保货物运输险予以肯定、支持,结合对太保航运中心的专业能力要求,一审法院认定太保航运中心对于该重大事项未予正确告知及说明,存在重大过错,太保航运中心之行为严重影响冯某某、汇鑫茂物流公司对合同履行利益的判断,属于对先合同义务的违反,太保航运中心应承担缔约过失责任。

关于争议焦点二:即便涉案保险得以正常理赔,太保航运中心是否可援引"被保险货物的本质缺陷所引起的损失"这一条款而得以免责。首先,太保航运中心援引的因"被保险货物的本质缺陷所引起的损失"不予赔付这一条款系在保险条款的"除外责任"部分,系《保险法》所指的"免责条款",但太保航运中心并未通过加黑加粗字体等方式对该条款予以提示,亦未提供证据证明其已对该条款尽到了相应的说明义务,故该条款对投保人不发生效力;其次,虽《火灾事故认定书》载明不可排除因电动汽车自燃引发的火灾,但这亦只是一推测的表述,公安消防大队作为火灾事故原因认定的专业部门,又是火灾现场的勘验者,都未明确认定该火灾即为电动汽车自燃而引发,一审法院则更加难以做出肯定的推论;最后,即便涉案火灾系电动汽车自燃而引发,亦难以将"自燃"认定为系电动汽车的本质缺陷所致。所谓货物的本质缺陷,是指货物原本存在的残损或不完善的地方,保险业通常将其作为免责情形在于该情形下的货物损失并非来自意外事故的外力作用。而本案火灾系在运输中发生,无法排除电动汽车自燃系由运输工具行驶产生的颠簸、摩擦等外力作用而诱发,再加之太保航运中心并未提供证据证明"自燃"系由电动汽车原本存在的残损或不完善的地方所致,故对太保航运中心的辩称不予采信。综上,一审法院认为太保航运中心不得援引"被保险货物的本质缺陷所引起的损失"这一条款而得以免责。

关于争议焦点三:缔约过失损害赔偿责任范围如何确定。一审法院认为,汇鑫茂物流公司所受直接损失为其赔偿至案外人中恩商贸公司之货主的 11 辆新能源电动汽车(与涉案火灾烧毁的 11 辆电动汽车品牌、型号均相同),金额计计 339,880 元,鉴于太保航运中心对该购车金额本身无异议,一审法院对此予以确认。虽太保航运中心辩称应扣除购车增值税发票的税额,但刘某某代表汇鑫茂物流公司已与今日阳光公司完成了购车交易,今日阳光公司作为出售方的增值行为已完成,汇鑫茂物流公司也已负担了购车发票税额,该损失已实际产生,故对该税额不予扣除。但汇鑫茂物流公司要求太保航运中心承担的损害赔偿不应超过合同履行利益,且在损害分配上适用过失相抵规则。火灾事故发生后,若本案保险能够正常理赔,扣除 20% 免赔后货主可获赔保险金 271,904 元,即为汇鑫茂物流公司通过太保航运中心对投保人放弃的代位求偿权可得的合同履行利益。汇鑫茂物流公司的损失结果与太保航运中心未正确履行告知说明义务甚至系"误导式"的告知存在法律上的因果关系,太保航运中心应赔偿汇鑫茂物流公司损失。同时,基于过失相抵原则,汇鑫茂物流公司作为从事物流运输的专业公司,在保险产品选择方面应具备自身的判断经验,且每次选择保险产品时均应尽到较高的注意义务以谨慎了解保险产品,而并非仅仅依赖客服之前的咨询告知,对本次损失亦具有自身过错,亦应自担部分损失。汇鑫茂物流公司损失 271,904 元,一审法院酌定由其自担 30%,即 81,571.20 元,太保航运中心负担 70%,即 190,332.80 元。综上,依照《中华人民共和国合同法》第四十二条第(二)项、《中华人民共和国保险法》第十七条、《最高人民法院关于民事诉讼证据的若干规定》第二条之规定,作出判决:太保航运中心于判决生效之日起十日内赔偿汇鑫茂物流有限公司损失 190,332.80 元。一审案件受理费 6,398.2 元,减半收取为 3,199.1 元,由汇鑫茂物流有限公司负担 1,407.6 元,太保航运中心负担 1,791.41 元。

本院二审期间,上诉人与被上诉人均未提交新证据。本院对一审法院查明的事实予以确认。

本院认为,当事人对于自己提出的诉讼请求所依据的事实或者反驳对方诉讼请求所依据的事实有责任提供证据加以证明。没有证据或者证据不足以证明当事人的事实主张的,由负有举证责任的当事人承担不利后果。上诉人称被上诉人即使投保物流责任险,本案中也不应当获得赔偿,上诉人不应承担缔约过失责任。但一审法院根据本案查明事实认定即使涉案保险得以正常理赔,上诉人也不得援引"被保险货物的本质缺陷所引起的损失"这一条款而免责,与法不悖,并无不当,应予维持。上诉人还称被保险人货物损失系因案涉电动汽车自燃原因导致,不应承担保险责任,但根据《火灾事故认定书》载明内容"起火原因：可排除外来火源、货车后轮机械故障、雷击等原因，不可排除因电动汽车自燃引发的火灾"，难以推断上诉人所称"案涉电动汽车自燃是火灾事故发生的唯一原因"，上诉人亦未提供证据证明其主张，故该项上诉理由，缺乏事实依据，难以采信。上诉人又称申请等待另案判决结果，但上诉人所称在审案件系侵权法律关系，与本案财产保险合同关系不属同一法律关系，不影响本案审理，故上诉人该项上诉理由，依据不足，难以支持。

综上，上诉人太保航运中心的上诉请求不能成立，应予驳回。一审判决认定事实清楚，适用法律正确，应予维持。依照《中华人民共和国民事诉讼法》第一百七十条第一款第一项、第一百七十五条之规定，判决如下：

驳回上诉，维持原判。

二审案件受理费3,199.1元，由中国太平洋财产保险股份有限公司航运保险事业营运中心负担。

本判决为终审判决。

图书在版编目（CIP）数据

金融审判实务前沿讲座. 上海卷 / 彭冰，朱川主编. -- 北京：北京大学出版社，2024.12. -- ISBN 978-7-301-35932-7

Ⅰ. D922.280.5

中国国家版本馆 CIP 数据核字第 20256BG037 号

书　　　　名	金融审判实务前沿讲座（上海卷） JINRONG SHENPAN SHIWU QIANYAN JIANGZUO（SHANGHAI JUAN）
著作责任者	彭　冰　朱　川　主编
责任编辑	田　鹤
标准书号	ISBN 978-7-301-35932-7
出版发行	北京大学出版社
地　　　　址	北京市海淀区成府路 205 号　100871
网　　　　址	http://www.pup.cn　http://www.yandayuanzhao.com
电子邮箱	编辑部 yandayuanzhao@pup.cn　总编室 zpup@pup.cn
新浪微博	@北京大学出版社　@北大出版社燕大元照法律图书
电　　　　话	邮购部 010-62752015　发行部 010-62750672　编辑部 010-62117788
印　刷　者	北京鑫海金澳胶印有限公司
经　销　者	新华书店
	730 毫米 × 980 毫米　16 开本　24.75 印张　487 千字 2024 年 12 月第 1 版　2024 年 12 月第 1 次印刷
定　　　　价	98.00 元

未经许可，不得以任何方式复制或抄袭本书之部分或全部内容。
版权所有，侵权必究
举报电话：010-62752024　电子邮箱：fd@pup.cn
图书如有印装质量问题，请与出版部联系，电话：010-62756370